7つの習慣
最優先事項

生きること、愛すること、
学ぶこと、貢献すること

キングベアー出版

スティーブン・R・コヴィー
A・ロジャー・メリル　レベッカ・R・メリル 著

FIRST THINGS FIRST Author of The 7 Habits of Highly Effective People

SIMON & SCHUSTER
Rockefeller Center
1230 Avenus of the Americas
New York, New York 10020

本書を推薦します

よい生き方とは、つまるところ、一番大切なことを一番大切にする時間の使い方をすることである。そこから生きられる時間が、その人の生き方における優先順位を反映することになり、輝く。そういうこの一冊を、時計の横か、手帳の横に置こう。

神戸大学大学院経営学研究科教授　金井壽宏

忙しい忙しいと深夜までＰＣの前で指は動かしているが頭脳は停止状態。要請される目的不明の会議では要領だけで対処し、ソソクサと次の会議へ。それでも会社員は務まる。コヴィー博士は言う、「人生はスピードや効率の問題ではなく、何を、なぜするのかである」と。今自分はなぜこの仕事をしているのか、一生続けるだけの価値があるのかを問い直すことだ。

株式会社イノベーション研究所代表取締役、西岡塾塾長、インテル株式会社元社長
西岡郁夫

起業家、経営者は多忙であるため、細かいスケジュール管理や効率を重視する姿勢は必須である。それ以上に、本書のとおり、何が最重要事項なのかをいち早く見きわめ、取捨選択し、意思決定を行うことが大切である。迷いを断ち、明確な方針を定めることで、会社全体で事業に打ち込むことができる。本書を読み、会社経営におけるコンパス（方針）の重要性を再認識した。多忙な業務の中で意思決定を迫られる経営者にこそ、読んでいただきたい一冊である。

テラモーターズ株式会社代表取締役　徳重 徹

「目標を立てゴールを目指すよりも、習慣にしてしまったほうが遠くまで行ける」とは、尊敬する先輩が常々語っていた言葉だが、幸せな人生を歩むためのもっとも基礎的で、実践的な習慣がこの「7つの習慣」だと思う。コヴィー博士の優しく温かい励ましを心で感じることができれば、知らないうちに相当遠くまで歩みを進めていることだろう。

プリンシプル・コンサルティング・グループ代表取締役　秋山 進

私は二〇〇七年にレアジョブ英会話を起業しましたが、最初は外国人従業員との関係が思うようにうまくいかず、とても苦しみました。そのときに役立ったのがこの『7つの習慣』です。厳密に定義された言葉とふんだんな事例で、フィリピン人たちにもよく理解してもらえました。今ではすっかり浸透し、「第Ⅱ領域に集中しよう」、このような一言だけで従業員の目線を上げることができます。異文化を力に変える組織に欠かせない一冊です。

レアジョブ代表取締役会長　加藤智久

人生は有限であり時間は誰に対しても平等である。しかし多くの人の人生が時間によって支配されてしまっている。本書は人生を時間という呪縛から解き放つための指南書だ。そしてその根底には信頼、愛、他者とのＷｉｎ－Ｗｉｎの相互依存など人間はなぜ生きるのかという命題がある。すべての人にお勧めしたい。

株式会社ネットストラテジー代表取締役社長、ビジネス・ブレークスルー大学教授　平野敦士カール

個人にとっても会社にとっても、最優先事項を優先することこそが重要であるのは間違いないが、それを実行するのはとても難しい。自分自身を振り返ってみても、耳の痛い話も多いし、未だにできていないことも多い。

この本の中には、ノウハウではなく、原理原則に基づいた自らを振り返るためのたくさんの質問がある。質問は自ら考えるきっかけとなり、それは行動を変えるきっかけとなる。ぜひ手元において何度も読み直したい一冊だ。

株式会社VOYAGE GROUP 代表取締役CEO　宇佐美進典

スポーツの世界においても、一流選手に共通するのは、確固たるビジョンを持つこと、そしてそれに向かって、コヴィー博士の言う単なる「良い」ではなく、自分にとっての「最良」の練習を繰り返し習慣として行ったことだ。最優先事項を優先することは、あらゆる世界における原則だ。

ヤマト卓球株式会社代表取締役社長　松下浩二

原稿に締切りがあるように、人生にも締切りがある。人間、二〇〇歳まで生きられれば、それで幸せなのか。きっと、そうではあるまい。あらかじめ限られた時間の中で、何を成し遂げられるか。そのためにも「人生の最優先事項」を確認しておきたい。この原稿を書いている私も、これを読んでいるあなたも、今現在、砂時計の砂は確実に落ちている。

スポーツジャーナリスト　二宮清純

スティーブン・R・コヴィー博士は最高だ。前向きな変化の原則とプロセスを知り尽くしている。本当にやりたいことをやって人生を充実させたいと思っているすべての人に読んでほしい。

S・グラハム&アソシエイツ CEO
"The Ultimate Guide to Sport Management and Marketing" 著者、
アスリーツ・アゲインスト・ドラッグス創設者　ステッドマン・グラハム

「忙しい人」に待望の一冊。差し迫った緊急の仕事と重要な仕事を区別できるようになること間違いなし。

『魔法の糸――こころが豊かになる世界の寓話・説話・逸話一〇〇選』著者
ウィリアム・J・ベネット

私は時間管理のシステムを憎んでいる。ＴｏＤｏリスト、スケジュール管理、目標設定……じんましんが出そうだ。しかしこの本はとてもよい。目的を達成して人生を有意義なものにするために、コヴィー氏とメリル夫妻が提案しているアプローチは共感できる。『生きること、愛すること、学ぶこと、貢献すること』というサブタイルがすべてを語っている。仕事《リーク》が人生になるのではなく、人生がうまくいく《ワーク》ようになる。素晴らしい！

トレーニング・マガジン、シニアエディター、『サービス・マネジメント』共著者　ロン・ゼンケ

誰にとっても、時間は一度使ったら二度と戻らない。その意味でこれほど平等なものはない。コヴィー氏の時間管理からパーソナル・リーダーシップへ移行したいリーダーにとって必読の一冊。原則を知り、効果的なツールを使いこなせるようになる。

ノーザンステーツパワー元会長、ニュージャージー州元司法次官補　ヘイゼル・R・オレアリー

チームは、目まぐるしく変化する世界を生きていくための貴重なコンパス、時代を超えた真理に基づいた明確な方向性を示してくれる。生涯役立つ一冊である。

『成功の心理学 人生の勝者に生まれ変わる10の方法』著者　デニス・ウェイトリー

スティーブン・R・コヴィー博士の『7つの習慣』のおかげで、わが社は組織としての原則と価値観を明確にし、それに沿って経営を進めることができた。そのコヴィー氏による本書は、誠実に生きることを教えてくれている。わが社が目指すべき道はさらに明確になった。感謝したい。

ザ・リッツ・カールトン 会長兼COO　ホルスト・シュルツ

コヴィー博士は、アメリカの実業界にとって、デール・カーネギー以来の自己啓発コンサルタントである。

USAトゥデイ

スティーブン・R・コヴィー博士の『7つの習慣』は、サターン社の経営体制を確立するうえで大いに役立った。品質向上と顧客サービスが当社の「最優先事項」である。本書においても基本の原則を説いている。顧客のニーズと期待が最優先事項であることを改めて認識した。

ノース・アメリカン・オペレーションズ・スモール・カー・グループ会長兼
グループエグゼクティブサターン社／ゼネラルモーターズ会長　スキップ・ルフォーブ

深い洞察に満ちた本書は、ほの暗くよく見えていなかった時間管理のテクニックを明るく照らし、わかりやすく教えてくれる。人生を細切れに見るのではなく全体を見られるようになる。人生を本当の意味で変えられる一冊になるだろう。

サクセス・マガジン編集長　スコット・デガルモ

時間管理のアプローチは私たちにツールを与えてくれます。しかし本書は、貢献する人生、有意義な人生というパワフルなビジョンを通して、正しい選択をするためのスペースを与えてくれるのです。この本こそ貢献そのものです。コヴィー氏とメリル夫妻は、目標とビジョンによって人生を豊かにする道筋を示してくれています。私たち一人ひとりが、充実した人生という織物を織ることができるのです。

"Managing Your Goal" 著者、アレック・マッケンジーズ・タイム・タクティックス社社長
メロディ・マッケンジー

原則と人格を土台にした人生と組織を深く考えさせてくれる。

トラメル・クロウ・カンパニー会長兼CEO　J・マクドナルド・ウィリアムズ

あらゆる時間管理のツールの中で、「第四世代時間管理ツール」は時間を生かすという点において群を抜いている。何よりもミッション・ステートメントを達成できる。先月、親しい人から「あなたの人生には危機的状況がないみたいだ」と言われた。心の中で赤々と燃える「イエス」に従って決意することで力を得てきたからだろう。

USAトゥデイ　ビル・チャルマーズ

この本を読んで、とてもよかったと思います。時間の使い方に関する三人の賢者の知恵は、まさにかけがえのない贈り物です。

マリオット・マネジメント・サービス、総合品質管理担当シニアアバイスプレジデント

ジェームス・A・モイヤー

謝辞

本書を完成へと導いてくれた多くの方々に心から感謝します。その人生と著作を通して、時代を超えた知恵を授けてくれた人々。あなた方が後世に伝えたものから、我々は実に多くのことを学ばせてもらいました。

自身の体験を話してくれた同僚、クライアント、セミナーの参加者。彼らと創り出したシナジーは我々の想像をはるかに超えるものでした。

フランクリン・コヴィーの同僚たちには、並々ならぬサポートを受けました。「最優先事項」チームの面々――ボイド・クレイグ、グレッグ・リンク、トニ・ハリス、アダム・メリル、ケン・シェルトンの献身的な貢献に感謝します。数々の厳しい局面で彼らが発揮してくれた人格と能力こそ、我々が書きたかったことに他なりません。

そして何よりも、我々の家族、チームの家族に感謝します。家族の温かい励ましのおかげで、この本を書き上げることができました。「最優先事項」とは家族であり、なぜ家族がもっとも大切なのか、改めて実感することができました。ありがとう。

孫たちに捧げる。

最優先事項を優先しなければならない気持ちをいつもかき立ててくれるのは、君たちだ。

はじめに

もっと頑張って働いても、もっと頭を使って働いても、もっと効率的に働いても、問題は何も解決しないとしたら、どうしたらよいのだろう？

ここで、真剣に考えてみてほしい。あなたの人生の「最優先事項」は何だろうか？ あなたにとって一番大切なことを三つか四つ挙げるとしたら、それは何か？

あなたは普段、それらのことに気を配り、意識的に時間をとって実行しているだろうか？

私たち著者は、フランクリン・コヴィーでの活動を通して世界中の多くの人たちに接してきたが、彼らの様子を見ていて、いつも気になっていたことがある。どの人も活発で努力家で、能力にも恵まれ、人を思いやることもできる。人生に良い変化を起こそうとしている前向きな人たちばかりだ。ところがそうした人たちでも、自分の人生の最優先事項を優先できているかというと、そうではない。優先させ実行しなければとわかってはいても、思うようにはいっていないようだ。あなたがこの本を手にしたのも、彼らと同じようなもどかしさを感じているからではないだろうか。

最優先事項だとわかっていても優先できないのはなぜなのか？ 時間管理の手法やテクニック、ツール、ノウハウは、もう十分と言っていいほどある。勤勉に働き続ければ、もっとうまく、もっと速く仕事をこなせるようになれば、新しいデバイスやツールを使いこなせれば、あるいはこういうふうに仕事の計画を立てれば、必ず成功できますよ……というような宣伝文句につられて、あなたも新しいシステム手帳を購入し、新しいセミナーに参加し、新しい本をいろいろと手にしてきたのではないだろうか。そうした時間管理のアプローチを学び、頑張って実践してきたに違いない。しかし、結果はどうだろうか？　私たちがこれまでに出会った人のほとんどは、フラストレーションが増しただけで、何をやっても長続きせず、自己嫌悪にまで陥っていた。

多くの人たちが次のような思いを抱えているのだ。

- ●もっと時間が欲しい！
- ●もっと人生を楽しみたいのに、走り回っているだけの毎日。自分の時間なんか少しも持てない。
- ●家族や友人と一緒に過ごす時間をもっと持ちたいと思っています。どうしたらそんな時間がとれるのでしょうか？
- ●いつも切羽詰まっている。原因はわかっています。何でも先送りしてしまうから。でもいつも切羽詰まっているから、そのときやるべきことがまた先送りになる。悪循環なんですよね。
- ●仕事とプライベートのバランスがとれていない。仕事に時間をかけたらプライベートを犠牲にしているような気がするし、プライベートに時間をかけたらかけたで、仕事に悪影響が出そうな気がするし。
- ●ストレスに負けそう！
- ●やることがありすぎる。どれも大切なことばかりだ。どうすればいい？　振り返ってみて意味のある人生だったと思いたい。自分の存在が何かの役に立ったと思いたいんですよ。

一般的な時間管理のテクニックがいわんとしているのは、「もっと効率的に仕事をこなせば生活をコントロールできるようになります。生活をコントロールできるようになれば、あなたが求めている心の平和が得られ、充実した人生を送ることができます」ということだ。

私たち著者は「それは違う」と断言する。

何もかもコントロールできるようになれば幸せになれる、と考えるのは間違いだ。自分がどういう行動をするか、その選択をコントロールできることは誰でもできる。しかし、その選択の結果をコントロールすることは誰にもできないのだ。選択の結果を自分で決めることはできない。結果を決めるのは普遍的な法則、「原則」である。あなたの人生をコントロールするのはあなたではなく、「原則」なのだ。このように考えれば、これまでの「時間管理」のアプローチに多くの人たちが感じているイライラの原因が見えてくるだろう。

本書では、これまでとはまったく異なる時間管理のアプローチを紹介する。それは原則中心のアプローチというものだ。もっと頑張ってもっと速くやろう、もっと効率的にやろう、というようなアプローチではない。新しいアプローチでは時計ではなくコンパスを使う。**速く進むことよりも、目的地を見失わずに進むほうが大切だからだ。**

この考え方は、ある意味では新しいといえるが、実は時代を超えた普遍的な原則に根づいた考え方であり、現代の時間管理や成功のハウツー本のほとんどが教えている「簡単にできてすぐに効果が出る」テクニックとは真逆のアプローチといえる。現代社会は「近道」のテクニックに価値を置いている。けれども、たとえ正しい近道をとっても、充実した人生になるわけではないのだ。

充実した人生を送るのに、「近道」はないが「道」はある。その道に敷き詰められているのは、長い歴史を通して尊ばれてきた原則だ。これらの原則を一つのメッセージに凝縮するなら、**「有意義な人生はスピードや効率の問題ではない。大切なのは人生において何をするのか、なぜそれをするのかであって、いかに速くそれをするかではない」**ということである。

本書を読み進める前に、私たちが伝えたいポイントをまとめておこう。

- 「第一部　時計とコンパス」では、自分にとって一番重要なことに時間を使えていないのはなぜなのか、そのギャップを考える。まず、時間管理のアプローチの歴史を振り返ることからスタートする。効率性だけを重視する現代社会のパラダイムのもとになっている時間管理の三世代を取り上げ、時間だけに目を向けるアプローチがギャップを埋めるどころか広げている理由を説明する。そして私たちに必要な新しいアプローチ、「時間管理の第四世代」を紹介する。ここでは自分の時間の使い方を振り返り、「緊急な用事」に追われるだけの毎日なのか、人生で本当に「重要なこと」を実行できているか確かめてみよう。さらに、「緊急中毒」が人生に及ぼす影響を考える。最後に「最優先事項」について理解を深めていく。「最優先事項」とは、人間の四つの基本的なニーズ（生きること、学ぶこと、愛すること、貢献すること）である。これらの最優先事項を確実に優先させ、充実した人生を送るためには、私たちの内面にあるコンパスを働かせなくてはならない。私たちの人生を支配する「真北の原則」にコンパスの針を合わせて生活するためにはどうすればよいか、一緒に考えていく。

●「第二部　大切なのは最優先事項を優先すること」では、時計をコンパスに従わせ、「緊急」から「重要」に焦点を移し、第Ⅱ領域に軸足を置いて生きるための方法を紹介する。まずは、その方法の概要とそれによって得られる効果を説明する。それから各章で詳しく掘り下げていき、第Ⅱ領域を中心にした生活を長期的なスパンで見つめ、人生にもたらす豊かさを考えていく。

・自分の人生のミッションを見つけ、生きる意味と目的を与えてくれる力強いビジョン（人生のＤＮＡ）を描くにはどうしたらよいのか（第五章）
・人生における自分のさまざまな役割のバランスをとり、シナジーを創り出すようにそれらの役割を果たすにはどうすればよいのか（第六章）
・充実した人生を送るために原則中心の目標を設定し、達成するにはどうすればよいのか（第七章）
・最優先事項を優先するための力となる視野を持ち続けるにはどうすればよいのか（第八章）
・選択の瞬間に誠実であるためには（「最優先事項を優先する」というのは、自分の計画を貫くのか、曲げるのかの二者択一であることを自覚できる知恵と判断力を持つこと）、そして自分が選んだことを自信を持って、心に一点の曇りもなく実行するにはどうすればよいのか（第九章）

・常に学習して上向きの螺旋《らせん》の人生を送るにはどうすればよいのか（第一〇章）

●「第三部　相互依存のシナジー」では、相互依存の現実がもたらす問題と可能性を取り上げる。私たちは他者との相互依存の中で生きており、時間の八〇％は相互依存に費やされているのが現実だ。しかし私たちはその現実をつい無視してしまう。あるいは従来の時間管理のテクニックで対応しているために、相互依存の現実を歪めてしまうこともある。ここでは、他者との関係におけるトランザクション（取引）とトランスフォーメーション（変革）の違いに着目する。生産性を上げるための資源として他者をとらえるのではなく、お互いにビジョンを共有し、力強いシナジーを創り出すにはどうしたらよいか考えることが大切になる。エンパワーメント（力を与える）は、テコの支点を動かすことにほかならない。個人へのエンパワーメント、組織へのエンパワーメントのためにできることは何か、家族や職場で流れを変える人となるためにはどうすればよいか、深く考えてみよう。

●「第四部　原則中心の生き方がもたらす力と安らぎ」では、いくつかのエピソードを紹介しながら、第四世代のアプローチがあなたの行動の質を高め、ひいては人生の質を高めることを説明する。最後に「心の安らぎの原則」を取り上げ、有意義で充実した人生を送ることを妨げている障害物をどのようにしたら取り除けるのか考えてみる。

この本を最大限に生かすためには、自分の生き方、自分の人生の脚本、動機、自分にとっての「最優先事項」、そして今現在の自分を真剣に見つめ、深く内省するプロセスが必要になる。読みながら何度も立ち止まって、自分の心の声に耳を傾けてほしい。

そのプロセスを十分に行うことができれば、変わらないわけがないのだ。あなたは必ず変わる。自分自身も、そしてあなたを取り巻く世界も、まったく違って見えるだろう。人間関係に対する考え方も、時間に対する考え方も今までとはまるで変わるはずだ。あなたにとって本当に大切なことに時間を使えていないなら、本書はそのギャップを埋める力になる。

私たち著者は、原則が心の安らぎと大きな結果をもたらすと確信している。これまでの経験から、そう断言できる。あなたにも、原則中心の生き方に前向きに取り組んでほしいと願っている。

原則には力が宿っている。

この本を読めば、時計という暴君から離れて、コンパスを再発見できるだろう。そのコンパスこそが、生きる、愛する、学ぶ、貢献するという人間の四つのニーズを満たす力を与える。そして喜びを持って、その力を発揮できるようになるのだ。

目次

第三部　相互依存のシナジー

第一部　時計とコンパス

スティーブン

娘のマリアが三人目の子どもを産んでしばらくして、私にこんなことを言ってきました。「私はもうストレスの塊なの！　この子のことは死ぬほど愛しているわ。でもね、私の時間は全部この子にとられてしまうのよ。ほかのことは何もできないの。私にしかできないこともあるのに」

娘の苛立ちは手にとるように伝わってきました。マリアは頭がよく行動的な娘で、いつも多くの「良いこと」を同時進行でやり、忙しくしているのが彼女のスタイルでした。自分の目標達成のための活動、家族のための仕事、社会奉仕。何しろ「良いこと」をたくさんしたい娘なのです。

マリアの話を聴いていて、物事が自分の思いどおりに進まないことが苛立ちの原因だとわかりました。とはいえそのときのマリアに必要だったのは、たった一つ。赤ちゃんの世話を楽しむこと。それしかありませんでした。

「少し落ち着きなさい」と私はマリアに言いました。「肩の力を抜いて、今の状況、新しい経験を楽しむことだよ。おまえが母親の役割を楽しんでいたら、この子はおまえの喜びを感じとる。おまえのようにこの子を愛せる人間は世界中探してもほかにはいない。そう考えたら、ほかのことはみんな色あせてくるだろう？」

マリアは、目先のことしか見ずに、自分の人生のバランスが崩れてしまうと思い込んでいたのです。「何事にも時期がある」ということわざがありますが、まさにそのとおり。私と話していて、マリアもそのことに気づいたようです。子どもが成長してあまり手がかからなくなれば、自分の目標にも取り組めるし、そのときはまた別の貢献ができるのだとわかったのです。

最後に私はこう言いました。「スケジュールだって立てないほうがいい。カレンダーは頭の中から追い出しなさい。

何の予定も入っていないプランナー（手帳）を見て後ろめたさを感じるなら、しばらくはプランナーを開くのもやめたほうがいい。今、おまえにとって一番大事なこと、最優先すべきなのはこの子だよ。この子と一緒の時間を楽しみなさい。それ以外のことは考えない。壁にかかっている時計じゃなくて、自分の心の中のコンパスに従いなさい」

ほとんどの人たちは、コンパス（自分にとって本当に大切なこと、人生のミッション）と時計（自分の時間をどう使うか、時間管理）が一致せずずれていて、ギャップが生じている。しかしそのギャップは、「もっと多く、もっと速く」というこれまでの時間管理のアプローチで埋めることはできない。それどころか、スピードを上げればギャップは広がるだけだということは多くの人が実感している。

「誰かが魔法の杖を振り、今の時間管理のアプローチで効率性が一五～二〇％上がったとしたら、時間管理を巡るあなたの悩みは解決しますか？」と質問されたら、あなたはどう答えるだろうか。これで効率が上がると思うと一瞬うれしくなるかもしれない。しかしよく考えれば、より短時間でより多くのことができるようになったとしても、問題の解決にはならないという結論を出すだろう。

第一章と第二章では、時間管理の三つの世代を詳しく見ていき、これらのアプローチでギャップを埋められない理由を探っていく。人生を「緊急」のパラダイムで見ているのか、「重要」のパラダイムで見ているのか、考えてみてほしい。それから「緊急中毒」の影響を説明する。そのうえで、これまでにない、まったく新しい時間管理の考え方、第四世代のアプローチを紹介したい。それは単なる「時間管理」ではなく、パーソナル・リーダーシップのあり方である。正しい行動をすればよいというのではなく、「正しい行動をすることに意識を向ける」アプローチである。

続く第三章では、「最優先事項とは何か」、そして「最優先事項を優先するにはどうすればよいのか」という難題に取り組む。そして第四世代のアプローチの核心にある三つの考え方を紹介する。これらの考え方を知れば、時間と人生に対する見方が変わるはずだ。この章では、勇気を持って自分の内面を深く見つめてほしい。第一部から順番に読んでいくのがベストだが、第二部を先に読んで第Ⅱ領域のプロセスを学んでから、第三章に戻ってもかまわない。それはそれで第三章に書いていることの意味がよく理解できると思う。第三章で紹介する三つの考え方を理解し、実行に移せれば、あなたの時間と人生が劇的に変わるのは間違いない。

第一章　死の床で「もっと長い時間を職場で過ごしておけばよかった」と後悔する人はどのくらいいるだろう？

「最良」の敵は「良」である

誰でも、自分の時間をどう使うかは自分で決めている。長期的な計画にかける時間、日々の生活の細々とした仕事の時間。時間の使い方はすべて自分が選択している。しかし選択には必ず結果がついてくる。その結果に多くの人は不満を感じている。自分にとって本当に大切なことに時間を使えていなければ、不満はいっそう大きくなる。

めちゃくちゃ忙しいんですよ。毎日走り回っています。会議、電話、書類仕事、いろんな約束。限界まで自分を追い込んでいる感じで、疲れきってベッドに倒れ込む。朝になったら起きて、また同じことの繰り返し。僕の仕事量は、すごいですよ。本当にたくさんの仕事をこなしているんです。でもときどき、「だから何なんだ？　おまえがやっていることはおまえにとって本当に大事なことなのか？」という心の声が聞こえてくる。正直言って、わからないんですよ、自分でも。

自分の身体が引き裂かれているような感じがします。もちろん家族は大切です。でも仕事も大切なんですよ。葛藤の連続です。家庭と仕事、どっちもうまくやらなければならないと思って。家庭生活も仕事もうまくいく幸せな人生なんてあるのかしら？

一人ではとても対処しきれません。株価が下がれば経営幹部や株主は私のところにどっと押し寄せてきます。経営幹部の縄張り争いの仲裁役もしなければならないし、品質改善プロジェクトのリーダーもやっていまして、そのプレッシャーも半端ない。部下はいま一つ意欲に欠けるのですが、私としても彼らの能力を引き出していないような気がして、後ろめたさがありますね。きちんと話を聴く時間もあまりとっていませんし。家庭生活のほうも何だか怪しい。毎年家族旅行に行っているのに、普段は顔を合わせる時間がほとんどないので、家族からはよそ者扱いされています。

自分の人生なのに、自分ではまったくコントロールできていない気がする。自分にとって大切なことを見きわめて、それを実行するための計画も立てているのに、いつだって上司や同僚、妻に邪魔される。これをしよう、と決めても、ほかの人たちからいろいろ頼まれて、できなくなる。私にとって大切なことがほかの人たちにとって大切なことにのみ込まれ、どこかに行って消えてしまう。

私は成功者だと思われています。誰からもそう言われます。必死で働いてきました。いろんなものを犠牲にして、身を粉にして働いてここまで上り詰めました。そこまでしたのに、幸せではありません。今は空しさしか感じません。「それだけのこと?」っていう歌の文句がありますよね。そんな気分なんですよ。私が手にしたのはたったこれだけなのか、と。

人生が楽しいと思ったことなんかありません。何か一つのことをやると、そのためにできなくなったことがいくつも頭に浮かんできて、罪悪感を持ってしまうんですよね。自分にできるたくさんのことの中から、一つだけ選ばなくちゃいけない。ストレスもかかりますよ。だからいつもピリピリしているんです。自分にとって一番重要なことは何か、どうすればわかるのでしょう? どうすれば人生を楽しめるのでしょう?

人生で何をすべきか、それは自分でもわかっているつもりなんです。自分にとって本当に重要だと思うことを紙に書いて、それを実現するための目標も立てています。ところが、その「ビジョン」は日々の生活に紛れて見えなくなってしまいます。本当に重要なことを日常生活の中で実行するにはどうしたらいいのでしょう?

「最優先事項を優先する」のは、人生の核心にある問題だ。ほとんどの人は、「やりたいこと」と「やらなければならないこと」に身を引き裂かれる思いをしている。やりたいことはあるのに、果たさなければならない責任がありすぎる。自分の時間をできるかぎり有効に使う判断を常に迫られている。時間をどう使うか、毎日毎日、いついかなるときも、決めなくてはならない。

「良い」と「悪い」のどちらかを選ぶなら、話は簡単だ。時間の無駄遣いどころか、頭を惚《ほう》けさせるような時間の使い方は、誰でもすぐにわかる。だからほとんどの人にとって問題なのは、「良い」と「悪い」を区別することではなく、「良い」と「最良」を見きわめることなのである。実際問題、「最良」の敵、それは「悪」ではなく「良」なのだ。

スティーブン

私の知人が、ある総合大学の経営学部長に招へいされました。就任すると、彼はさっそく大学が置かれている状況を調べ、一番必要なのは資金だと判断しました。彼は資金集めの腕前を自負していたくらいですから、新しい職務で自分がすべきことは資金を集めることだと考えたわけです。

ところがそれが問題を招いてしまった。歴代の学部長たちは主に教授陣のニーズを満たすことを第一としていました。新しい学部長の彼はどうかといえば、ほとんど学内にはおらず、研究費や奨学金など大学の資金集めのために全国を駆け回っていました。大学の日々の業務にはまったく無関心で、アシスタントに任せきり。教授たちは何をするにもアシスタントを通すしかなく、学部長と直接話し合って決めることに慣れていた彼らは、自分たちがないがしろにされていると感じるようになったのです。

そのうち、いつも不在の学部長に対する不満が募り、学部長を代えるか、彼のやり方を根本的に変えるかどちらかにしてほしいと、教授陣は学長に直談判しました。学部長が何をしているのか知っていた学長は「まあまあ、もう少し様子を見ましょう。有能なアシスタントもいることですから」と言うだけで、特にアクションは起こしませんでした。

やがて大学に資金が入ってくるようになり、教授陣にも学部長のビジョンが見えてきました。すると彼らは、学部長を学内で見るたびに「ここにいちゃいけないでしょう。資金集めに行ってきてくださいよ。後のことはアシスタントに任せていればいいのだから」と言うようになったのです。

私の知人である男性は、後日こう話してくれました。「最初にチームをまとめられなかったのは失敗だったな。教授陣によく説明していなかったから、私がやろうとしていたことが伝わっていなかったんだよ」

彼ならもっとうまくできたと思います。しかし私は、この一件から重要な教訓を得ました。私たちは常に自問しなければならないのです。「ここでは何が必要とされているのか、私がすべきことは何か、私に授けられた能力は何なのか」と。

この男性にとって、ほかの人たちの緊急のニーズに応えるのは容易なことだっただろう。彼の能力を持ってすれば、多くの「良いこと」をしてキャリアを築くのは造作もないことだ。しかし、大学に本当に必要なことと自分の能力を見きわめ、そのうえで明確なビジョンを描き、それを実行したから、彼自身と教授陣、そして大学にとっての「最良のこと」を達成できたのである。

あなたにとって「最良のこと」は何だろう？　その最良のことに時間と労力を注ぎたくてもできないのはなぜだろう？「良いこと」がありすぎるからだろうか？　多くの人にとってはそうなのだ。「良いこと」に時間も労力もとられてしまうのである。こうして、最優先事項を優先できず、後悔の気持ちだけが残る結果となる。

時計とコンパス

最優先事項を優先しようとしてもなかなかできないのはなぜだろう？ それを理解する鍵は時計とコンパスの違いにある。どちらも私たちを導いてくれる重要な道具である。時計は、私たちの決意や約束、スケジュール、目標、活動を表す。つまり、時間をどう使い、どう管理するかだ。それに対してコンパスは、私たちのビジョン、価値観、原則、ミッション、良心、方向性を表す。自分は何を大切だと思っているか、人生をどのように生きていきたいのか、ということである。

時計とコンパスが食い違っていてギャップがあると、さまざまなことがうまくいかなくなる。自分のやっていることが、自分の人生にとって一番大切なことのためにならないのだから、葛藤し、苦しむのも無理はない。

そのギャップに強烈な痛みを感じる人もいる。言葉と行動が一致していない自分が嫌になる。他人やそのときどきの状況に振り回され、自分の意志では動けないと感じたりもする。いつも「取るに足らないものの山」の中で身動きできない[1]。あるいは危機的事態に対応し、火消しに追われるだけで、本当に大切だと思っていることをする時間をとれずに日々は過ぎていく。流されるままに生きているような感じだ。

ギャップに漠然とした不満を感じる人もいる。今やっていることよりもやっていないことのほうが気になってしまい、結局は、すべきこともやりたいと思うこともできず、ジレンマに陥る。やっていることに集中できず、何をやっても充実感を持てない日々を送ることになる。

時計とコンパスのギャップに空しさを感じる人もいる。仕事や経済的な成功を幸福の基準にしていて、その成功を遂げたのに、思っていたような満足は得られない。学歴、残業、昇進……成功へのはしごを一段一段上ってきたつもりが、ようやく一番上に達したときに、はしごが間違った壁にかかっていたことを知るようなものだ。はしごを上ることだけに夢中になっていて、人間関係に配慮していなかったのだ。豊かで愛情に満ちた生活を犠牲にして、必要以上の努力をしてせっせとはしごを上っていたのである。はしごのてっぺんを目指す競争にのめり込んで、本当に大切なことには少しも時間を使わずに生きてきたのだ。

時計とコンパスのギャップのせいで進むべき方向を見失う人もいる。自分にとって何が一番大事なのかわからない。ある活動から次の活動へ機械的に移っていくだけで、人生そのものが機械的に流れている。ときどき、そんな人生に意味はあるのかと思ったりもする。

アンバランスな生き方だとわかってはいても、別の生き方に自信が持てず、いつまでたっても変わることができない人もいる。変化に伴って支払うことになる代償の大きさに尻込みしている人もいるだろう。あるいはむしろアンバランスなままで生きていくほうがよっぽど気楽だから、無理してまで変わる必要などないと思っている人もいるだろう。

人生の目覚まし時計

時計とコンパスのギャップに突如として気づかされることがある。たとえば愛する妻が亡くなったとき。深い愛情に満ちた関係を育もうと思えばできたのに、成功のはしごを上るのに夢中で、深い愛情に包まれた関係を築くことができずに終わってしまった厳しい現実を突きつけられ、ただ悔いるしかないようなケースだ。

あるいは思春期の息子がドラッグに手を出していることに、ある日突然気づくこともある。一緒に過ごす時間をつくり、親子の絆を深めることはできたはずだった。しかし生活のために働いているのだから、仕事での人脈づくりに忙しいから、という理由で、あるいはただ単に今は新聞を読みたいからと、そんな機会を見て見ぬふりをしてきたのだ。

ある日突然、会社のリストラで解雇される。医者から余命いくばくもないと宣告される。離婚の瀬戸際に立たされる。そういう危機的な事態に直面してはじめて、自分は何にどう時間を使ってきたのか振り返る。そして本当に大切なことには時間を使ってこなかった事実に気づくのである。

レベッカ

何年も前のことです。友人のお見舞いに行きました。彼女はまだ二三歳で、二人の幼い子がいました。彼女はがんに侵され、医師からは治る見込みはないと告げられていました。私は彼女の手を握り、少しでも元気づけようと言葉を探していると、彼女は泣きながら「家に帰って子どものおむつを替えられるなら、どんなことでもするわ」と言ったのです。

そのとき私は、わが身を振り返りました。子どもたちのおむつを義務感だけで替えていたことが何度あったろうかと。子どものおむつを替えるいとおしい時間があるとき突然奪われてしまうかもしれないのに、日常の忙しさの中で「ああ面倒くさい」とイライラしながらおむつを替えていたことに愕然《がくぜん》としたのです。

このような体験は、いわば「人生の目覚まし時計」だ。目覚まし時計によって気づかされないかぎり、多くの人は人生の本質に向き合う機会を持てずに日々を過ごしていく。慢性的な根本原因を突き止めようとはせず、急性の痛みをとりあえず何とかしようと、絆創膏《ばんそうこう》を貼ったり、鎮痛剤を飲んだりして応急処置ですませてしまう。痛みが一時的に和らいだのをよいことに、また次から次と「良いこと」をして忙しくしていると、自分にとって本当に大切な「最良のこと」をしているのかどうか、立ち止まって考える時間すら持とうとしなくなるのである。

時間管理の三つの世代

時計とコンパスのギャップを埋める努力をするとき、多くの人は「時間管理の方法」を考えるだろう。時間管理をテーマにした本や記事は山ほどあるし、ありとあらゆるカレンダー、プランナー（手帳）、アプリケーション、携帯端末、ほかにもさまざまなツールがある。これはまさに「ポップコーン現象」だ。文化の熱と圧力が高まっていき、あるとき一気に書籍やツールが爆発的に増えたのだ。

我々著者は時間管理に関する多くの書籍、記事を読み、それらを要約し、凝縮して、八つの基本アプローチに分類した。整理整頓型アプローチ、兵士型アプローチ、ＡＢＣ型（優先順位づけ）アプローチなど効率性志向のオーソドックスな時間管理から、従来のパラダイムから離れた新しいアプローチのものまである。自然調和型アプローチは新しいタイプの時間管理で、生活の自然のリズムをとらえ、時を超越した自然の瞬間と調和して、時計の音を忘れて生活しようというものだ。回復型アプローチというものもある。先延ばしや非効率な委任などによって時間を無駄にするのは、ほとんどの場合は心理的に深く刻まれた脚本のせいであることや、嫌われたくない、仲間外れにされたくないという気持ちから必要以上のことを約束し、何でも引き受けてしまう「八方美人」の脚本のせいであることを自覚して、本来あるべき行動を取り戻そうとするものである。

これら八つのアプローチについては、付録B（五二八ページ）に簡単な解説をまとめてあるので、関心があれば読んでみてほしい。とはいえ、ほとんどの人は以下に挙げる「時間管理の三つの世代」のどれかを使っていると思う。一つの世代の上に次の世代が重なり、効率性とコントロール性を高めながら第三世代まで進化している。

第一世代

第一世代は基本的には「備忘録」である。八つのアプローチで言えば自然調和型だが、やりたいこと、すべきこと（レポートを書く、会議に出る、車を修理する、物置を整理する……）を記録しておくだけであり、簡単なメモとチェックリストが第一世代の特徴である。あなたの時間管理スタイルがこの第一世代であるなら、ちょくちょく目を通してやるべきことを確認できるように、チェックリストを持ち歩いているかもしれない。一日の終わりにチェックし、できているものはリストから削除し、まだやっていないものは次の日に回す、というように管理している人もいるだろう。

第二世代

第一世代に「計画と準備」が加わったものが第二世代で、カレンダーや手帳など時間の概念が含まれるツールが使われるようになる。効率性を上げる、やるべきことを忘れずにやる、目標を設定する、先に計画を立てておく、将来の活動やイベントのスケジュールを決める、というような管理スタイルになる。あなたがこの第二世代で時間を管理しているなら、やると決めたことや約束を記入し、それらの期限を明確にし、会議があるならその場所もメモしているだろう。この世代になるとコンピューターや携帯端末を使う人もいる。

第三世代

第三世代のアプローチは、「計画し、優先順位をつけ、コントロールする」である。あなたの時間管理スタイルがこの世代なら、自分の価値観や優先事項を考える時間はすでにとっているはずだ。「私は何をしたいのか？」と自問し、その答えに従い、自分の価値観を実現するための長期的な目標、中期的な目標、短期的な目標を立てていることだろう。そしてその目標を踏まえて、活動の優先順位を毎日決めている。この世代には、電子デバイスも含めて多様なプランナーやシステム手帳があり、毎日の計画を詳細に記入できるようになっている。

ある意味では、これら三つの世代は私たちの生活の効果性を高めることに大いに役立っている。効率性、計画、優先順位、価値観の明確化、目標設定などの考え方が、プラスの変化をもたらしたことは間違いない。

しかし、時間管理の意識が大きく高まり、関連する情報やツールも爆発的に増えたとはいっても、コンパス（自分にとってもっとも重要なこと）と時計（時間の使い方）のずれ、ギャップは解決していない。それどころか、ギャップはますます広がっている。「より短い時間でより多くのことができる」ようになった反面、豊かな人間関係、心の安らぎ、バランスのとれた生活は遠ざかり、自分にとって一番大事なことをやっているという自信も持てずにいるのである。

ロジャー

時間管理の三つの世代は、私自身の時間管理の歴史そのものだと思います。私はカリフォルニア州のペブルビーチ沿岸のカーメルで育ちました。芸術家が多く集まる自由な雰囲気の土地柄で、イベントも多く、第一世代のスタイルが育つ環境だったと思います。私はよく、忘れたくないイベント（特に私の人生の大きな部分を占めるゴルフトーナメント！）を書き留めていたものです。馬の飼育にも関わっていたので、忘れてはいけない重要なイベントはゴルフ以外にもいろいろありました。

時は過ぎ、「より短い時間でより多くの成果を上げる」ことが求められる時代になりました。私もやりたいことはたくさんありましたし、重要な機会も身近にいろいろありましたから、自然と第二世代の時間管理に移行しました。そのうちすっかりのめり込み、時間管理をテーマにした本や記事を手当たり次第に読みあさりました。そもそも当時の私は時間管理のコンサルタントをしていて、効率性の向上、能率的な作業の進め方、電話の応対などを指導していました。人々の活動を一日観察して、「より短い時間でより多くのことをする」ためにできることをアドバイスするのが仕事だったのです。

さらに時代が進むと、私は自分のやっていることが本当に人のためになっているのか自信がなくなってきました。それどころか、人々が「より速く失敗する」のを手助けしているんじゃないか、と思い始めたのです。大切なのはどれだけたくさんのことをするかではなく、どこに向かうのか、目的地はどこなのか、何を達成したいのか、なのではないかと。誰もがやり方を知りたがっていました。しかし、彼らのやりたいことが何なのかわからなければ、やり方を教えることはできないのだと気づいたのです。

私はこのときから第三世代の時間管理に進みました。実際、この第三世代の時間管理を展開する仕事にスティーブンと二人で深く関わりましたし、時間管理の分野で影響力のある人たちとも交流を持ちました。私たちの関心は、価値観を目標に結びつけ、価値観に従って優先すべき事柄をより多くできるようにすることでした。その当時は、道筋がはっきりしていればよいと考えていたのです。

しかしそのうち、人がやりたいと思うことと、その人の人生において必要とされていることは違うのだということがわかってきました。次々と目標を達成しても、それと反比例するように充足感も幸福感も減っていく、そんな人が多かったのです。

そこで私は、いくつかの根本的なパラダイム、自分のものの考え方に疑問符をつけ、ゼロから見直しました。そして、これら三つの世代の時間管理に答えはない、答えは根本的なパラダイムのレベルにあるのだと気づきました。何をするのかを決め、実行に移すときの前提となるもの、それがパラダイムです。答えはそこにあったのです。

各世代の長所と短所

時間管理の三つの世代のそれぞれに長所と短所がある。それぞれの世代がどのように役立つのか、そして、より深いニーズを満たせないのはなぜなのか、詳しく見ていこう。

第一世代の時間管理をやっている人は、基本的にフレキシブルである。人に対して臨機応変に接することができるし、ニーズが変わればそれなりに対応できる。適応能力があり、結果を出せる。そのときどきのニーズに応じて、あるいは時間が押していれば、自分の予定を変え、そのときにすべきことをやる。

ところが、やるべきことが見過ごされ、軽視されることも少なくない。約束を忘れることもあれば、決意したのに途中で挫折することもある。人生のビジョンと目標設定を意識していなければ、有意義なことを達成できる見込みは薄い。第一世代の時間管理スタイルの人たちにとっては、「たまたま自分の目の前にあるもの」が「最優先事項」になってしまうのだ。

第二世代の時間管理をやっている人たちは、計画し、準備する。約束と結果を出すことに対して、第一世代よりも強い責任感を持っている。カレンダーや手帳は予定を書き込むだけのものではなく、仕事上のミーティングやプレゼンテーションでも、家族や友人と会うときも、前もって準備しておこうという気持ちにさせてくれる手段でもある。準備すれば効率も効果も上がる。目標を設定し、その実行計画を立てれば、有意義な結果を出せるようになる。

しかし、予定、目標、効率性に重点が置かれるので、どうしてもスケジュール第一主義になってしまう。第二世代の人たちの多くはほかの人や人間関係を尊重してはいるけれども、スケジュールを崩したくないあまり、スケジュールにあるもの以外はまるで「敵」であるかのように扱うことが少なくない。他人はスケジュールと計画の遂行を妨げる邪魔者になってしまうのだ。こうしてほかの人たちと距離を置くようになり、場合によっては孤立する。あるいは自分の計画を遂行し、自分の生産性を上げるための手段として他者を見るようになる。さらに第二世代スタイルの人たちは、自分が望む以上の成果を上げることも多いのだが、そうやって得たものが内面の奥深くにあるニーズを満たすとはかぎらず、心の平和を保てるわけではない。彼らにとっての「最優先事項」は、カレンダーに書き込まれたスケジュールである。

　第三世代は、目標と計画を自分の価値観に結びつけるという意味で、大きな進歩を遂げている。この世代のスタイルで時間管理をしている人たちは、毎日の計画と優先順位づけによって個人の生産性を大幅に高めている。「最優先事項」は自分の価値観と目標から決まる。

　この世代であれば、良い結果が得られそうである。実際、多くの人にとって時間管理の頂点はこの第三世代である。この世代の時間管理スタイルがしっかり身についている人は、生活を完璧にコントロールできると感じているだろう。

　そうはいっても、この第三世代には深刻な欠点がいくつかある。パラダイムが不完全で、重要な要素が欠けていたら、予想とは裏腹の結果になってしまうのだ。多くの人にとってはこの第三世代が「時間管理の理想のかたち」であり、第一世代、第二世代の人たちが目指しているゴールでもあるからなおさら、これらの欠点をよく見つめてみなければならない。

まず、基本のパラダイムを考えてみよう。パラダイムは地図のようなものだ。地図というのは、どういう土地であるかを描写しているのであって、土地そのものではない。地図が間違っていたら、たとえばデトロイトのどこかに行こうとしているのにシカゴの地図しか持っていなかったら、デトロイトにたどり着くのは至難の業だ。道に迷い、大変な思いをするだろう。あなたはまず、自分の行動をどうにかしようとする。運転の効率を上げなければと思い、燃費の良い車に乗り換えてスピードを上げて走るかもしれない。しかしそうまでしたところで、間違った場所に早く着くだけである。あるいは態度を変えようとするかもしれない。もっと前向きに考えようとするのだ。目的地にたどり着けなくとも気にしない。ポジティブになったあなたは、着いた場所がどこであっても満足できるというわけだ。しかし根本的な問題は行動とも態度とも関係ない。地図が間違っていたことが、そもそもの原因なのである。

次に挙げるパラダイムは、第一世代、第二世代の時間管理の土台となり、第三世代でいっそう強調されている。

●**コントロール**――第三世代で一番顕著なパラダイムは「コントロール」である。計画し、スケジュールを組み、管理する。ステップをきちんと踏んでいく。どのステップも飛ばしてはならない。ほとんどの人は、自分の人生を「コントロール」できるのは素晴らしいことだと思うだろう。

しかし実際のところ、人生をコントロールしているのは自分ではない。原則がコントロールしているのだ。私たちは自分の選択をコントロールすることはできる。しかし選択の結果をコントロールすることはできない。棒の端を持ち上げれば、反対側の端も持ち上がる。自分がコントロールできていると思うのは幻想にすぎない。必然的に起こる結果を曲げようとしてもできるわけがないのである。そもそも、私たちは他人をコントロールすることはできない。私たちはほとんどの時間、自分にはコントロールできない他人と一緒に過ごしている。それが現実である。時間管理の基本のパラダイムがコントロールなら、その現実を無視していることになる。

●**効率性**――効率性とは「より短い時間でより多くのことをする」ことを意味する。より多くの結果を出せる。無駄を減らす、あるいは完全になくす。スリムになり、より速く動けるようになる。生産性は格段にアップする。筋は通っているし、いいことずくめに見える。

しかし、そこには「より多く」と「より速く」を正しいとする前提がある。しかしそれは必ずしも正しいとはいえないのではないだろうか？　効率と効果は根本的に違うものだ。高速道路を飛ばせば一気に距離を稼げる。効率的だ。天気にも恵まれれば、走りの効率はさらにアップする。だが、あなたの目的地がニューヨークで、一〇一号線でカリフォルニアの沿岸を南下しているとしたら、効果的な走りとはとてもいえない。

さらに、人に対して「効率的」に接してよいものだろうか？　家庭で難しい問題が起きたとき、夫・妻、思春期の子どもに対して効率的に接しようとしたことがあるだろうか？　職場ではどうだろう？　結果はどうだったろうか？

「お父さんは今忙しいんだ。この仕事を仕上げなくちゃいけないからね。気持ちをぶちまけたいなら、どこか別の場所でやってくれないか」「すまないが、この面談にとれる時間は一〇分しかない。深刻な悩みの相談は困るよ」生身の人間にこんなふうには接しないはずだ。

モノは効率的に扱える。しかし人に対しては、効率的ではなく効果的に接しなくてはならない。

●**価値観**――何かを尊重するのは、それを価値あるものと考えることである。価値観はとても重要だ。私たちは自分の価値観で行動を選択する。

しかし、人が大切に思うものにはいろいろある。愛、安心、大きな家、銀行預金、地位、評判、名声。それに、何かを大切にしているからといって人生の質が上がるわけではない。心の安らぎをもたらす原則と正反対のものを大切だと思っていたら、幻想を土台にして生活を営むことになる。失敗するのは目に見えている。私たちは原則に従って生きなくてはならないのであって、原則を曲げて自分に従わせることはできないのだ。

●**個人的目標の達成**――従来の時間管理は、実現、達成、欲しいものを得る、邪魔は排除する、ということにフォーカスしている。他者は基本的に、より多くのことをより短時間で行うための手段とみなされている。手段にならない他者は邪魔者にすぎない。ここでの人間関係は取引であり、打算でしかない。

しかし現実はどうだろう。仕事の大きな業績も、人生で味わう喜びも、そのほとんどはお互いが変化する人間関係によって生まれる。人は他者の影響を受け、変化する。それが人間関係の本質だ。人と人が交流する中で、思ってもみなかった新しい何かが生まれることもある。それは効率性を高めたところでできるものではない。理解したこと、洞察、新しく学んだこと、そして新しく学んだことから湧きあがる高揚感のやりとりから生まれるものだ。相互依存のシナジーの持つ変化の力は、時間と人生の質における「テコの支点」を移動させるのである。

●**クロノス時間**——これまでの時間管理では、時間を「クロノス時間」でとらえる。クロノスとは過去から未来へ一定の速度で流れる連続した「時」を意味するギリシャ語だ。クロノス時間では一秒はあくまでも一秒であって、それ以上でもそれ以下でもない。時計はこのクロノス時間を刻んでいて、私たちの生活のリズムでもある。

　しかし世界中のどの文化においても、人々が人生をとらえるときの時間は「カイロス時間」である。カイロス時間とは、人が主観的に感じる時間、時間の質のことである。「体験される」時間、意味を持って存在する時間だ。カイロス時間の考え方は、何かにどのくらいの時間をかけたかではなく、その時間からどれだけの価値を得たか、である。それは私たちの普段の会話にも表れている。「楽しい時間を過ごした？」と聞いて知りたいのは、クロノス時間の量ではなく、その時間の価値なのである。

●**能力**——時間管理は、基本的にはいくつかの能力のまとまりである。何かの能力を開発すれば、人生の質が向上するという考え方である。

しかし、個人の効果性を決めるのは能力だけではない。人格もある。ほとんどの文学は「時は人生そのもの」という意味のことをいろいろな文脈で使っているが、過去七〇年間に書かれている「成功に関する文献」のほとんどがそうであるように、時間管理のハウツー本も人格は切り捨て、行動だけを取り上げている。[2] しかしそれ以前の何百年にもわたる歴史に残されている見識は、生活の質を高めるためには能力だけでなく人格を育てなければならないと説いている。

●マネジメント――時間管理（タイム・マネジメント）は、字のごとくマネジメントの視点に立っている。リーダーシップの視点には立っていない。マネジメントはパラダイムの中で機能する。リーダーシップは新しいパラダイムを創造する。マネジメントはシステムの中で機能し、リーダーシップはシステムに働きかける。「モノ」に対してはマネジメント、「人」に対してはリーダーシップである。日々の生活の中で最優先事項を優先するためには、「マネジメントの前にリーダーシップ」の姿勢が不可欠だ。「それを正しく行っているか？」と問う前に「それを行うのは正しいことか？」と問わなくてはならない。

時間管理の三つの世代の長所と短所を次のページの表にまとめたので、参照してほしい。

	長所	短所
第一世代	・より重要なことが出てきたら対応できる──調和型、フレキシブル ・人に柔軟に対応できる ・過剰なスケジュールを組まない、枠組みに縛られない ・ストレスが少ない ・「すべきこと」を確認できる	・枠組みがない ・見落としがある ・約束したことを忘れたり、無視したりして、人間関係にヒビが入ることがある ・達成できることが比較的少ない ・スケジュールを無視するために危機対応だけに追われることになる ・最優先事項とは、目の前に現れること
第二世代	・約束したこと、決めたことを確認できる ・目標設定と計画により、第一世代よりもはるかに多くのことを達成できる ・準備をするので、ミーティングやプレゼンテーションを効果的に行える	・人よりもスケジュールを優先する ・自分が欲しいものを優先する。やらなければならないことがニーズを満たすものとはかぎらない ・一人で考え行動する。他者は目標達成の手段、そうでなければ邪魔 ・最優先事項とは、スケジュールにあるもの
第三世代	・結果に責任を負う ・自分の価値観と関係づけている ・長期／中期／短期目標を立てる ・価値観を目標と行動に結びつける ・毎日の計画と優先順位づけによって個人の生産性を高める ・効率を上げる ・生活に秩序を与える ・時間と自分を管理するスキルを磨くことができる	・自然の法則、原則が物事を支配しているのではなく、自分が何でも支配していると思い込む。「原則よりも自分が上」というプライド ・価値観が原則と一致しているとはかぎらない ・ビジョンの力を使えない ・毎日の計画を立てるので、緊急の差し迫った用事、危機管理だけをスケジューリングすることになる ・予定を詰め込みすぎて、自分の役割をバランスよく果たせなくなることがある ・スケジュールを人に押しつけ、人をモノとみなしてしまうことがある ・柔軟に対応できない、自発的な行動が抑えられる ・スキルだけでは効果性とリーダーシップは生まれない。人格が必要 ・最優先事項とは、緊急性と価値観で決められる

人は見たままのものを手にする

効率、コントロール、マネジメント、能力、クロノス時間という結果を生んでいる基本のパラダイムは何だろうか？ これらは正確な地図だろうか？ 人生の質に期待していることを満たしてくれるだろうか？ これらのパラダイムから生まれているツールやテクニックに注ぐ労力は増える一方であるのに、根本的な問題は解決できていない（それどころか悪化している）。その事実は、基本のパラダイムが間違っていることを物語っている。

この章の冒頭で挙げた人々の声を振り返ってみよう。

> めちゃくちゃ忙しいんですよ。毎日走り回っています。会議、電話、書類仕事、いろんな約束。限界まで自分を追い込んでいる感じで、疲れきってベッドに倒れ込む。朝になったら起きて、また同じことの繰り返し。僕の仕事量は、すごいですよ。本当にたくさんの仕事をこなしているんです。でもときどき、「だから何なんだ？ おまえがやっていることはおまえにとって本当に大事なことなのか？」という心の声が聞こえてくる。正直言って、わからないんですよ、自分でも。

『原因と結果の法則』（サンマーク出版）の著者ジェームズ・アレンは、「内にあるものは、絶えず外に向かって現れようとします[3]」と言っている。「あなたは、あるがままの心を表すあなた以外の何者でもありません。そしてあなたの思いと考えは、心にあるがままに行動に現れ、その行動のゆくえに、運命の流れを創っていきます[3]」

See－Do－Get サイクル

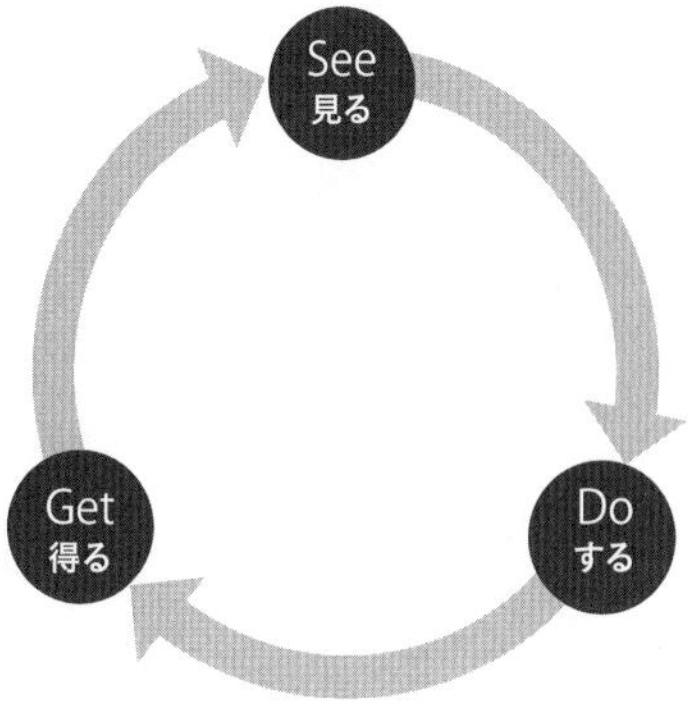

時間管理の基本のパラダイムを理解しておかなくてはならない。なぜなら、パラダイムは私たちの心と頭の地図であり、人生における私たちの態度、行動、結果は、その地図から生まれるからである。このプロセスは「See－Do－Get《シー・ドゥ・ゲット》サイクル」と呼ぶことができる。

私たちの持つパラダイム、つまりものの見方（See）が、私たちの行動と態度（Do）を生み、その行動と態度が、人生において私たちの得るもの（Get）を決める。だから、態度と行動（方法やテクニック）を変えるだけでは、結果を大きく変えることはできない。態度と行動の源泉であるパラダイムを変えなくてはならないのだ。パラダイムを変えずに行動や態度を変えても、結局はパラダイムが変化を妨げることになる。さまざまな制度やシステムを組織に「インストール」してもうまくいかないことが多いのは、パラダイムが変わっていないからである。行動や態度はインストールするものではない。育てていくものである。行動や態度はパラダイムから生まれるのである。

プランニングのツールやテクニックを変えても、人生で得る結果が大きく変わることはない。昨今のツールやテクニックは「これで人生が変わる」というようなことを約束しているけれども、そんなことはありえない。より多く、より良く、より速く物事をコントロールできればよいという問題ではないのだ。コントロールの前提そのものを見直さなくてはならない。

アルベルト・アインシュタインはこう言っている。

「我々の直面する重要な問題は、その問題をつくったときと同じ思考のレベルで解決することはできない[4]」

態度と行動を変えることよりも、その態度と行動のもととなっているパラダイムを見つめることのほうが先決である。プラトンの言葉を借りれば、「吟味されざる生に生きる価値なし」なのだ[5]。しかし、私たちのリーダーシップ開発プログラムを受講して「そんなことはもう何年も深く考えたことがないんですよ」と口にする人たちのなんと多いことか！　人生の果実を育てる根っこを真剣に考えることもせずに、事業を営み、子どもを育て、学生を教え、人間関係を築こうとすれば、時に悲惨な結果になってしまうのも無理はない。時間管理のツールがこれらの重要な事柄から切り離され、単なる機械的なスキルのようなものになっていては意味がないのだ。

第四世代の登場

一つはっきりしていることがある。今やっていることをやり続ければ、今得ているものしか得られない、ということだ。「同じことをやり続けて、違う結果を期待する」のは健全な考えではない。時間管理が答えを出してくれるなら、山ほどの良いアイデアのおかげで、もうすでに人生に大きな変化が生まれているはずだ。ところが、人生の質を巡る不満や不安の声は、時間管理のトレーニングを受けていない人だけでなく、高度なトレーニングを受けている人たちからも聞かれるのである。

時間管理は役に立ちそうに思える。特に第三世代の時間管理は理想的なスタイルに見える。有意義なことを達成できると約束し、明るい未来への希望を与えてくれそうだ。ところが、そうはならない。第三世代のアプローチが頂点とはいっても、枠組みが厳密に決まっていて不自然だと感じている人が多い。この厳密さを維持していくのは大変なことだ。バカンスに出かけるとき、多くの人は、第三世代のツールを家に置いて出かけていくことに何よりも解放感を味わうに違いない！

第四世代の時間管理が必要なのは明らかである。第一世代、第二世代、第三世代の長所を全部持っていて、短所は全部なくして、さらに多くの長所を備えた新しい世代。それには根本的に異なるパラダイムとアプローチが必要である。効果性の低い考え方、行動スタイルときっぱり決別しなければならない。

必要なのは改革ではない。変革である。時間を管理するのではなく、自分の人生のリーダーとなるためのシステムが必要だ。充実した人生を創造するパラダイムを土台にした第四世代が必要なのである。

第二章　緊急中毒

無意識に小事ばかりをするのは、意識的に大事に取り組まないのと同じである。

この章の本題に入る前に、次の質問への答えを考えてほしい。

- **現在はしていないが、もし日頃から行っていれば、あなたのプライベートに大きくポジティブな（プラスとなる）結果をもたらすと思うことを一つ挙げるとしたら、それは何だろうか？**
- **同様に、あなたの仕事や専門分野で、ポジティブな結果をもたらすと思うことを一つ挙げるとしたら、それは何だろうか？**
- **それらがポジティブな結果をもたらすとわかっているのに、していないのはなぜか？**

時間の使い方を決める二つの基本的な要素、緊急度と重要度を考慮して答えてほしい。ここではこの二つの要素を詳しく見ていくが、私たちが自分の時間や生活のことを考えるときは必ず、緊急度か重要度のどちらかが基本のパラダイムになっている。

第四世代の時間管理は、「重要度」のパラダイムが土台になっている。差し迫った緊急事態にただひたすら対応するのではなく、何が重要かを知り、それを行うことが、最優先事項を優先することにほかならない。

この章を読み進めながら、自分のパラダイムを注意深く見つめてみてほしい。緊急度のパラダイムで行動しているのか、重要度のパラダイムで行動しているのか。どちらのパラダイムであるかによって、あなたが人生で得られる結果は大きく違ってくるのである。

緊急度

私たちが緊急事態にどれほど強い影響を受けているか、気づいている人はほとんどいないだろう。電話が鳴る。赤ちゃんが泣き出す。誰かがドアをノックする。締め切りが近づいてくる。「今はこれをしなくちゃ」「大変なんだ。すぐに来てくれないか」「早くしないと約束の時間に遅れるわよ」

あなたはこうした緊急事態にどのくらい影響を受けているだろうか？　次のページの「緊急度指標」で、緊急事態に対する自分の行動と態度を調べてみてほしい。各項目の指数から、緊急度のパラダイムで生活している度合いが判断できるだろう。各項目の文を読み、自分の反応に一番近いと思う数字を丸で囲む。

答えのほとんどが0～1点なら、あなたの人生で緊急度のパラダイムは大きな要因になっていない。ほとんどの項目が2点前後なら、緊急度はあなたの重要なパラダイムになっている可能性がある。ほとんどの項目が3～4点なら、自分で思っている以上に緊急度に人生を支配されている。もはや中毒と言っていい状態かもしれない。

緊急度指標

各項目の文章に関して、あなたの普段の行動や態度にもっとも近いと思う数字を丸で囲んでください。

（0＝まったくそうではない　1＝まれにそうである　2＝ときどきはそうである　3＝多くの場合そうである　4＝いつもそうである）

1. プレッシャーがあったほうがベストを尽くせるような気がする。	0	1	2	3	4
2. 自分自身を見つめ、深く内省する時間がとれないのを周囲の慌ただしさのせいにする。	0	1	2	3	4
3. 人がぐずぐずしていたり、物事がスムーズに進まなかったりするとイライラする。列に並ぶのは嫌いだ。	0	1	2	3	4
4. 仕事を休むと罪悪感を覚える。	0	1	2	3	4
5. いつもあちこち走り回っている。	0	1	2	3	4
6. 自分で仕事を進めたいために人を追い払うことがよくある。	0	1	2	3	4
7. 数分でも職場から離れていると不安になる。	0	1	2	3	4
8. 何かをしながら別のことで頭がいっぱいのことがよくある。	0	1	2	3	4

9. 緊急事態に対応するときが一番力を出せる。	0	1	2	3	4
10. 地道に努力して結果を出すよりも、緊急事態を切り抜けるほうが満足感を得られる。	0	1	2	3	4
11. 緊急事態に対応するために、大切な人と充実した時間を持つのを諦めることがよくある。	0	1	2	3	4
12. 緊急事態に対応するためなら、人を失望させたり、何かを先延ばしにしたりすることがあっても、仕方がないとわかってもらえると思う。	0	1	2	3	4
13. 危機的状況を解決することに充実感を感じたり目的意識を持つことができる。	0	1	2	3	4
14. 食事をしながら仕事をすることがよくある。	0	1	2	3	4
15. 本当にやりたいことはいつかできると思い続けている。	0	1	2	3	4
16. 一日の終わりに「処理済」の箱に書類がたまっているのを見ると、生産的な一日だったと思える。	0	1	2	3	4

全部の項目に答えたら合計点を出し、次の基準で評価する。

0〜25点：緊急度の影響は比較的低い
26〜45点：緊急度の影響は比較的高い
46点以上：緊急中毒

緊急中毒

　人は危機に直面するとアドレナリンが分泌され、「火事場の馬鹿力」を出すことがある。そのときの高揚感と活力に味を占めてしまった人は、自分から緊急事態を求めるようになる。緊急事態に直面したとき、あなたはどんな気分になるだろう？　ストレスを感じるだろうか？　プレッシャーに押し潰されそうになるだろうか？　緊張するだろうか？　疲れ果ててしまうだろうか？　どれも当てはまるだろう。でも、正直になってほしい。がぜん元気が出てきて、張り切ることもあるのではないだろうか？　自分は役に立つ人間なのだと誇らしく思ったりもするだろうし、自分の力が証明され、成功した気分を味わうこともあるはずだ。こうして人は危機対応に引き寄せられていく。悪漢に荒らされている町にさっそうと現れ、ピストルを抜いて撃ちまくり、夕陽を背に静かに立ち去るヒーローさながらの気分。危機対応はその場ですぐに結果が出て、しかも大いに感謝されるのである。

　緊急でしかも重要な危機を解決すれば、一時的に気分がハイになる。重要な仕事ではなく、ただ単に急ぎの用事であるなら、プレッシャーや緊張感が少ない分、解決する高揚感はさらに増し、やがて何でもよいから緊急の用事だけをするようになる。私たちの社会では、働きすぎくらいに忙しくしていることが求められている。それがステータスシンボルにさえなっているのだ。忙しくしていない人は価値がない、忙しくしている人ほど価値がある、というわけである。だから、忙しくしていないと気まずい思いをし、後ろめたさを感じる。忙しくしていれば安心していられる。自分の価値を確認できる。人に喜ばれ、ありがたがられもする。そしてまた、自分の人生における最優先事項を実行に移さない格好の言い訳にもなるのだ。

「君と楽しい時間を過ごしたいのはやまやまなんだが、仕事があるんだ。期限が迫っていてね。すぐにやらなくちゃいけない。わかってくれるよね」

「運動する時間なんかない。運動が大切なのはわかっている。でも今はやらなきゃいけないことがたくさんあるから、とても無理。少し落ち着いて時間ができたらやるわ」

緊急中毒は、ニーズが満たされない空しさを一時的に埋めようとする自滅的な行動である。これまでの時間管理のツールやアプローチは、ニーズを満たすどころか、逆に緊急中毒を悪化させることのほうが多い。どんなツールもアプローチも、毎日の活動の優先順位を緊急度の高いものからつけていくようになっているからだ。

緊急中毒の危険の度合いは、アルコール中毒など広く知られているさまざまな依存症と大差ない。次ページのリストは依存症の治療に関する資料から抜粋したもので、時間管理とはまったく関係ない。主に薬物、ギャンブル、過食などの依存症を取り上げているが、緊急中毒との共通点の多さに驚くだろう[1]。

緊急中毒の特徴そのものではないだろうか？　現代社会はどこを向いても緊急中毒患者であふれかえっている。私たちの生活、私たちの文化では、緊急中毒は増加の一途をたどっている。

ロジャー

多国籍企業の幹部を対象にしたセミナーを開いたとき、緊急度指数の自己評価をやってもらいました。休憩時間

中毒体験

1. 確実に期待どおりの興奮が得られる。
2. 最大の関心事になり、そのことばかりに注意がいく。
3. 痛みやネガティブな感情から一時的に逃れることができる。
4. 見せかけの自尊心、力、コントロール、安心感、親密感、達成感が得られる。
5. 解決したい問題や感情がますます悪化する。

に、オーストラリア人のエグゼクティブが苦笑いしながら私のところにやってきました。「信じられませんよ！」と彼は大きな声で言いました。「私は完璧な緊急中毒です。それはわが社の組織文化なんです。社員はいつも次から次へと起こる緊急事態に対応しています。誰かが〝大変だ！　緊急事態だ〟と言わないと何事も始まらないんですからね」

彼が話していると、部下の二人がやってきて、彼の話にうなずきました。三人でしばらく会社のそんな状況を揶揄《やゆ》して笑っていたのですが、そのうち彼らの冗談が深刻な雰囲気を帯びてきました。そのエグゼクティブは部下を見ながら、「入社したばかりのころの彼らはこんなふうじゃなかった。しかし今はすっかり緊急中毒だ」と私に言いました。そして突然、悟ったかのように目を見開いて言いました。「そうか。私は自分が緊急中毒であるだけじゃなくて、部下たちを緊急中毒にしてしまっていたのか！」

緊急事態そのものは問題でも何でもない。問題は、重要度ではなく緊急度が私たちの生活を支配する要因になっていることだ。私たちは緊急の用事を「最優先事項」とみなしているのである。人は自分がやっていることに没頭していると、それは本当にやるべきことなのかどうか考えることすらしないものである。その結果、時計とコンパスのずれがますます大きくなっていく。チャールズ・ハンメルは著書『Tyranny of the Urgent（緊急という独裁者）』の中で次のように書いている。

> 重要なことで今日あるいは今週中にやらなければならないものはめったにない。しかし緊急の用事にはすぐに対応しなくてはならない。こうした緊急の用事はその場では「どうしてもすぐにやらなければならない重要なこと」のように思え、実際に労力もかかるので、「重要なのだ」とますます思い込んでしまう。しかし後から考えてみれば、それらが実は重要な用事でも何でもなかったことがわかる。そして、その緊急の用事のために先延ばしした重要なことを思い出し、後悔する。緊急という独裁者の奴隷になっていたことに気づくのである。[2]

これまでの時間管理のツールの多くは、緊急中毒を悪化させるものでしかない。毎日の計画やＴｏＤｏリストは、緊急の仕事の優先順位をつけ、それらを実行するためのものである。緊急の用事が増えるほど、重要なことをする時間は減っていくのだ。

重要度

人生の大きな目標の達成に役立ち、人生を充実させ、人生に意義を与える重要な活動は、私たちを決してせかしはしない。これらの活動は緊急ではないから、私たちのほうから主体的に実行しなければならないのである。

「緊急度」と「重要度」をより具体的に理解できるように、「時間管理のマトリックス」という表にまとめた（左ページ参照）。さまざまな活動を四つの領域に分けてある。私たちは自分の時間を四つの領域のどれかで使っている。

第Ⅰ領域に入るのは「緊急で重要な活動」である。顧客のクレームに対応する、締め切りに間に合わせる、故障した機械を修理する、心臓の手術を受ける、泣いてむずかる赤ん坊をあやす、というような活動だ。第Ⅰ領域には時間を割かないわけにはいかない。管理し、生産する領域であり、経験と判断力を生かして多くのニーズや問題を解決する領域だからである。第Ⅰ領域を無視したら、それこそ大変なことになる。しかし、重要な仕事をぐずぐずと先延ばしにしていたために、あるいは予防や計画が十分でなかったために緊急事態になることも少なくない。

第Ⅱ領域には、「重要だが緊急ではない活動」が入る。いわば質を追求する領域だ。長期的な計画を立てる、問題を予測して予防する、人を育てる、読書やセミナーへの参加などによって視野を広げる、スキルを伸ばす、壁にぶつかっている息子や娘の力になる方法を考える、重要な会議やプレゼンテーションの準備をする、大切な人と真摯《しんし》な会話の時間をもって人間関係を深める、というような活動である。この領域にかける時間を増やせば、実行力がつくようになる。第Ⅱ領域にきちんと時間を使っていれば、計画、準備、予防によって、多くのことが緊急事態にならずにすむから、第Ⅰ領域が縮小していく。逆にこの領域をないがしろにしていたら第Ⅰ領域を拡大してしまい、ストレスがたまり、燃え尽き症候群に陥り、そのせいでより深刻な危機的状況

時間管理のマトリックス

	緊急	緊急でない
重要	I ・危機への対応 ・差し迫った問題 ・締め切りの迫った仕事 ・緊急会議 ・病気や事故	II ・準備　・予防 ・自分の価値観を見つめる ・計画を立てる ・人間関係づくり ・本当の意味で心身をリラックスさせること ・エンパワーメント
重要でない	III ・飛び込みの用事、多くの電話 ・多くのメールやレポート ・多くの重要ではない会議 ・重要ではない差し迫った仕事や問題 ・無意味なつき合い	IV ・取るに足らない仕事 ・見せかけだけの仕事 ・無意味な長電話 ・現実逃避の活動 ・暇潰し ・無意味なメール ・必要以上のテレビ視聴

を招く結果になる。第Ⅱ領域は、これをやりなさいと私たちをせき立てることはしない。自分から主体的に時間をとらなくてはならない。第Ⅱ領域は自分が自分のリーダーとなって活動する領域、パーソナル・リーダーシップの領域なのである。

第Ⅲ領域に入るのは「緊急だが重要ではない活動」である。第Ⅰ領域に見せかけている領域だ。誰しも緊急の用事は重要だと思い込んでしまう傾向がある。しかし実際には、この領域の活動は、たとえ重要なことだとしても、それはほかの人にとって重要なのである。多くの電話や会議、単に立ち寄っただけの客への対応は、この領域に入る。私たちは普段、これらは第Ⅰ領域の仕事だと思い込んで多くの時間を第Ⅲ領域に費やしているが、実は他人の優先事項や期待に応えているだけなのである。

第Ⅳ領域は「緊急でも重要でもない活動」の領域、つまり無駄な領域である。この領域に時間を使うべきではないことは言うまでもない。しかし、第Ⅰ領域と第Ⅲ領域を行ったり来たりして奮闘していると、つい第Ⅳ領域に逃げ込みたくなる。第Ⅳ領域にはどんな活動が入るのだろうか？リラックスするための活動がこの領域に入るとはかぎらない。本当の意味で心身をリラックスする活動は第Ⅱ領域にある。しかし低俗な小説を読んだり、見る気もないのにだらだらとテレビを見たり、職場で噂話に花を咲かせたりするのは、まさしく第Ⅳ領域の活動であり、時間の無駄以外のなにものでもない。第Ⅳ領域の活動は生きるために必要なものではない。それどころか人生の質を下げてしまう。口に入れるとすぐに消えてなくなる綿菓子のようなもので、最初は楽しくとも、何のためにもならないことはすぐにわかる。

もう一度、「時間管理のマトリックス」を見て、この一週間の自分の生活を振り返ってみてほしい。一週間に行ったことを四つの領域に分類してみよう。あなたはどの領域に一番時間を使っているだろうか？

第Ⅰ領域と第Ⅲ領域のところはよく考えてほしい。緊急の用事は重要だと思い込んでしまうものだから、本当に第Ⅰ領域に入る活動なのか慎重に見きわめなくてはならない。緊急の活動が重要な目的のためになっているかどうかが判断の目安になるだろう。重要な目的のためになっていないなら、その活動は第Ⅲ領域に入る。

多くの人は、第Ⅰ領域と第Ⅲ領域に時間の大部分を使っている。おそらくあなたもそうだろう。その結果、私たちはどんな代償を払っているのだろうか？　緊急の用事に振り回されていたら、重要なこと、ひょっとしたら「最優先事項」にさえも注意を払わず、放置したままになっていないだろうか？

この章の最初に挙げた質問をもう一度考えて見てほしい。

- 現在はしていないが、もし日頃から行っていれば、あなたのプライベートに大きくポジティブな（プラスとなる）結果をもたらすと思うことを一つ挙げるとしたら、それは何だろうか？
- 同様に、あなたの仕事や専門分野で、ポジティブな結果をもたらすと思うことを一つ挙げるとしたら、それは何だろうか？

答えがどの領域に入るか考えてみてほしい。おそらく第Ⅱ領域だと思う。この二つの質問をこれまで何千人もの人たちにしてきたが、答えのほとんどは次の七つの活動に分類できる。

一．コミュニケーション力を高める。
二．もっと効果的に準備する。
三．もっと効果的に計画を立てる。
四．もっと自分を大切にする。
五．新しいチャンスをつかむ。
六．自己啓発に励む。
七．人を育てる。

どれも第Ⅱ領域の活動であり、いずれも重要だ。

それなのになぜ、誰も実行しないのだろうか？　あなたはなぜ、二つの質問の答えを実行に移していないのだろう？

それはおそらく、これらの活動が緊急ではないからだ。差し迫った用事でもないから、早くやりなさいとせかされない。あなたが自分から主体的に働きかけ、実行しなければならないのである。

重要度のパラダイム

誰もが生活の中では「緊急度」と「重要度」という二つの要因を基準にして行動している。しかし自分の行動を選択するとき、どちらか一方に重きを置く傾向がある。はっきり言えば、重要度のパラダイムよりも緊急度のパラダイムのほうが強く働いている。

　重要度のパラダイムのほうが強ければ、第Ⅰ領域と第Ⅱ領域で生活することになる。第Ⅲ領域と第Ⅳ領域を抜け出し、準備、予防、計画、エンパワーメントにかける時間を増やせば、第Ⅰ領域に使う時間は減っていくし、第Ⅰ領域の中身も変わってくる。ただ流れに任せて第Ⅰ領域で過ごすのではなく、自分から選択して第Ⅰ領域の用事を行うようになる。重要なことだから意識的に緊急の活動にすることもあるだろうし、あるいは今やるべきだと自分で判断して行うこともあるだろう。

　同僚が次のような体験を話してくれた。

> 私は家事と仕事の両立に追われる日々です。どうにかこなしながら、自分自身の再新再生の時間もやりくりしています。そんなある日のことです。その日はとりわけ忙しく、会議の予定が三つも入っていて、車を修理に出すことにもなっていたし、買い物もしなければならず、重要な昼食会もありました。そこに、人間関係で悩んでいた友人から電話がかかってきたのです。私はすぐに、彼女が尋常じゃない精神状態にあることを察しました。そこで予定を全部キャンセルして、彼女の家まで車を一時間ほど走らせました。その日にやるはずだったことは後回しにしたので、翌日は第Ⅰ領域の仕事が増えててんてこ舞いするのは目に見えていました。でも、彼女の下に駆けつけるのは重要なことでした。だから、彼女と会うことを自分の判断で緊急の用事にしたのです。正しい選択だったと思います。

セミナーの参加者に、緊急度と重要度のパラダイムから何を連想するか尋ねることにしている。緊急度のパラダイムについては、「ストレスがたまる」「疲れる」「充実感がない」「神経が擦り切れる」というような答えが返ってくる。それに対して重要度のパラダイムについては、「自信」「充実感」「物事が順調に進む」「有意義」「心の安らぎ」といった答えが多い。あなたも考えてみてほしい。緊急度のパラダイムで活動しているときはどんな気分だろうか？　重要度のパラダイムのときは？　その答えから、今のあなたの状況の源泉が見えてくるだろう。

「時間管理のマトリックス」に関するよくある質問

現実の生活では、すべての活動が四つの領域にきっちりと分類できるわけではない。複数の領域にまたがっている活動もあるだろうし、同じ活動でもそのときどきによって入る領域が違うこともあるから、程度と中身に応じて判断する必要がある。

「時間管理のマトリックス」に関してよく受ける質問をまとめたので、参考にしてほしい。

Q　緊急で重要なことはたくさんあると思うのですが、どうすれば自分のやるべきことがわかるのでしょうか？

A　日々の生活ではそのようなジレンマに陥ることがよくあります。そういう状況に立たされると、より多くのことをより速くやるしかないと思ってしまいます。しかしほとんどの場合、最優先してやるべきことは一つしかありません。それは第Ⅰ領域の中の最優先事項、あるいは第Ⅱ領域の中の最優先事項といえるでしょう。そのときに一番重要な活動をどうやって決めるか。これは重要な問題の一つです。これ以降の章で詳しく取り上げます。

Q　第Ⅰ領域に時間を使うのは悪いことですか？

A　悪いことではありません。多くの人は第Ⅰ領域にかなりの時間を使っています。重要なのは、そのときになぜ第Ⅰ領域に時間を使っているかです。その用事が緊急だからでしょうか、それとも重要だからでしょうか？　あなたのパラダイムが緊急度のほうなら、その仕事が終われば、第Ⅲ領域に入っていくでしょう。これが緊急中毒です。けれども、重要度のパラダイムで活動を選択しているなら、その仕事が終われば、第Ⅱ領域に移っていきます。第Ⅰ領域も第Ⅱ領域も重要な活動です。緊急か緊急でないかの違いだけです。問題なのは第Ⅲ領域や第Ⅳ領域で時間を使ってしまうことです。

Q　第Ⅱ領域の時間はどのようにして捻出すればよいのでしょうか？

A　第Ⅱ領域に使う時間が欲しいなら、第Ⅲ領域の時間を削るしかありません。第Ⅰ領域は「緊急で重要な活動」を行う領域ですから、そこにかける時間は無視するわけにはいきません。また、第Ⅳ領域にはそもそも時間を使うべきではありません。しかし問題は第Ⅲ領域です。多くの人がこの領域にだまされて引きずり込まれるのです。どんな活動も重要度のパラダイムで考えるようにしましょう。そうすれば緊急という見せかけにだまされて時間を無駄に使うことがなくなり、その分を第Ⅱ領域にまわすことができます。

Q　第Ⅰ領域が中心の職場にいるのですが、どうしたらよいでしょうか？

A　職業によっては、ほとんどの時間が第Ⅰ領域に使われています。たとえば消防士、医師・看護師、警察官、報道関係者、編集者などは、緊急で重要なことに対応しなければなりません。しかしこうした人たちこそ、第Ⅱ領域の時間を確保する必要があります。第Ⅱ領域に時間を使うことで、第Ⅰ領域に対応する能力を高められるからです。

Q　第Ⅰ領域の活動でも、「今すぐやりなさい」とせかさず、こちらの注意を引かないことはあるでしょうか？

A　今は危機でも何でもなくても、対処せず放置したままでいたら、危機に発展してしまう問題もあります。ですから、そのような問題は緊急のものと判断し、対応すべきでしょう。また、長期的なビジョンや計画の策定は組織全体にとっては第Ⅱ領域の活動でも、経営者は第Ⅰ領域とみなしています。これらの活動は組織の経営者の責任であり、やるかやらないかで結果は大きく違ってきます。経営者にとっては「今」やらなくてはならない緊急の活動です。しかしせかされてやるのではなく、自分から主体的に行わなくてはなりません。

「時間管理のマトリックス」を活用すれば、時間をどう使うか決めるときに重要度と緊急度からどのように影響を受けているかがわかる。マトリックスの価値はそこにある。どの領域で、どのような理由で時間を使っているかを具体的に知ることができる。それぞれの活動について、緊急度が重要度をどれくらい上回っているかもわかる。

難しくなる前に

薬物の乱用と同じように、緊急中毒は一時的な痛み止めになるから、やめられなくなる。時計とコンパスがずれているせいで生じる急性の痛みを和らげてくれるので、そのときはいい気分になれる。しかしそれは綿菓子のようにはかない満足でしかない。甘さはたちまち消えてなくなり、痛みだけが残る。より多く、より速くだけでは、慢性的な原因、潜在的な原因、痛みの「理由」を解決することはできない。優先順位の一番目、最優先事項を行っていないことが慢性的な痛みの根本原因なのだから、優先順位の二番目あるいは三番目、四番目のことをより速くやったところで、何の解決にもならないのである。

慢性的な問題を解決するには、考え方を変える必要がある。医療における「予防」と「治療」の視点から考えてみよう。治療は病気の急性的な痛み、あるいは痛みのある状態を治す処置である。予防はライフスタイルを正して、健康を維持することが目的である。つまり医療には二つのパラダイムがあるのだ。医者はどちらのパラダイムも考慮しているが、たいていはどちらかのパラダイムに偏っている。

スティーブン

予防のパラダイムの医者も治療のパラダイムの医者も知っていますが、どちらのパラダイムかで診断がまったく違います。違うものを求めているからです。たとえば治療のパラダイムで考える医者は、私の血液検査の結果を見て「総コレステロールが二〇〇未満だから大丈夫ですよ」と言います。ところが予防のパラダイムで考える医者は、やはり血液検査の結果から、特に悪玉コレステロール／善玉コレステロール／総コレステロールの比率を指摘して「これじゃダメです」と言うわけです。私は中程度のリスク領域に入るらしく、薬を処方され、運動と食事制限を指示されるのです。

たいていの健康問題がライフスタイルに関係していることはよく知られている。しかし、心臓発作などのように極端な「人生の目覚まし時計」を体験しないかぎり、「自分だけは大丈夫」と思い込んで生きているものだ。めったに運動はしない、食生活は適当、睡眠も十分にとらないなど、好き勝手な生活を送っていて、病気になったら医者に治してもらえばよいと思っている。医者に処方してもらった薬や応急処置によって痛みは和らぐかもしれないが、本当に健康になりたいなら、痛みの根本原因を突き止め、もっと真剣に予防を考えなければならない。

同じことは人生のあらゆる面に言える。オリバー・ウェンデル・ホームズは次のように語っている。「私は、込み入って難しくなってしまった問題は気にしません。難しくなる前の簡単なことに取り組みます[3]」

難しくなってしまった問題は、簡単に解決できるわけがない。「応急処置で大丈夫です、楽になります」と言われても、それが空約束でしかないことはほとんどの人が気づいている。人々はもう、応急処置的な解決策や個性主義のテクニックにはうんざりしていて、信用していない。最優先事項を優先できない慢性的な問題を解決したいと思っているのである。

次の章では、第一章と第二章で述べた問題の根本原因を探っていく。私たちが感じている急性の痛みの慢性的な原因、潜在的な原因を明らかにする。私たちの時間と人生の質に影響を与えている現実をつぶさに見つめて、複雑に込み入ってしまった問題の核心に迫りたい。第三章で紹介する三つの考え方を通して、あなたは今の自分を疑問視することになるだろう。しかしその代償を払っても、これらの考え方を深く考察して自分の内面を見つめてほしい。そうすれば、これまでの自分のパラダイムから解き放たれ、土地を正確に描写する地図をつくる力を得られるはずだ。

この三つの考え方から、シンプルでパワフルなパラダイムが生まれる。これについては第二部で取り上げるが、このパラダイムが、最優先事項を確実に優先するための力になる。

第三章　生きること、愛すること、学ぶこと、貢献すること

より多くのことをより速く行っても、正しいことを行う代わりにはならない。

緊急度のパラダイムから重要度のパラダイムにシフトしていくとき、私たちは必ず根本的な疑問にぶつかる——最優先事項は何なのか？　どうすればそれを優先できるようになるのか？

第四世代の時間管理の核心には、三つの基本的な考え方がある。それらがこの疑問に答えを出してくれるだろう。

一．人間の四つのニーズ
二．真北の原則
三．人間だけに授けられた四つの能力《ちから》

人間の四つのニーズ

人間には必ず満たしたいニーズがある。これらの基本のニーズが満たされなければ、空しさを感じ、自分の

人生は不完全だと感じる。その空しさを埋めるために緊急中毒になり、一時的にでも満たされたいと思うのだ。

しかし、たとえこれらの基本のニーズを意識していなくとも、誰でも内面の奥深くではニーズがあることを知っている。重要なニーズであることもわかっている。自分の経験からも、ほかの人たちの経験からも、それらのニーズの存在を確認できる。人類の歴史が始まってからずっと地球上で繰り広げられている経験から、私たちはそれらのニーズの存在を知っているのだ。時代を超えて今に伝えられる知恵文学（古代オリエントで人間一般や宇宙の秩序について教える格言や寓話などの総称）に、それらのニーズは記されている。

これらのニーズの本質は、「生きること、愛すること、学ぶこと、貢献すること」という言葉で表すことができる。生きるニーズは、衣食住、経済的な安定、健康など、肉体的なことである。愛するニーズは、他者と関係を築き、社会の一員となり、愛し、愛されたいという社会・情緒的なことである。学ぶニーズは、自分の能力を伸ばし、成長したいという知的なことである。貢献するニーズは、目的意識を持って有意義な人生を送り、社会や人のためになりたいという精神的なことである。

これらの四つのニーズは、私たちの時間と人生の質に大きな影響を与えている。次の質問を考えてみてほしい。

- あなたは肉体の万全な状態を一日中維持できるだろうか？　どうしてもやりたいことがあるのに、疲れていたり、体調を崩したりしていて、とてもできそうにないときはあるだろうか？
- あなたは経済的に安定しているだろうか？　今のニーズを満たすことができて、さらに将来に備えた蓄えもあるだろうか？　それとも借金があり、その返済のために毎日長時間働いていて、ぎりぎりの生活をしているのだろうか？

- あなたは豊かで充実した人間関係を築いているだろうか？ 他者と協力して共通の目標を達成することができるだろうか？ それとも、大切な人と充実した時間を持てずにいて、疎外感、孤独感を感じているだろうか？ 誤解、気持ちの擦れ違い、駆け引き、陰口、責任転嫁、非難などが原因で、他者と協力することに苦痛を感じているのだろうか？
- 成長するために、新しい視野を得るために、新しいスキルを身につけるために、日頃から学んでいるだろうか？ それとも、自分の成長はもう頭打ちだと感じているだろうか？ 教育を受けていないために、あるいはスキルがないために、キャリアアップに尻込みしたり、やりたいと思うことを諦めたりしていないだろうか？
- 自分を奮い立たせる明確な目的を持っているだろうか？ それとも、自分にとって大切なこと、人生において本当にやりたいことがよくわからないのだろうか？

どのニーズもとても重要だ。四つのニーズのうちどれか一つでも満たされなければ、人生の質は損なわれる。借金を抱えていたり、病気になったりすれば、あるいは衣食住が不十分なら、あるいは孤独だったら、あるいは知的な成長はもう無理だと感じていたら、あるいは目的意識がなかったら、あなたの人生の質は低下してしまうのだ。健康、経済的な安定、豊かで充実した人間関係、継続的な自己啓発、深い目的意識、貢献、これらが揃っていてはじめて、満足のいく人生の質が得られるのである。

どれか一つでも満たされないと、それがブラックホールとなって、あなたのエネルギーと注意力を吸い込んでいく。経済的な問題を抱えていたら、あるいは離婚の危機にあって精神的にまいっていたら、あるいは病気になったら、それは今すぐにどうにかしなければならない差し迫った問題になり、それにかかりきりになる。ほかのニーズは見えなくなり、あらゆる面で生活のバランスが崩れていく。

そしてまた、満たされないニーズが一つでもあると、あなたは緊急中毒になりかねない。今すぐ満たさなければならない緊急のニーズばかりに反応していて、有能な危機管理マネージャーになるのだ。危機対応を最優先事項にして、より効率的に危機に対処できるようになるだろう。かくして「忙しくしているのだから、私は有能に違いない」と思い込む。火消しに奮闘し、ほかの人たちの急ぎの用事にも対応していると、アドレナリンの作用でハイな気分になり、ますます緊急中毒の深みにはまっていく。しかし、そうしたことをいくらやっても、人生の質が上がるわけではない。根本のニーズは満たされていない。緊急の仕事をすればするほど、緊急中毒は悪化の一途をたどる。四つのニーズを効果的に満たして得られる深い充足感の代わりに、応急処置で一時的にしか得られない「ハイな気分」でごまかしているにすぎない。

四つのニーズのバランスとシナジー

四つのニーズは互いに密接に関係し合っている。これらのニーズがあることはわかっていても、人生を構成する別々の「部品」のように思っている人も少なくない（八二ページ下図参照）。そして、どれか一つのニーズから別のニーズに素早く移動しながら、全部のニーズに満遍なく時間をかけることが「バランス」だと思っている。

しかし、四つのニーズは別々のものだというパラダイムでは、四つのニーズのシナジーの力が抜け落ちている。八三ページ下図が表すように、これらのニーズが互いに重なり合う部分にこそ、内面の本当のバランス、深い充足感、喜びがある。

二つの図の違いを見てみよう。もし四つのニーズは別々のものだというパラダイムで生活していたら、生活費を稼ぐという肉体的ニーズと社会に貢献するという精神的ニーズは別のものと思うだろう。そうであるなら、生活費が稼げればよいのだからと、単調で面白みがなく、充実感を得られない仕事を選ぶかもしれない。それどころか、反社会的な仕事でさえも受け入れるかもしれない。

学び成長するという知的ニーズと、愛し愛されたという社会・情緒的ニーズを別のものと思っていたら、どうすれば人を

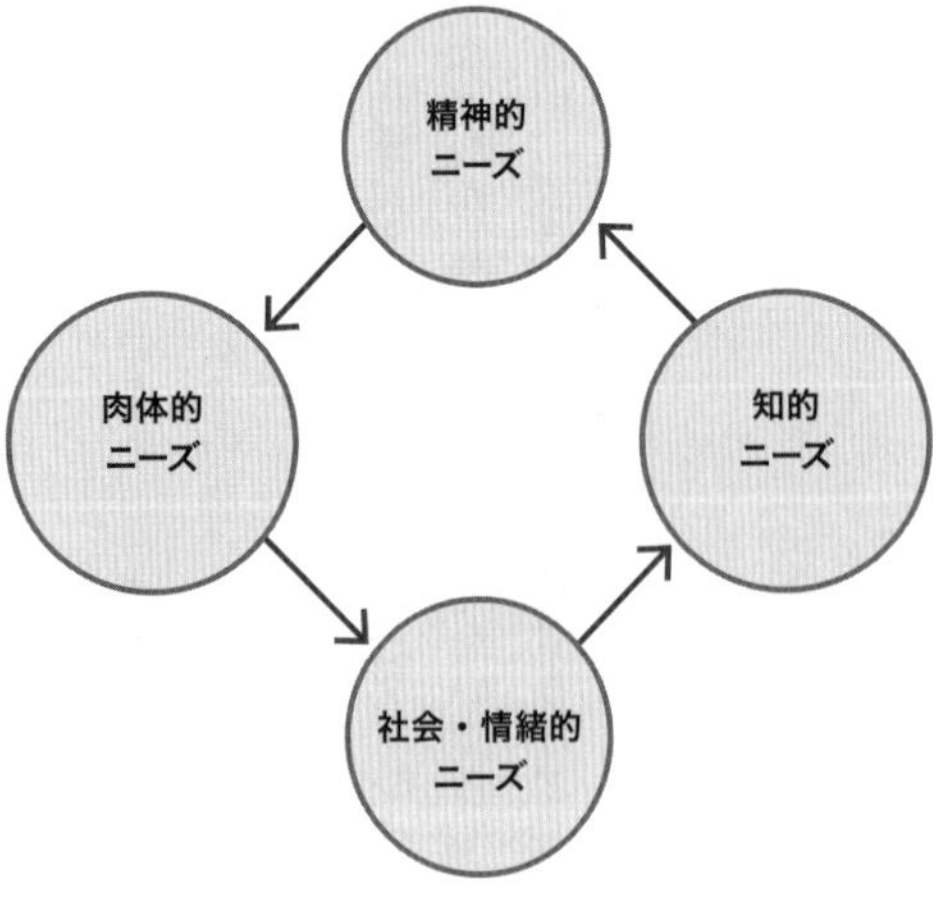

深く愛せるか学ぼうとはしないだろう。学識は増えても、他者と有意義な関係を築く能力は身につかないかもしれない。

　肉体的ニーズをほかの三つのニーズと切り離して考えていたら、健康状態がほかの三つのニーズにどれほど影響を与えているかわからずにいるかもしれない。体調がすぐれないときは頭は働かないものだし、人と前向きにつき合うこともできない。社会貢献どころではない。

　精神的ニーズはほかの三つのニーズとは別だと考えていたら、自分のアイデンティティや目的意識が、自分の生き方、人を愛する気持ち、学ぶことへの姿勢にどれだけ強い影響を与えるかわからずにいるかもしれない。人生の精神的な側面だけを切り離して考えたり、まして無視したりしたら、ほかのすべての側面に計り知れない影響を及ぼす。生きる意義と目的があってこそ、人生のあらゆる側面に充実感が行きわたるのである。

　四つのニーズが互いに関係し合い、パワフルなシナジーを生み出すものだと理解できれば、これらのニーズを満たす力が湧いてきて、内面のバランスがとれ、深い充足を感じ、喜びが得

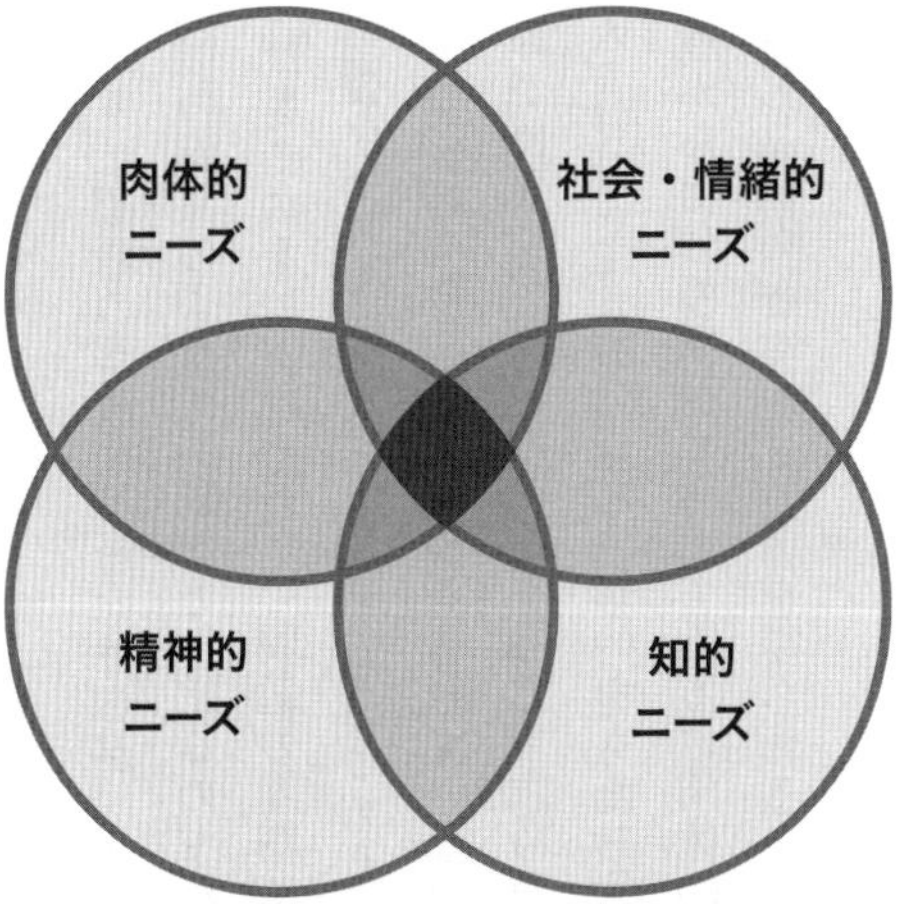

られる。仕事に意義を見いだし、深く豊かな人間関係が築かれ、健康な肉体は有意義な目的を達成するための資源になる。

四つのニーズの相関関係が見えてくると、満たされていないニーズを満たすための鍵は、ほかのニーズを無視するのではなく、それらを満たすように取り組めばよいことが理解できるだろう。

これはパーソナル・リーダーシップの長所の一つである。マネジメントは問題の解決に目を向けるが、リーダーシップは機会をとらえることに目を向ける。壊れたら修理する機械の部品のように問題をとらえるのではなく、ほかの要素と結びついてシナジーを生み出すものととらえる。問題そのものだけでなく、問題の周囲にあるものも見て、その問題とどうつながっているのか、問題にどんな影響を与えているのかを考えるのである。

たとえば借金を抱え経済的に厳しい状況に置かれていて、肉体的ニーズ（経済的ニーズ）が満たされていないなら、社会・情緒的ニーズ、知的ニーズ、精神的ニーズを無視するのではなく、誰かに助言や協力を求めたり、資金運用について学んで問題を解決するための選択肢を考えたり、自分の生き方に意味と目的をもたらすように借金から抜け出したい理由をはっきりさせたりして、違う角度から自分の状況を考えてみる。肉体的ニーズにほかの三つのニーズを結びつけることによって、肉体的ニーズを効果的に満たせる力を得られるのである。

あるいは離婚の危機にあって社会・情緒的ニーズが満たされていないなら、肉体、知性、精神の側面に意識を向ければ、その問題に対処する力が湧いてくる。きちんと運動して自分の健康に気を配る、人間関係の本質について研究し深く学ぶ、人生における目的意識を強めるなど、ほかの三つのニーズに取り組めば、社会・情緒的側面の問題に正面から向き合う力がつくのである。

心の内なる炎

四つのニーズを互いに結びつけて一緒に満たす。それは化学反応のようなものだ。四つのニーズがまとまって「臨界質量（ある一定量に達すると劇的に変化すること）」に達すると、自然発火という現象が起こる。心の内なる炎に火がついて、ビジョン、情熱、冒険心が生まれ、人の内面でシナジーが爆発するのだ。

　心の内なる炎を燃えたたせる鍵は、貢献しようという精神的ニーズである。それがほかの三つのニーズを貢献する能力に変える。食べ物、お金、健康、教育、愛は、他者に手を差し伸べ、他者の満たされていないニーズを満たすための資源になるのだ。

　自分のニーズを十分に満たして、さらにそれらを貢献のための資源にできたら、時間の使い方も人生の質もまるで違ったものになるだろう。近代心理学の祖の一人アブラハム・マズローは、人間のもっとも高い欲求を「自己実現」とする「欲求の段階」という理論を構築した。しかし晩年になって、彼はその理論を改め、人間のもっとも高い欲求は「自己実現」ではなく、自己を超えた目的のために生きること、「自己超越」とした[1]。

　ここでジョージ・バーナード・ショーの言葉を紹介しよう。

「人生の真の喜びとは、自らが大切だと信じる目的のために働くことである。それは自然の力と一体になることであって、世界が自分を幸せにしてくれないと嘆いたり、不平を言ってばかりいる利己的な愚か者になることではない。私は自分の人生がコミュニティ全体に属するものであると考える。したがって、命ある限りコミュニティのために尽くすことは私の名誉なのだ。死ぬときには自分のすべてを使い果たしていたい。なぜなら働けば働くほど、より生きているということだからだ。私は生きることにこのうえない喜びを感じる。私にとって人生とは短いろうそくではない。それは私に手渡され、私が今このときに掲げている松明《たいまつ》のようなものだ。だからそれを次の世代に手渡すまで、できる限り赤々と燃やし続けたいのである[2]」

ロジャー

先日、一週間の「原則中心リーダーシップ」セミナーを行ったときのことです。参加者の男性が相談に乗ってほしいと言ってきました。そこで私たちは、美しい湖とゴルフコースを見渡すベランダに出て、腰を下ろして話し始めました。

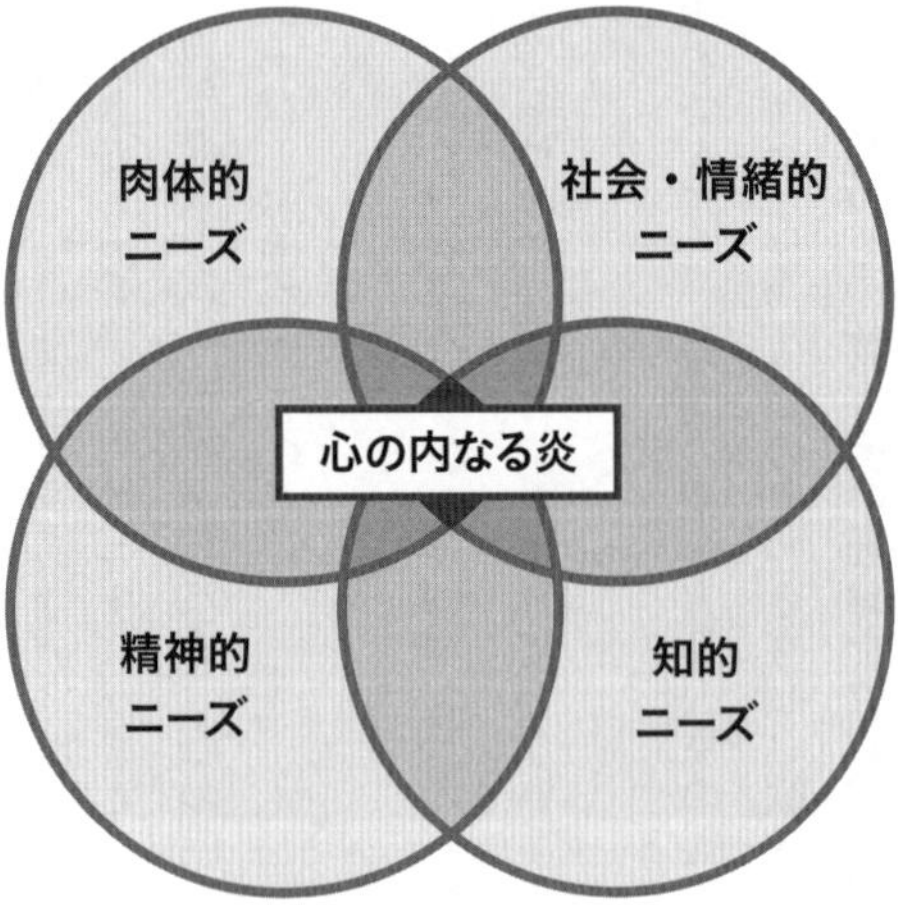

彼のような人がいったいどんな問題を抱えているのか、想像もつきませんでした。五〇代後半の堂々とした人で、グローバル企業の副社長を務め、家庭も円満のようです。セミナーにも積極的に参加していましたし、内容もすぐに理解できていました。

「セミナーに参加して、一日過ぎるごとにいたたまれなくなってきました。月曜日の夜に演習をやったときからです、落ち着かなくなったのは……」と彼は切り出しました。

彼は自分の生い立ちを話し始めました。中西部の小さな町で生まれ育ったそうです。スポーツが得意で学業成績もよく、聖歌隊にも入っていました。大学に進んでからも、多くのクラブやプログラムに参加していました。卒業して就職、結婚、子どもが生まれました。家族で海外旅行を楽しみ、マイホームを購入し、二人目の子どもが生まれ、副社長に昇進。私は彼の話を聴きながら、いったいどんな問題が起きたのだろう、絵に描いたような彼の人生ががらがらと崩れ落ちるような災難に見舞われたのだろうか、とあれこれ想像していました。

「問題はですね」と彼はようやく本題に入りました。「私の人生は良いことずくめなんです。それが問題なんですよ。素晴らしい家、高級車、立派な仕事、充実した毎日。でも、セミナーであなたが『皆さんの人生を深く見つめてみてください。自分にとってもっとも重要なものは何か、考えてください』とおっしゃったとき、はたと考え込んでしまって。

一〇代のころから大学時代、就職してからも、私は奉仕活動のようなものに参加してきました。何か有意義なかたちで社会に貢献したかったからです。

ところが、このセミナーで自分にとって本当に大切なことは何かと考えてみて、以前の気持ち、目的意識ですか、そういうものがしばらく前から薄れていることに気づいたんです。安定した生活に安心しきっていました。社会に貢献していなかった。子どもたちにもそのことを教えていなかった。カントリークラブのコースを回って、人生が穏やかに過ぎていくのを見ていただけなんですよ」

私は彼の様子が変わっていくのを興味深く見ていました。「しかし私は決意しました。以前関わっていた慈善団体に連絡をとるつもりです。途上国の人々を支援している素晴らしい団体なんですよ。またその一員になって活動しようと思っています」

彼の目は輝き、言葉には強い目的意識が感じられ、力がみなぎってきました。定年退職までの数年とその後の人生が、世界中の多くの人々のために貢献することによって充実したものとなることは想像にかたくありませんでした。

仮にあなたが四つのニーズ以外のものに価値を置いているとしても、充実した人生であるためには、四つのニーズを満たさなくてはならないことに変わりはない。肉体的ニーズ、社会・情緒的ニーズ、知的ニーズ、精神的ニーズを満たせずに、充実した人生を送れるだろうか？　これらのニーズのどれか一つでも満たせない時間管理のアプローチには、根本的な問題があるのではないだろうか？

真北の原則

ニーズを満たすことと同じように重要なのは、ニーズをどう満たすかである。人生の質を高める能力とは、基本的なニーズを満たそうとするとき、自分の外側にある厳しい現実に人生を一致させられることである。

あなたは今、目を閉じて真北を指すことができるだろうか？　これをセミナーの参加者にやってもらうことにしているのだが、目を開いてみると皆がてんでばらばらな方向を指しているのを見て、参加者は必ず驚く。自宅にいるときなら方角がわかるから、真北は容易に指させる。しかし家を出たら、見慣れた目印がないかぎり、どっちが北なのかそう簡単にはわからない。

「真北」を知るのは重要なことなのだろうか？　ほとんどの人は重要だと答える。たとえばサンフランシスコから飛行機に乗ってエルサレムに向かうとき、方角が一度でも違えば、エルサレムではなくモスクワに着いてしまうのだ。

「真北」とは何だろう？　人それぞれの考え方の問題だろうか？　投票で決めるものだろうか？　民主的なプロセスで決められるものだろうか？　そうではない。「真北」は、私たちの意見や希望とは関係なく存在する現実なのである。

「真北」がわかっていれば、自分が今どこにいて、どこに向かおうとしているのか、どうやってその目的地に到達するのかを判断できる。コンパスがなく、あるいは星も見えず、自分の正確な現在地がわからなければ、どっちが北なのか見当もつかない。それでも「真北」は必ず存在している。

真北は自然界の紛れもない現実であるように、人間社会においては、原因と結果の法則が個人の効果性と人間関係に必ず作用している。人間の歴史が始まって以来積み重ねられてきた知恵には、この原則が繰り返し登場する。それは真に偉大なあらゆる個人や社会の土台となっているのだ。それを心に留めて、人間社会の「真北」を探り、心の中のコンパスに合わせて生きていくにはどうすればよいのか、これから考えていこう。本書の中でいう「真北」とは、人間を取り巻く現実、すなわち原則の例えである。「磁北」と地図の「方眼北」の違いのような技術的な違いは考慮していない。

原則ではないもの

原則について語る前に、原則と原則ではないものを区別しておくことが大切である。

本書で語るのは「価値観」ではない。多くの人は、自分が価値を置いていることを達成すれば生活の質が上がると考えている。「もっとお金があれば幸せになれるのに」「才能が認められさえすれば……。」「豪邸が買えたら……。」「新車が買えたら……。」「大学を出れば……。」というように。

しかし自分の価値観だけに目を向けることこそ、これまでの時間管理のアプローチの間違った幻想なのである。どっちが真北なのか知らないままに、やみくもに進んでいくようなものだ。それではいくら成功を思い描き、目標を立てても、成功のはしごを間違った壁にかけてしまっているかもしれない。

従来のアプローチは、「最優先事項とは、あなたの価値観、あなたが大切だと思うことです。自分が何に価値を置いているのかを見きわめ、それを効率的に達成しましょう」と言っているのだ。これは傲慢《ごうまん》につながる。原則を自分に合うようにねじ曲げ、他者は自分のやりたいことを達成するための手段、モノと考えてしまいかねない。

人生を充実させるのは自分の価値観ではない。価値を置くべきは原則である。原則に従ってはじめて、充実した人生という結果につながるのである。第四世代の時間管理の要は、「最優先事項」は自分の価値観とは関係ないのだと謙虚に認めるところにある。これらの「最優先事項」、すなわち原則に自分の「最優先事項」をどれだけ合わせられるか、その最優先事項を日々の生活で優先する実行力を得られるかどうかによって、人生の質は決まるのだ。さらにまた、「私」ではく「私たち」の考え方を持てるかどうかも人生の質を左右する。私たちは人と人が力を合わせる相互依存現実の中で生きているのであり、真の意味でのシナジーを創り出せるような人間関係を築いてはじめて、人生の豊かさと自分の可能性に気づくのである。

何かをどれほど望んでも、それを実現するためにどれほど努力しても、それが原則に基づいたものでなければ、充実した人生にはならない。いくら夢に見ても、いくら挑戦しても意味はないのだ。目標を立てる意味もなければ、成功のはしごにもならない。原則に基づかない価値観に価値はないのである。結果につながる原則に基づいた努力をしなければならない。そうしてはじめて、私たちはその実現を夢に見て、目標を立て、自信を持って達成を目指せるのである。

本書で語るのは「やり方」ではない。複雑な現代社会で生きる私たちは、具体的なやり方を教えてもらって安心したくなる。結果ではなく方法を知りたくなるのだ。「どうしたらいいのか教えてほしい。」「どういうステップを踏めばいいのですか？」という具合だ。ある状況でうまくいくやり方はあるだろう。しかしそのやり方を別の状況でやってみても、うまくいかないことのほうが多い。どうすればよいのか見当もつかない状況に立たされると、誰でも自分のふがいなさを感じてしまうものだ。

偉大な歴史家のアーノルド・トインビーは、すべての歴史は「挑戦と対応」という一言で表せるとしている。環境からの挑戦に対して、人間、制度、社会は対応するわけである。それが解決すると新たな挑戦が突きつけられ、また対応する。歴史はこれの繰り返しだというのだ。

しかし問題は、次の挑戦にも同じやり方で対応してしまうことである。前の対応がうまくいったから、その考え方や行動スタイルですべての問題を解決しようとするのは危険だ。良い方法で効果のあった対応だったとしても、新しい挑戦に古いやり方は通用しないかもしれない。いくら立派な道路地図を持っていても、荒地では役に立たないのである。

細分化され、機械化の進んだ社会に生きる私たちは、目まぐるしく変化する万華鏡の中に身を置いているようなものだ。だからつい少しでも自分の将来を予測したくて、方法やシステムにしがみついてしまう。しかしどんなシステムを使ったところで、次々と現れる挑戦のすべてに使えるわけでないから、人も制度も疲弊し、すり減っていく。家庭生活もそうだ。親は自分が思春期だったころのやり方でうまくいくと思いがちだが、それでは新しい時代の挑戦に直面している子どもの現実は絶対に理解できない。

原則は、時代を超えた普遍的な真実だから、力を持つ。原則を理解し、原則に従って生活すれば、どんな状況にもすぐに適応できる。原則はどこででも通用する。やり方ではなく原則を子どもに教えれば、あるいはそのやり方の土台になっている原則を教えれば、将来ぶつかる未知の挑戦に対応できる力をつけてやることができる。やり方だけを理解しても、そのときの挑戦に対応できるだけなのだ。しかし原則を理解すれば、そのときの挑戦に効果的に対応できるだけでなく、将来次々と現れるどんな挑戦にも対応できるのである。

本書で語るのは「宗教」ではない。原則は意義と真実を語るものであるから、原則について本書に書いてあることを自分の宗教的体験に結びつけて考える人もいるだろう。私たちは世界各地でセミナーを開き、原則を教えているが、「これはキリスト教でいう復活だ。」、「ブッダの教えを思い出させてくれた。」、「インド哲学に近いものを感じる。」といったような感想を述べる参加者も少なくない。その一方で「宗教くさい。」と言って嫌悪感を示す人もいる。こういう人たちは「宗教」という言葉から押しつけがましさを感じ、良いイメージを持っていないのだ。そうかと思えば、原則中心の考え方を人間主義的ととらえ、神を完全に排除していると感じる人もいる。

本書で語ろうとしているのは、宗教ではない。救済、死後の世界のことでもないし、原則の源というような概念ですらない。こうしたテーマが個人にとって重要であることは認めるが、本書の範囲を超えている。我々著者は、「真北」がなぜ存在するのか、どこから来てどこへ行くのかというようなことを論じるつもりはない。「真北」が存在すること、それが私たちの人生の質を支配しているという事実を述べている。これらの原則が主要な宗教の聖典に書いてあるのは確かだが、宗教にかぎらず、古今東西の哲学者、科学者、王、農民が語る言葉の端々に表れているのである。

これらの原則は、さまざまな価値体系に翻訳され、異なる名前で呼ばれている場合もある。エマーソンは慈悲の原則について次のように語っている。「すべてのものは、この慈愛という同一の精神から出ているからである。そして、この精神はその現れる方面が異なれば、愛、正義、節制という異なった名で呼ばれているが、それは同じ大海でも、その打ち寄せる岸辺が異なれば、その名も異なるのと同じである[3]」基本の原則は、いろいろな名前で呼ばれていても、時代を超えてあらゆる文明に存在し、人々はその存在を認識しているのである。

我々著者が、価値観、やり方、宗教を語ろうとしているのではないことはわかってもらえたと思う。本書であなたに語りたいのは、人生の質の基礎をなす真北の原則である。長い目で見たときに、幸福をもたらし、人生を充実させる原則である。奉仕の原則や相互の利益の原則も含まれている。成長と変化のプロセス、人間の基本のニーズを効果的に満たすための法則も取り上げる。

これに続く章では、充実した人生を送るために不可欠な多くの原則を紹介するが、すべての原則を網羅することは本書の目的ではない。私たちに力を与えてくれる不変の真実、真北の原則に従って生きることを常に心がけること、そのような生き方がいかに素晴らしいものであるかを確認することが本書の最大の目的である。

原則とは何か：「農場の法則」から考える

「農場の法則」を考えてみれば、真北の原則の影響力がどれほど大きいかすぐに理解できるだろう。農場においては自然の法則が作業と収穫を支配し、影響を与えていることは誰でも容易にわかる。ところが社会や企業の環境になると、プロセスを飛ばしたりシステムをごまかしたりしてもかまわないと考えてしまう。それでもうまくいくことがよくあるからだ。

たとえば、あなたは学生時代に「一夜漬け」をしたことがあるだろうか？　普段は勉強を怠けていて、大事な試験の前の晩に知識を詰め込んで乗り切ったことは、誰にでも経験があるはずだ。

スティーブン

自分で言うのも恥ずかしいのですが、大学の学部生時代は自分がとても優秀だとうぬぼれていたので、試験は一夜漬けで要領よく乗り切っていました。先生が学生に求めている答えを予測し、ヤマを張っていたのです。「あの先生はどんなテストをつくるだろう？　講義の内容が中心だろうか？　それなら教科書は読まなくてもいいな。ほかの教科は？　教科書は読んだほうがいい？　だったら虎の巻を探して要点だけ押さえておこう」というような感じです。良い成績をとりたいとは思っていたのですが、そのために自分の時間を犠牲にしたくはなかったのです。

その後大学院に進みましたが、そこはまったく別世界でした。最初の三ヵ月は、学部時代に学んでおくべきだったことを全部やり直す日々。四年間の勉強を三ヵ月で詰め込もうとしたせいで胃潰瘍《いかいよう》ができ、入院するはめになりました。自然のプロセスを無視したからです。長い目で見れば、そんなことをしても何のためにもならないことがわかりました。愚かにも原則に反する価値観で四年間過ごしてしまったので、それを埋め合わせるのに何年もかかりました。

農場で「一夜漬け」が通用するだろうか？　春に種蒔《ま》きを忘れ、夏は遊びたいだけ遊び、秋になってから慌てて土を耕し、種を蒔《ま》き、水をやり、雑草を抜く、などということがまかり通るだろうか？　これらを一夜漬けでやってしまうなど、到底無理である。

自然界では一夜漬けは通用しない。社会のシステムと自然のシステムには根本的な違いがある。社会のシステムは価値観に基づいているが、自然のシステムは原則に基づいているのだ。社会のシステムでは、一夜漬けでも当面はうまくいきそうに見える。応急処置や小手先のテクニックでとりあえずは成功することもあるだろう。

しかし長い目で見れば、「農場の法則」が人生のすべてを支配しているのである。どれだけ多くの人が、学生時代に一夜漬けなんかしなければよかったと後悔しているだろう？　学位は取ったけれど、それに見合う教養が身についていなければ、学校という社会のシステムで成功するのと本当の意味で知性を開発するのとは違うのだと、いずれ思い知らされることになる。高度な抽象概念を分析的、創造的に考える能力、口頭や書面で効果的にコミュニケーションをとる能力、垣根を越えて人と交流できる能力、時代遅れのやり方を見きわめ、より新しい、より効果的な方法で問題を解決する能力は、一夜漬けで身につくものではないのだ。

人格はどうだろう？　誠実で勇気があり、慈愛に満ちた人格を一夜漬けでつくることができるだろうか？　肉体の健康はどうだろう？　ポテトチップスやチョコレートケーキばかり食べ、ろくに運動もしない生活を何年も続けていて、マラソン大会の前日にいきなりスポーツジムで汗を流して、完走できるだろうか？

結婚生活はどうだろう？　結婚生活を長続きさせたいなら、学校のシステムではなく農場の法則を土台にしなければならない。多くの人は結婚しても自分のライフスタイルは変えたくないと思っている。こういう人たちは「既婚シングル」だ。だから、夫婦で同じビジョンを描いたり、相手を思いやったり、優しくしてあげたりする時間を持とうとはしない。種を蒔《ま》くことをしていないのに、収穫の季節になって何も収穫できないことに驚くのだ。社会のシステムの応急処置や個性主義のテクニックで問題を解決しようとしてもうまくいかない。これらの手っ取り早い「解決策」が、土を耕し、種を蒔《ま》き、育てるというプロセスの代わりになるわけがないのだ。

わが子との関係はどうだろうか？　近道をすることはできるだろう。親のほうが身体は大きいし、知恵もある。権限も持っている。子どもを言い負かすことなど朝飯前だ。叱りつければ、親の思うとおりにさせることはできるだろう。あるいは躾《しつけ》の責任を保育園や学校、社会に任せてしまうこともできる。しかし長い目で考えてほしい。こうした近道をして、責任感が強く思いやりのある大人に育つだろうか？　適切な決断を下せる力を身につけて、幸福な人生を歩むことができるだろうか？　大切な人たちと豊かで実りある人間関係を築けるだろうか？

しばらくの間なら「応急処置」でうまくいくかもしれない。魅力的に振る舞って、良い印象を与えられることもできるだろう。相手から思いどおりの反応を引き出すために、どこでレバーを引き、どこでボタンを押せばよいか小手先のテクニックを操ることもできるだろう。しかし長い目で見たら、農場の法則が人生のあらゆる側面を支配しているのである。結局のところ、収穫をごまかすことはできないのだ。シドニー・ブレマー博士は著書『Spirit of Apollo（アポロの精神）』の中で次のように述べている。

「自然は均等にバランスがとれている。その平衡を崩すことはできない。誰でも知っているように、因果関係は動かしようのない自然の法則であるからだ。だが我々は、国家にも個人にも均衡があることに気づいていない。人生においても人間社会においても、同じ自然の法則が働いていることをまだ知らないからだ。自分が蒔《ま》いた種は自分で刈り取らなければならないのである[4]」

幻想VS現実

人生でぶつかる問題のほとんどの原因は、自分が蒔《ま》いた種とはまったく違うものの収穫を期待していることにある。

私たちが持っている基本のパラダイム、そしてそこから生まれるプロセスや習慣の多くが、私たちの期待どおりの結果を生むことはまずない。これらのパラダイムは、近道、宣伝、口のうまさを磨くセミナー、七〇年にも及ぶ個性主義の成功指南本を求める人たちによってできあがっていて、基本的には応急処置の幻想以外のなにものでもないからだ。この幻想は、基本的なニーズをどうとらえるかだけでなく、ニーズを満たす方法にも影響を与えている。

肉体的ニーズ

肉体の健康は、自然の法則に基づいている。規則的に運動し、適切な食生活を心がけ、十分な休息をとり、健全な考え方を持ち、身体に悪い物質は摂取しないという生活を長年続けて得られるものである。ところが私たちは、そうした地道な努力をしようとせず、外見という幻想にとらわれてしまうことが少なくない。流行の服を着て、きれいにメイクし、手っ取り早いダイエットをすれば（長い目で見れば痩せるどころかリバウンドで逆効果であることは証明されている）、肉体的なニーズは満たされるという幻想だ。それは空約束にすぎない。一時的には満足できるかもしれないが、しょせん綿菓子のようなもので、口に入れた瞬間に消えてなくなる。絶対に長続きはしない。

経済的な安定は、倹約、勤勉さ、将来に備えた貯蓄、利子を払うのではなくもらえるようにする、という原則に基づいている。しかし私たちは、モノを所有することがニーズを満たすことだという幻想を抱いている。現実はどうかといえば、つかの間の満足のためにクレジットで購入し、何ヵ月も、事によっては何年もかけて実際の値段の倍も支払っているのである。あるいは、宝くじや雑誌の懸賞みたいなものに当選して救われたいという甘い夢を見て生活している。自分が経済力を身につけなければならないのに、それは棚上げにして、誰かが、あるいは何かが自分の問題のすべてを魔法のように解決してくれる幻想を抱いているのだ。

社会・情緒的ニーズ

豊かな人間関係も原則の上に成り立っている。中でも重要なのは信頼の原則だ。約束を守り、資源を分かち合い、人を思いやり、責任を果たし、無条件に愛することのできる人格があってはじめて他者から信頼されるのである。

しかし人は、ニーズが満たされていない痛みを抱え、一人で悩んでいるとき、「努力して信頼されるような人間になりなさい、愛される人間になれるように人格を磨きなさい」と言われても耳には入らないものである。外見で異性の気を引くほうがはるかに簡単だと思い込んでしまう。人を深く愛せる人間になる努力をするよりも、手っ取り早く愛情をもらおうとする。これもまた綿菓子の幻想だ。そして音楽、本、広告、映画、テレビ番組など、昨今の文化はそのような幻想に満ちている。

知的ニーズ

能力を開発し、成長するためには長い時間をかけなければならない。しかし私たちは「一夜漬け」の幻想をつい抱いてしまう。「大学を出れば、就職できる。そうすればお金を稼げる。お金を稼げばモノが買える。たくさんモノが買えれば成功者だ」という思考回路になる。しかし、そうした「成功」がもたらすものは何だろう？　学習し成長するためにコツコツと地道に努力して得られる人格や能力と同じものが、その「成功」によって得られるわけがない。

精神的ニーズ

私たちが生きる社会は、自尊心や自己啓発など自分を中心に考えることが大切だという幻想に満ちている。「私が欲しいもの」「私のやり方」「私のやりたいことをやる」という生き方である。しかし人間の長い歴史の中で書かれてきた啓発的な書物は、「自分自身を高めていくときに得られるもっとも深い充足感は、他者に手を差し伸べ、他者のためになる力を得たときである」という事実を繰り返し説いている。人生の質は、インサイド・アウトによって高まっていく。まず自分の内面から変わらなければならないのである。社会や人のために貢献し、自分を超えたもののために生きることにこそ、意味がある。幻想を抱いて生きるのと、原則に基づいて生きるのとでは、その結果に果てしない違いができる。出口がなくよどんだままの「死海」と、海水が絶えず流れ込み、豊かな生命を育てる「紅海」ほどの違いである。

　時間管理の多くのテクニックは、現実に即し、的を射ていて、たちどころに結果の出る実用的な解決策という仮面をかぶっている。しかしこれらのテクニックが約束しているのは応急処置の幻想にすぎない。根本にある慢性的な問題を解決しようとするものではないのだ。これらの解決策は、長期的に人生の質を上げていく原則から切り離されている。結局は一時的な満足に終わることは、実際に人生で得られることが証明している。

　では、人生の質を支配している「真北の原則」をどうすれば発見できるのだろう？　どうすれば自分の生活を真北に合わせることができるのだろう？

人間だけに授けられた四つの能力《ちから》

　私たち人間には、ほかの動物にはない四つの能力《ちから》が授けられている。それらの能力《ちから》は、刺激と反応の間にできるスペースで発揮される。自分の身に起こったことにどう反応するかである。

スティーブン

もう何年も前のことです。ある大学の図書館の奥に山積みになっていた書籍の間を歩いていて、その中の一冊に何となく興味を引かれ、開いてみました。するとそこには、それまで出会ったこともないほどの説得力に満ちたことが書いてあったのです。要約すると次のような内容です。

「刺激と反応の間にはスペースがある。そのスペースの中で、自分の反応を選択することができる。その反応にこそ、我々人間の成長と自由がある」

私は計り知れない衝撃を受けました。それ以来、この考え方を幾度となく思い返しました。それは私の人生観に大きな影響を与えました。私はそのスペースの中に、自分の反応を意識的に選択できる能力を発見したのです。

このスペースにある能力《ちから》（自覚、良心、意志、想像）は、私たち人間を人間たらしめている自由を生み出す。それは選択し、反応し、変化する力だ。この四つの能力《ちから》が、自分の人生を真北に合わせるためのコンパスを形成する。

●**自覚**――自覚とは、自分自身から一歩離れて、自分の考え方、動機、これまでの人生、自分が持っているパラダイム、行動、習慣、性分を客観的に見つめられる能力である。自覚という能力《ちから》があるからこそ、私たちは自分の眼鏡を外し、これらのことを客観的に見ることができる。自分の内面に蓄積された社会的・心理的な影響に気づき、刺激と反応の間のスペースを広げていくことができるのである。

●**良心**——良心は、人間が長い歴史を通して積み重ねてきた知恵と自分自身の心の知恵を教えてくれる。それは私たちの内面にある誘導システムであり、原則に反する行動をすると、あるいはそういう行動をとろうと考えていると、警報を鳴らす。良心はまた、独自の能力、自分が果たすべき使命も気づかせてくれる。

●**意志**——意志は行動する力である。感情やその場の状況に流されて反応するのではなく、原則に基づいて行動する力を与えてくれる。それは自分のパラダイムを超える力であり、流れに逆らって泳ぐ力であり、自分の持っている脚本を書き換える力である。自分が置かれている環境や遺伝子の影響がどれほど強くとも、それが私たちを支配しているわけではない。私たちは環境や遺伝子の被害者ではない。過去の出来事の産物でもない。今の自分は自分がしてきた選択の結果なのである。私たちは自分

の行動に責任がある。「責任がある」を意味する英語はresponsibleといい、response（反応する）とable（できる）の二つの語に分けることができる。つまり私たちは反応することができるのであり、そのときどきの気分や状況に流されずに、行動を自分で選択できる。私たちには、自覚、良心、ビジョンに従って行動する意志の力があるのだ。

●**想像**――想像する力とは、将来の状態を思い描く力、頭の中に何かを創り出す力、シナジーを起こして問題を解決する力である。この能力《ちから》のおかげで、自分自身や他者を違う角度から眺め、今よりも良い姿を思い描くことができる。個人のミッション・ステートメントを書き、目標を設定し、あるいは会議の計画を立てることができる。逆境の中にあってもミッション・ステートメントどおりに生きる自分の姿を思い描けば、苦難を乗り越えられる。想像する力があれば、新しい状況で原則を効果的に実践することもできる。

昨今は自己啓発が流行している。ほとんどの自己啓発本やセミナーはこれらの能力《ちから》の存在を認めてはいるが、別々のものとして扱っている。

●**自覚**：自己再生、心理分析、心理療法などで重点的に取り上げられている。

●**良心**：道徳、倫理観、意義、善悪の判断など宗教心的な観点から取り上げられている。

●**意志**：欲しいものは本気で取りにいこう、「苦労なくして得るものなし」というような一般的な「意志の力」として取り上げられている。

●**想像**：ポジティブシンキング、サイコ・サイバネティクス（人間の脳には志向性があり、明確な目標を設定すると無意識に目標達成に向かうようになる）、信念の力、神経言語プログラミングなど、視覚化やマインドパワーで重点的に取り上げられている。

これらのアプローチは人間だけに授けられた四つの能力《ちから》の少なくとも一つは開発するけれども、四つの能力《ちから》が相互に作用してシナジーを創り出すことはまったく考慮していない。人生の質を高めていくためには、四つの能力《ちから》の一つひとつが、そしてそれらがまとまったときに生まれるシナジーが不可欠なのである。「自覚」の能力《ちから》を働かせ、内面の奥深くにある「良心」と調和していない脚本に従って生きてきたことに気づいても、より良い生き方を思い描く「想像」する力、変化を起こそうとする「意志」がなければ、何も変わらない。「意志」の力で人生を突き進むことはできても、真北を見つけ、自分が八方塞がりの状態にある原因を断ち切ろうとする「良心」がなければ、いつまでもその状態に甘んじていることになる。いくら「想像」する力を働かせたところで「意志」が欠けていたら、単なる夢想家にすぎないし、「良心」のかけらもない「想像」する力はヒトラーのような人間を生む。

四つの能力《ちから》のそれぞれを開発しながら、四つの相互作用によるシナジーを起こすことが、パーソナル・リーダーシップの要である。人間だけに授けられた四つの能力《ちから》をフルに使える人は、「私は自分のパラダイムを客観的に見つめることができる。それらのパラダイムが生み出す結果も理解できる。私は良心を働かせ、原則と一致する正しい道を見きわめ、自分の独自の能力を生かして貢献できる道を見つけられる。私は意志を働かせて自分の行動を選択し、変化を起こすことができる。私は想像力によって、今の自分を超える姿を思い描き、実現するための方法を考え出すことができる」と語れる人である。これがパーソナル・リーダーシップなのだ。

四つの能力《ちから》を開発する

人は皆、四つの能力《ちから》を持っている。誰もが自覚という能力《ちから》を使ったことがあるだろう。良心の声に耳を傾けて行動したこともあるはずだ。感情に流され、その場の状況にただ反応したりするのではなく、自分が重要だと思うことに従って行動したことは誰にでもあるだろう。想像する力を使って将来のビジョンを思い描き、気持ちが高まることもあっただろう。

その反面、意識しているかどうかにかかわらず、無分別な行動に走ったことも、あるいは内面の誘導システムの警報を無視したり、逆らったりしたこともあるだろう。ひどく反応的で感情をむき出しにしたことも、想像力を使わず、何のビジョンもなしに突き進んだこともあるだろう。

問題は、「四つの能力《ちから》をどれだけ開発しているか、それらの能力《ちから》が創り出すシナジーが人生にどれだけ大きな影響を与えているか」である。

ここで少し時間をとり、次の質問について考え、答えてみてほしい。あなたが四つの能力《ちから》をどのくらい開発しているか、今現在それらの能力《ちから》をどのくらい発揮して生活しているか見えてくるだろう。

質問の文章について、あなたの普段の行動や態度にもっとも近いと思う数字を丸で囲んでください。
（0＝まったくそうではない　1＝まれにそうである　2＝ときどきそうしている　3＝多くの場合そうである　4＝いつもそうしている）

自覚

1. 自分の考えや気持ちを客観的に見つめて、必要ならば変えることができる。　0　1　2　3　4
2. 自分が持っている基本的なパラダイムを知り、それが自分の態度や行動、人生で得ようとしている結果にどんな影響を与えるか考える。　0　1　2　3　4
3. 生まれや育ち、社会的な環境から与えられた脚本と自分自身の内面の奥深くにある考え方、価値観を区別することができる。　0　1　2　3　4
4. 私や私の行動に対してほかの人からネガティブな反応があったら、そのフィードバックを自分の内面に照らしてよく考え、学ぶべきところは学ぶことができる。　0　1　2　3　4

良心

1. 「今はこうすべきだ」あるいは「今はそうすべきではない」という心の声を感じることがある。　0　1　2　3　4
2. 「社会の良心」（社会が私に押しつける価値観）と「自分自身の良心」（心が命じる声）の違いを感じとることができる。　0　1　2　3　4
3. 誠実や信頼性というような真北の原則を強く意識している。　0　1　2　3　4
4. 原則の存在を証明するような出来事に決まったパターンを見いだすことができる。　0　1　2　3　4

意志

1. 自分や他者に約束をして、それを守ることができる。　0　1　2　3　4
2. 流れに逆らうことになっても、心の声に従って行動することができる。　0　1　2　3　4
3. 生活の中で有意義な目標を設定し、それを達成することができる。　0　1　2　3　4
4. 気分に左右されずに決意を守ることができる。　0　1　2　3　4

想像

1. 前もって計画する。　0　1　2　3　4
2. 自分の現状に左右されず、将来の姿を思い描く。　0　1　2　3　4

3. 目標を実現するプロセスを頭の中で想像し、イメージトレーニングをする。　0　1　2　3　4
4. 問題を解決するための創造的な解決策を探し、自分とは違う考え方を歓迎する。　0　1　2　3　4

全部の質問に答えたら、それぞれの能力《ちから》の点数を合計し、次の基準に従って各能力《ちから》を評価する。

0〜7点：この能力《ちから》はまだ眠っている。
8〜12点：この能力《ちから》は活用されている。
13〜16点：この能力《ちから》は十分に開発されている。

これらの能力《ちから》は、日頃から鍛え、磨いていかなければならない。そのための方法はいろいろあるが、この章では、それぞれの能力《ちから》を開発し、四つの能力《ちから》のシナジーを創り出す方法を紹介したいと思う。

日記をつけて「自覚」を育てよう

日記をつけるのは、自覚を高める第Ⅱ領域の活動であり、ほかの三つの能力《ちから》も開発し、お互いの作用によってシナジーを創り出すことができる。

あなたなら日記にどのようなことを書くだろうか？　もし今の人生に不満なら、そのことを書こう。紙に書き出して、自分の人生で農場の法則がどのように働いているか考えてみる。すると、今の結果の根本原因が見えてきて、自分のパラダイムや習慣がどのような結果につながっているかわかるだろう。

良くないことだとわかっていても、どうしてもやめられない行動があるなら、その理由を分析して書いてみよう。もし子どものときに両親からひどい扱いを受け、「自分が親になったら、絶対にあんなことはしないぞ！」と心に誓っていたはずなのに、同じことをしているなら、それを書き留めよう。書くことによって、自分がどのような脚本を与えられていたのかを自覚できる。自覚できれば、賢明な行動を選択できるようになる。

何かの原則に気づいたり、学んだりしたら、あるいは何かの原則と結果と因果関係がわかる状況に接したら、そのことを書こう。心の声を聴いて、それに従ったのか無視したのか、結果はどうだったのか、具体的に書いておく。書くことによって、内面の誘導システムにもっと注意を払えるようになり、あなたの良心はもっと強くなるだろう。

何かをすると決意したなら、あるいは誰かに何かを約束したなら、それを実行するために意志をどう働かせたか書き留めておこう。週に四回運動すると決めて、それを実行できたなら、なぜ実行できたのか考える。実行できなかったら、その理由を明確にしよう。そもそも生半可な気持ちで決意したのか？　よく考えずに決めたのか？　現実的ではない決意だったのか？　意志が弱くて朝ベッドを出られないからか？　あなたが自分に立てた誓いは、人との約束と同じ優先順位だったろうか？　自分の意志を自覚できるようになれば、意志のレベルも上がっていく。

いろいろな夢、可能性を思い描き、書いておこう。夢は想像力をかき立てる。そして、自分の夢を検討してみる。原則に基づいている夢だろうか？　代償を払っても実現する覚悟はあるだろうか？

想像力が高まっていくと、人生で達成したいことを頭の中で「創造」できるようになる。それは家を建てる前の設計図のようなものだ。演劇の監督は上演する前にイメージを思い描いている。想像力を働かせることで、ビジョンを現実のものにするための長期的、中期的、短期的目標を立てられるようになる。

あなたにはまだ実現していない夢があるかもしれない。「もっと条件が揃っていれば実現できるのに」と思い、一番の夢は諦めていて、二番目の夢に甘んじているのかもしれない。しかしたとえ必死の努力をしてその夢を実現させても、幻滅するだけかもしれない。人生に何ももたらさないようなものを夢に見ているだけなのかもしれないのだ。

だから、自分の夢を一歩離れて客観的に見つめてほしい。それを日記に書いてみよう。有意義な結果につながる原則に基づいた夢かどうか、じっくり検討する。原則に基づいた夢であるなら、実現するために、原則の力を宿したやり方を探っていこう。

日記をつけていると、四つの能力《ちから》を使っていることが実感でき、自分が日に日に進歩していることが分かるはずだ。書いたことは脳に刻まれるから、やろうとしていることを記憶できるし、確実に実行できる。さらに、日記を書くと物事の前後関係も見えてくる。たとえばミッション・ステートメントを書き直すときなどに日記を読み返せば、何週間、何ヵ月、あるいは何年にもわたる経験から、自分の行動パターン、人生で追求したいテーマなど、重要な気づきが得られるだろう。

学び、聴き、反応して「良心」を育てよう

良心の存在は、心理学、社会学、宗教、哲学などの分野で長い歴史を通して書かれてきた書籍においてもっ

とも広く語られ、認められているものの一つである。啓発書でいう「内なる声」から、心理学の「集合的無意識（個人の体験による無意識より深く、同じ民族や人類などに共通して伝えられている無意識）」、はたまたウォルト・ディズニーの「ジミニー・クリケット（『ピノキオ』に登場するコオロギのディズニーキャラクター）」まで、良心は人間の重要な一部として認識されている。ジークムント・フロイトは、「良心は本来、先人たちの生き方と文化の産物である」と言っている。カール・ユングは、フロイトの言うような社会的良心の存在を認めているが、それと同時に全人類の普遍的な精神に響く「集合的無意識」についても述べている。[5]

我々著者はいろいろな企業でミッション・ステートメントの作成を指導しているが、この「集合的無意識」の存在にたびたび気づかされる。文化、生い立ち、宗教、人種に関係なくほとんどの人が、自分の内面の奥深くを探ると、人生の法則、つまり「良心」を感じとるのである。

とはいえ、ほとんどの人が良心を養う余裕もないような環境で生活し、仕事をしているのも事実だ。良心の声をはっきりと聴きとりたいと思うなら、静かにわが身を振り返る時間が必要だが、自分から進んで内省的になるのはそう簡単なことではないし、そのような時間を持ちたくても持てずにいるのも無理はない。さまざまな活動、社会の騒音、文化的な条件づけ、メディアのメッセージ、間違ったパラダイムが氾濫《はんらん》する環境の中にいると、感覚が鈍くなり、内なる声が聴きとりにくくもなる。しかし、このささやくように小さな声こそが「真北の原則」を教えてくれるのである。その声を聴きとらなければ、真北に合わせて生きていくことはできない。

しかし立ち止まって心の奥底を見つめれば、そこに湧き出ている知恵の泉を生かすことができるのである。

スティーブン

数年前、ある大学のフォーラムに招かれました。現代社会のさまざまな課題について話し合う一週間のイベントです。私のほかにも多くの人が招かれていて、皆さんそれぞれ経歴も考え方も異なっていました。

二日目の晩、私は学生クラブの親睦会で「新しい道徳観」というテーマで講演を頼まれました。学生寮には一五〇人もの学生が集まり、居間、食堂、廊下、階段にあふれていました。私は大勢の学生に囲まれて圧倒され、孤立しているような感じさえありました。私は講演を始め、普遍的な原則というものが存在し、それは個人の思惑とは関係なく働いている、ということを述べましたが、学生たちは私の話にまったく納得しておらず、反論したくてうずうずしているようでした。

質疑応答のとき、二人の学生が状況主義的な「新しい道徳観」を理路整然と述べました。絶対的な真実や基準というものはなく、そのときどきの状況に関係するさまざまな要因を考慮し、個々人の視点からとらえるべきだという意見です。一方の学生は特に説得力があり、具体的な例を挙げながら、「絶対に正しい」とか「絶対に間違っている」と判断する根拠や原則はなく、善悪は状況によるものなのだと滔々《とうとう》と述べました。

彼らの意見を聴いていて、私もなるほどと思うところはあったのですが、自分の考えを裏づけるために、農場の法則、誠実、中庸、自制心、忠誠心、責任感など普遍的な原則を引き合いに出し、話を続けました。「私の話は彼らには通じないだろうな。彼らにしてみれば私は『時代遅れ』なのだろう」と思いながらも、原則に反した行動をとったらひどい結果になるのだということを筋道立てて話しました。説得力のある発言をした学生は、まだ私の話に納得していませんでした。そこで私は、「毒と知らずに毒を飲んだらどうなるだろうか？　大変なことになるのではないかな？」とその学生に問いかけました。すると学生は「それはあまりよい例えではないと思います。先生の議論は個人の持つ自由を軽視しています」と反論しました。

私はこれ以上議論しても堂々巡りだと判断し、全員に向かってこう言いました。「皆さんは心の中ではこの問題の答えを知っています。誰もが良心を持っています。みんなわかっているのです。少し時間をとって考え、心の声に耳を傾ければ、答えはわかるはずです」すると多くの学生から冷ややかな笑いが漏れました。

私はこの冷笑を新たな挑戦と受け止めました。私は一人ひとりの顔を見ながら「この問いかけに答える良心の声を一分以内に感じとれなければ、そう言ってください。私はすぐにここから出て行きます。それ以上皆さんの時間を無駄にしませんから」と言いました。すると冷笑は消えて静まりかえり、ほとんどの学生がこの実験をやり始めました。私は学生たちにこう言いました。「静かに何も話さず、心の声をじっと聴いてください。私が今夜話しているテーマである道徳観は、正しい原則なのか、そうでないのか、自問してください」

最初の数秒は、みんなが真剣にやっているのかどうか見回している学生も何人かいましたが、二〇秒もすると、ほとんど全員が静かになり、じっと考えている様子がわかりました。多くの学生は下を向いて集中していました。静寂は一分ほど続いたでしょうか。永遠に感じた学生もいたかもしれません。私はあの雄弁な学生に聞いてみました。

「正直に答えてください。何か聞こえましたか？」

彼は静かに、しかしはっきりとこう答えました。「私がさっき話したこととは違うことが聞こえてきました」

私は、反論していたもう一人の学生にも聞きました。彼は「わかりません。わからないんです、はっきりとは」と答えました。

会場の様子は一変しました。それからは、学生たちはおとなしくなりました。知性をひけらかそうとしたり、自分の意見を無理にでも押し通そうとしたりせず、心を開き、聴く耳を持つようになったのです。

原則がすべてを支配していることに気づき、自分の外側に普遍的な現実があるのだということを良心の声を聴いて確かめると、人はこのように謙虚になる。

ではどうすれば、良心という能力《ちから》を育てることができるのだろうか？

良心の発達を身体的能力の発達に例えて考えてみよう。手を巧みに使う人を例にするなら、素晴らしい演奏で聴衆を魅了するピアニスト、難しい手術をして人の命を救う外科医、プレッシャーのかかる場面で見事なショットを決め、トーナメントを制するゴルファー、点字を信じられないようなスピードで読んでいく視覚障害者、大理石や花崗岩の塊から美しい作品を生み出す彫刻家など、いろいろな人たちがいる。

十分に発達した良心は、こうした人たちの手と似ている。彼らの手と同じように、良心を育てるにも大変な努力と訓練が要るのだ。大きな犠牲を払い幾多の困難を乗り越えなくてはならない。それどころか、良心を育てるには、偉大な彫刻家、ゴルファー、外科医、点字の読者、ピアニストになる以上の訓練、犠牲、知恵が必要なのである。しかしその分得られるものも大きい。努力の末に培った良心は、私たちの人生のあらゆる面に影響を与えるのだ。

良心は次のようにして育てることができる。

- 古今東西の啓発書を読み、時代を超え普遍的な真理として存在する真北の原則を知り、理解を深める。
- 自分の経験を客観的に見つめ、教訓を得る。
- 他者の経験を注意深く観察する。
- 静かに内省し、心の声に耳を傾ける。
- その声に従う。

良心に耳を傾けるだけでは十分ではない。それに従わなければならない。内なる声に従わずに生きていたら、良心の周りに壁ができて、良心の声を聴き取りにくくなってしまう。C・S・ルイスの言葉を借りれば「良心に従わずにいると、良心が見えなくなる[6]」のである。

人間が積み重ねてきた知恵と自分の心の知恵を知るほど、社会の鏡に惑わされることもなくなり、人格と良心が磨かれていく。自分を他者と比べて優越感を持つことや、人からどう扱われるかで心の安定を求めることもなくなる。自分自身の誠実さが、心の平和の源になるのである。

約束をしてそれを守ることで「意志」を鍛えよう

意志を鍛える最善の方法の一つは、約束をしてそれを守ることである。約束し、守ることができたら、そのたびに「自己信頼口座」の蓄えが増えていく。自己信頼口座とは、自分自身に対する信頼度を銀行口座に例えたものである。

まずは小さな約束から始めよう。朝はいつもより少し早く起きて運動するとか、今夜はテレビを見ないとか、食べたいものよりも身体によいものを食べて一週間過ごすとか、どんなにささやかな約束でも必ず守る。自分で決意したことは絶対に破らない。できないと始めからわかっている約束はしない。自己信頼口座から引き出しをするようなリスクは冒さない。そのときどきの気分に流されず、常に誠実な判断ができるようになるまで地道に預け入れを続ける。自分が置かれている状況をよく考えて、「私はこうする」と言う。そして必ず、何があってもそれを実行する。

そうしていれば、少しずつ自分への信頼度が増していくはずだ。あなたの決意が原則に基づいているなら、だんだんと原則中心の生き方が身についていく。自分で決めたことを守れば、あなたの自己信頼口座の蓄えはどんどん増えていくのだ。

スティーブン

あるとき私は、だらしない生活を送っている男性の相談に乗りました。生活習慣がまるでめちゃくちゃで、几帳面《きちょうめん》さなどまるでなく、計画など立てずに行き当たりばったりで行動し、いつもあたふたしていました。その男性は何でも先送りしてしまうので、結局は緊急の用事に振り回される毎日でした。

私は彼の眠っている能力を引き出すために、小さなことから始めるように促してみました。「朝、自分が決めた時間に起きるというのはどうです？　決めた時間に起きるだけです」

「それが私の人生とどんな関係があるんですか？」と彼は言いました。

「あなたの身体は、日々の生活であなた自身が動かす唯一の道具なんですよ。自分で自分の身体をコントロールできなければ、人生をコントロールできるわけがないでしょう。人生はあなたの身体と頭から生まれる表現なんですから」


彼は翌朝起きる時間を決めて寝ると約束して帰っていきました。ところが朝になると、前の晩に決めたことはすっかりどこかに行ってしまうようでした。彼は布団の奴隷でした。むしろ布団のぬくもりを崇拝していたと言ってもいいくらいです。


私はもう一度言いました。「一ヵ月間、決めた時間に起きてください」

「あまり自信がないです」と彼は答えました。

「それなら、一ヵ月と決めるのはやめておきましょう。できない約束をしても、自己嫌悪が増すばかりですから。あなたも自覚しているとおり、あなたの生活はめちゃくちゃです。気持ちも安定していません。まずは小さな約束から始めましょう。一週間ならどうです？」

「ええ、一週間なら何とか約束できます」

「一週間、自分が決めた時間に起きられますか？」

「はい」


一週間後、彼に会いました。「どうでした？」

「できました」

「それはよかった！　まだ最初の一歩ですが、これできちんとした生活が送れるようになりますよ。次はどんな約束をしましょうか？」

この男性は一つずつ誓いを立て、それを守っていきました。彼を励ましていた友人と私以外、彼のこの取り組みのことを誰も知りませんでした。しかし、そのうち彼の様子がみるみる変わっていきました。以前の彼は感情の波が激しく、何でもそのときの気分や状況で決めてしまっていました。一度何かを決めて、そのときはいい決断だと思っても、気持ちが乗らないとすぐに放り出していました。そうするたびに、彼の内面の誠実さが崩れていったのです。

しかし小さな約束をしてそれを守ることを続けていくうちに、彼の感情は安定してきました。自分との約束を守ることによって、人との約束も守れるようになってきました。そして、自分の不誠実さが人間関係にどれほど悪影響を与えていたか気づいたのです。自制心を身につけ、私的成功を達成することによって、彼は人間関係という公的成功も収められるようになったようです。

ある賢者の言葉を紹介しよう。「人生の最大の闘いは、日々自らの魂の静けさの中で闘われるものである」ここで私たちは自分に問いかけてみなければならない。「私は誠実な人間になりたいと本心から思っているだろうか？」「自分が間違っていたら、素直に謝れるだろうか？」「私は人を無条件に愛せるだろうか？」「自分の幸福と同じように他者の幸福も尊重しているだろうか？」

私たちが持っている脚本、これまでの生き方は、「違う。私はそういう人間ではない。私はそのように育てられなかった。そのような環境で生きてこなかった」と答えるだろう。しかし意志はこう言い返すはずだ。

「ちょっと待って！ あなたはそういう人間になることができます。与えられた脚本どおりに生きる必要などないのです。社会の価値観に従う必要もなければ、ほかの人たちに同調して近道を選ぶ必要もありません。これまで自分の身に起こったすべてのことにどう反応するか、自分で決められるのです。他人がどうしているかなんて関係ありません。自分の人生に自分自身がどのように関わってきたのか見つめ、自分の反応を振り返り、それを変えることができるのです」

我々のセミナーで「でも、私の置かれている状況は誰にもわからないと思います」と話す参加者には、「あなたは自分の中にある力に気づいていますか？」と問いかけることにしている。別に挑発しているわけではなく、愛情を込めて問いかけるのである。私たちの人生は、自分自身の選択の結果なのである。他人のせいにしたり、自分の置かれた環境、自分を取り巻くさまざまな要因を言い訳にしたりするのは、それらが自分を支配するのを自分から選択し、許しているのである。

自分の人生を生きるのか、他人に自分の人生を操らせるのか、私たちはどちらかを自分で選ぶのである。自分との約束も人との約束も守ることによって、少しずつ意志の力が強くなっていき、やがて外から働きかけてくる力をはねのけて行動できるようになる。

イメージ化によって「想像力」を豊かにしよう

次のシナリオの場面を思い描いてほしい。

大粒の汗が顔に噴き出し、流れ落ちていく。ここは南米のとある国。内戦のさなかにあり、国中に敵意が満ちていて一息つくこともできない。ゴキブリがはい回るゲリラのアジトから救出した少女は、恐怖におびえ、あなたの腕にしがみついている。今にも気を失いそうだ。あなたのミッションは、少女を大使である父親の下に無事に送り届けること。あなたは武器を持っていない。食料もない。交通手段も、外部と連絡をとる手段もない。敵に囲まれていて、今身を潜めている場所もすぐに見つかりそうだ。

あなたならどうするだろうか？　正直に言って、我々著者もどうすればよいかわからない。あなたの行動を想像することもできない。しかし、「冒険野郎マクガイバー（一九八五年から一九九二年にアメリカで放送されたアクション・アドベンチャー・ドラマの主人公）」のやりそうなことなら想像はつく。

アドベンチャードラマの主人公マクガイバーは、創意工夫の天才である。このミラクルな男の手にかかれば、どうにもできない状況などなさそうだ。武器を持たず知力で勝負する謎の男。あふれんばかりの知識と創造力を駆使して、茂みに隠れ、爆破されたジープの残骸で反射鏡をこしらえ、そこに太陽光線を集中させて敵の爆弾を爆発させ、敵が慌てふためいている隙をみて、農家の廃屋に逃げ込む。その廃屋には、一般家庭にあるような化学品などが残っていて、彼はそれらを使って爆弾をつくる。壊れたラジオの部品をかき集め、自動誘導装置を組み立ててヘリコプターに信号を送り、救出してもらうというわけだ。

妄想？　もちろんそうだ。つくり話以外のなにものでもない。しかし、マクガイバーのようなマーケティング・マネージャーがいたら、どうだろうか？

想像力を具現化する力のことを「マクガイバー・ファクター」と呼ぶことにしよう。さまざまな状況で原則を理解し、応用できる能力のことだ。マクガイバー・ファクターを持っていると、四にするのに二＋二以外にも、一＋三、二二八÷五七も考えることができる。四になる分数の組み合わせは無限にあるし、ルート一六だってある。

マクガイバー・ファクターは、原則が人に力を与えるものであることの例えである。マクガイバーが原則ではなくやり方でものを考える男だったら、今も大使の娘と二人でゲリラのアジトをうろうろし、何で手りゅう弾がないんだとボヤいていることだろう。

マクガイバー・ファクターを実感できることは、原則中心の生き方のもっとも刺激的で気持ちを高揚させる体験の一つである。原則は、複雑さと対極にあるものだ。アルフレッド・ノース・ホワイトヘッドは次のように述べている。

「ある意味では、知恵が増せば知識は縮んでいく。細々とした知識は原則にのみ込まれるからだ。細々とした知識でも大切なものは、生活を営む中で自然と身につく。しかし深く理解した原則を積極的に活用する習慣は、最終的には知恵として身につくのである[7]」

原則を深く理解していれば、農場の法則がトマトの生長だけでなく個人の成長にも当てはまることはすぐにわかる。二枚の板を合わせれば、一枚が耐えられる重さの二倍を超える重さに耐えられるのと同じように、二人の人間が力を合わせれば、一人で考えるよりもはるかに良い解決策が生まれるというシナジーの原則もわかってくる。

ここで、想像力を開発する方法としてイメージ化というプロセスを提案したい。世界的なアスリートや演奏家たちも実践しているイメージトレーニングのようなものだ。ただし、あなたのテニスの試合のためよりも、人生の質を高めるために使ってほしい。

邪魔が入らず、しばらく一人きりになれる時間をつくる。目を閉じて、不快で痛みを感じる状況に置かれている自分を思い描いてみる。何かがあなたを苛立たせる場面だ。たとえば上司に怒鳴《どな》られる。なんで服を買ってくれないの、と一〇代の娘があなたに不満をぶつけている。同僚があなたの噂を広めている、というような状況を想像してみよう。

ここで自覚を働かせ、そのような状況にいつも抱く考えや感情から離れてみる。いつもの反応をする自分ではなく、原則に基づいて行動している自分を心の目に映してみよう。勇気と思いやりをもって相手に接している自分を想像する。マクガイバー・ファクターを使って、原則をいろいろな場面で応用している自分を想像する。このトレーニングの価値は、ミッション・ステートメントを書くときに何倍にもなる。イメージ化のプロセスをたどり、原則をミッション・ステートメントに反映させることができるのである。

自分の将来を予測する一番の方法は、自分で自分の将来をつくることである。想像力を働かせれば、目標を達成している自分を思い描けるし、十分な計画を練ってから会議に臨むこともできるのである。

原則の持つ謙虚さ

　原則が存在するというパラダイム、そして原則をどこまで理解し、原則とどこまで調和して生活できるかによって個人の効果性は決まるのだというパラダイムを持つと、人は謙虚になる。人生をコントロールするのは私たち自身ではなく、原則なのである。このパラダイムを理解できれば、自然の法則を曲げて自分に合わせようとはしなくなる。人の話に耳を傾けるようになり、継続的に学ぶ習慣が身につく。生命の法則を追求し、それと調和して生きるようになる。自覚や良心を見失うような傲慢《ごうまん》な価値観にとらわれなくなる。自分のほうが見た目が良いとか、裕福だとか、良い仕事に就いているだとか、人よりも一生懸命に働いているというように、他者との比較で心の安定を得ようとはしなくなる。人より外見が劣っていても、裕福でなくとも、名声がなくとも、不安を感じなくなる。そんなことは関係なくなってくるのだ。心の安定は、真北に対して誠実であることから得られるのである。

　何かができなかったり、ミスをしたり、原則に反することをしたりしたとき、「この経験から何を学べるだろうか」と自問できるようになる。こうして原則に目を向け、原則から教えられる。原則に照らして、自分のどこが間違っていたのか学べれば、自分の短所を長所に変えることができる。自分の行動と向き合うというのは真実から目をそむけない態度であり、経験から学び、変化できるのだという自信を培うのである。

　謙虚さはまさに美徳の母である。謙虚であれば、自分は主役ではなく、あらゆる物事の「源」ではなく、それらを収める器、それらを伝える媒体、代理人だと考えるようになる。謙虚さが学習意欲を引き出し、成長を促すのである。原則中心の生き方から生まれる謙虚さを持てば、過去から学び、未来に希望を持ち、自信を持って現在を生きられるようになる。その自信は、原則に従って生きれば、人生の質を高められるという確かな事実、世界中で、人間の歴史を通して、そして私たち自身の生活において実証されている「農場の法則」に基づいた事実から得られるものなのである。

第四世代へシフトする

我々著者の経験から言えば、自分の経験と他者の経験を客観的に見つめられる人は、充実した人生を送るためには不可欠な基本のニーズがあることを知っている。彼らは人生の質を支配する真北の原則のことも知っている。人間だけに授けられた四つの能力《ちから》を使って、人生を真北に合わせることも心がけている。この章の内容は、私たちが心の奥深くではすでに知っていることを確認しただけだとも言えるだろう。知ってはいても、それが日々の生活に反映されていないために、コンパスと時計のずれが生じて、フラストレーションがたまっているのである。問題は、「私たちがすでに持っている知恵を引き出す」ことなのだ。

ほとんどの人が第四世代の時間管理を求めていることも、我々は経験から実感している。人々はスケジュールよりも人を優先し、時計よりもコンパスを優先したいと思っている。何かに貢献する有意義な人生を生きたいと思っているのである。生きること、愛すること、学ぶこと、貢献すること、これらのバランスがとれ、喜びに満ちた人生を求めているのだ。

ところが、これまでの時間管理のテクニックがそれを阻んでいるのである。カレンダーや予定表、第三世代のプランナーは、重要なことではなく緊急の用事だけに目を向けさせる。私たちはリストにある「やるべきこと」が全部消えないと罪悪感を持ってしまう。計画はガチガチに固まっていて、臨機応変に対応する余地もなければ、自発的に行動することも許されない。本当に重要なことと日々の生き方がまるでずれていることも少なくない。実際、これらのツールを使っている多くの人は、まさにそうした理由から、本来あるべき時間管理ができていないのである。

たしかに、第一世代から第三世代のツールが生み出した効率性、優先順位づけ、目標の達成という大きなメリットは大切である。しかしもっと大切なことがある。「より多くのことをより速く行う」といっても、正しいことを行えるとはかぎらないのだ。私たちに必要なのは、四つの能力《ちから》を発揮して、バランスのとれた原則中心の生き方で基本のニーズを満たすための、第四世代の理論とツール（フランクリン・プランナー）である。

要するに、充実した人生を創る力はテクニックやツールにあるわけではない。一日の計画を立てられるかどうかで決まるものではないのだ。私たちは何でも知っているわけではない。将来を見通せる人間などいない。次の瞬間にどんなチャンスが、どんなチャレンジが、どんな驚きが、どんな悲しみが、どんな予想外の喜びがやってくるか、誰もわからないのだ。

充実した人生をつくる力は、私たち自身の中にある。選択の瞬間に誠実に行動できるように、心の中のコンパスを磨き、使う能力が、充実した人生をつくるのである。一週間の計画を立てるときも、緊急事態に対処するときも、良心の声を聴くときも、人間関係を築くときも、難しい顧客に対応するときも、散歩するときも、どんな瞬間にも誠実に行動できるかどうかなのである。効果的なツールであるためには、真北の原則が支配する現実に心の中のコンパスを合わせる能力を高められるものでなければならない。

第二部　大切なのは最優先事項を優先すること

第二部で取り上げるのは、第Ⅱ領域を中心にした時間管理のプロセスである。毎週三〇分かけてこのプロセスに取り組めば、四つのニーズ、四つの能力《ちから》、そして原則を土台にした人生を送ることができるようになる。次の質問を考えながら、プロセスの各ステップを踏んでいこう。

- あなたが毎日、その日の計画を立てているとしよう。自分にとって一番重要なことはどうすればわかるだろうか？ 何を基準にして「最優先事項」を決めるだろうか？ 緊急度だろうか、価値観だろうか、それとも人生の質を高める原則に基づいたビジョンやミッションだろうか？
- 家庭と仕事、貢献と自己啓発など、自分のさまざまな役割のどれを優先させればよいか迷ったとき、あなたならどうするだろうか？ 野球のグラウンドで全部のベースを回れるように、速く走ればよいのだろうか？
- 一日の計画を綿密に立てていたのに、誰かが急用でやってきたとしよう。予定を変更してまでその用事を引き受けるべきかどうか、どうやって決めればよいだろう？ これは最優先事項だから優先しよう、と自信を持って予定を変更し、心を乱さずにいられるだろうか？
- ある日、計画どおりに進んでいて予想外のことが起きたとき、その機会に飛びつくのがよいのか、それとも立てていた計画を守るべきか、どちらが最善の選択なのかどうやって決めればよいのだろう？

このプロセスに取り組んですぐに、いくつもの利点があることに気づくはずだ。「緊急」から「重要」にフォーカスを移すと、スケジュールをガチガチに固めるのではなく、効果的に優先順位を決められるフレキシブルな枠組みをつくることができるようになるのである。

さらに、第五章から第一〇章まで読んでいくと、はるかに深いレベルでこのプロセスの効果を体験できると思う。第五章以降は、次のことを取り上げる。

- 原則に基づいたビジョンとミッションの持つ「変える力」とは何か。
- 人生におけるさまざまな役割のバランスをとり、シナジーを創り出すにはどうするか。
- 原則に基づいた目標を設定し、達成するにはどうするか。
- 最優先事項を優先するとき、一週間というスパンが重要であるのはなぜか。
- 選択の瞬間に誠実であるためにはどうするか、毎日の生活でどこに重点を置くか。
- 人生に上向きの螺旋《らせん》をつくり出すにはどうするか。

各章の最後に、これらのことを生活に定着させるために、週間計画で立てる目標の具体例を挙げてある。あなたに合うものを見つけてほしい。もちろん、あなた自身のアイデアも出てくるだろうから、どんどん取り入れて自分なりの計画を立てていこう。第一〇章まで終わったら、このプロセスを新たな目で見られるようになるだろう。第Ⅱ領域の時間管理を続けていくうちに、生きること、愛すること、学ぶこと、貢献すること、これらの四つのニーズを満たす力を与えてくれることがわかるはずだ。

人生の質を高める鍵は、コンパスにある。私たちの日々の選択にあるのだ。刺激と反応の間のスペースで一時停止し、心のコンパスを見つめ、真北を指しているかどうか確かめられるようになれば、原則と目的を見失わず、最優先事項を優先して生きている自信ができ、変化にも正面から向き合えるようになる。

第四章　第Ⅱ領域の時間管理：最優先事項を優先するプロセス

手入れする人がいなければ庭はできない。

ロジャー

しばらく前、経営コンサルタントをしている友人が新しい家に引っ越しました。庭をつくろうと、園芸学の博士号を持っている女友達に依頼しました。知識が豊富で、とても聡明《そうめい》な女性です。

彼自身、こんな庭にしたいというイメージはあったのですが、なにせとても忙しく出張で家を空けることも多いので、あまり手間のかからない庭にしてほしいと注文をつけたそうです。「自動のスプリンクラーとか、こっちの労力を節約してくれる装置は絶対に要るね」などと、彼が出すアイデアは庭仕事に時間をかけずにすむ方法ばかりでした。

園芸学博士の女友達はとうとう、彼にはっきりと言いました。「フレッド、あなたの言いたいことはよくわかるわ。でもね、この計画を先に進めるために一つだけ言っておきたいことがあるの。手入れする人がいなければ庭はできないのよ」

ほとんどの人は、自分の家の庭が自動的に手入れされたらどんなによいだろうと思っているだろう。日頃から丹精しなければ、よい庭はできない。それはわかっていても、どうにかして自動的にできないものかと思っている。人生に対しても同じようなことを考えていないだろうか？

人生も庭と同じで、自動的にできるものではない。種を二つか三つ蒔《ま》いたら、さっさとどこかに出かけていって好き放題をして、戻ってきたら、きれいに手入れされた庭に豆やトウモロコシ、ジャガイモ、ニンジン、エンドウがたっぷりできていて収穫されるのを待っていた、などということはありえない。作物を収穫するためには、土を耕し、種を蒔き、水をやり、雑草を抜いて、日々手をかけなくてはならないのだ。

もちろん、放っていても何かはできる。黙っていても植物は育つ。しかし、こまめに庭を手入れするかどうかによって、結果はまるで違ったものになる。美しい庭になるか、雑草だらけで荒れ放題の庭になるか。

この章で紹介するプロセスは、いわば庭を手入れするプロセスだ。重要なことを見きわめ、それを育てていくことに手間暇かけるプロセスである。土を耕し、種を蒔《ま》き、水をやり、雑草を抜く。それはとりもなおさず、人生の質を高める重要度のパラダイムを実践することである。毎週三〇分ほどかけるだけで、高い波及効果を期待できるのだ。あなたの現在の人生がどうあれ、この第Ⅱ領域の時間管理のプロセスはあなたの人生を大きく変えるだろう。

このプロセスは、ある面では緊急中毒の応急処置になる。あなたがこれまで自分の人生のニーズと原則を深く考えたことがなく、緊急度のパラダイムで生活してきたのなら、このプロセスに取り組むとすぐに、緊急度のパラダイムから重要度のパラダイムにシフトできるだろう。感情に任せて行動したり、状況に流されたりせず、重要度を基準にして行動できるようになるはずだ。

また別の面では、このプロセスはニーズと原則に従って時間を管理するためのフレームワークになる。第Ⅱ領域で過ごす時間が増え、自分の内面を深く見つめられるようになる。四つのニーズを考慮し、原則に基づいた個人のミッション・ステートメントも作成できるだろう。人生の質を支配する原則を理解し、それに従って生きていく能力が開発されるのである。

さらに、このプロセスによってミッション・ステートメントを日々の生活に反映させることができるようになる。自分のミッションを土台にして日常生活のあらゆる選択の瞬間に誠実に行動し、原則を中心にして最優先事項を優先し、バランスのとれた生活を送ることができるようになる。

プロセスはステップに分けて説明していくので、よく考えながら読み進めてほしい。気づいたことを書き留めておくとよいだろう。積極的に取り組むほど、学んだことが身につく。まず、一三六～一三七ページのウィークリー・スケジュールを見てほしい。これから説明する六つのステップに従い、このウィークリー・スケジュールを使って一週間の予定を立ててみよう。

この章ではいくつかの表を紹介するが、それらは我々著者が第Ⅱ領域をベースにして開発した時間管理システムである。断言しておくが、このシステムは「魔法のツール」ではない。あくまでも第Ⅱ領域の時間管理のプロセスを補強するツールである。もちろん、市販の手帳に少し手を加えてもよいし、螺旋《らせん》綴じの普通のノートでも、メモ用紙を使ってもかまわない。ＰＣを活用してもよいだろう。どんなシステムを使うにしても、あなたがやろうとしていることに合わせられればよいのである。ただし、第Ⅰ領域と第Ⅲ領域の緊急の用事だけを優先させるシステムだと、第Ⅱ領域から遠ざかってしまうから、注意してほしい。

	日 Thursday	日 Friday	日 Saturday	日 Sunday
8				①ミッション・ステートメントの下書き
9	⑪接着の問題点を調査	⑩最新の試験結果の検討		
10	↓			
11				
12		⑱コンクリン社に広報活動		
1				
2				
3	⑬ジャニーの勤務評定	⑮月次報告書の作成		
4				
5				
6	⑰議題案の作成			
7			④妻とコンサートに行く	
8	⑲来年度の計画策定に着手			

Daily Tasks	Daily Tasks	Daily Tasks	Daily Tasks
	⑭サミュエル宅訪問		

役割と目標
役割　刃を研ぐ
肉体
社会・情緒
知性
精神
役割 自分の成長
目標 ①ミッション・ステートメントの下書き
②セミナーの申し込み
③フランクのお見舞い
役割 夫・父親
目標 ④妻とコンサートに行く
⑤ティムの科学研究を見る
⑥サラの自転車練習
役割 マネージャー（新製品）
目標 ⑦テスト市場のパラメータを設定
⑧アシスタント候補者の面接
⑨消費者調査の検討
役割 マネージャー（リサーチ）
目標 ⑩最新の試験結果の検討
⑪接着の問題点を調査
⑫ケン、ピーターとのネットワーク
役割 マネージャー（部下の教育）
目標 ⑬ジャニーの勤務評定
⑭サミュエル宅訪問
役割 マネージャー（経営管理）
目標 ⑮月次報告書の作成
⑯給与改定報告書の作成
役割 ユナイテッド・ウェイ会長
目標 ⑰議題案の作成
⑱コンクリン社に広報活動
⑲来年度の計画策定に着手

	日 Monday	日 Tuesday	日 Wednesday
8			
9			⑦テスト市場のパラメータを設定
10			
11	⑧アシスタント候補者の面接		
12			
1		⑨消費者調査の検討	
2			
3			
4	③フランクのお見舞い		
5			
6		⑤ティムの科学研究	
7	⑥サラの自転車練習		
8			

Daily Tasks	Daily Tasks	Daily Tasks
⑯給与改定報告書の作成	②セミナーの申し込み	⑫ケン、ピーターとのネットワーク

ウィークリー・スケジュール

一三六〜一三七ページのウィークリー・スケジュールは、一日単位ではなく一週間単位になっている。

一週間単位だと、大局的に考えられる。こんな経験をしたことがないだろうか。カメラで何かをクローズアップで撮影した映像を見てそれが何かを当てるのだ。カメラが上下に動いたり、角度を変えたりするたびに、あなたは何を撮影しているのだろうと思う。雄大な自然の一部？　山か谷？　盛り上がっている部分は荒野の丘陵？　人ひとりいない広大な砂丘？　そのうちカメラがゆっくりと引いていき、全貌が見えてくる。「山」か「谷」と思っていたものは、実はオレンジの皮の凹凸だった！

一日単位で計画を立てると、こんなふうに視野が狭くなる。あまりにも「クローズアップ」しているから、目の前にあるものしか見えなくなる。緊急性と効率性が優先され、重要性と効果性は曖昧《あいまい》になる。しかし一週間のスパンで考えれば、自分の行動を広い視野から眺められる。大局的にものを見られるようになり、目の前にある「山」と思っているものが本当は何なのか見えてくる。一週間単位で計画を立てれば、一日の個々の活動も適切な意味を帯びてくる。

ステップ一：ビジョンとミッションに結びつける

一週間の計画を立てるための最初のステップは、自分の人生で何が一番重要なのかを考えることである。それが広い視野となり、広い視野が持てれば、計画にも意味が出てくる。あなたが大切に思っていることは何だろう？ あなたが生きがいを感じるのはどんなときだろう？ 次の質問を考えて自分のビジョンを明確にすると、視野が広がる。

- **一番大切なことは何か？**
- **生きがいを感じることは何か？**
- **どんな人間になりたいか、人生で何をしたいか？**

こうした質問への答えをミッション・ステートメントとしてまとめ、紙に書いている人も多くいる。ミッション・ステートメントとは個人の信条のようなものだ。どんな人間になりたいのか、人生で何をしたいのか、自分の態度や行動の土台にしている原則は何か。これらのことを明確にしておかなければならないのは、それがほかのあらゆることに影響するからだ。あなたがどのような目標を立てるか、どのような決断を下すか、どのようなパラダイムを持つか、どのように時間を使うか。日々の生活のすべてが影響を受けるのである。はしごの例えを思い出してほしい。個人のミッション・ステートメントは、はしごをかける壁を決める基準となるものである。

ミッション・ステートメントはまさに人生の土台をなすものであるから、第Ⅱ領域の時間管理のプロセスで一番目のステップは当然、ミッション・ステートメントの作成である。自分のミッションを明確にしていなければ、目的にそぐわない活動や約束がやすやすとスケジュールに入り込んでくる。だから、まずは自分のミッションを知ることが重要度のパラダイムで行動するための前提条件になる。これは第Ⅱ領域の時間管理のプロセスに大きな影響を与える。自分のミッションを明確にしているかどうかで、ステップ二以降のプロセスがまるで違ったものになる。あなたのミッションに、「自己の成長」、「家族との時間」、「自分の存在意義」、「貢献」というようなものが含まれているとしよう。自分のミッションを日頃から確認していれば、これらの「最優先事項」を頭に刻みつけることができる。ミッションを明確にしておけば、この後に続くステップのための強固な枠組みになるのだ。

第五章では、個人のビジョンとミッションとを深く探っていく。人生の質を高め、生きることに情熱をかき立てるミッション・ステートメントを作成するにはどうすればよいか考えてみよう。

まだ個人のミッション・ステートメントを作成していないなら、次のどれか一つでも行えば、自分にとって重要なことをある程度はつかめるはずだ。

- 自分の人生で「最優先事項」と思えることを三つか四つ書き出す。
- 長期的な目標を立てるとしたらどんなことをするか考えてみる。
- 自分の人生で一番大切な人間関係を考えてみる。
- 自分にできそうな貢献を考えてみる。

- どんな気持ちで生きたいと思っているか再確認する。たとえば、平穏、自信、幸福、貢献、意義など。
- あと半年しか生きられないとしたら、今週どう過ごすか考えてみる。

次のように自問し、個人のミッション・ステートメントが自分にどんなインパクトを与えるか考えてみてほしい。

- 原則、価値観、最終目標がはっきりとわかっていたら、私の時間の使い方はどのように変わるだろうか？
- 自分にとって何よりも大切なことをわかっていたら、どんな人生観を持つだろうか？
- 人生の目的を書き表すことは、私にとって価値があるだろうか？　時間と労力の使い方は変わるだろうか？
- ミッション・ステートメントを毎週確認すると、その週に何をするか決めるとき、どんな影響があるだろうか？

> あなたがすでにミッション・ステートメントを作成しているなら、これから一週間の計画を立てる前に、そのミッション・ステートメントをすぐに見直し、自分にとって本当に大切なことをもう一度考えてみよう。まだミッション・ステートメントを作成していないなら、少し時間をとり、心のコンパスを見つめて、自分の人生で本当に重要なことを考えてほしい。

ステップ二：自分の役割を明確にする

私たちはさまざまな役割を生きている。それはロールプレイの意味ではなく、人生において自分で選んだ本当の意味での役割である。誰でも、職場、家庭、コミュニティ、ほかにもいろいろなところで重要な役割を果たしている。役割は、責任、人間関係、さまざまな貢献を表すものである。

私たちが人生で感じる痛みのほとんどは、どれか一つの役割で成功しても、その成功のためにほかの役割を犠牲にした、事によれば一番大切な役割を犠牲にしてしまった、という痛切な思いである。会社の副社長として活躍していても、夫・妻あるいは親としては失格かもしれない。顧客のニーズは満たしていても、自分の能力を開発し、成長するというニーズはまるで手つかずかもしれない。

自分の役割を一つひとつ明確にすれば、それが自然なフレームワークとなって、生活の秩序とバランスをとれるようになる。あなたがすでにミッション・ステートメントを作成しているなら、役割はそこから明確にできる。役割同士のバランスをとるというのは、それぞれの役割に均等に時間を使うことではない。自分のミッションを達成するために全部の役割をどう生かすか、ということである。

自分の役割を深く見つめ、役割同士のバランスをどのようにとればよいのかについては、第六章で詳しく取り上げる。ここでは、堅苦しく考えずに思いつく役割を端から書き出してリストにしてみよう。正しいリストをつくらなくてはと身構える必要はない。役割の一つひとつが自分の人生を織りなしていて、全部の役割が自分のためになっていると感じとれるようになるには、数週間はかかるかもしれない。役割の定義の仕方は人それぞれである。あなたと似たような人生を送っている人でも、役割のとらえ方はまったく違うかもしれない。さらに、あなたの役割は長年のうちに変化するはずだ。仕事を変わるかもしれないし、何かのクラブに入るかもしれない。子どもが生まれれば親になるし、いずれは祖父・祖母になる。

家庭での役割は単に「家族の一員」としてもかまわないし、「夫、父」、「妻、母」、「娘、姉／妹」、「息子、兄／弟」というように二つの役割を併記してもよい。仕事でも複数の役割を持っているかもしれない。たとえば、総務担当、マーケティング担当、人事担当、経営企画担当などの役割を兼務している場合もあるだろう。「自分を成長させる」というような役割も考えられる。

ある会社の製品開発担当役員は、次のように自分の役割を定めている。

一週間コンパス

今週この役割において、私にできる
最も大切な事柄は、何だろうか？

Date:

役割と目標

役割	刃を研ぐ
肉体	
社会・情緒	
知性	
精神	
役割	自分／自分の成長
目標	
役割	夫・父親
目標	
役割	新製品開発担当マネージャー
目標	
役割	能力開発担当マネージャー
目標	
役割	総務担当マネージャー
目標	
役割	研究開発マネージャー
目標	
役割	ユナイテッドウェイ会長
目標	

不動産会社のパートタイム従業員の女性は、次のように書いている。

一週間コンパス	
今週この役割において、私にできる最も大切な事柄は、何だろうか?	
Date:	
役割と目標	
役割	刃を研ぐ
肉体	
社会・情緒	
知性	
精神	
役割	自分／趣味(能力開発)
目標	
役割	主婦
目標	
役割	母親
目標	
役割	PTA副会長
目標	
役割	営業員／販売予測計画
目標	
役割	営業員／資金管理
目標	
役割	営業員／不動産販売
目標	

調査によれば、効果的に管理できる役割は多くても七つくらいまでということなので、似たような役割は一つにまとめるとよいだろう。たとえば、総務／資金管理、人事担当／チームビルディングというようにまとめれば、役割の数を七つ以下にできる。そのくらいであれば、頭の中で役割を整理しやすくなる。なにも役割が七つでなければいけないというのではない。あなたの書き出した役割が五つか六つなら、それでよい。七つというのは、複雑にならずに管理できる上限の数である。

自分の役割を明確にすると、人生の全体像が見えてくる。人生は仕事がすべてではないし、あるいは家族や恋人がすべてなのでもない、これらすべてをひっくるめて人生なのだと思えるようになる。役割を明確にする

役割と目標

役割	刃を研ぐ
肉体	
社会・情緒	
知性	
精神	

と、今現在ないがしろにされている「重要だが緊急ではないこと」を照らし出すことにもなる。

あなたが書き出した役割のリストに、「刃を研ぐ」という役割をぜひ加えてほしい。我々著者は、この役割は二つの理由から単独で扱うべきだと考えている。第一に、これは全員が果たすべき役割であるからだ。そして第二に、ほかのすべての役割の成功の土台となるものだからである。

「刃を研ぐ」という言葉は、私たち人間の四つの基本的な側面（肉体、社会・情緒、知性、精神）を磨く活動に時間と労力をかけることの例えである。私たちは、「木を切ること」（結果を出すこと）に忙しすぎて、「刃を研ぐこと」（生産能力を維持する、将来のために生産能力を高める）を忘れてしまっていることが少なくない。運動をしていないかもしれないし（肉体的側面）、大切な人間関係をないがしろにしているかもしれない（社会・情緒的側面）。自分の専門分野の最新情報を確かめていないかもしれないし（知的側面）、自分にとって何が重要なのか、自分の人生の意義は何か、曖昧《あいまい》なままかもしれない（精神的側面）。これら四つの側面の能力を磨いていかなければ、人生はすぐに「鈍って」しまい、バランスを欠いてすり減ってしまう。ほかの役割に悪影響を及ぼして、人生の質が落ちてしまうのである。

オリンピック選手は何年も厳しいトレーニングを続けて、大会に臨んでいる。競技中の自分のパフォーマンスを何度も頭の中で思い描く。本番に実力を発揮できるように、自分の中に強さを蓄えるのである。トレーニングは気が向いたときや調子の良いときだけやるわけではない。同じように私たちも、自分の人生を高めていく源を手入れせず、きちんと整えずに、充実した人生を送れるわけがないのだ。

あなたのリストに「自分の成長」という役割がすでにあって、それが「刃を研ぐ」と重なる部分があっても、別に問題はない。「刃を研ぐ」という役割が大切なのは、四つの側面を一つとしてないがしろにしないためである。「刃を研ぐ」役割を毎日の運動や読書といった「自分への投資」活動として週間計画に組み込んでいる人もいれば、ほかの役割の中でキャリアプランニングや生涯学習など長期的な活動の時間をとっている人もいる。要は、自分の生活スタイルに合ったかたちを見つければよいのである。

どの役割もほかの役割とは関係なく単独で「人生のパーツ」を構成しているわけではない。それぞれの役割が密接に結びついた一つのまとまりなのである。自分の役割を明確にする目的は、それらの役割の数だけ時間を分割して、プランニングのページの小さな枠に割り振っていくことではない。自分の人生をさまざまな視点から見つめ、視野を広げ、バランスのとれた人生を送るためである。自分の役割がわかれば、重要度、相互依存、関係性のパラダイムを持つことができるのだ

> まだ自分の役割のリストを作成していないなら、今ここで、ウィークリー・スケジュールに役割を書き出そう。

ここで次の質問を考えてみてほしい。

- 一つか二つの役割にかかりきりで、ほかの役割に時間をとりたくてもとれないことがよくあるだろうか？
- 時間をとれていない役割に自分の「最優先事項」はどのくらい含まれているだろうか？
- リストアップした役割全部にバランスよく時間がとれたら、ミッションを達成できるだろうか？
- これらの役割を毎週検討して、それぞれの活動のバランスをとることができたら、人生はどう変わるだろうか？

これらの質問や役割に関係する問題については、第六章で詳しく取り上げる。

ステップ三：各役割で第Ⅱ領域の目標を選ぶ

あなたがリストアップした役割を念頭に置いて、次のことを自問してほしい。

それぞれの役割で今週できるもっとも重要なことで、もっとも大きな効果を上げられることは何だろう？

この質問を考えるときは、理性だけを働かせるのではなく、感情も意識してみよう。それぞれの役割を効果的に果たすにはどうしたらよいだろうか？ 夫・妻の役割、親の役割はどうだろう？ 社員としての役割は？ それぞれの役割でもっとも重要な活動を考えるとき、最初に使うのは時計ではなくコンパスであることを覚えておいてほしい。良心の声に耳を傾け、緊急度ではなく重要度に目を向けよう。

あなたの役割の中に「自分の成長」や「自己啓発」などがあるなら、その目標は「内省する」、「ミッション・ステートメントを作成する」、「速読の講座に関する情報を集める」というようなものになるだろう。あなたが親であるなら、「子どもと一対一の時間を持つ」ことが目標かもしれない。結婚しているなら、「夫・妻とデートする」という目標もよいだろう。仕事関係なら、「長期計画を立てる」、「同僚や部下をコーチングする」、「顧客先を訪問する」、「上司と共有するビジョンに取り組む」というような目標が考えられる。

「刃を研ぐ」役割の肉体的側面の目標には「定期的な運動」や「健康的な食事」などがある。精神的な側面では、「瞑想《めいそう》」、「自然に触れる」、「精神を鼓舞する文学を読む」といった目標がよいだろう。知的側面なら「講座に通う」、「読書」というような目標が考えられるだろうし、社会・情緒的側面なら、「共感による傾聴」、「誠意」、「無条件の愛」といった効果的な相互依存の原則に取り組むことができる。大切なのは、これら四つの側面であなたを鍛え、「生きること、愛すること、学ぶこと、貢献すること」の能力を高める活動なら何でもよいから、一貫性を持って実行することだ。毎日一時間を「刃を研ぐ」ことに使えば、「私的成功」を果たすことができる。そしてそれは必ず「公的成功」につながる。

あなたはおそらく、それぞれの役割でいくつかの目標を考えるだろう。しかしここでは、その中でももっとも重要な一つか二つの目標に絞ろう。心のコンパスに従って、今週はどの役割にも目標は立てないほうがよいと思うこともあるだろう。第Ⅱ領域の時間管理のプロセスなら、そのような選択も可能だ。だから、自分にとって何が一番大切なのかを決めるときは、必ず心のコンパスを見つめてほしい。第七章では、原則に基づいた目標を設定し、それらの目標を達成するために、人間だけに授けられた四つの能力《ちから》をどのように働かせればよいのかを考える。

あなたはきっと真剣に考えて、それぞれの役割で本当に重要だと思う活動を目標にしたことだろう。

それでは、また自分に問いかけてみてほしい。

一週間コンパス

今週この役割において、私にできる
最も大切な事柄は、何だろうか?

Date:

役割と目標	
役割	刃を研ぐ
肉体	
社会・情緒	
知性	
精神	
役割	自分／趣味(能力開発)
目標	空手のクラスに申し込む
役割	主婦
目標	食事計画表をつくる
役割	母親
目標	スコットの誕生日会の準備
役割	PTA副会長
目標	年間予定カレンダーの作成
役割	営業員／販売予測計画
目標	スーパーコープ社部長への提案
役割	営業員／資金管理
目標	銀行との打ち合わせの準備
役割	営業員／部下育成
目標	メアリーとの面談

- 来週、これらの目標を実行したらどうなるだろうか？
- 生活はどう変わるだろうか？
- 目標の一部しかやらなかったら、どうなるだろう？
- 生活は良い方向に変わるだろうか？
- 目標を毎週達成できたら、どうなるだろう？
- 今よりも充実した人生を生きられるだろうか？

ステップ四：プランニングの枠組みをつくる

第Ⅱ領域の目標を達成できれば、人生のあらゆる面に効果が波及する。このような第Ⅱ領域の目標を実行に移すには、プランニングの枠組みをつくる必要がある。ほとんどの人は、今でもすでにあふれそうな第Ⅰ領域と第Ⅲ領域に「重要な活動」を押し込もうとする。何とか時間をひねり出そうと、用事をあっちに動かしたり、こっちに持ってきたり、人に任せたり、キャンセルしたり、先延ばしにしたりする。しかし忘れないでほしい。**重要なのはスケジュールに優先順位をつけるのではなく、優先事項をスケジュールに組み込むことなのである。**

同僚の一人が次のような経験を話してくれた。

時間管理のセミナーに参加したときのことです。講師が「ここでクイズをしましょう」と言って、広口瓶を出してきてテーブルに載せました。さらに、握りこぶしくらいの大きさの石をいくつか載せた皿を瓶の脇に置きました。

「この瓶の中にいくつ石が入ると思いますか？」と講師は言いました。

私たち受講者はしばらく考えました。誰も答えないので、講師は「ではやってみましょうか」と言って、石を一個ずつ瓶に入れていきました。彼が何個入れたのか覚えていませんが、瓶はいっぱいになりました。

「これで瓶はいっぱいですか？」と講師は聞きました。

私たちは当然、「はい」と答えました。

するど講師は、テーブルの下から砂利の入ったバケツを取り出しました。その砂利を瓶に入れ、瓶を振りました。砂利は石と石の隙間に入り込んでいきます。彼はにっこり笑って、「瓶はいっぱいになりましたか？」とまた聞きました。

そのときにはもう、講師の言わんとすることが私たちにもわかりました。「たぶん、まだいっぱいではないです」と私たちは答えました。

「そのとおりです！」と講師は言い、今度は砂の入ったバケツを出してきました。その砂も瓶に入れました。当然、砂は石と砂利の隙間に入り込んでいきます。彼はまた、「瓶はいっぱいになりましたか？」と聞きました。

「いいえ！」私たちは声を揃えて答えました。

「そうですね」と彼は言いました。そして水の入ったピッチャーを持ってきて、瓶に注ぎ入れました。「私が言いたいこと、わかりますよね？」

受講者の一人が「人生には隙間がたくさんある。頑張れば隙間を埋められる、ということではないでしょうか」

「いいえ。そうではありません。大きな石を最初に入れなければ、砂利も砂も水も入らない、ということです」

「たくさんやるほど良い」というパラダイムを持っていると、限られた時間でできるだけたくさんのことをしようとする。しかしいくらたくさんやっても、そのどれもが重要なことではないとしたら、何の意味もない。

第Ⅱ領域の目標は、「大きな石」である。それ以外の活動——水、砂、砂利——を先に入れてしまったら、大きな石を入れようとしても入らない。それどころか、水や砂や砂利があふれ出て、めちゃくちゃになってしまう。

しかし、大きな石が何なのかわかっていて、それを最初に入れれば、石と石の隙間に驚くほどたくさんの砂利、砂、水が入る。後からなら何でも入るのだから、まずは大きな石を先に入れることだ。第Ⅱ領域

の目標を必ず最初にスケジューリングする（一五四ページの図を参照）。ウィークリー・スケジュールを見て、まず第Ⅱ領域の目標を入れよう。ウィークリー・スケジュールには各曜日に二種類の記入欄がある。一つは時間で区切られている欄で、ここには実行する時間が決まっている約束や予定を書き込む。下の方にあるもう一つはその日の優先事項を記入する欄だ。第Ⅱ領域の目標をスケジューリングするには、その目標を実行する具体的な時間を決めて書き込むか、優先事項の欄に書き込めばよい。

一般的に言えば、実行する時間を決めるのがもっとも効果的である。その週のもっとも重要な目標が「長期計画を立てる」、「運動する」、「大きなプロジェクトの企画書を作成する」ことだったら、それらを行う日時を決める。それは自分との約束であり、他人との約束と同じように必ず守る。もっとも重要な目標の予定を決めたら、ほかの活動はそれを中心にしてスケジューリングしていこう。重要な目標の日時を変更しなければならなくなったら、すぐにスケジュールを立て直す。人と約束したことを守るのと同じだと考えればよい。

役割と目標
役割　刃を研ぐ
肉体
社会・情緒
知性
精神
役割 自分の成長
目標 ①ミッション・ステートメントの下書き
②セミナーの申し込み
③フランクのお見舞い
役割 夫・父親
目標 ④妻とコンサートに行く
⑤ティムの科学研究を見る
⑥サラの自転車練習
役割 マネージャー（新製品）
目標 ⑦テスト市場のパラメータを設定
⑧アシスタント候補者の面接
⑨消費者調査の検討
役割 マネージャー（リサーチ）
目標 ⑩最新の試験結果の検討
⑪接着の問題点を調査
⑫ケン、ピーターとのネットワーク
役割 マネージャー（部下の教育）
目標 ⑬ジャニーの勤務評定
⑭サミュエル宅訪問
役割 マネージャー（経営管理）
目標 ⑮月次報告書の作成
⑯給与改定報告書の作成
役割 ユナイテッド・ウェイ会長
目標 ⑰議題案の作成
⑱コンクリン社に広報活動
⑲来年度の計画策定に着手

	日 Monday	日 Tuesday	日 Wednesday
8			
9			⑦テスト市場のパラメータを設定
10			
11	⑧アシスタント候補者の面接		
12			
1		⑨消費者調査の検討	
2			
3			
4	③フランクのお見舞い		
5			
6		⑤ティムの科学研究	
7	⑥サラの自転車練習		
8			

Daily Tasks	Daily Tasks	Daily Tasks
⑯給与改定報告書の作成	②セミナーの申し込み	⑫ケン、ピーターとのネットワーク
娘と話す →	→	

重要な目標を決まった日時にスケジューリングせず、優先事項としてリストアップしておくだけのほうがよい場合もある。たとえば一〇代の娘との関係を良くすることが目標なら、そのようなチャンスが訪れる日時を決められるはずがない。だから、実行する日時の予定を入れるのではなく、「Daily Tasks」リストの一番上に娘の名前を書いておき、一週間を通してチャンスを探ったほうが確実だ。月曜日にチャンスが訪れなかったら、火曜日に矢印を延ばす。火曜日にもチャンスがなかったら、水曜日に矢印を延ばす。そうすれば、この優先事項を失念する心配はない。週を通して常にタイミングを探り、この優先事項を意識していられる。

そして水曜日の夜、新聞を読んでいるときに娘が帰ってきて、あなたと話したそうにしていたら、あなたは新聞を脇に置いて、娘と話すだろう。これを優先事項と意識していなかったら、新聞から目を離さず、娘と話すチャンスをみすみす逃してしまうかもしれない。

もちろん、子どもと何かを一緒にするのも意味のある時間の使い方になる。一緒にボーリングに行ったり、映画を観に行ったりすれば、自然と会話が生まれる。大切なのは、その目標の必要性と中身をよく考えて、どうするのが一番良いかを決めることである。

あなたが今、この章を読みながら一週間の計画を立てているなら、少し時間をとって第Ⅱ領域の目標をスケジューリングしよう。

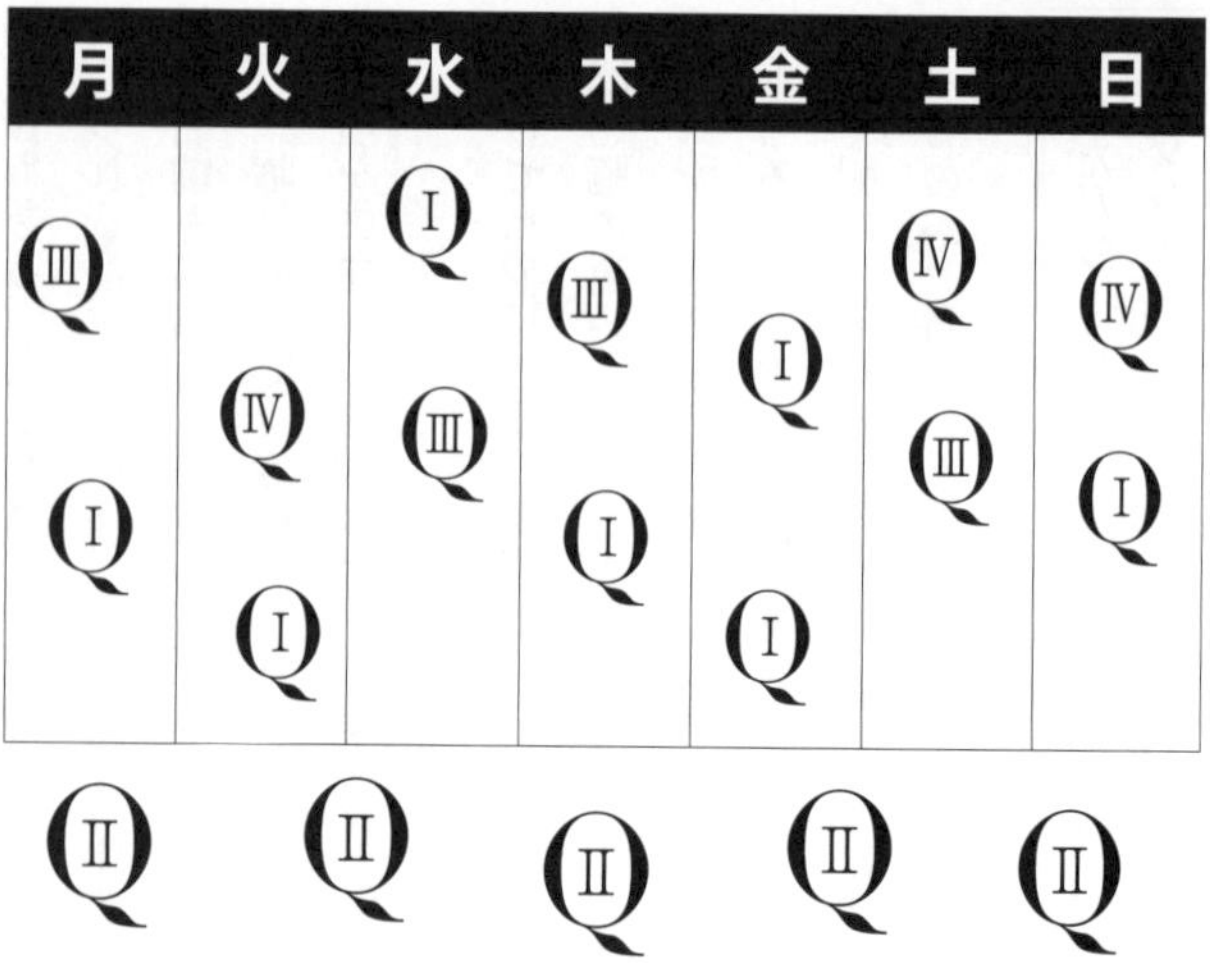

第Ⅱ領域の重要な目標をスケジュールに入れるのは、最重要事項を優先するための大きなステップである。最初に第Ⅱ領域の活動を入れなければ、上の図のようにその一週間が第Ⅰ領域と第Ⅲ領域の洪水にのまれてしまうことは目に見えている。緊急の用事はいやも応もなく注意を引くから、どうしてもそちらに対応してしまう。第Ⅱ領域の活動があなたの人生に大きな意味を持つといっても、緊急の用事に追われていたら、第Ⅱ領域の時間をとりたくてもとれなくなる。

しかし最初に「大きな石」を入れれば、左ページの図のようにこの状況を逆転させることができる。重要だと思うことを達成するための枠組みができ、それを中心にしてほかの活動を入れていけばよい。

第Ⅱ領域の大きな石が入ったら、それ以外の活動は、その日の約束でも優先事項でも、安心して加えていくことができる。それぞれの活動をよく検討し、どの領域に入るのか判断する気

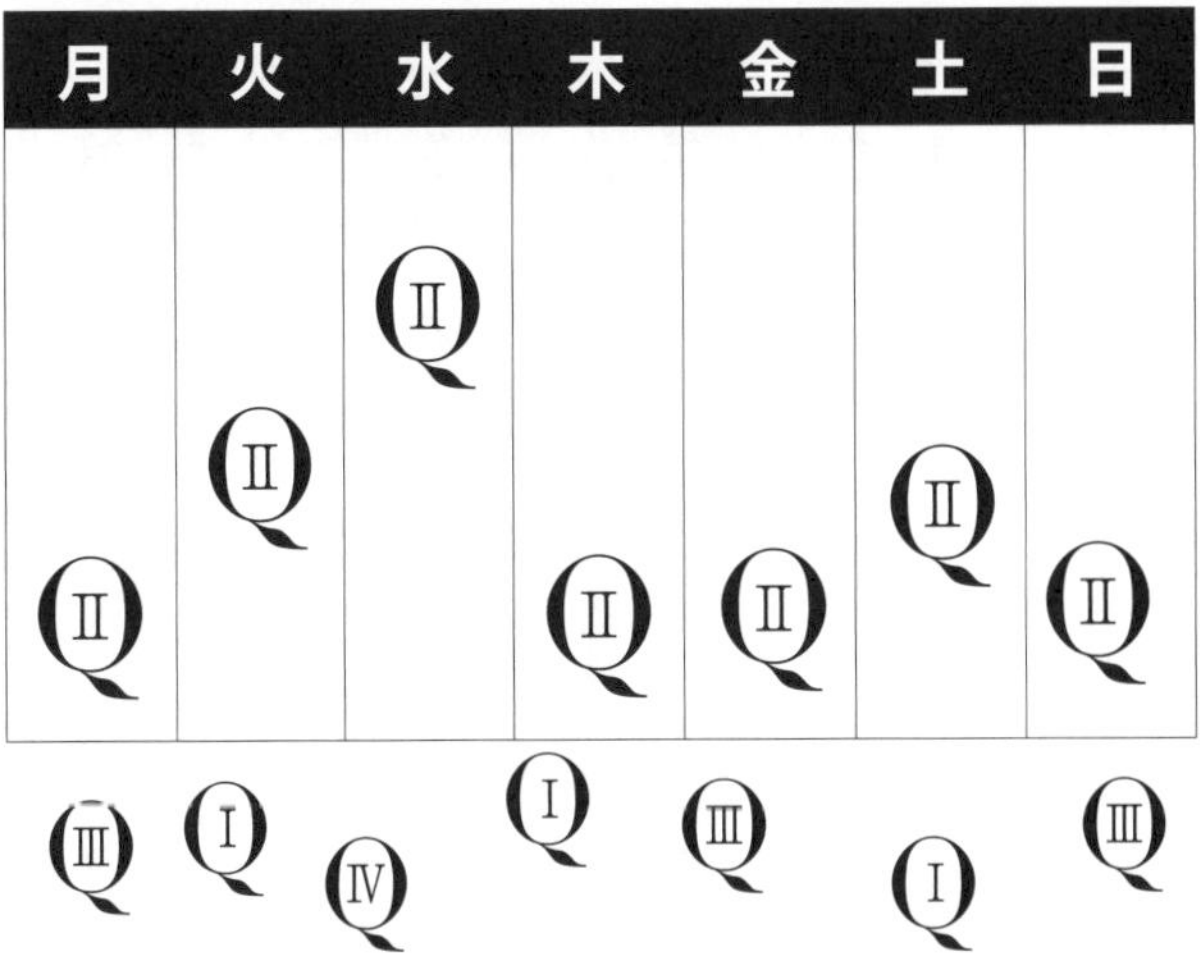

持ちの余裕ができる。それは緊急の用事に思えるけれども、本当にそうだろうか？　誰かのせいで、あるいは何かのせいで、せかされているように感じているだけなのではないか？　緊急の用事だから重要だと思い込んでいるだけではないのか？　このように客観的に検討できるようになる。

すでに述べたように、もしあなたが緊急中毒なら、これから一週間やろうとすることのほぼ全部が第Ⅰ領域に入ると判断するだろう。しかしそこで冷静に分析してみれば、大半が第Ⅲ領域の活動であることに気づくと思う。もし第Ⅱ領域の時間を捻出できずに苦労しているなら、第Ⅲ領域を見てみよう。かなりの時間を第Ⅱ領域に持ってこられるはずだ。

第Ⅱ領域に時間を使い始めると、ほかの領域に使う時間も大きく変化する。計画を立てる、準備をする、人間関係を育む、中身のある活動で心身をリフレッシュする。このような活動に時間をかけていれば、第Ⅰ領域で緊急事態に追われる時間も、第Ⅲ領域で他人の急な要求に対応する時間も減っていく。第Ⅲ

領域と第Ⅳ領域にかける時間をなくすことを意識しよう。そうすれば第Ⅰ領域と第Ⅱ領域の重要な活動に使える時間が増え、次第に準備や予防、自己の成長というような第Ⅱ領域の活動が増えていく。

一週間の計画を立てるときに重要なのは、絶対に動かせない時間固定の約束で毎日の予定を埋めてしまわずに、計画に余裕を持たせておくことだ。よく考えて重要なことを中心に計画を立てていても、計画どおりにいかないのが人生の常である。計画がどんなに完璧であっても、不測の事態は起こる。予想もしていなかったことが起きたとき、それは計画していないことだからと無視してしまったら（たとえスルーできるものであっても）、せっかくの機会を逃すことになるかもしれない。人生を彩る豊かな瞬間が不意に訪れても、計画に縛られていたら、それを味わうことなく生きることになる。

第Ⅱ領域の時間管理の目的は、スケジュールをがちがちに固めてしまうことではない。一日の中で何度も訪れる選択の瞬間に、重要度に従って望ましい判断ができる枠組みをつくることである。

> あなたが今、一週間の計画を立てているなら、次は第Ⅱ領域の目標の周りに、それ以外の約束や毎日の優先事項を入れていこう。

次のことを自問してみてほしい。一週間というスパンを一つの枠組みとして考えることがいかに重要であるかわかるだろう。

- 計画を立てて過ごした一週間を振り返って、どんな気持ちになるだろう？
- 毎週それぞれの役割で第Ⅱ領域の目標を計画して（日時を決めるか、優先事項に設定するかして）、目標を実行できたら、自分の生活はどう変わるだろうか？
- 「大きな石」を最初に入れる考え方を理解しているだろうか？ その考え方は、重要な目標を実行することにどのように役立つだろうか？

第八章は、焦点を一日から一週間に移すことによって得られる「三つの効果的な視野」を詳しく見ていく。

ステップ五：選択の瞬間に誠実な態度をとる

週間計画に第Ⅱ領域の重要な目標をうまく入れることができたからといって、そこで安心してはいけない。日々突発的に起こる緊急事態や思いがけず訪れたチャンスにうまく対応して、最優先事項を優先していかなくてはならないのだ。誠実な態度をとるというのは、自信を持って、心を乱さずに、自分のミッションを実行する選択をすることだ。それはなにも計画どおりに最優先事項を優先することだけではない。不測の事態が起きたとき、良心に従って計画を変更することも選択の瞬間の誠実な態度なのである。ここまで見てきたステップはどれも、日々の生活の中で進むべき正しい方向を見きわめられるように、人格を磨き、実行力、判断力を鍛え、心のコンパスを見つめる能力を高めるためのものである。

これらのステップに加えて、一日の最初に次の三つのことを行えば、最優先事項を優先する能力を確実に高めることができる。

一．その日一日を思い描く

これは一般的な時間管理の「毎日の計画」とは根本的に異なる。一日を始めるときに少し時間をとり、その日のスケジュールを頭の中でたどってみるのだ。心のコンパスをチェックして方向を確かめ、その日を一週間の視野の中で眺めてみる。そうすると最初に予定していなかった機会や問題が見えてきて、適切に対応できるように予定を組み直すこともできる。あなたももう気づいているかもしれないが、こうすれば一日区切りのフランクリン・プランナー（第四世代手帳）でも週間計画に使うことができる。

二．優先順位をつける

一般的な意味での優先順位を考える前に、それぞれの活動が第Ⅰ領域に入るのか第Ⅱ領域に入るのか確かめてみよう。第Ⅲ領域の活動が「重要なふり」を装ってスケジュールに割り込んでいたら、ここで見破ることができる。さらに、単なる時間の流れ（クロノス時間）で一日をとらえるのではなく、時間の質（カイロス時間）を考えられるようになる。自分の選択を客観的に見つめて、重要度のパラダイムで一日を過ごせるようになるのだ。

さらに細かく優先順位をつけたいなら、重要な活動が第Ⅰ領域に入るのか第Ⅱ領域に入るのか判断しよう。たとえばそれぞれの活動を重要度に応じてＡＢＣをつけ、Ａの中でさらに数字で優先順位をつけることもでき

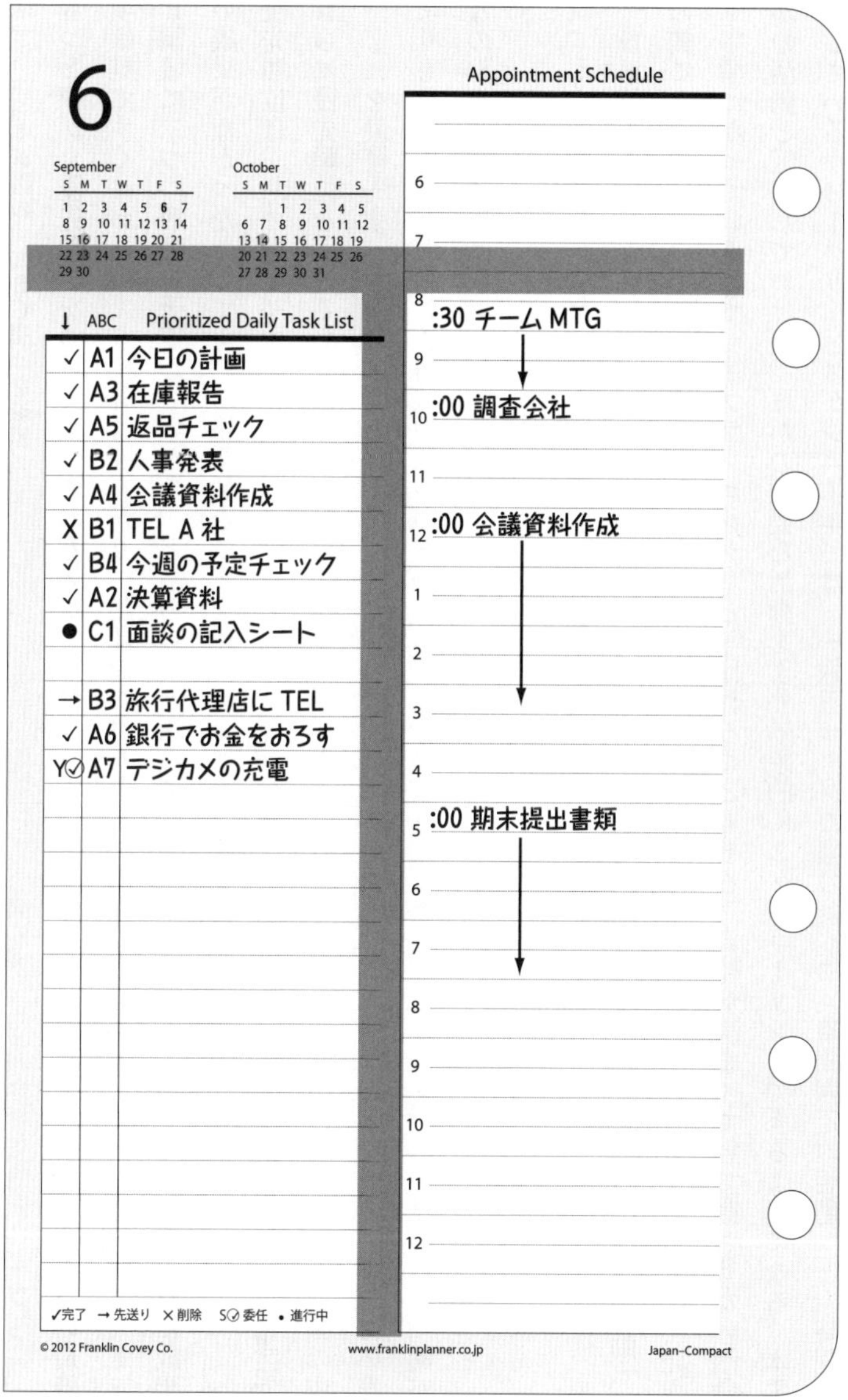
6
September
S M T W T F S
1 2 3 4 5 6 7
8 9 10 11 12 13 14
15 16 17 18 19 20 21
22 23 24 25 26 27 28
29 30
October
S M T W T F S
1 2 3 4 5
6 7 8 9 10 11 12
13 14 15 16 17 18 19
20 21 22 23 24 25 26
27 28 29 30 31
ABC Prioritized Daily Task List
✓ A1 今日の計画
✓ A3 在庫報告
✓ A5 返品チェック
✓ B2 人事発表
✓ A4 会議資料作成
X B1 TEL A 社
✓ B4 今週の予定チェック
✓ A2 決算資料
● C1 面談の記入シート
→ B3 旅行代理店に TEL
✓ A6 銀行でお金をおろす
Y✓ A7 デジカメの充電
✓完了 →先送り ×削除 S✓委任 •進行中
Appointment Schedule
6
7
8 :30 チーム MTG
9
10 :00 調査会社
11
12 :00 会議資料作成
1
2
3
4
5 :00 期末提出書類
6
7
8
9
10
11
12
© 2012 Franklin Covey Co.
www.franklinplanner.co.jp
Japan-Compact

る（一六一ページ図の「ＡＢＣ欄」を参照）。

もっと細かく優先順位をつけてもかまわないが、それよりもアドバイスしておきたいのは、その日の最優先事項は見てすぐにわかるように丸で囲んだり、星印をつけたりしておくことである。そのためには、たとえば第Ⅱ領域に二つの活動を予定していたら、どちらかを選んで印をつけておくとよい。たとえその日に成果らしい成果がなかったとしても、一番重要なことをやっていれば、満足感は得られるだろう。

優先順位は、その週に予定した活動の中だけでつけよう。不測の事態や思いがけないチャンスまで想定し、それらに優先順位をつける必要はない。自分の役割と目標をよく考えれば、一週間の枠組みにある活動の中から、どれを最優先すべきかおのずと見えてくる。しかし、すべてを見通せる人間などいない。計画していた活動よりも重要なことが起こる可能性はいつだってある。そのようなときは、心のコンパスを見つめて、何が重要なのかを誠実に判断して実行すればよいのである。

三.「Tプランニング」と「Lプランニング」を利用する

一日単位のフランクリン・プランナーでは、一六一ページの図のように右側の欄に「時間固定の活動」、左側の欄に「時間自由の活動」を書き込むようになっている。このようなフランクリン・プランナーは、記入欄がT字型になっているので「Tプランニング」と呼ばれることもある。日時が決まっていて動かせない活動をほかの活動と区別しておけば、ほかの重要な活動をより効果的にスケジューリングできるようになる。本書で紹介しているウィークリー・スケジュールでは、一六三ページの図のように「時間固定の活動」と「時間自由

役割と目標
役割　刃を研ぐ
肉体
社会・情緒
知性
精神
役割 自分の成長
目標 ①ミッション・ステートメントの下書き
②セミナーの申し込み
③フランクのお見舞い
役割 夫・父親
目標 ④妻とコンサートに行く
⑤ティムの科学研究を見る
⑥サラの自転車練習
役割 マネージャー（新製品）
目標 ⑦テスト市場のパラメータを設定
⑧アシスタント候補者の面接
⑨消費者調査の検討
役割 マネージャー（リサーチ）
目標 ⑩最新の試験結果の検討
⑪接着の問題点を調査
⑫ケン、ピーターとのネットワーク
役割 マネージャー（部下の教育）
目標 ⑬ジャニーの勤務評定
⑭サミュエル宅訪問
役割 マネージャー（経営管理）
目標 ⑮月次報告書の作成
⑯給与改定報告書の作成
役割 ユナイテッド・ウェイ会長
目標 ⑰議題案の作成
⑱コンクリン社に広報活動
⑲来年度の計画策定に着手

	日 Monday	日 Tuesday	日 Wednesday
8			
9			⑦テスト市場のパラメータを設定
10			
11	⑧アシスタント候補者の面接		
12			
1		⑨消費者調査の検討	
2			
3			
4	③フランクのお見舞い		
5			
6		⑤ティムの科学研究	
7	⑥サラの自転車練習		
8			

Daily Tasks	Daily Tasks	Daily Tasks
⑯給与改定報告書の作成	②セミナーの申し込み	⑫ケン、ピーターとのネットワーク

の活動」を左右ではなく上下に分けていて、L字型になっているから「Lプラニング」になる。

一日のある決まった時間に実行しなければ意味のない活動は「時間固定の活動」とみなされる。たとえば午前一〇時に病院の予約を入れているなら、午前一〇時に行かなければならないのであって、午後四時に行っても意味はない。しかし「時間固定の活動」としてスケジュールに入れたからといって、その時間になったら、やっていることをスパッとやめ、決めていた活動に移らなければならないということではない。そのときにやっていることのほうが重要なら、スケジュールを変更してもかまわない。大切なのは、二つの活動を比べて、そのときどちらが重要かを判断できるかどうかである。

一日のうちには、立てていた計画を見直さなければならない事態がいろいろと起こるものである。上司が会議を招集したり、誰かからコンサートに誘われたり、娘が腕の骨を折ったと病院から連絡がきたり、顧客が約束をキャンセルしたりと、予定どおりにはいかないものだ。

第Ⅱ領域の時間管理なら、緊急度ではなく重要度のパラダイムで状況を見られるから、そのときどきで最善の時間の使い方を選択できる。状況が変わったら、一時停止して心のコンパスを見つめ、自分の時間と労力を一番効果的に使うにはどうしたらよいか考えることができる。たとえ不測の事態が起きても、それが計画していた活動よりも重要でなければ、後ろめたさを感じずに計画していたことを続けられる。不測の事態のほうが重要であるなら、自分は緊急の用事に振り回されるのではなく本当に重要なことに取り組むのだと、自信を持って計画を変更できる。

第九章では、選択の瞬間に心のコンパスをどのように見つめればよいのか考えてみる。どうすれば難しい局面で気持ちを強く持つことができるのか、思いがけないチャンスや不測の事態が最初に立てていた計画よりも重要かどうかをどうやって判断するのか、計画どおりに進めるのか、それとも自信を持って、後ろめたさを感じず、冷静に計画を変更するにはどうすればよいのか、深く掘り下げてみよう。

ステップ六：一週間を振り返る

第Ⅱ領域の時間管理のプロセスは、一週間を振り返り、次の一週間の効果を高める土台を固めてはじめて完了する。経験から学ばなかったら、毎週毎週同じミスを繰り返し、同じ問題に手こずることになる。

一週間の終わりに、ミッション・ステートメントを見直して次の週の計画を立てる前に、少し時間をとり、次のように自問してみよう。

- **達成した目標は何か？**
- **どんな問題にぶつかったか？**
- **どんな決断を下したか？**
- **決断を下すとき、そのときの最優先事項を優先したか？**

第一〇章では、人生から学ぶために、人間だけに授けられた四つの能力《ちから》を引き出す具体的な問いかけをアドバイスする。この最後のステップを行うことによって、第Ⅱ領域の時間管理のプロセスは、上向きの螺旋《らせん》を生み出す「生きて学ぶサイクル」となる。

さて、このプロセスを使って、あなたがこれから五二週（一年間）にわたり、毎週三〇分の時間をとって週間計画を立てたとしよう。そして、たとえば設定した第Ⅱ領域の目標の半分しか達成できなかったとすると、今よりも多くの時間を第Ⅱ領域にかけなければならないことになるのだろうか？　あともう少し時間をかければよいのだろうか？　それとも大幅に時間を増やすべきなのだろうか？　第Ⅱ領域に今よりもはるかに多くの時間をかけることができたら、あなたのプライベートと仕事はどう変わるのだろうか？

パラダイムとプロセス

第Ⅱ領域の時間管理はツールではない。考え方である。第二世代や第三世代の時間管理ツールを使っていても、そのツールを第四世代の考え方で使っている人も多い。その一方で、ここで紹介したフランクリン・プランナーのような第四世代のツールを使いながら、第二世代や第三世代の考え方が抜けない人も少なくない。これでは効果も半減である。

もちろん、基本となるのはパラダイムだから、ツール自体はどんなものを使ってもかまわない。しかし、パラダイムと一致していないツールを使ったところで効果はなく、フラストレーションがたまるだけであることは知っておいてほしい。重要度のパラダイムで第四世代のライフスタイルを確立しようとしているのに、緊急の用事だけを優先事項にするようなツールを使っているとしたら、それはまるで進もうとしている道の前方を誰かが障害物を落としながら歩いているのを知っているのに、その道をわざわざ選んでいるようなものである。せっかく重要度のパラダイムを持っていても、パラダイムがツールに打ち消されてしまうかもしれない。そのツールは役立たないどころか、達成したいことを妨害し、あなたのやる気をそいでしまいかねない。

第Ⅱ領域の時間管理のプロセスをたどると、重要度のパラダイムが強くなる。このプロセスの最大の価値は、あなたのスケジュールが変わることではなく、あなたの考え方が変わることにある。重要度のパラダイムで考えるようになると、時間のとらえ方も違ってくる。そのときどきの最優先事項を優先し、実行する力が身につくのである。

緊急度のパラダイムから重要度のパラダイムへのシフト、一週間という視野、フレキシブルなスケジューリング、大きな石を先に入れることなどは、第Ⅱ領域の時間管理のプロセスからすぐにも得られる効果である。このプロセスに取り組めば、あなたもきっとこれらの効果を感じとることができるだろう。

しかし旅は始まったばかりだ。この章では第Ⅱ領域の時間管理のプロセスをおおまかに紹介したにすぎない。あなたがこれからずっと最優先事項を優先して人生を送ることができるように、第五章から第一〇章まで六つの章にわたって深く掘り下げて見ていこう。

第五章　ビジョンは情熱の源

内面の奥深くに赤々と燃える「イエス」があれば、重要ではないことに「ノー」と言うのは簡単である。

ナチスの強制収容所での生活を生き延びたオーストリアの心理学者ヴィクトール・フランクルは、その過酷な体験から重要な発見をした。自分がその体験の当事者であると同時に観察者でもあることに気づき、屈辱的な状況を乗り越える能力は自分自身の中にあることを知ったのである。彼は、同じように過酷な状況に置かれている人たちを観察し、ほとんどの人が死んでいく中で、生き延びた人たちの力となったものは何か、と考えたのである。

健康、バイタリティ、家族の支え、知性、サバイバルのスキルなどいくつかの要因に着目したが、これらの要因はどれも決定的なものではないとの結論に達した。彼によれば、決定的な要因は「**将来へのビジョン**」だったのである。生き延びた人たちは、自分には果たすべき使命がある、まだやり残した重要な仕事がある、という強い確信を持っていたのだった。[1]

ベトナムの捕虜収容所から生きて帰還した兵士たちも同じような体験を報告している。将来への明確なビジョンがあったからこそ、何としてでも生き延びようという強い気持ちを持てたと語っている。

ビジョンの力のなんと大きいことか！　ある研究によると、将来の自分の役割をイメージできる子どもは、そのようなイメージを持てない子どもよりもはるかに学業成績が良く、生活の中でぶつかるさまざまな困難を乗り越える力も強いという。[2]　また、明確な使命を持っている組織は、ビジョンを持たない組織よりも業績がよい。[3]　ドイツの社会学者フレッド・ポラックによれば、文明を発展させる最大の要因は、その市民が自らに描いている将来像、「集団的ビジョン」である。[4]

ビジョンは、人間の想像力と行為の動機がもっとも鮮明に現れたものである。ビジョンを描くのは今の自分を超えて将来の自分を見ることができる能力であり、今はまだ存在しないものを創造し、発明する能力であり、今の自分ではない人間になることができる能力である。ビジョンは、記憶によってではなく想像力によって生きる力を私たちに与えてくれるのだ。

この章で取り上げるのは、ビジョンが私たちの時間の使い方と生き方に与えるインパクトである。自分を鼓舞するビジョンを描くにはどうしたらよいのだろうか？　そのビジョンを日常生活に反映させるにはどうしたらよいのだろうか？

誰でも自分自身と将来に対してビジョンを描いている。そしてそのビジョンが結果を生み出している。私たちが下すあらゆる決断、選択、そして時間の使い方にもっとも影響を与えるもの、それがビジョンなのだ。

もしビジョンが遠い将来のものではなく、たとえば金曜日の夜にテレビで野球の試合を観るというような程度のものでしかなかったら、目先のことだけにとらわれて行動を選択してしまうだろう。緊急の用事に追われ、衝動に駆られて行動し、そのときの感情や気分に流されて生きることになる。限られた選択肢しか思い浮かばず、あるいは他人の優先事項を優先してしまうだろう。あっちに揺れ、こっちに揺られ、自分の位置が定まらない。自分が下した決断が良かったのか悪かったのかという評価も日によって変わる。決断の基準さえ、そのときどきで違ってくる。

あるいはビジョンが幻想から生まれていたら、「真北の原則」に反する選択をしてしまうだろう。そのような選択をしても、望むような人生を送ることはできない。幻想から生まれるビジョンは、しょせん空虚なものだ。いずれは幻滅し、世をすねるようになる。想像力はしぼんでいき、自分の夢をもう信じられなくなる。

あるいは経済的、社会的なニーズだけしか考えず、知的、精神的ニーズには目もくれないような偏ったビジョンだったら、アンバランスな選択をすることになるだろう。

あるいはまた、社会的な価値観をビジョンにしていたら、他人の期待に沿う選択しかできなくなる。「人は鏡を発見したときから、魂を失い始めた」という言葉もある。[5] あなたのビジョンが社会の価値観を映し出しているだけのものであるなら、内面の自分自身とのつながりは断ち切られ、本当の自分、自分にしかできない貢献を見失ってしまう。家族や同僚、友人、ライバル、メディアなど、他人から渡された脚本に甘んじて生きることになる。

他人から与えられる脚本とはどういうものなのだろうか？　もちろん肯定的なものもある。「あなたは才能に恵まれているのよ」「おまえには生まれつき野球の才能がある」「いつも言っているでしょう、あなたは医者に向いているのよ」というような脚本だ。そうかと思えば、「本当にグズなんだから」「君は何をやってもだめだ」「なぜお姉ちゃんみたいにできないの」というように、否定的な脚本もある。どちらにせよ、他人から渡された脚本をうのみにしていたら、本当の自分がわからなくなり、本当にやりたいことはいつまでたってもできない。

メディアが流すイメージは、皮肉、懐疑、暴力、運命論、物質主義に満ちている。メディアの価値観では、「重要なニュース」は悪いニュースと決まっている。

これらのイメージが私たちのビジョンの源になっているとしたら、多くの人が本当の自分と切り離され、自分自身を見失っているとしても不思議はない。

自己を変革し、自己を超越するビジョン

この章に「ビジョンは情熱の源」というタイトルをつけたのは、人間の基本のニーズと原則から生まれ、時間を超越して将来を「思い描く」ことのできる能力《ちから》から湧き出たビジョンは、強烈で持続的なエネルギーを持っていることを表現したかったからである。ビジョンは、時代や世紀、人の一生などを意味するギリシャ語 aion を語源とする「イーオン（未来永劫）」に関係する概念である。ビジョンは、人の内面の奥深くにある核、つまり本当の自分、自分が本当にやりたいことを引き出す。自分にしかできない貢献、自分が後世に遺《のこ》すことができるものは何か、それに気づくことによって、ビジョンは人の内面で赤々と燃え立つ。ビジョンは私たちの目的を明確にし、方向を指し示し、持てる手段では成し遂げられないようなことも成し遂げる力を与えてくれるのである。

私たちはそれを「情熱」と呼ぶ。なぜなら、ビジョンは私たち人間にとって非常に強い動機づけとなるからだ。人生のＤＮＡとも言えるだろう。ビジョンというＤＮＡは、個人としての生き方のあらゆる面に組み込まれている。だからどんな決断を下すときも、あらがいようのない動機として作用する。それは内なる炎である。四つの基本的なニーズが一つにまとまったときに起こるシナジーの爆発である。人生を冒険に満ちたものにするエネルギーである。心の奥深くで赤々と燃える「イエス」であり、それが力となって、人生において重要ではないことには自信を持って平穏な心で「ノー」と言うことができるのである。

この情熱があれば、何かを成し遂げようとするときや貢献しようとするとき、私たちを尻込みさせるような恐怖心や猜疑《さいぎ》心を乗り越えることができる。失望しても、何度でも立ち上がることができる。ガンジーを例に挙げよう。彼の育った環境には、小心、嫉妬心、恐怖心、不安が満ちていた。彼は人と一緒にいるのを好まず、いつも一人で行動していた。後年、敵対する人々とＷｉｎ-Ｗｉｎの関係を築くことに少しずつ満足感を得られるようになったが、それまでは法律家の仕事も好きになれずにいた。

しかしやがて、インド人に対する不当な扱いを目の当たりにするようになって、彼の心の中にビジョンが生まれた。そのビジョンから、人々が平等という価値観を実践する「アシュラム」という実験的な共同体の概念ができたのである。ガンジーは、「インド人は支配者のイギリス人よりも劣っている」というイメージをインド人自身が乗り越え、自尊心を持って生きるために、自分には何ができるのか考えたのだった。

自分のビジョンを見つめると、彼自身の性格的な弱さは消えてなくなった。ビジョンと目的が彼を人間として成長させたのである。ガンジーは人々を愛し、人々に奉仕し、人々とともに生きることを選んだ。民族の解放、それが彼の一番の望みだった。その結果、ガンジーはついに英国をひざまずかせ、三億人のインド人を解放したのである。

晩年、ガンジーは次のように語っている。

「私は本来凡人であるし、能力的には並以下の人間である。私と同じ希望と信念を育み、私と同じ努力をすれば誰でも、私がなしたことと同じことを成し遂げられる。私はそれを露ほども疑わない[6]」

自己を超越するビジョンの力は、人の内面に深く刻まれた脚本の力よりも強いものである。ビジョンの力は脚本の力を従属させ、覆い隠して、やがてその個人の全人格がビジョンの下に再構築される。

ネガティブで狭量な人間関係はおびただしい時間と労力を無駄にし、人生を消耗させるものである。しかし、人々が一つのビジョンを共有すると、そんな関係はみるみるうちに消えてなくなる。

スティーブン

少し前、カナダの大学で教職員に二日間のセミナーを行いました。その大学はさまざまな問題を抱えていました。全員が欠乏マインドにとらわれていて、つまらないいざこざや批判、狭量な考え方が横行していたのです。

全員でミッション・ステートメントを考え、ディスカッションしているうちに、彼らの間に親近感が芽生えてきました。そして最終的に、「この州における指導的な大学になる」というミッションができました。原則に従うことによって、他大学の手本となるような大学になることを決意したのです。

ミッション・ステートメントを作成し、決意を固めてからというもの、学内でのいざこざは消えてなくなりました。より重要な目的、ほかのあらゆる問題を超越する大きな目的が、彼ら一人ひとりに活力を与えたのです。

何か有意義なことをしたい、貢献したい、そんな気持ちが人々の中に芽生えると、このようなことが起きるのです。心の一番奥底にあるもの、人の魂が呼び起こされるのでしょう。最高の自分が引き出され、それまでこだわっていたことはどこかに追いやられたかのようです。人は自分を超えた目標に情熱を抱くと、些細なことはどうでもよくなるのです。

ビジョンがもたらす情熱は、人に大きな影響を与える。自分を変え、自分を超えることができるのだ。私たちの時間の使い方、そして人生の質をもっとも左右する要因と言ってもよいだろう。

力を与えるミッション・ステートメントを作成し、それに従って生きる

では、どうすれば情熱の源となるビジョンを持てるのだろうか？　我々著者が発見したもっとも効果的な方法の一つは、自分を鼓舞するミッション・ステートメントを作成し、それを日々の生活で実践することである。

個人のミッション・ステートメントがどういうものか、あなたはもう知っているかもしれない。ミッション・ステートメントの概念は特に新しいものではないからだ。古今東西のあらゆる文化において、人々は、たとえば信条というようなかたちでミッション・ステートメントを書いてきた。あなたもすでに、会社の能力開

発の研修でミッション・ステートメントを書いたかもしれない。

我々著者は世界各地でミッション・ステートメントの作成を指導してきたが、書いた本人を鼓舞し大きな効果を発揮するミッション・ステートメントもあれば、そうでないミッション・ステートメントもある。初めてミッション・ステートメントを作成する人はたいてい、他人を意識して書く。他人を感動させたいという下心があるからだ。自分の心の内を奥深くまで探ろうとはしない。このようにして書かれたミッション・ステートメントは、耳に心地よい言葉の寄せ集めにすぎない。書いたら「ミッション・ステートメントを書く」というタスクを「ＴｏＤｏリスト」から消して、あとはどこかにしまい込み、二度と出して見ることはない。

企業のミッション・ステートメントで言えば、トップが草稿を書いて広報部が見栄えよくまとめたりすると、いわゆる無意味なミッション・ステートメントになる。現場の社員は一人も関わっていないから、誰も真剣には受け止めない。かくしてミッション・ステートメントは社員の心に響くこともなく、頭に刻まれることもなく、社内のどこかの壁に掲げられたまま放置される運命をたどるわけである。

思っていることをつらつらと書いただけでは、ミッション・ステートメントにはならない。自分の内面を深く探り、自分の人生そのものの目的意識を明確にし、そこから湧き出るエネルギーを感じとって書かなくてはならない。真北の原則に基づいた力強いビジョンを描かなくてはならない。あなたの本心にある目的と結びついたミッション・ステートメントであればこそ、高揚感をもたらし、冒険心をかき立てる。そしてそれを達成したとき、本当の深い満足感を得られるのである。

想像力を働かせよう

あなたがまだ自分のミッション・ステートメントを書いたことがないなら、あるいは書いたには書いたけれど、別の視点から書き直してみたいなら、これから数分間、想像力を働かせてみてほしい。自分の八〇歳の誕生日、あるいは五〇回目の結婚記念日を思い描いてみよう。愛する人たちはもちろん、あなたがそれまでの人生で出会い、関係を築いてきた友人、知人、同僚が、あなたを祝福しにやってきている場面をありありと想像しよう。そこはどんな場所だろうか？　会場はどのように飾りつけられているだろう？　どういう顔ぶれが集まっているのだろうか？

一人ひとり順番にあなたにお祝いの言葉を述べる。親、教師、会社の上司、部下、地域の世話役など、あなたがそれまでの人生で果たしてきたさまざまな役割に関係する人たちだ。あなたはそれらの役割を真摯《しんし》に、最大限の努力をして全うしたとしよう。

彼らはあなたにどんな言葉を贈るだろうか？　あなたは彼らに、あなたの人格のどのような面に触れてほしいだろうか？　あなたのどんな貢献を語ってほしいだろうか？　集まっている人たちを見回してみよう。あなたは彼らの人生にどんな影響を与えただろうか？

このようなことを考えながら、一七七ページの空欄に記入してほしい。まず自分の役割を書き、その隣の欄に、お祝いに集まった人たちに述べてほしい祝辞を書こう。

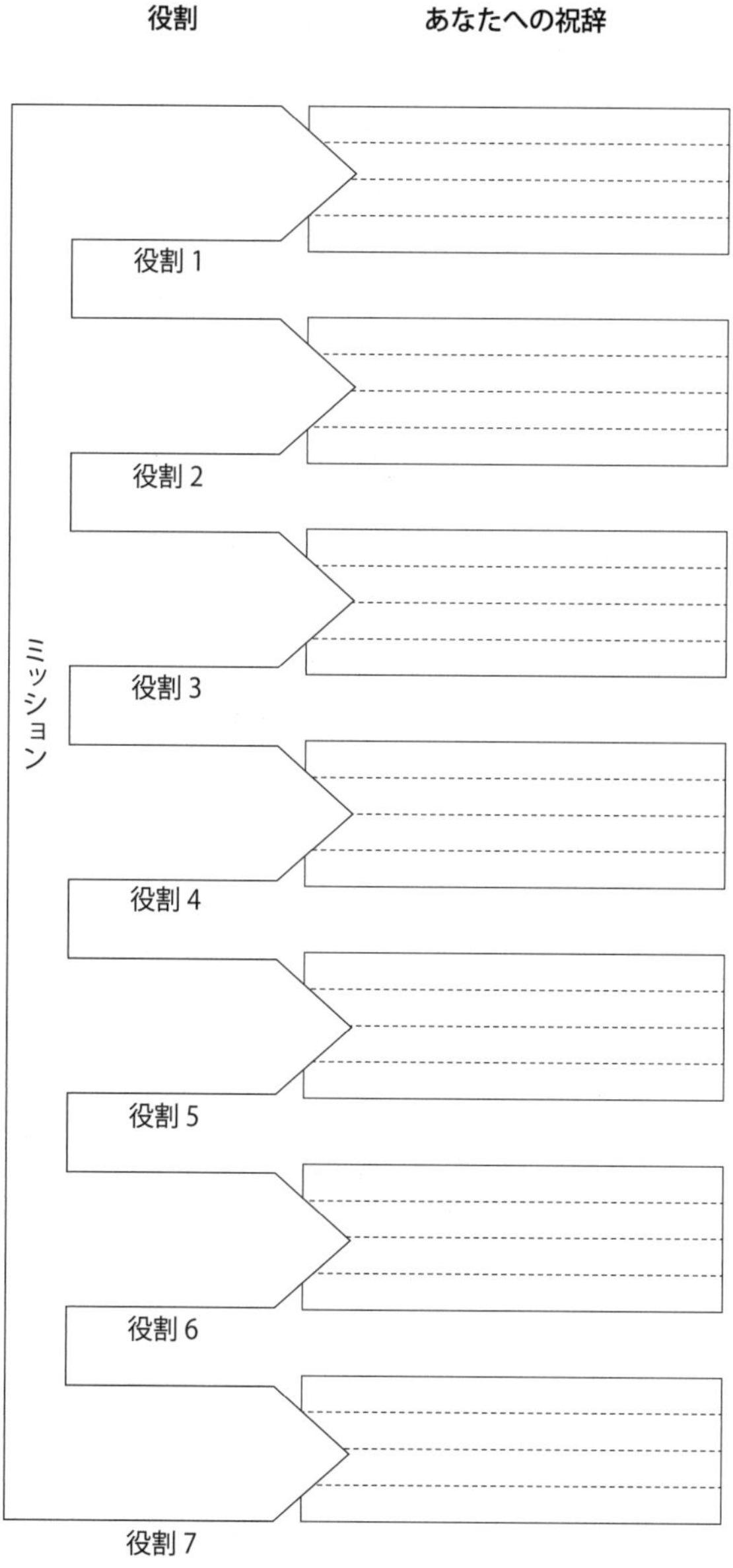
役割
あなたへの祝辞
ミッション
役割 1
役割 2
役割 3
役割 4
役割 5
役割 6
役割 7

そこに書いたことが、あなたの人生のビジョンである。書いていて、どんな気持ちになっただろうか？それがあなたのビジョンとなるなら、原則に基づいているか、自分の内面の奥深くにある使命感と結びついているか、自分自身に問いかけて正直に確かめてみてほしい。そうしたら、そのビジョンを文章にして、丁寧に推《すい》敲《こう》して完成させよう。それがあなたのミッション・ステートメントとなる。

第Ⅱ領域の時間管理のプロセスで週間計画を立てるときの土台となるものだから、しっかりと記憶してほしい。人生のあらゆる瞬間に思い出せるように、頭と心に刻みつけてほしい。

こうして少し想像力を働かせるだけでも、ビジョンの持つ潜在的な力と情熱を多少なりとも感じとれるだろう。しかし自分を鼓舞するミッション・ステートメントを実際に作成し、自分自身と一体化させるには本気で取り組まなければならないし、時間もかかる。自分の内面を深く、真剣に見つめなければならないのだ。

自分の内面を探る

ある意味で、私たちは三つの生活を生きている。一つ目は、職場やコミュニティ、社交の場で他者と接し、交流する公的生活。二つ目は、公的な場から離れ、家族や親しい友人と過ごす、あるいは一人きりで過ごす私的生活。

しかしもっとも重要なのは、三つ目の内的生活である。それは自分の内面の奥深くを見つめ、自覚、良心、想像、意志という人間だけに授けられた四つの能力《ちから》と結びつく生活だ。これらの四つの能力《ちから》がなかったなら、充実した人生を送るためのビジョンを描くことはできない。

自覚

内的生活では、自覚の能力を使って自分のニーズや才能を探り、それを具体的なかたちで自分の生活に反映させることができる。自分のパラダイムを客観的に評価し、自分の人生の根っこと果実を見きわめ、自分の動機を知ることもできる。しかし自覚の力がもっとも強く発揮されるのは、自分の良心を知り、それが自分の中でどのように働いているのかを見つめるときである。

良心

私たちには良心があるからこそ、唯一無二の個人としての生き方も、すべての人間に当てはまる普遍的な原則も知ることができる。

良心の声に耳を傾けなければ、自分自身の本当の目的、自分にしかできない貢献を知ることはできない。八〇歳の誕生日あるいは五〇回目の結婚記念日の場面を思い描いたとき、そこにはあなたの役割に関係する人たちが集まっていたはずだ。その人たちのことを深く考えてみてほしい。あなたは彼らの人生に対して、あなたにしかできないかたちで影響を与えることができるのだ。あなたの子どもの父・母は、あなた以外にはいない。あなたの配偶者の夫・妻は、あなた以外にはいない。あなたの患者にとって、あなたという主治医は一人しかいないのだし、あなたの生徒にとって、あなたという教師はあなたしかいない。あなたという唯一無二の個人は、誰かの兄弟姉妹、友人、地域のボランティアとして、人々の人生と関わっている。あなたが一人でなすことのできる貢献は、ほかの誰にもできないことなのだ。ヴィクトール・フランクルは、「使命はつくるのではなく見いだすのである」と言っている。使命はすでに心の中にあり、実行されるのを待っているのだ、と。そしてこう語る。

「生きることは決して漠然とした何かではなく、常に具体的な何かであって、したがって生きることがわたしたちに向けてくる要請も、とことん具体的である。この具体性が、一人ひとりにたったの一度、ほかに類を見ない人それぞれの運命をもたらすのだ。誰も、どんな運命も比類ない。どんな状況も二度と繰り返されない。そしてそれぞれの状況ごとに、人間は異なる対応を迫られる[7]」

一九世紀の社会改革者で作家のウィリアム・エラリー・チャニングは次のように述べている。

「すべての人間は、なすべき仕事、果たすべき義務、与えるべき影響を持っている。それらは一人ひとり独自のものであり、それを教えてくれるのは自分自身の良心だけである[8]」

内的生活において良心を見つめたときに初めて、内なる炎が燃え立つ。公的生活や私的生活で考えたことをミッション・ステートメントに書いても、心の奥底にある核、自分自身の力の源泉に達することはないのである。

探検家、作家、映画監督のローレンス・ヴァン・デル・ポストは、次のように述べている。

「我々は己の内面に目を向け、己自身を見つめなくてはならない。自らの魂が宿る場所を見つめ、その声を聴かなくてはならない。魂はあなたを通して夢を見ている。その声を聴かないかぎり、言い換えれば、暗闇の中でドアをノックする音に応じないかぎり、創造という偉大な行為は魂の中に閉じ込められたままなのである[9]」

ロジャー

　数年前、大学生を対象にしたセミナーを行ったときのことです。トムという学生が参加していました。最初に参加者全員に自己紹介と将来の目標を話してもらったのですが、トムは、「土木工学を専攻しています」としか言いませんでした。私は何となく気になっていて、セミナーも後半にさしかかったとき、「一ヵ月の自由な時間が与えられたらどうする？　お金も無制限にあって、何の制約もないとしたら、君は何をしたい？」とトムに問いかけました。

　すると、まるでクリスマスツリーみたいに、彼の顔がぱっと輝きました。「そんなことがあったらいいなあ！　僕なら、テーブルソーとか、かんな盤とか、木工道具をたくさん買って、うちのガレージを木工工場にしますね。近所の子どもたちを呼んで、いろんなものをつくりたい。机とか、人形の家とか。楽しいだろうなあ……」

　彼の目の輝きを見ていて、自己紹介で自分の専攻のことを無気力な感じで話していた彼とは別人のようだと思わずにはいられませんでした。

「君は教えるのが好きなんだね？」と私は聞きました。

「はい、好きです！」彼ははっきりと答えました。

「工具を使うのも好き？」

「そうなんです！」

「土木工学の授業はどう？　楽しいかい？」

「どうでしょう……工学をやれば、いい会社に就職できるけど……」彼の声はたちまちしぼんでしまいました。

「トム、子どもたちに木工を教えるのを仕事にする可能性を考えたことはないのかい？」

トムが自分の内面を見つめ、良心の声が告げる貢献と自分の才能を結びつけて専攻を決めたのではないことは明らかでした。しかしその結びつきに気づいた瞬間に、自分の才能を生かせる可能性が見えてきて、彼はがぜんやる気がでたようでした。

トムはそこそこの土木技師になれるでしょう。しかし木工品店のようなところに就職したら、素晴らしい指導員になれることは容易に想像できます。木工が好きで、子どもたちに教えることも好きだという彼独自の個性を生かせば、充実した人生を送れるのです。

良心を見つめると、自分が唯一無二の存在であること、自分にしかできない貢献があることがわかる。それだけでなく、人生を豊かにする真北の原則という普遍的な事実にも触れることができる。良心の声を聴いて、自分の価値観と戦略を真北の原則に合わせれば、ミッション・ステートメントの目的と手段、つまりどんな貢献をするか、それをどのようにして実現するかを原則に基づいて決めることができるのだ。

想像

良心の声を聴いたら、想像する力という人間だけに授けられた能力《ちから》を働かせて、良心から導き出されたビジョンと価値観を具体的に思い描き、自分を鼓舞するようなミッション・ステートメントとして表現しよう。それは建物を建設する前の設計図のようなものである。設計図という第一の創造（知的創造）があって、建物という第二の創造（物的創造）が可能になるのだ。

　ミッション・ステートメントを書いた後も、想像する力を働かせて、そのミッション・ステートメントを実行している自分を思い描くことができる。職場でも、帰宅してからも、疲れているときも、期待が外れたときも、失望を味わったときも、いつでも想像の翼をはためかせれば、元気になることができる。自分の誠実さが問われるような難しい状況に置かれたときでも、想像力を働かせて解決策を見いだすことができる。過去の記憶に縛られて生きるのではなく、想像力を働かせ、未来を思い描いて生きることができるのだ。

意志

　ミッション・ステートメントを貫くために流れに逆らわなくてはならないとき、つまり社会的価値観とは相いれない行動をとらなくてはならないときや、自分の中に深く根づいている習慣や脚本を断ち切らなくてはならないとき、私たちは意志という能力《ちから》を使うことができる。動かされるのではなく、自分から主体的に動くことができるのだ。

　ビジョンを描き、情熱をかき立てられると、意志というものを新たな角度から理解できるようになる。情熱を持てなければ、「自制心」は自分を縛るものでしかない。歯をくいしばって頑張ることだけが人生になってしまう。人間は自分に厳しくしなければ怠けてしまう、心の赴くままにしていたら正しい選択などできない、というパラダイムである。

　しかし、ビジョンを描き、情熱をかき立てられている人は、「自制心（discipline）」をその語源である「弟子

(disciple)」に結びつけることができる。心の弟子となり、心の声に従うことができるのだ。重要ではないことよりも、心の中で赤々と燃える「イエス」を優先できるようになる。「管理」するのではなく、「解き放つ」のだと考えられるようになる。

自分から動くためには、動機がなくてはならない。「なぜそれをするのか」がわかっていなくてはならないのだ。動機は人の内面の奥深くで赤々と燃える「イエス」である。強い動機があるからこそ、重要ではないことには「ノー」と言えるのである。

力を与えるミッション・ステートメントの特徴

我々著者は世界中の人々が書いたミッション・ステートメントをそれこそ何百と読んできたが、その経験から言えるのは、他者の内的生活をこれほど鮮明なかたちで見せてもらうと、謙虚になるということだ。一人ひとりのミッション・ステートメントを読んでいると、まるで聖なる場所に足を踏み入れるような気持ちがするものである。

ミッション・ステートメントは実に多様だ。ほんの数語のものもあれば、数ページにわたってつづられたものもある。音楽で表現されているものもあれば、詩や絵画の表現形式をとっているものもある。どのビジョンも、世界に二つとない。

しかし、これらのミッション・ステートメントのほぼ全部に「人生の法則」が表現されている、それは「真北の原則」が厳然たる事実であることを証明している。基本の原則と四つのニーズ（生きること、愛すること、学ぶこと、貢献すること）は、文化も宗教も超え、国家も民族も超えて存在しているのである。どんな人間でも、どこに住んでいても、人は自分の内面を深く見つめれば、必ず真北を感じとることができる。

情熱をかき立て、力を与えるミッション・ステートメントには、ほかにもいくつかの共通点がある。あなたがこれからミッション・ステートメントを作成するのなら、次のリストが参考になるだろう。

力を与えるミッション・ステートメントの特徴とは、次のとおりだ。

一．内面の奥深くにある本当の自分、自分のもっとも良い面を表している。内的生活としっかり結びついている。

二．自分の才能を発揮できる。自分にしかできない貢献が表現されている。

三．貢献の原則に基づき、自分の利益を超えた目的が掲げられている。

四．四つの基本的なニーズの全部に関わり、人間の四つの側面（肉体、社会・情緒、知性、精神）が満たされる内容になっている。

五．人生の原則に基づいている。目的もそれを達成する手段も真北の原則に基づいている。

六．ビジョンも、原則に基づく価値観も含まれている。ビジョンを持たずに価値観だけがあっても意味はない。良い人間になりたいというだけでなく、何のために良い人間でありたいのかが明確になっていなければならない。逆にビジョンはあっても価値観がなければ、ヒトラーのような人間ができる。ミッション・ステートメントには、人格（どんな人間になりたいのか）と能力（人生で何をするのか）の両方が必要である。

七．人生における自分の役割のすべてに関わっている。「個人」、「家庭」、「仕事」、「コミュニティ」における役割をバランスよく果たせるようになっている。

八．他人を感動させるのではなく、自分自身を鼓舞するように書かれている。ほかの誰でもなく自分に語りかけ、自分を奮い立たせる。

これらの特徴を持つミッション・ステートメントであれば、原則を土台にし、偏りがなくバランスがとれ、奥深く、あなたに力を与えるものになるだろう。個人のミッション・ステートメントを書くに当たって、より具体的なアドバイスが必要であれば、「付録A」（五〇〇ページ）を参考にしてほしい。「付録A　ミッション・ステートメント・ワークショップ」には、演習、ミッション・ステートメントのサンプルを収録している。

ミッションを実行に移す

完璧なミッション・ステートメントを書いたとしても、ミッションを日々の生活に取り入れなければ意味がない。毎週、第Ⅱ領域の時間管理のプロセスをたどるとき、ミッション・ステートメントを思い出して頭と心に刻みつけ、週間計画の土台にすることが大切である。それから、年に一回はミッション・ステートメントを一人で静かに見直し、必要があれば書き直すとよいだろう。

残念なことに、第三世代の効率性のパラダイムで生活している多くの人たちは、個人のミッション・ステートメントの作成を「ＴｏＤｏリスト」の一項目としか見ていない。書いたら、それで終わりなのである。ある女性が次のような話をしてくれた。

私もミッション・ステートメントを書きました。書き上げたときは、正直、とてもいい気分でした。でも書いた紙を書類入れに挟んだとたん、頭の中に「終了」の二文字が刻まれたのです。

それからの数ヵ月、仕事もプライベートも順調で、目標を次々と達成していきました。そのうち、所有欲が出てきたんですね。新しい車が欲しい、新しい家が欲しい……

そこで、目標として「家を建てる」と紙に書きました。そのためには何をすればいいのだろう？　これくらいのお金をためて、ローンの審査を受けて……と段取りを全部考えました。自分ではうまくやっているつもりでした。

それから実際に家を建てて何年か経ったある晩のことです。新築の家に一人でいて、ふと思ったんですね。どうして私は幸せじゃないんだろう、と。そのときはローンを返したら幸せになれるのだろう、と思いました。ローンの返済が終わって書類にサインし、家がようやく自分のものになったら、幸福感を味わえるのだろうと。ところが、いくらそう思っても孤独感が拭えないのです。私には何かが欠けているのだ、と思いました。モノを所有しても幸せにはなれないのだと気づいたのです。

そんなことを考えていたとき、ふと書類入れに目が留まりました。それを開いて、何年ぶりかでミッション・ステートメントを読み返したのです。家を建てるために忙しかったときは、一度も読んでいませんでした。

そこには、モノを所有することなど一言も書いていませんでした。「〜を持ちたい」ではなく「〜になりたい」という文で埋められていたのです。「良い人間になりたい」「周りの人たちの良い手本になりたい」「良い母親になりたい」と。

読んでいて思わず泣いてしまいました。新しい家の中で、電気もつけずに、一人で考えていました。この家が、この車が手に入りさえすれば幸せになれる、そう思っていました。でも、欲しかったものは全部手に入れたのに、なりたかった自分にはなっていなかったのです。

ミッション・ステートメントは「ＴｏＤｏリスト」にある項目ではない。書き上げたらそれで終わりではないのだ。ミッション・ステートメントに鼓舞され、力を得るためには、そこに書いてあることを自分のものとして、日々の生活に反映させ、そのとおりに生きる努力をしなければならない。

別の人の経験談を紹介しよう。

ミッション・ステートメントを書いたすぐ後のことでした。私と妻は長くつき合ってきた夫婦と喧嘩《けんか》してしまいました。今となっては喧嘩《けんか》の原因は思い出せません。ずっとお互いに何かを我慢していて、あるとき些細なことで限界を超えてしまい、喧嘩《けんか》になったのでしょう。それきり、もう元のようなつき合いはできなくなりました。

私たち夫婦は何ヵ月も心を痛めていました。大勢で集まる機会などにその夫婦と顔を合わせても、口を利くことはありませんでした。そのことを妻とよく話し合ったものです。彼らのことを考えない日は一日もありませんでした。どうすれば溝を埋められるのかと、頭を悩ませる日々でした。

ある晩、車で家に向かっていたとき、ふと思ったんです。「彼らと喧嘩《けんか》してから今日まで、私はミッション・ステートメントに従ってこの問題に対処してきただろうか？」と。私のミッション・ステートメントには、「人生で問題にぶつかったら、教訓を得て、その教訓を糧として人間として成長しよう。そして、家族だけでなく友人にも、人生で同じような問題に直面している人たちにも、その教訓を教えてあげよう」という一文がありました。

私はそのとき、自分がミッションに従って行動していないことに気づきました。そして不思議なことに、その瞬間に罪悪感から解放され、心の痛みも消えてなくなりました。この経験をよく理解して、教訓を得なければならないのだとわかったのです。何がいけなかったのか、どうしてこんなことになってしまったのか。それを突き止めて教訓とし、仲直りする、それが自分のミッションに従った行動だとわかったのです。その時点で、自分のミッションを友人夫妻との関係に照らし合わせてみて、「これが私のミッションだ。このように対処すればいいんだ」と腑に落ちたのです。私は家に帰り、溝を埋める方法を考えました。こうして私のミッション・ステートメントは生きたものとなったのです。

私は友人の家に行き、この仲たがいをとても残念に思っていて、夫婦ともどもひどく心を痛めていたのだと率直に話しました。私はとても謙虚になっていました。彼がどんな気持ちでいたのか、何がいけなかったのか、心から知りたいと思っていました。

すると、彼の態度が和らぎ、素直に気持ちを話し、自分たち夫婦のほうにも悪いところがあったのだと言ってくれました。私たちはお互いを深く理解し、問題を解決することができました。それからお互いの夫婦四人で話をし、すっかり元の間柄に戻りました。

それは本当に心が解放される経験でした。あの心の痛みに感謝しているくらいです。ミッション・ステートメントを現実の生活に生かせることを実感しました。それはただ紙に書いたものではなく、生きた文書でした。だからこそミッション・ステートメントはとても大切なのです。

あの経験から教訓を得たおかげで、自分のほかの役割や責任を果たす中で何か問題にぶつかるたびに、「これは私のミッションだろうか？私はミッション・ステートメントに従って行動しているだろうか？」と自問するようになりました。すると、第Ⅱ領域の時間管理の考え方を実践して、最優先事項を優先できるようになったのです。それからは、どんなときでもミッション・ステートメントに照らし合わせ、自分がとるべき行動を選択しています。

気持ちを鼓舞するミッション・ステートメントを書いた人たちは、必ずと言ってよいほど、どこかの時点で「ミッション・ステートメントが生きている」と実感する。ミッション・ステートメントが自分の一部となり、人生の大切な選択の瞬間にミッションがしっかりと結びつくのである。それを実感した後もミッション・ステートメントを意識し続けることによって、あらゆる選択の瞬間にミッション・ステートメントから自然と力を得て、行動できるようになる。

ビジョンという遺産

あなたを鼓舞し、情熱をかき立てるミッション・ステートメントを作成し、それに従って生活すると、あなたの時間の使い方は劇的に変化する。時間管理について考えるとき、進む方向よりもスピードを心配するのは馬鹿げてはいないだろうか。目先のほんの数分の時間短縮にきゅうきゅうとして、結果的に何年も無駄にすることにもなりかねない。ビジョンは、人生のすべてを前に進める原動力である。あなたにしかできない貢献を教え、あなたの情熱をかき立てる。最優先事項を優先する力を与える。時計よりもコンパスを、スケジュールやモノよりも生身の人間を優先する力を与えてくれる。強力なミッション・ステートメントを書き、それを自分の一部として生きることこそが、第Ⅱ領域の時間管理のプロセスにおいてもっとも重要な投資なのである。

そして、より大きな目的を持って生き、愛し、学んでいくと、私たちは、自分が残せるもっとも価値ある遺産は「ビジョン」であることに気づく。あなたの子どもたちは、あるいはあなたが人生で関わりを持つほかの人たちは、自分自身に対する見方も、描く将来像も、あなたのビジョンに影響を受ける。あなたのビジョンは彼らの人生の質に大きな影響を与えるのである。

第Ⅱ領域の目標——情熱の源となるビジョンを描く

・内的生活を豊かにし、心のコンパスを見つめて自分の内面に静かな場所をつくるために、毎週、第Ⅱ領域にかける時間を決める。
・「ミッション・ステートメント・ワークショップ」（付録A）を行い、一人で静かにミッション・ステートメントを書く時間をつくる。
・現在のミッション・ステートメントを見直し、修正する時間をつくる。
・ミッション・ステートメントを記憶する。
・「刃を研ぐ」活動として、ミッション・ステートメントを実践している自分をイメージすることを毎日の予定に組み込む。
・一週間の計画を立てる前にミッション・ステートメントを読む。
・ミッション・ステートメントが自分の体験、選択、決断にどのような影響を与えているか日記に書く。
・歴史上の人物が書いたミッション・ステートメントを読む。それらのミッション・ステートメントが、本人の人生と社会に与えたインパクトを考える。
・わが子や友人、知人にミッション・ステートメントを書くよう勧め、将来のビジョンを描くのを手助けする。

第六章　バランスよく役割を果たす

バランスとは「これか、あれか」ではない。「これも、あれも」である。

時間管理に関して多くの人たちが感じている痛みの原因は、おそらく「アンバランス」であろう。

ミッション・ステートメントを書き、それを実践しようとすると、自分がこれまでいかに多くのことをないがしろにしてきたか思い知らされ、愕然《がくぜん》とするものである。仕事、あるいは地域の奉仕活動など何か一つのことだけに時間と労力の大部分を投じ、健康、家族、友人など、それ以外の大切なことを犠牲にしてきたのだと、はたと気づくのである。自分のいろいろな役割をはっきりと自覚している人たちでさえ、どの役割を優先したらよいのか、日々身を引き裂かれる思いをしている。それらの役割は限られた時間を競うように奪い合い、あなたの注意を引こうと躍起になっているかのようだ。

次のような話はよく耳にすることではないだろうか。

> 家族の生活を支え、キャリアで成功したいと思っています。そうはいっても、平日は夜遅くまで残業し、休日出勤までしないと、出世を諦めている社員だと思われる会社なんですよ。もうくたくたの状態で帰宅します。しかし仕事を持ち帰ると、家族との時間はないし、そもそも家に帰ってもまだ

仕事をする気力も残っていない。でも家族は私を必要としています。子どもの自転車を修理したり、本を読んであげたり、宿題をみてあげたり、いろいろ相談に乗ってあげたり。それに私だって家族を必要としています。愛する家族と一緒に過ごす時間もろくにないなんて、そんな人生って何なのでしょうか？

ほかの役割にしてもそうです。近所の人たちと親しくつき合いたいし、コミュニティのためになる活動もしたい。自分の時間だって必要です。運動したり、読書したり、静かに考えごとをしたりしたいですよ。

自分の身体が四方八方に引っ張られているような感じです。しかもそのどれもが大切なのですから！　どうすればいいのでしょうか？

いわゆる「仕事と家庭の両立」は、よく耳にする問題だ。そして、実に多くの人が、人間関係や自己の成長に充てる時間がないことに後ろめたさを感じている。「全部の役割を十分にこなすには一日二四時間ではとても足りない。大切なことがいくつか必ず手つかずのままになってしまう。時間が欲しいから速く走る。でも速く走るほど、バランスが崩れていくように感じる」

『ベスト・キッド』という空手映画で、ミヤギ老人が弟子のダニエルを激しく打ち寄せる波の中に入っていかせるシーンがある。「バランスだ。バランスが大切だ！」とミヤギ老人は叫ぶ。

ダニエルは打ち寄せる波に何とか持ちこたえようとするけれども、何度も倒れる。ダニエルは、一本の柱の上に立っているミヤギ老人のほうを見る。ミヤギはそのポジションのまま、バランスを一方の足からもう一方の足に移す「鶴の舞」の絶妙な動きをやってみせる。

私たちにも、「バランスだ。バランスが大切だ！」という心の声が聞こえるかもしれない。しかしたいていの人は、打ち寄せる波に奮闘するダニエルさながら、四方八方からやってくる強い力に足をとられ、倒れてばかりいるのである。

バランスとは？

バランスが「真北の原則」であるのは明らかだ。バランスは私たちの周りの至るところでさまざまなかたちをとって存在する。自然界のバランス、貿易のバランス、力のバランス、バランスのとれた食事。どんな原則についても言えることだが、バランスという原則の存在を証明するには、その真逆であるアンバランスの結果を考えてみればよい。たとえば耳に支障があるとバランス感覚が鈍くなる。そんな状態でバスケットボールの試合に出たら簡単に転んでしまうだろう。バランスを欠いた生活を続けていたら体調を崩すのは目に見えている。バランスの大切さは明らかなのだ。

では、どうすればバランスのよい生活を送れるのだろうか？　毎日、全部の役割を満遍なく果たすために効率よく時間を使えばよいのだろうか？　それとも、人生において得られる結果を大きく変えるような、もっと効果的な時間の使い方があるのだろうか？

ここで、第Ⅱ領域の時間管理のプロセスで作成した役割のリストを見直してほしい。

あなたは、これらの役割をどのように見ているだろうか？　特に西欧社会の人々は、小さいころから人生を部分に分けて見るように教えられている。学校では教科が分けられ、それぞれの教科のノートがある。成績も教科ごとにつけられる。生物の成績はA、歴史の成績はCという具合だ。生物学と歴史学の関係性は考えもしない。このような教育を受けて育つから、大人になっても家庭での役割と職場での役割を完全に分けて考え、さらにはどちらの役割も自己の成長や地域の奉仕活動などほかの役割と無関係だと思っている。かくして「あれか、これか」の二者択一のパラダイムを持つようになり、一度に集中できるのは一つの役割だけだと思い込んでしまうのだ。

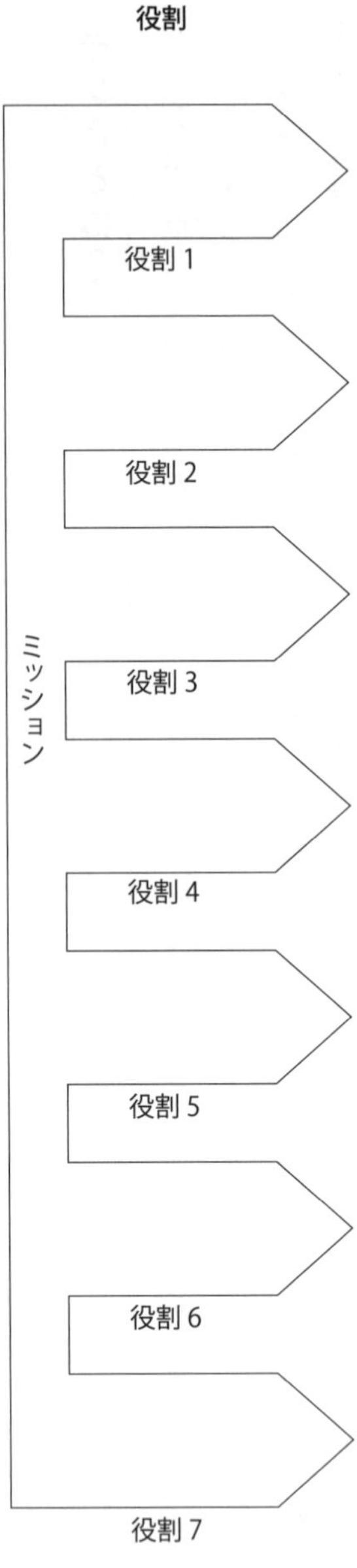

このような物事を区画に分ける考え方は人格にも表れ、職場での自分と家庭での自分は別の人間と考える。私的生活と公的生活が完全に切り離されているのである。

ハワード・ガードナーは著書『Unschooled Mind（教育を受けていない知能）』の中で、区画化の思考が与える影響について述べている[1]。それによれば、高学歴の人たちは訓練を受けたとおりに働いているかぎりは高い業績を上げられるが、状況や環境を変えてみると、たちまち業績が落ち、使いものにならないという。彼らは境界を超えて考えることができないのだ。

問題の見方こそが、問題なのである。物事を区画に分ける考え方は幻想以外のなにものでもない。幻想を生きようとすれば、とてつもないストレスがたまるのも無理はない。

現実はどうだろうか。人間のあらゆる役割はお互いに密接に関係し合っていて、生態系のように個々の部分がほかの部分に影響を与えている。ここでガンジーの言葉を借りよう。「人生のある部分で悪い行いをしているのに、別の部分で良い行いをしようとしても無理である。人生は分割できない一個の全体なのだから[2]」

このような全体論的パラダイムは、バランスは生命と健康に不可欠だとする東洋思想の基本である。

中国で医学を学んだデイビッド・アイゼンバーグ博士は次のように述べている。

「我々西洋人は、『生物学』と『物理学』と『心理学』と『精神医学』は別々のものとしているが、健康に関して体調や精神状態しか見ないのは、不完全な視点である。私の目の前に座る患者は、体調だけでなく、家族や人間関係、感情、人格も持ち合わせている一人の人間である。病院で『精神』と『肉体』を区別するのは、我々が生み出した抽象概念なのである。患者は一個の全人格であるのだから、病を癒すためには、その人のすべての側面を扱い、人生のバランスをとることが理想である[3]」

バランスという全体論的パラダイムの本質は、古代イスラムの神秘主義スーフィズムの教えに見ることができる。

「あなたは一を理解したのだから、二を理解しなければならないと思うだろう。なぜならば、一足す一は二であるからだ。しかしそのとき、あなたは『足す』の意味も理解しなければならない[4]」

このパラダイムを個人のレベルに当てはめると、人生におけるバランスとは、走ってすべての区画を回ることではないのだとわかるだろう。バランスとは、個々の部分が高度な相関関係をなし、シナジーによって保たれる平衡状態である。バランスは「これか、あれか」の二者択一ではなく「これも、あれも」なのである。

役割同士のシナジー

さまざまな役割がシナジーを創り出せたら、私たちの人生はどれほど変わるだろう！

過去七〇年にわたって書かれてきた個性主義を称揚する本は、ある役割で成功するためには、ほかの役割でいるときとは違うテクニックを身につける必要があると教えている。しかしそれは、ある役割ではセーターを着て、別の役割では靴を履く、というようなものだ。実際にはセーターと靴は同時に身につけるべきものである。役割によってテクニックを変えていたら、一人の人間がばらばらになってしまう。現実の生活では、朝起きてシャワーを浴び、朝食を食べ、出勤して接客し、取締役会にプレゼンする人間と同じ人間が、休日にはリトルリーグのコーチをし、ガレージを掃除する。誰でも、人生においていくつもの役割を日々担っているのである。
人格がすべての役割に反映されるという事実は、能力にもだいたい当てはまる。役割によって特別な能力が必要な場合もあるけれども、真北の原則に従った生き方をすれば、すべての役割が作用し合ってパワフルなシナジーを創り出し、どの役割にも必要な基本的能力が身につくものである。

レベッカ

ロジャーが大学院に通っていたとき、私は家で育児に明け暮れていました。夜、その日の授業のことを夫が話してくれたのですが、「ビジネスの世界の原則は家庭にも当てはまる」ことがだんだんとわかってきました。社員の責任感や職務遂行能力を育てるエンパワーメントの原則を三歳や四歳の子どもにも応用すれば、オモチャを片づけることを教えられるのです。

家族の絆を強くする原則の多くが、ビジネスの世界でもポジティブな結果をもたらすこともわかりました。企業の中で効果的なシナジーを起こすための土台は信頼関係であること、企業の成功を長続きさせるためには、組織としての誠実さが不可欠であることを知りました。

このような原則を知ると、自分のいろいろな役割をそれぞれが独立した部分とはみなさなくなりました。どの役割も普遍的な原則を実践する場となったのです。同じ原則が人生のいろいろな場面に当てはまることを知って、とても驚き、前向きな気持ちになりました。

このように役割同士がシナジーを創り出すと、問題解決の時間と労力が目に見えて減少する。主体性の原則(自分の人生の責任は自分で引き受ける)は、腹を立てている夫・妻、反抗期の子どもと接するときも、クレームをつけてきた顧客や口うるさい上司、不満のたまっている部下と接するときも同じように効果がある。共感の原則(まず理解に徹する)は、友人、家族、コミュニティの奉仕活動グループにおいても、職場のチームにおいても、同じように信頼関係を育み、お互いの力を高めていく。

シナジーを生かすことができれば、冒険野郎マクガイバーさながら、想像力を発揮して自分の役割を見られるようになる。思春期の娘と一緒にテニスの練習に行けば、運動をして健康を維持する目標を果たせると同時に、子どもとの絆を強くするという親としての目標も果たせる。工場の視察と新しいアシスタントの研修をしなければならないなら、研修も兼ねて工場視察を行う可能性も探れるだろう。

シナジーのこのような働きを理解できれば、「これか、あれか」の二者択一を超えた発想が生まれる。子どもを産んで育てることを選択した女性は、「仕事」か「家庭」かの二者択一に縛られて苦しい思いをすることもなくなる。母親として子育てに専念する時期は、社会に重要な貢献をしているのだというビジョンに励まされるだろうし、子育てをしながら、ほかの役割を果たすための人格と能力を伸ばすこともできるのである。

レベッカ

子育てに専念することを選んだ女性たちに対する社会の偏見は困ったものです。子どもの健康に気を配り、将来立派な大人になるように育てることよりも、会社の生産ラインで利益を上げるほうが重要であるかのような印象を受けます。

自分のビジョンを明確に持ち、家庭に入り子育てに専念することを選んだ女性は、その役割に心底満たされ、エネルギーをもらっているのです。成長して社会のリーダーとなる人格を育てることに価値を見いだしているのです。そして子どもを育てていくプロセスで、母親以外の役割も果たす能力と人格を身につけられます。子どもに手がかからなくなったら、再就職や大学に入り直すことを考えているかもしれません。しかし今現在は、子育てを最優先しているのです。それはなにも、その女性が仕事と家庭を両立できないからではなく、自分が選んだ貢献のあり方なのです。

その一方で、腰掛け的に仕方なく子育てを選んでいる女性たちがいます。しかしこれでは人格も能力も磨かれません。母親という役割に対するビジョンを持っておらず、子育てに創造的に取り組む意欲が欠けているからです。しかし新しいものを創造するのだというビジョンを持って母親の役割を果たしている女性たちは、ほかの役割も立派に果たせる力がつくのです。

「これか、あれか」の二者択一思考を超えられるかどうかが、現代のさまざまな組織の死活問題になっている。細分化された現代社会では、有能な主婦（あるいは主夫）のスキルは正当に評価されず、労働市場では役に立たないものとされているが、これは社会そのものにとって不利益ではないだろうか。最近の調査では、子育てに向いているという女性の属性は、現代の民主的な組織文化においては効果的なマネジメントに不可欠な能力であることが示されている。[5] とはいえ、今頃になって気づいたのかと言わざるをえない。

紀元前五世紀、古代ギリシャの哲学者ゼノンは次のようなエピソードを記録している。

「ニコマチデスという兵士は不満だった。家の仕事を切り盛りし、合唱隊の隊長をしているくらいしか取り柄のない男が、自分を差し置いて大将に選ばれたからだ。ソクラテスはニコマチデスにこう言った。『何が必要かを知っていて、それを用意できる人間なら、合唱隊、家庭、都市、軍隊、何を率いるにしても立派な長になれる。家事に長けた人をみくびってはいけない。私的な仕事と公的な仕事の違いは規模だけなのだから[6]』」

自分のさまざまな役割を個別の独立したものと考えていたら、欠乏マインドしか持てなくなる。一日は二四時間しかないのだから、この役割に時間を使ったら、あの役割に使える時間が減ってしまう、という考え方である。これはＷｉｎ－Ｌｏｓｅだ。一方の役割がＷｉｎで、他方の役割がＬｏｓｅとなる。ほかでもない自分の役割と役割が競い合っているわけだ。だから、別の役割に時間をかけられない証拠を集め、自分の選択を正当化し、自己達成的予言の罠《わな》に絡めとられることになる。

しかし原則を理解し、原則に従って生活すれば、豊かさマインドを持つことができる。全員に行きわたってもなお余りある、という考え方である。自分のすべての役割を密接に関係し合った一個の全体と考え、どの役割に対してもＷｉｎ－Ｗｉｎの関係を見いだせるようになるのだ。

バランスをとるための三つのパラダイム

第Ⅱ領域の時間管理のプロセスを初めてやってみた人はたいてい、自分の役割をベースにして情報や用事をスケジューリングする方法をとても効果的だと感じる。この新しい視点から得られるメリットはたしかに多い。しかしさらに理解を深めて、いろいろな役割が日々の生活にシナジーとバランスをもたらすのだと実感できるようになると、もっと多くのメリットが得られる。その理解に到達するための三つの基本的なパラダイムを紹介しよう。

一・役割はミッションから自然に生まれる

私たちは自分の役割をどこで見つけるのだろうか？　内的生活において役割を見いだす努力をしなければ、あなたの人生における役割は、自分はこういう人間だという思い込みや社会的な価値観が混じり合ったものになるだろう。

しかし、内面の奥深くを真摯《しんし》に見つめれば、さまざまな役割が木の枝のようにバランスよく伸びていく。根（生命を持続させる原則）から一本の幹（ミッション、人間の基本的なニーズ、人間だけに授けられた能力《ちから》）が伸びていき、その幹から出る枝を役割に例えることができる。私たちは、自分のさまざまな役割を経路として、生きる、愛する、学ぶ、貢献するという四つのニーズを満たすのである。

ビジョンと深く結びついていればこそ、役割に情熱を持ち、意欲的に取り組むことができる。たとえば親というのは、新しい生命を産み育て、将来の世代へとつなげていくかけがえのない唯一無二の役割であることがわかれば、その役割に大きな価値を見いだせるだろう。過去の世代の短所や間違った脚本、悪習を次の世代に

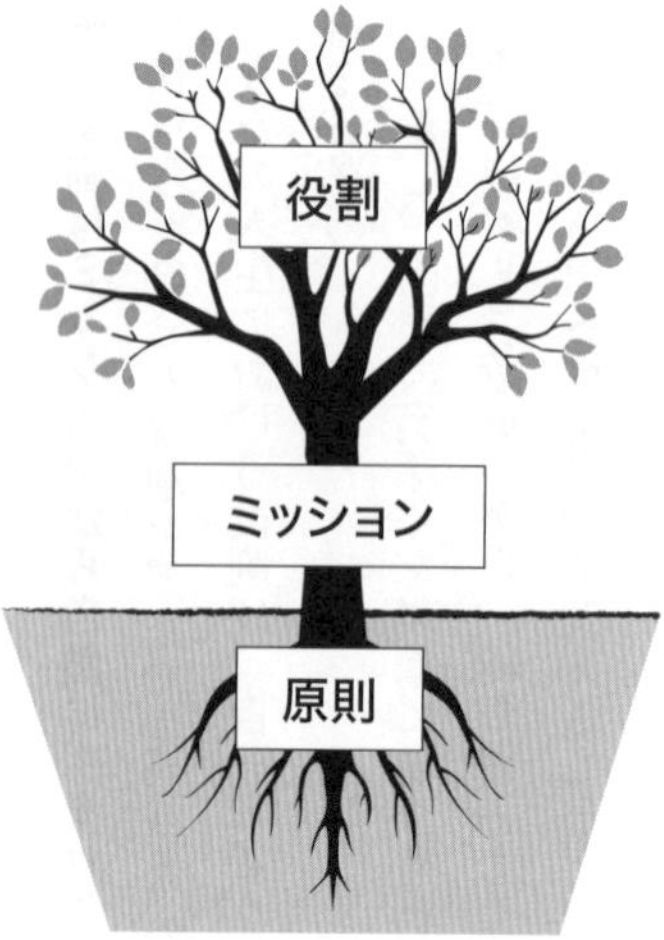

伝えるのではなく、自分の世代で断ち切り、新しい脚本を書く情熱が湧いてくるだろう。流れに身を任せて生きる人ではなく「流れを変える人」になるのだ。貢献するという意識を持つことによって、取引（トランザクション）ではく変革（トランスフォーメーション）の視点に立って生きることができるのである。

それに反して、役割がニーズ、原則、ミッションから切り離されていたらどうだろう？　仕事に経済的な安定しか求めなかったら？　原則を無視し、幻想だけで人間関係を築こうとしたら？　あるいは心の声に従うのではなく他人の評価を期待して奉仕活動をするとしたら？　どれも長続きしないのは目に見えている。内面の奥深くで赤々と燃える「イエス」を引き出していないからだ。

どの役割も重要である。どれか一つの役割で成功したからといって、ほかの役割での失敗を埋め合わせができるわけではない。仕事で成功したのだから、結婚生活で失敗しても仕方がないとはならない。コミュニティの活動での成功が、親としての役割の失敗を補ってくれはしない。何かの役割での成功あるいは失敗は、ほかのすべての役割に影響を与え、ひいては人生全体に影響するのである。

自分のすべての役割を「大局的」に自覚していないと、一部の役割だけに時間を使い、ほかの役割をないがしろにするという状況がすぐに生まれてしまう。だから第Ⅱ領域の時間管理のプロセスに従い、すべての役割で何をするか毎週計画を立てることが大切なのである。

多忙をきわめる会社経営者が次のような話をしてくれた。

> この一七年間というもの、仕事柄、実に多くの人と昼食の席を共にしました。ところが、自分の役割を書き出していて、「夫」のところで気づいたんです、妻とは一度も昼食に出かけたことがないんですね。私にとって妻との関係はとても大切なのに。
>
> そこで、週間計画を立てるとき、妻と食事に出かける予定を入れるようにしました。するとお互いの距離がぐっと縮まり、会話も増えました。おかげで、良き夫になるためにできることがいろいろ見つかりましたよ。夫の役割を毎週確認していたら、不思議なことに仕事のほうもずいぶんはかどるようになったんです。

自分の役割を毎週書き出していると、人生の重要な事柄すべてに満遍なく注意を向けられるようになる。そうはいっても、すべての役割に毎週必ず目標を設定しなければならないというわけではない。役割がずっと同じとはかぎらないし、毎週欠かさず全部の役割を果たすわけでもない。自然界のバランスは何事にも時機があることを教えてくれる。私たちの人生においても、一時的にアンバランスな状態であっても、長い目で見ればバランスがとれているということもある。ある時期には何か一つの役割に時間と労力を集中させることが、人生全体のミッションに役立つ場合があるのだ。

　たとえば子どもが産まれたら、母親は自分の時間のほとんどをその子にかけ、その子を慈しみ、世話をする。しばらくの間は、彼女の生活はバランスが崩れているように見える。しかし、生きること、愛すること、学ぶこと、貢献することを生涯にわたってなすことがバランスのとれた人生なのだということがわかっていれば、一時的なアンバランスにも意味が生まれる。有意義な社会貢献に専念する、年老いた親を介護する、新しい事業を起こす、というようなことのために、しばらくはアンバランスな生活を送ることになっても、人生のバランスはとれるのだ。しかるべき時期にしかるべき役割に集中的に時間をかけるかどうかが、成功と失敗を分けることがある。そして、ある時期に集中的に時間を投じることが、あるいは投じないことが、あなたの周りにいる夫・妻、子ども、同僚、コミュニティなどに大きく影響することがある。アンバランスな生活になることを自ら選択していれば、週間計画を立てるときに役割を一つか二つに絞っても後ろめたさを感じることはなく、むしろ気が楽になるだろう。それによって、心置きなく役割に集中できる人もいるだろうし、それぞれの役割に目標を設定していなくても、目の前にある役割に特別な意味を感じて取り組める人もいるだろう。

　人生のバランスをとるために何らかの決断をするときに重要なのは、良心の声に従うことである。今の社会は「どういう人間か」よりも「何をしたか」のほうが重要視されているから、ミッションや原則とは切り離されたアンバランスな生活にいとも簡単に陥り、ミッションはそっちのけで緊急の用事に追われる毎日になってしまう。

「頑張りすぎる人の協会《オーバーアチーバー・アノニマス》」の創設者キャロル・オスボーンは、自著の中で次のように書いている。

「忍耐と能力の限界を超えるくらい何かに取り組まなくてはならない時期がある。またそうすることが自分を育てもする。たとえば私の場合、事業を立ち上げた当初は毎日働きづめだったが、少しも後悔していない。この本を執筆している今も、膝《ひざ》を打つような考えがひらめくと徹夜で原稿に向かうのだが、そんなことは問題でも何でもない。

注意しなければならないのは、アドレナリンを放出させて目的に邁進《まいしん》して達成した後だ。ギアを元に戻すのを忘れて、そのまま無意識に邁進《まいしん》し続けてしまうのである[7]」

日頃から自分の内面を見つめ、心の声に耳を傾けていなければ、正しい選択眼は養われない。心理学者のバーバラ・キリンガー博士は次のように話している。

「知恵の源泉、それはバランスである。仕事中毒の人たちは知的で話が面白く、魅力的な人が多いが、心の知恵を欠いている。その証拠に、彼らの生活はまさに危機的状態にある。論理的で合理的な考えから決断したとしても、それを心の底で正しいと感じ、その決断の結果を冷静に受け止められなければ、良い決断とはいえない。そして心の知恵はもっとずっと深いものである。自分の決断が正しいかどうかを感じとれるだけでなく、自分の価値観や信念とも結びついているからである。あなたの心の奥深くで、何かが『イエス！』と答えるのである[8]」

輝かしいキャリアを積み、会社で重責を担っていても、ドラッグに手を出した息子や娘を立ち直らせるために、しばらく仕事を休むことを決断する人がいる。何百万ドル、ことによると何千万ドルもの年収があるというのに、近所のサッカーチームのコーチになるために早期に退職する人がいる。人類に貢献するプロジェクトだと信じるからこそ、家族の深い理解と励ましを得て、家族から遠く離れて莫大《ばくだい》な時間と労力を注いでいる人もいる。このような人たちは自分の選択を少しも後悔していないし、最高の選択だと思っている。彼らはミッションに従って生きている。深い内的生活としっかり結びついているのである。

この深い内的生活を体験した女性の話を紹介しよう。

> 私は、「一〇代の妊娠女性のための住居委員会」の委員をしていました。これは大変意義のある組織で、私にはやりがいのある仕事でした。しばらく広報部会の部長もしていました。
>
> 委員会が二ヵ月間休みに入り、私は新しい仕事を始めました。家族と大切な時間も持てるようになりました。二ヵ月の休みが終わり、委員の皆さんは私が委員会に復帰し、委員長に就くものと思っていました。しかし私はこう告げたのです。「今年は委員会の仕事はできません。皆さんを期待させておいて、期待を裏切るようなことはしたくないのです」と。そのように告げるのは、私としても決して簡単なことではありませんでした。
>
> 自分を信じ、委員会の仕事から離れても大丈夫だと確信していたので、決断が揺らぐことはありませんでした。自分にとって大きな「イエス」を実感できれば、それよりも大切ではないことには「ノー」と言えるようになったのです。
>
> その大きな「イエス」との結びつきが緩んで、何にでも「イエス」と言ってしまう昔の癖に戻ってしまうこともあ

ります。あちこち駆け回らなくてはならないことも、緊急の用事に追い回されることもあります。でも、私には大きな「イエス」があるのだとわかっているから、すぐに調整し直して、バランスを取り戻すことができるのです。

内なる心の声に従って、一時的にアンバランスな生活になるときは、それによって影響を受ける人たちと協力すれば、相互依存のバランスを見いだすことができる。

レベッカ

私たち著者がこの本を執筆する計画を検討していたとき、私としては生活のバランスが崩れるのがとても不安でした。それまでも執筆の仕事やコミュニティの奉仕活動などいろいろなことをしていましたが、過去二五年間、私が一番情熱を注いできたのは家庭でしたし、家庭こそ私がもっとも貢献できる分野だと思っていたのです。夫と子どもたちのために「家にいる」ことを選んだのですが、それは私自身のミッションに基づいた選択でした。しかし、この本を書くことにも情熱をかき立てられていました。この本を書くプロセスで、私にとって大切なほかの役割や価値観を深く見つめることができると思っていたからです。

私はまず、本を書くことにした場合に家族にしてあげられなくなることを考えました。結婚して家を出た子どもたち以外に、まだ三人の子どもが家にいて、音楽の練習や宿題を見てあげなければならないし、稽古事の送り迎えもありますし、きちんとした食事もつくらなくてはなりません。話を聴いてあげることも大切です。結婚した子どもたちは近くに住んでいるので、行き来して家族同士の絆を深めたいとも思っています。こうしたことをしばらくはできなくなると思うと、少なくとも母親として自分が満足できるようにはできないのですから、とても胸が痛みました。

ロジャーと私は、子どもたちの基本的なニーズを満たしてあげられるように、執筆と子どもたちの世話を二人三脚でやりました。音楽の練習と稽古事の送り迎えは、おじいちゃんとおばあちゃんが手伝ってくれました。けれども何よりもうれしい驚きは、この本を書くことと、何かに貢献したいという子どもたちのニーズが結びつき、シナジーが生まれたことでした。私たち家族のミッション・ステートメントには、「自分の時間、才能、知恵を他者と惜しみなく分かち合う」という項目があります。私たち夫婦は、この本の執筆に当たって子どもたちと話し合い、家族のミッションの力を生かすビジョンをみんなで考えました。子どもたちは、私たちの力になろうとやる気満々で、できるかぎりのことをしてくれました。結婚している子どもたちは、本の執筆そのものを手伝ってくれたり、ほかにもいろいろなかたちで協力してくれました。ある土曜日には、結婚している子どもたちが家族連れでやってきて、執筆のために先延ばしにしていた庭仕事をしてくれました。

家族みんなが何がしかの犠牲を払わなくてはなりませんでしたが、子どもたちは、この本が日の目を見るようにと、それこそ数えきれないほどいろいろな面で協力してくれました。この本は私たち家族を引き離しはせず、逆に絆を強くしたのです。みんなで一緒に大きなことを成し遂げた感じでした。この経験で家族全員が成長したと思います。

ミッション、ビジョン、原則から生まれている役割であるなら、一つひとつの役割にどのくらいの時間をかけるかよりも、全体のバランスのほうが大切になる。バランスは、生きること、愛すること、学ぶこと、貢献すること、この四つのニーズを満たすことにある。そして私たちのさまざまな役割が相互に結びついて、バランスをとるための場を生み出すのである。

二、役割はスチュワードシップ（責任）である

自然界に目を向ければ、そこではより大きな相互依存のバランスが保たれていることがわかる。木はそれ自体が巨大な生態系の一部である。その木が健全に生長するかどうかは、周りの生物から多かれ少なかれ影響を受け、また健全に生長すれば、周りの生物の生長を促進する。私たち人間もこの相互依存の現実を生きているのであり、それぞれの役割を「スチュワードシップ（責任）」として認識しなければならない。

　スチュワードシップは、自分よりも高次の存在から託された責任を果たすという意味を持っている。高次の存在とは、創造主、将来の世代、あるいは社会全体とも言える。今ほどスチュワードシップが求められる時代はないだろう。環境破壊、国の借金、貧困、病気などが私たちの関心を引く大問題となっているのは、将来の世代に重大な影響を与えるからである。スチュワードシップに対してオーナーシップは、「他人に迷惑をかけなければ自分のやりたいことができる」という意味を含んでいる。しかし、資源を使いたい放題に使っておいて、環境に悪影響を及ぼさないわけがない。私たちは今、次世代の人生に悪影響を及ぼす結果を積み上げているのである。

　誰しも責任を逃れることはできない。私たちの行動は何らかのかたちで必ず周囲に影響を与える。自分の人生に対する責任は自分にある。お金、所有物、才能、時間も含めて、自分の持っているもので何をしようと勝手だと思うかもしれないが、その結果は必ず将来の世代に渡る「遺産」となる。どんな脚本に沿って生きてい

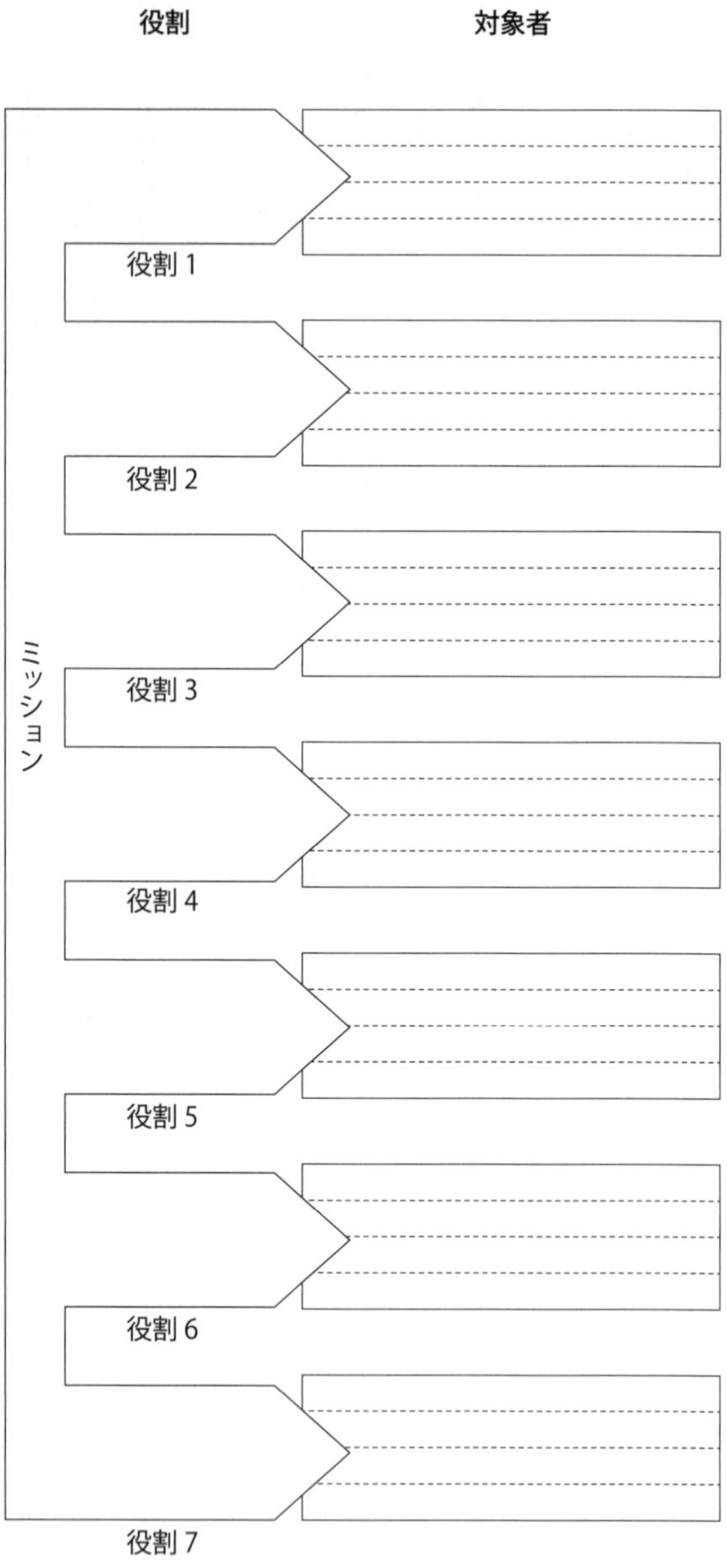
役割
対象者
ミッション
役割 1
役割 2
役割 3
役割 4
役割 5
役割 6
役割 7

ようとも、私たちは皆、人間だけに授けられた四つの能力《ちから》を働かせて、自分がなりたいスチュワード（執事）となり、将来の世代に良い「遺産」を残すことができる。悪習、借金、破壊された環境、自己中心的な態度や幻想を将来の世代に残してはいけない。私たちは、健全な環境、大切に使われてきた品物、責任感、原則中心の価値観、貢献というビジョンを引き渡すことができるのである。そうすることによって、自分自身の人生だけでなく、将来の人々の人生も良くすることができるのだ。

二一二ページの図を使って、自分のそれぞれの役割が誰に対する責任を果たすものなのか、スチュワードシップの視点から考えてみよう。

第一二章では、自分の役割と他者の役割との相互依存関係を築くために、スチュワードシップの実行協定を作成するプロセスを詳しく取り上げる。

三．役割には四つの側面がある

私たちが果たす役割のそれぞれに肉体的側面（役割を果たすためのリソースとして）、精神的側面（ミッション、原則との結びつき）、社会・情緒的側面（役割を果たすプロセスでの人間関係）、知的側面（役割を果たすために学ぶこと）の四つの側面がある。

社会・情緒的側面と知的側面を詳しく見てみよう。どんな役割においても、家族や職場の同僚、親戚、友人との関係がある。夜中にビルを一人で清掃する清掃員でも、勤務する会社の同僚との関係があるし、彼の清掃作業の恩恵を受ける人たちもいる。

この社会・情緒的側面の重要性がわかれば、スケジュールよりも人を優先できるようになる。企業の管理職が自分の役割を「仕事」の視点からしか考えていなかったら、部下は彼の仕事を邪魔する存在でしかない。しかし「人」の視点からも考えれば、機会をとらえて部下のニーズに応え、エンパワーメントし、能力を伸ばす手助けをするだろう。主婦が自分の役割は「家事をこなす」ことだけだと考えていたら、子どもが宿題をしたがらなくても放っておくかもしれない。しかし「家族」の視点から自分の役割をとらえていれば、子どもの勉強を見てあげることを少しも面倒とは思わず、むしろ喜びを感じるだろう。

それぞれの役割の社会・情緒的側面に気づけば、人間関係を邪魔なものととらえる「仕事志向」ではなく、職場でも家庭でも豊かな人間関係を築く「人志向」の見方ができるようになる。

役割には知的側面もある。役割を果たす過程で学び、成長し、理解力を高め、スキルを身につける。どんな役割でも、効果的に行うには能力と成果のバランスを保つことが鍵になる。つまり、P（Production：望む成果）とPC（Production Capability：成果を生み出す能力）のバランスをとらなくてはならない。たとえば企業の管理職がセミナーなどに参加するのは、能力を伸ばして自分の役割をもっと効果的に果たしたいからである。教師なら、教える技術を磨くために夏季研修のような機会を活用するだろう。親としての役割をきちんと果たすために、子育てに関する本を読んだり、講座に通ったりする人もいる。

人生を一つの全体として見れば、このP／PCバランスを保つためには四つの側面すべてで日頃から再新再生を図らなければならないことがわかる。運動し（肉体的側面）、読書し（知的側面）、内面の奥深くを見つめて（精神的側面）、人格と能力を磨き、すべての役割に労力と知恵を注がなくてはならないのである。

「第Ⅱ領域の時間管理」はバランスをもたらす

自然界のダイナミックなバランスは、私たち人間の生活においては三つのかたちで現れる。

● **第一のバランス**——個人の内面において肉体、社会・情緒、知性、精神の四つの側面のバランスがとれていること。内的生活のバランスがとれていなければ、私的生活のバランスも公的生活のバランスも望めない。四つのニーズ（生きること、愛すること、学ぶこと、貢献すること）が一つとなってシナジーが生まれてはじめて、人生のバランスがとれるようになる。

● **第二のバランス**——役割同士のバランスがとれていること。さまざまな役割が相互に作用してシナジーが生まれ、一時的にアンバランスな状態になることがあっても、個々の役割を全部足したときに全体を上回った状態のバランスである。

● **第三のバランス**——PとPCのバランスがとれていること。望む成果とその成果を生み出す能力のバランスがとれていれば、より効果的に行動し、結果を出すことができるようになる。

ここで、第Ⅱ領域の時間管理のプロセスがどのように豊かさマインドを養い、生活にバランスをもたらすのか見ていこう。

ミッションを毎週見直すとき、私たちは自分の情熱と視点を再確認する。私的生活と公的生活でのバランスがとれるように、まずは内的生活で肉体的側面、社会・情緒的側面、知的側面、精神的側面のバランスをとる努力をする。

役割を一つずつ見直していくとき、役割はミッションを達成するための手段と考えて週間計画に反映させる。それぞれの役割の肉体的側面、社会・情緒的側面、知的側面、精神的側面を考える。役割同士のシナジーを創り出し、さらにはほかの人たちのニーズと能力を自分の役割に関係づけてシナジーを創り出す方法を探す。

ウィークリー・スケジュールの役割欄は「刃を研ぐ」役割が一番目に固定されているだけで、後は空欄になっている。「刃を研ぐ」のは、個人のPCの役割である。この役割を毎週目標にすれば、木を切ることに忙しいあまり、刃を研ぐ時間をとらないのは馬鹿げていることを思い出すことができる。「刃を研ぐ」役割を果たすことによって、私たちは四つの側面を日頃から再新再生し、ほかのすべての役割のバランスをとるための人格と能力を磨き、活力を得て、知恵を身につけることができる。

第Ⅱ領域の時間管理のプロセスでは、それぞれの役割をベースにしてスケジュールを組み、目標を設定することによって、役割同士のバランスをさらに高めていくことができる。

役割ごとに情報をまとめる

重要事項は、時系列でもなく、あいうえお順でもなく、役割ごとに分類してメモしておくとよい。そうすれば、必要な情報は役割から連想してすぐに探し出すことができる。

あなたが使っているプランナーにも、役割ごとの見出しを設けてみよう。重要事項をメモしたら、それに関係する役割のところにファイルする。家の窓を修理する費用がわかったら、「家事」の役割のところにメモを入れておく。新製品のアイデアが浮かんだら、商品開発に関係する「仕事」の役割のところに、慈善募金活動のことを知ったら「コミュニティ・リーダー」の役割のところにメモを入れる。夫・妻の誕生日、子どもの靴のサイズ、犬のワクチン接種日などのメモは「家族」の役割のところに入れておけばよい。

それぞれの役割の見出しに電話番号や住所のリストを添付している人もいる。たとえば「仕事」の役割のところには同僚の電話番号、「家事」の役割のところには、カーペットクリーニングやリフォーム業者の電話番号を添付しておく。

当分は見る必要のなくなったメモは、役割別のファイルをつくって、そこに移すとよいだろう。仕事に関係する情報は、仕事の役割別につくったファイルに分類して入れる。個々の役割にフォルダーをつくり、各役割のフォルダーをさらに分類することもできる。進行中のプロジェクトも役割に応じて分類し、完了したらファイルにとじればよい。家族へのプレゼントのアイデア、服のサイズ、親としての目標など、家族に関係する情報は、カードに書いてファイルキャビネットに整理してもよいだろう。読みたい本のリストやエクササイズの記録、「やりたいことリスト」など自己啓発の計画は、個人の役割に分類して整理しておく。もちろんコンピューターで管理することもできる。

役割ごとに情報を分類して整理しておけば、役割をベースにした第Ⅱ領域の時間管理のプロセスもスムーズに進む。よくできている市販の情報分類システムでも、時間管理の考え方があなたと合っていなければ、結局はうまくいかずに途中で投げ出すことになるから、自分で工夫したほうがよいだろう。

役割別の情報整理によって、第Ⅱ領域の活動に目が向くようにもなる。重要だけれども緊急ではないことを自然と考えられるようになるからだ。メモをとるたびに、電話番号を見るたびに、情報をファイルするたびに、コンピューターで情報を整理するたびに、大切な人間関係と自分のスチュワードシップを意識することができるのである。

役割に関する期待事項を明確にする

ミッション・ステートメントに自分の役割を書いておくだけでなく、特定の役割のミッション・ステートメントやスチュワードシップの実行協定を作成する機会に、その役割をさらに具体的に定義するとよいだろう。誰かと共同で役割を果たすときなどは、お互いが期待する成果を明確にして共有できる。

あなたが結婚しているなら、子育てのビジョンと価値観を夫婦で話し合い、考えを共有することができる。仕事の面では、職場でのあなたの役割を上司と話し合い、実行協定を作成することができる。ビジョンの共有とスチュワードシップの実行協定については、第一二章で詳しく掘り下げる。実行協定を作成したら、いつでもすぐに見直せるように、プランナーに設けた役割別の見出しにとじておくとよいだろう。

バランスが豊かさマインドを育てる

「バランス」と「役割」を広い視野で見渡して理解すれば、型にはまった時間の考え方に縛られなくなる。一日は二四時間しかないというようなパラダイムを持っていると、自分のさまざまな役割を個々の区画とみなし、それらの区画があなたの限られた時間と労力を競うように奪い合っていると考えてしまう。これでは欠乏マインドに陥る。時間はこれしかないのだから、どれか一つしか選べない、全部はできない、と思い込んでしまうのだ。

しかし視野を広げれば、「あれか、これか」ではなく「あれも、これも」のレンズを通して自分の役割を眺めることができる。役割と役割の結びつきが見えてきて、それらが作用し合って信じられないようなシナジーが生まれることがわかるだろう。それが豊かさマインドを育てる。時間は限られているかもしれないが、自分はそうではない、と考えられる。役割同士のシナジーを創り出せば、たとえ限られた時間でも、そこに投じられる自分が増えるのである。

第II領域の目標——役割のバランスをとる

・自分のミッション・ステートメントと役割を見直し、目標がミッションから生まれているか、自分の人生における重要な役割がミッションに含まれているか確認する。
・人間関係とスチュワードシップの視点から自分の役割を分析してみる。二二一ページの図を参考にしよう。
・自分のフランクリン・プランナーや手帳を役割別の構成にする。
・コンピューターのスケジューリング画面を役割別の構成にする。
・自分の役割のそれぞれについて、ミッション・ステートメントまたはスチュワードシップの実行協定を作成する。

第七章　目標のパワー

「正しいことをしたい」と思うことはできる。「正しい理由があるからそれをしたいのだ」とさえ思うこともあるだろう。しかし、正しい原則に従っていなかったなら、必ず壁にぶつかってしまう。

数ある自己啓発やセルフ・マネジメントの本には共通点がいくつもあるが、その一つは「目標にはパワーがある」という考え方である。目標には、長期的目標、短期的目標、毎日の目標、月間目標、個人目標、組織目標、一〇カ年目標、人生の目標などいろいろあり、挙げればきりがない。「測定可能で、具体的で、期限の決まっている」目標のメリットは、何十年も前から自己啓発書で説かれている。

目標を設定するのは、たしかにパワフルなプロセスである。太陽光線を一点に集めると火がつくのと同じ原則に基づいている。目標には、それを立てた人の想像力と意志が表れている。「象ほど大きなものも一度に一口ずつ食べる」の例えにもあるように、ビジョンを実現するために、それを達成可能な目標に分けて一つずつ確実に達成していく。これは成功する個人や組織に共通する特徴である。

ところが、目標はこれほどまでのパワーを持っているにもかかわらず、目標を巡る体験や感情、考え方すらも、人それぞれである。壮大な目標を立て、厳しい訓練を積み、大きな代償を払って驚異的な結果を残す人もいれば、一月一日に「今年はデザートを食べない」という目標を掲げて、一月二日にはもう挫折する人もいる。目標は個人の運命を、さらには国家の運命を形成していく最大の要因だと考える人もいれば、現実の世界では何の役にも立たない「絵に描いた餅」と考える人もいる。目標を見据えて主体的に頑張る人もいれば、目標に縛られている人もいる。ポジティブ思考でいれば何でもできると言う人もいれば、自分にはできないと思った時点で努力しなくなる人もいる。

二つの不安

目標を設定するときには、誰でも多かれ少なかれ不安を感じる。主に次の二つの不安である。

一．目標を達成できなかったら、自分の誠実さと勇気が足りないことの証明になるという不安

二．目標を達成しても、間違った結果になるかもしれないという不安

「自己信頼口座」からの引き出し

第一部で述べたように、誰でも「信頼口座」というものを持っている。銀行口座に例えて、自分をどれだけ信頼しているかを表すものだ。目標を設定し、それを達成するというように、自分との約束を守れば信頼口座への預け入れになる。自分との約束を守り、ほかの人との約束も守れれば、自分の信頼性に自信が持てるようになる。信頼口座の残高が多ければ、それが力と安心感の源になる。

しかし目標を達成できなかったら、信頼口座から引き出すことになり、不安を感じるようになる。何度も引き出しているうちに、約束を守れる自信がなくなる。そして、自己弁護、開き直りをするようになり、意味のある目標を設定して達成するパワーは枯渇してしまう。その後の人生で大きな壁にぶつかったとき、乗り越えるためには強い精神力が必要であるのに、少しも身についていなかったことを思い知らされるのである。

スティーブン

サバイバルキャンプでアシスタントをしたときのことです。学生グループを連れて一泊二日のハイキングに行きました。翌朝、私たちを待っていたのは険しい渓谷です。ロープを手で伝い、幅一二メートルの川を渡らなくてはなりません。全員が疲労困憊《こんぱい》で消耗しており、脱水症状もありました。ほぼ二四時間、何も口にせずにそこまでやってきたからです。しかしその川を渡れば、朝食にありつけることはわかっていました。

トップバッターで渡るのは当然、グループのリーダーである私です。私は覚悟を決めてロープを握り、内心は少し英雄気取りで、ロープを伝って進んでいきました。しかし半分ほど渡ったところで、力が尽きそうになりました。私は自分が知っているテクニックを総動員して乗り切ろうとしました。精神力を出せと自分を叱咤《しった》したり、川を渡って朝食を食べている自分をイメージしたり。しかしついに、前に進むためにロープから片手を離すことすら怖くなりました。もう片方の手だけで身体を支える自信がなかったのです。

ちょうど川幅の真ん中で、両手をロープから離しました。力尽きてしまったのです。激しい川の流れの上で安全ロープにぶら下がった状態の私を見て、学生たちは大笑いです。「思い上がりは失敗のもと」ということわざが頭をよぎりました。私は、リーダーとしての自分のすごさを見せてやろう、という思い上がりのせいで大失敗したのです。学生たちもほとんどが同じように途中でギブアップしました。渡り切ることのできる体力を持っていたのは、ほんの数人でした。

人格を鍛えることは、身体を鍛えるのと似ている。試練が訪れたとき、人格ができていなければ、いくら取り繕っても無駄である。人格のなさは隠しきれるものではない。ごまかしは利かないのだ。大きな目標を立てるには、それ相応の実力が必要である。慢性的な問題を応急処置でごまかさず、正面からしっかり取り組もうとするときも、全員の意見に反してでも自分の信念を貫くときも、人格の強さがなくてはならない。

目標を達成できない理由はたくさんある。目標が非現実的だったり、身のほど知らずなことを期待しているだけだったりすれば、もとより達成の見込みはない。新年の決意はそのよい例だろう。日付が一二月三一日から一月一日に変わっただけで、今年は食生活に注意し、運動を始め、人との接し方を改めよう、と決意するわけである。それはちょうど、たった一日でクロールの泳ぎ方をマスターし、テーブルマナーを身につけ、車の運転を覚えることをわが子に期待するようなものだ。そのような目標はまやかし以外のなにものでもない。自覚がまるでなく、自然な成長の原則を無視している。

目標を立て、達成しようと努力している途中で、状況が変わったり、自分自身が変わったりすることもある。新しい機会が訪れたり、経済情勢に変化があったり、新しい人との出会いがあったり、自分の考え方が変わったりする。それでも頑固に目標にしがみついていたら、目標はあなたのためになるどころか、逆にあなたを縛りつけるものになってしまう。とはいえ、目標を投げ出したら、約束を守れなかったことに罪悪感を抱くことになる。ころころと目標を変えたり、達成できなかったりすると、自己信頼口座の残高はみるみるうちに減っていく。

間違った壁にはしごをかける

目標を達成できないと、いろいろと痛ましい問題が起こるが、達成したら達成したで、同じように痛ましい結果を招く場合もある。一つの目標を達成するために、ほかの重要なことを犠牲にしてしまうことがあるのだ。いわば「はしごを間違った壁にかける症候群」である。成功のはしごを上っているつもりだったのに、上りきったところで、間違った壁にかかっていたことに気づくのである。

同僚の一人が次のようなエピソードを教えてくれた。

> 数年前のこと、ある男性が友人や近所の人たちに「今年の目標は百万ドル稼ぐこと」と公言しました。「私にアイデアをくれれば、それを百万ドルで売る」と言ってはばからない自信満々の起業家でした。彼は最新型のレクリエーション用品を開発し、特許をとり、全国を売って回りました。
>
> たまに子どもたちを一週間ほど連れて回ることもありました。ところが奥さんは彼に、「子どもたちったら、お父さんと一緒に出かけて帰ってくると、お祈りは捧げないし、宿題もしない。一週間遊びほうけて、すっかり怠け癖がついちゃうのよ。旅先でもやるべきことをやらせないなら、もう子どもたちを連れていかないでちょうだい」と言っ

たそうです。

その年の暮れ、彼は百万ドルを稼ぐという目標を達成できたと言いました。ところがその直後、彼ら夫婦は離婚しました。三人の子どものうち二人はドラッグ中毒になり、もう一人はすっかり生活が乱れてしまい、まさに家庭が崩壊したのです。

この男性は、一つの目標だけに集中して、ほかのことは全部、目標達成の邪魔になると考えていたのです。しかし彼は、それによってどんな代償を払うことになるのか、見通していなかった。百万ドルは稼いだけれども、それ以上価値のあるものを犠牲にしたのです。

一つの目標に集中しすぎると、遮眼帯《ブリンカー》をつけられた馬と同じで、目の前しか見えなくなる。あるいは「当て逃げ」のように、他人に迷惑をかけるだけの目標もある。善意で立てた目標でも、それを達成すると望ましくない結果を招く場合もある。セミナーに参加したロシア人が、次のような体験談を話してくれた。

ゴルバチョフは、国民によかれと思ってアルコールの消費量を制限しました。ところが、アメリカの禁酒法時代のような状況を招いただけでした。国民の飲酒量が減って生産性が上がるものと期待されていたのですが、酒が飲めないならしょうがないと麻薬に手を出す人が増えたんですね。たしかにアルコールの消費量は激減し、政府は目標を達成しました。しかし、望んでいた結果にはならなかったのです。

私たちが目標を立てるのは、ほとんどの場合、良い変化を起こし、人生の質を上げたいからである。ところが、目標を達成しても思っていたような結果が得られないことが少なくない。一つの目標を達成することが、生活のほかの面に悪影響を与えるからだ。そうなってはじめて、自分の期待は幻想だったのだと気づくのである。

「目標を達成すれば幻滅する、達成しなければ失望する」というジレンマがあるから、目標を設定することに尻込みする人が多いのも無理はない。

目標のパワーを生かして、なおかつ後々問題が起きないようにすることは可能なのだろうか？　日常的に有意義な目標を設定し、達成することによって、自己信頼口座の残高を着実に増やしていくことは可能だろうか？　目標を途中で諦め、あるいは変更し、あるいは一部だけしか達成できなくとも、自己信頼口座の残高を減らさずに維持できるだろうか？　増やすこともできるだろうか？　はしごが正しい壁にかかっているかどうか確かめることはできるのだろうか？

これらの問いに、我々著者は「可能だ」と断言する。可能であるだけではない。目標を立てることによって生まれるパワーを大きく高めることもできる。その鍵は、人間だけに授けられた四つの能力《ちから》を使うことにある。四つの能力《ちから》が一つになってシナジーが生まれ、原則に基づいた目標を設定し、達成することができるのである。

四つの能力《ちから》を使う

一般的な目標設定のプロセスでも、適切に行えばパワフルな目標を立てることはできる。人間だけに授けられた四つの能力《ちから》のうち、想像と意志を使うのだ。

想像する力を働かせて、自分の現実の経験を超えた可能性を発想し、思い描く。そして意志を働かせて、自分の生い立ちや境遇を乗り越えることを、あるいは他人から渡された脚本を捨てることを決意する。目標を立てるとき、私たちは心の中で「今の状況とは違う状況を思い描き、それを実現するために努力する」と言っているのである。想像する力を使って目標を常に頭の中でイメージし、それを達成するための代償を意志の力で払うのである。

この二つの能力《ちから》は驚くべきパワーを発揮する。それは目的を持って生きる力であり、継続的な変化を実現する土台になる。しかしそれでも、私たちが得られるパワーのほんの一部でしかない。

四つの能力《ちから》の残り二つ、良心と自覚は、目標設定のプロセスではないがしろにされることが多い。

- **良心**――目標を内面の奥深くでミッション、ニーズ、原則に結びつける。
- **自覚**――自分の実力と自己信頼口座の残高を正確に評価する。

有意義な目標を設定し、達成する力を良心と自覚からどのように得られるのか、詳しく見ていこう。

良心はミッションと原則を結びつける

良心はパワフルだ。ミッションが原則に合致するかどうか確かめ、選択の瞬間の指針を与えてくれるからである。目標を設定するとき、私たちは自分の時間と労力をある特定の事柄に注ぐことを意識的に決める。それが選択の瞬間だ。あなたは何を基準にしてその選択をしているだろうか？　社会の価値観や他人の思惑など、真北の原則と人間の基本的なニーズから切り離された価値観だろうか？　それとも、原則、良心の声、貢献したいという気持ち、内面の奥底で赤々と燃える「イエス」だろうか？

内的生活に結びついた目標なら、情熱と原則のパワーに満ちた目標だ。自分の内面で赤々と燃える炎によって情熱がかき立てられ、充実した人生を創造する真北の原則に基づいているからである。

「何を」「なぜ」「どのように」という三つの問いを自分に投げかければ、このパワーを引き出すことができる。

何を？

「何を達成したいのか？」「どんな貢献をしたいのか？」「私が思い描く最後は何か？」

原則に基づいた「何を」が焦点を当てるのは成長と貢献である。だから、自分の人生を豊かで充実したものにするためだけの目標にはならない。ヒトラーは目標を定め、達成した。ガンジーもそうだ。しかし二人の違いは、何にフォーカスしたか、である。人は自分が求めるものを見つける。人生を充実させる原則に基づいていて、なおかつ良心の声に従った目標を定めれば、最善のものを探し求め、見つけられる。

なぜ？

「なぜそれを達成したいのか？」「私の目標は、ミッション、ニーズ、原則から生まれたものか？」「その目標は、自分の役割を通して世の中に貢献できるものか？」

ミッションとビジョンを考えれば「何を」は比較的簡単に出てくるが、「なぜ」と「どのように」は意外と難しい。

ロジャー

先日のセミナーで、ミッションと役割の重要性について話しました。参加者の一人に前に出てきてもらって、目標設定のプロセスを一緒に進めていきました。

「ではまず、役割を選んでください。何でもかまいません」とその参加者に言いました。

「それでは、父親の役割にします」

「父親の役割で一番重要な目標は何だと思いますか？」

「一四歳の息子との関係を今よりも良くすることです」

「なぜですか？」

「そうですね、今はあまり関係が良くないので」

「なぜ関係を良くしたいのですか？」

「息子は学校で、友だちつき合いなどのいろいろなプレッシャーがあって大変な思いをしているんです。あんまり感心できない友人もいて、学業がおろそかになっているようなんです。息子にとっては大事な時期なので、関係を密にしたいなと思っているところです」

「なぜですか？」

「道を外さずに、しっかり勉強してほしいからです」

「なぜですか？」

「息子にはそれが必要だからです」

「それで、なぜあなたはそうしたいのですか？」

「息子を助けるためです」

「なぜですか？」

彼は少し苛立ってきたようでした。「私はあの子の父親だからですよ！　そうするのが親の務めでしょう」

「ですからなぜですか？」

苛立ちはもう顔に表れていました。「なぜって言われても……、なぜ……」

彼のテーブルにはほかに二人の参加者がいて、見るからにじれったそうにしていました。もう我慢できないというように、二人で一緒に叫びました。「息子さんを愛しているからですよ！」

この男性が息子を愛していることは、彼の顔を見れば誰でもわかりました。言葉にも息子への愛情があふれていました。彼のわが子への愛情は、周りの人たちにははっきりと伝わっていました。ほかの参加者の手前、「息子を愛している」とは言いにくかったのかもしれません。あるいは心の内なる炎に気づいていなかったのかもしれません。

その二人が叫んだ後に、彼は照れ笑いを浮かべて「そのとおりです。息子を愛しているからです」と言いました。彼の中に力強さと決意がみなぎるのを全員が感じとったと思います。

内面の奥深くで赤々と燃える炎と結びついていなければ、目標を達成するために努力することを義務のように感じてしまうだろう。義務感でやっていたら、最後まで頑張りきれないかもしれない。ゴール目前でも、最後のひと踏ん張りが利かないとしたら、内面の奥深くにあるエネルギーの源と結びついておらず、確信を得ていないからだ。なぜその目標を達成したいのか、その理由を自覚していないまま自分に鞭《むち》打っても、長続きするわけがない。目標を定めて決意した瞬間はやる気満々でも、達成するまで意欲が続かないのである。

義務感からではなく自分から主体的に努力するためには、動機が要る。動機とは「なぜ」である。それがわかっていれば、苦しいときに頑張り抜く力が湧いてくる。内面の奥深くで赤々と燃える「イエス」と結びついているからこそ、くじけそうになったとき「くじけるものか」と言えるのである。

この深い「イエス」と結びついていなければ、たとえ「良い目標」ではあっても、「最良の目標」ではない。だから、自分の目標を客観的に評価してみる必要がある。内面の奥深くにある「イエス」と結びついていれば、ビジョンがかき立てる情熱がその目標へ滔々《とうとう》と流れていくまで、考えを深め、気持ちを高めていこう。結びつきが強いほど、動機も強くなり、長く続く。

どのように？

「どのように目標を達成するのか？」「目標を達成する力を与えてくれる原則は何か？」「それらの原則を実践するにはどうすればよいのか？」

「何を」と「なぜ」が結びつけば、「どのように」を考えることができる。「どのように」の選択肢は、基本的には「コントロール（管理）」と「リリース（解放）」の二つである。自分を管理するのか、解放するのか。コントロールのパラダイムを持っている人は、結果を出すためには自分を厳しく管理しなければならない、と考える。リリースのパラダイムを持っている人は、自由、チャンス、サポートがあれば、最高の自分が引き出され、大きなことを成し遂げられると考える。

　コントロールの眼鏡を通して他者を見ていれば、自分に対してもコントロールのパラダイムを持ち、リリースの眼鏡を通して他者を見ていれば、自分に対してもリリースのパラダイムを持っている。コントロールのパラダイムで自分を見ていれば、何かを成し遂げるためには自分を厳しく管理しなければならないと考え、リリースのパラダイムで自分を見ていれば、自分に対してまずやるべきことは潜在能力を解き放つ最適な条件を整えることだと考える。目標を設定するとき、頑張る、自分に厳しくする、何としてでもやり通す、というように、四つの能力《ちから》のうちの意志に重点を置いていたら、基本のパラダイムがコントロールであることを物語っている。

ロジャー

「息子を愛している」と言った男性に、私はこう問いかけました。

「その愛情をどのように示しますか？」

「わかりません。機会をとらえて、でしょうか」

「ほかには？」

「息子との時間を持とうと思います」

「ほかには？」

彼はため息をつきました。「わかりません。正直言って、怖いんです。以前にも試したことがあるのですが、うまくいきませんでした。私が必死になるほど、悪いほうにいくような感じがして」

そこで私たちは、彼と息子の関係に当てはまる原則について話しました。まず、信頼関係を築きたいなら信頼される人間にならなければいけない、という信頼性の原則です。約束をしてそれを守る、その場にいない人に忠実である、という態度が求められます。それから共感の原則です。これは、まず相手を理解することに徹する、という態度です。相手を尊重することです。

彼は気づいたようです。善意からであれば息子をコントロールしてもよい、という幻想を持っているかぎり、いくら息子の力になりたいと思って努力しても、息子には伝わらないのです。原則に基づいたリーダーシップと愛情をもって、息子の内面にあるものを解き放つことができてはじめて、しっかりとした関係を築けるのです。

セミナーではたいてい、参加者は家族としての役割ではなく仕事上の役割を選ぶものである。そしてほとんどの人は、職場で自分が「何を」すべきかをよくわかっている。

「今月の売上を五％伸ばす」

「今四半期末までに営業費を三％削減する」

「職場の士気を高める」

ところが、「なぜ」と聞くと、最初に答える動機は、ネガティブな理由、経済的あるいは外的理由、緊急性であることがほとんどである。

「それをしないと職を失うからです」

「それを達成しないと信頼を失います。それでは困ったことになります」

「大問題に発展しないように解決しなければならないからです」

しかし、そこから「なぜ、なぜ」と掘り下げていくと、ポジティブな動機が出てくる。

「それをやれば充実感が得られるし、お金も稼げるから」

「お客様に質の高いサービスを提供していると思えると、満足感が得られるから」

「世の中をもっとよくしたいと心から思っているからです」

多くの企業は、経済的、物的な側面にしか目を向けていないから、社員のより深い動機を引き出せていない。社会的ニーズ、知的ニーズ、精神的ニーズに気づいていない、あるいは気づいていても満たそうとはしていない。だから社員は、心の奥底にある思い（愛すること、学ぶこと、自己よりも高次の目的のために生きたい）を職場では抑えつけているのである。しかし、社員自らが自分の内面にあるこれらのニーズを意識していれば、会社が求めているエネルギー、創造性、忠誠心が引き出されていく。

「どのように」の段階では、仕事上の役割を選んだ人はたいてい「最後まで諦めない」と答える。

「とにかくやらなければならないんです」
「やってみたことはありますか？」
「はい」
「うまくいきました？」
「いいえ」

この後セミナーでは「真北の原則」について説明する。まず相互依存の原則を取り上げる（共感、正直、約束をしてそれを守る、人間関係を築く）。さらに、ビジョンの共有、Ｗｉｎ-Ｗｉｎ実行協定、システムを整える、といった原則を教える。するとそのあたりから参加者は、何をすべきかわかっていても、たとえ心から望んでいても十分ではないことに気づく。行動は原則に基づいていなければならないのであり、原則に従って行動することが人生を充実させるのである。

正しいことを、正しい理由から、正しい方法で行う。これが人生の質を高める鍵であり、そのためには、鍛えられた良心の力によって、ビジョン、ミッション、真北の原則に自分の行動を一致させなければならない。

自覚は誠実さを築く

自己信頼口座の残高は、その人の信頼性を表す。誠実さは自分自身に対する信頼の土台であり、そして他者を鼓舞して自信を持たせるにも誠実さが必要である。だからこそ、自分も他者も尊重し、自己信頼口座の残高を増やすために知恵を働かせることが、効果的なパーソナル・リーダーシップのもっとも顕著なあり方なのである。

私たちは、人間だけに授けられた四つの能力《ちから》のうち、主に「意志」を働かせることによって、約束してそれを守り、自己信頼口座の残高を増やそうとする。しかし「自覚」がなかったなら、自己信頼口座を維持するために必要な知恵は持てない。自分を過大評価して壮大な目標を立てて達成できなかったら、最初は期待していた自己信頼口座への高い預け入れが、まるまる引き出しになってしまうのだ。逆に自分を過小評価して目標が低すぎたら、本来ならもっと高い目標を達成して大金を預け入れられるのに、達成したところで小銭しか預け入れできない。目標を達成できないことを状況や他人のせいにしてばかりいたら、毎日、毎週、折々に訪れる預け入れのチャンスをみすみす逃すかもしれない。

自覚を持つためには、内面の奥深くにある正直な気持ちと結びつかなくてはならない。それは次のような厳しい問いに答えることによって得られる。

●私は本当にそれがしたいのだろうか？

- そのための代償を払うつもりがあるだろうか？
- 私にはそれをする実力があるだろうか？
- 自分の成長に自分で責任を持っているだろうか？
- 能力を発揮すれば重要なことを成し遂げられるのに、平凡な自分に甘んじていないだろうか？
- 目標を設定し、達成できないことを他人のせいにしていないだろうか？

自覚があれば、今のありのままの自分を見つめ、幻想を持たず、言い訳もせず、現実に即した目標を立てることができる。それと同時に、平凡に甘んじていられなくなる。今以上の力を発揮して限界を押し上げ、成長したいというニーズを大切にするようになるのだ。日々の生活で感じるフラストレーションの大半は、期待どおりにならないことが原因である。しかし、現実的であると同時にチャレンジングな目標を設定できるようになれば、気持ちが安定し、着実に成長して生きていくことができる。

自覚は、良心の声を聴く耳である。良心の声は、真北の原則は人間の意向とは関係なく存在するのであって、原則を曲げて自分に合わせようとするのは無益なことだと教えてくれる。謙虚になり、成長と変化の扉を開くことができる。自分は全知全能ではないことを踏まえて、目標を立てられるようになる。その時点で自覚できる最大限の範囲で、自分にできる良いことの中から、最良の理由で最良のことを選び、最良の方法で実行する計画を立てられるようになる。

しかし状況は変化するものである。私たち自身も変化する。そのような変化を受け入れられなければ、誠実に行動することはできない。

自覚を持てれば、私たちは次のように自問することができる。

「『最良』ではなく『良』を選んでいるのではないか？」

目標そのものが「最良」かもしれないし、予期せぬ機会に「最良」があるかもしれない。「最良」は新しい知識の中にあるかもしれないし、理解が深まったことによって生まれた新しい選択肢の中にあるかもしれない。変化が主に緊急事態や気分、意見の対立から生まれるなら、私たちは「最良」から遠ざかることになる。

しかしミッション、良心、原則が変化を促しているなら、私たちは「最良」に近づいていく。「良いこと」と「最良のこと」の違いを知り、ミッション、良心、原則に基づいて行動する自覚を持てれば、自己信頼口座に大きな預け入れができるようになるのだ。

誠実とは、何が何でも目標にしがみつくことではない。選択の瞬間に自分のミッションに基づいた行動をとることなのである。

原則に基づいた目標を立て、それを達成するには

原則に基づいていない目標には、人生を充実したものにする力はない。誰でも正しいことができるし、正しい理由でやりたいとも思う。しかし、正しい原則に従わなければ、挫折する。正しいことを、正しい理由で、正しい方法で行ってはじめて、原則に基づいた目標になる。

原則に基づいた目標を設定するときは、人間だけに授けられた四つの能力《ちから》を全部働かせよう。すると目標設定のプロセスにシナジーが生まれる。

- **良心の声を聴いて、ビジョンがかき立てる情熱、ミッション、原則の力を感じとる。**
- **想像力を働かせて、可能性を思い描き、それを達成するための相乗効果的で創造的な方法を考える。**
- **自覚によって自分を見つめ、現実的であると同時に挑戦しがいのある目標を設定し、良心の声が教える変化も受け入れる。**
- **意志を働かせて、意味のある選択をし、実行する。約束したことは実行する誠実さを持つ。**

原則に基づいた目標を設定するプロセスは、次の要素を含めて進めると効果的である。

「ミッションへの道筋となる目標を立てる」、「『たぶんリスト』をつくる」、「週間目標を立てる」

一．ミッションへの道筋となる目標を立てる

ミッション・ステートメントの実現につながる中・長期的な目標を設定しておくと、週間計画の目標を決めやすくなる。とはいえ、「中期的」や「長期的」という言葉を使うと、一般的な時間の流れの中で目標をとらえることになる。これらの目標はあくまでも「ミッションへの道筋」をつけるものである。

「いつまでに達成する」という期限も重要だが、人間関係、ほかの目標や出来事との関係も、「ミッションへ

の道筋となる目標」をベースにすると把握しやすくなる。「道筋」という言葉を使えば、パーソナル・リーダーシップには長期的な視野だけでなく広い視野も必要であることを常に意識できる。

あなたが役割を中心にして週間計画を立てているなら、プランナーに設けたそれぞれの役割のセクションに「道筋となる目標」のページをつくっておけば、いつでも簡単に見直すことができる。道筋となる目標を設定するときも、「何を／なぜ／どのように」のプロセスに従うと効果的である。たとえば「刃を研ぐ」役割での道筋となる目標は、次のようになる。

何を

私の目標は、健康な身体を維持することである。

なぜ

- ミッションを達成するために必要な体力、持久力、身体表現を備えるため。
- 子どもたち、周りの人たちに対して、健康維持の手本を示すため。
- 人格を鍛えるため。

どのように

- 適切な食事：新鮮な果物や野菜、複合糖質、全粒粉、鶏肉、魚の摂取量を増やす。砂糖、脂肪、塩、赤身肉の摂取量を減らす。一回の食事量を減らし、食事の回数を増やす。

- 体調管理：週に三回エアロビクスをする（一回三〇分）。バスケットボールのリーグに参加する。早寝早起きを心がけ、一日七時間の睡眠をとる。
- 心身の健康を考える：肉体と健康についてポジティブに考える。読書、セミナーやワークショップへの参加を通して、健康について学ぶ。
- 焦点を絞る：具体的な健康問題に関心を持つ。

「何を／なぜ／どのように」を問うプロセスをたどることで、ミッション、原則、目標が結びついていく。週間計画を立てるときに「ミッションへの道筋となる目標」を確認すれば、この結びつきを土台にして、ミッションの達成につながるように週単位で実行可能な目標を設定することができる。

このような視野に目標を置けば、人生におけるさまざまな役割や人間関係の相互のつながりが見えてくる。例に挙げた目標は「肉体的側面」の目標であり、「刃を研ぐ」役割に分類されるが、ほかの三つの側面やほかの役割とどのように関係し合っているか考えてみてほしい。

たとえば、「定期的に運動することによって得られるメリットは？」という質問に対して、肉体的な健康もさることながら、誠実さや人格の強さなど精神的な側面のメリットのほうが大きい、と答える人が多い。健康について学ぶ、健全な考えを持つ、ストレスを減らす、というような知的側面の要素も、肉体的側面の目標の効果を大きく高める。友人や家族と一緒に運動すれば、肉体的側面のニーズだけでなく社会・情緒的側面のニーズも満たされる。健康増進に心がけることによって、「刃を研ぐ」役割だけでなく、すべての役割の肉体的側面、知的側面、社会・情緒的側面、精神的側面に磨きがかかるのだ。

このような相互の関連性に気づくと、豊かさマインドで物事を考えられるようになり、さまざまな目標が一つにまとまってパワフルなシナジーが創り出される。

二．「たぶんリスト」をつくる

目標を決めるときに注意しなければならない問題は、目標に関する本を読んだり、セミナーに参加したり、誰かと話したりしているうちに、自分が本当にやりたいことがわからなくなってしまうことだ。まだ目標を定める準備ができていないのに、何かを目標にしなくてはと焦っているのである。

私たちの頭の中は、出番を待っている目標がいっぱいあるのだ。それらが入れ代わり立ち代わり意識にのぼってきて、まだ手をつけていないそれらの目標が気になり、今取り組んでいる目標に集中できなくなる。あるいは、いわゆる「ＴｏＤｏリスト」にどんどん書き留めていく。一つの項目を完了する間に何個も足されるから、そのうちにリストが膨大になり、最優先で取り組むべき目標とさして重要ではない目標が一緒くたになる。リストを見れば、ほとんど何もできていないことを思い出させられるだけだ。

そこで提案したいのが「たぶんリスト」という、やってみるかもしれないことを書くリストだ。それぞれの役割のところに「たぶんリスト」をつくっておき、アイデアが浮かんだら、当てはまる役割の「たぶんリスト」に書いておき、後で検討すればよい。このリストに書くことは目標でも約束でもない。「やるかもしれないし、やらないかもしれない」事柄であり、後で考えてどうするか決めるのだから、あなたの誠実さが試されるわけではない。

「たぶんリスト」に書いておけばとりあえず安心だし、どうするかは後で決めればよいのだから気が楽だ。週間計画を立てるときにリストに目を通し、その週の目標にすることもできるし、判断保留で残しておいてもかまわない。時間をおいて再検討してみて重要ではないと思えば、破棄すればよい。

三．週間目標を立てる

週単位の目標を立てるときも、「何を／なぜ／どのように」を問うプロセスを踏めば、自分の役割と目標を深く掘り下げて考えられる。刺激と反応の間のスペースで一時停止し、それぞれの役割で次のことを自問しよう。

今週、この役割で私にできることで、もっとも重要で、かつもっとも大きな影響を与えられる一つか二つのことは何か。

この質問への答えは、その役割を考えながらミッションを見直していると思い浮かぶことが多い。ある男性の経験談を紹介しよう。

毎週自分の役割を見直しているとたいてい、やらなければならないことが具体的に思い浮かびます。特に父親の役割では、子どものことで自分がやるべきことが頭に浮かんできます。子どものニーズを知るほど、父親の役割を果たす機会に気づくことができるものです。

あるいはそれぞれの役割での「道筋となる目標」を見直して、答えが出てくることもあるだろうし、「たぶんリスト」に書いてあるアイデアがヒントになるかもしれない。これらを見直せば、自分の深い内的生活が現状に明確に結びつく。ミッションに到達するまでの道筋ができ、目標に意味を与えるのである。

効果的な週間目標の特徴

効果的な週間目標には次の五つの特徴がある。これらを踏まえて目標を立てよう。

一．良心に従っている

効果的な目標は、心の声が命じることと調和している。緊急度で決めたり、その場の状況に安易に反応して決めたりした目標、あるいは社会的な価値観に沿った目標は、効果性を欠く。自分の内面の奥深くで「しなければならない」と感じたことが効果的な目標になるのだ。自分のミッション、そして真北の原則とも一致していなければならない。良心の声に真剣に耳を傾けよう。自分にしか果たせず、自分がもっとも大きな影響を与えられる役割の目標を決めるときは、特に注意深く良心の声を聴き取らなくてはならない。バランスをとることは大切だが、毎週すべての役割に目標を決める必要はない。良心の声に従い、いくつかの役割では目標を立てないことを意識的に選択するなら、しばらくは生活がアンバランスになっても、長い目で見ればバランスはとれている。

二．ほとんどが第Ⅱ領域に入る

第Ⅱ領域の時間管理のプロセスをたどれば、「何を」と「なぜ」は自然と結びつく。したがって、このプロセスで選ぶ目標のほとんどは重要だけれども緊急ではない目標になる。第Ⅰ領域に入る重要で緊急な目標を選ぶこともできるが、この場合でも緊急度より重要度のほうに重きが置かれる。

三．人間の四つの側面が含まれている

肉体的側面で実行すると同時に、人としてのあり方への理解（精神的側面）、人間関係（社会／情緒的側面）、成長や学習（知的側面）にも関係していれば、効果的な目標と言える。期限が決められていて、肉体的側面だけを使う目標だと、生活のアンバランスを感じて不満がたまるものである。ほかの三つの側面を軽視していたら、有意義な人生を送るための能力が抑えつけられてしまう。どの目標にも四つの側面が含まれていれば、それらの目標がシナジーを生み、大きな効果を発揮する。

四．「集中の輪」の中にある

誰にも「関心の輪」がある。自分が関心を持っている事柄が入る輪である。自分の健康、上司との関係、思春期の息子の週末の予定、近所のコンビニで売られている低俗な雑誌、国の外交政策、核戦争の脅威、等々。

この「関心の輪」の内側には「影響の輪」というものがある。「関心の輪」の中にある事柄のうち、自分が影響を及ぼせる事柄だけが入る輪である。国の外交政策や核戦争の脅威にいくら関心があっても、私たちには基本的にどうすることもできない。しかし自分の健康なら自分で何とかすることができるし、息子の週末の予定にも何らかのかたちで影響を与えられるだろう。近所のコンビニで売られている低俗な雑誌については、陳列を変えるよう店に申し入れ、改善できるかもしれない。

しかし時間と労力をもっとも効果的に使えるのは、第三の輪である「集中の輪」の中である。

この輪の中には、自分が関心を持っていて、なおかつ影響を与

えることができ、さらに自分のミッションと一致していて、その時点で行うべき事柄が入る。「集中の輪」に時間と労力をかけるのがもっとも効果的である。「関心の輪」にあるのは自分にはどうすることもできない事柄だけなのだから、この輪の中でいくら時間と労力をかけても無駄になる。「影響の輪」に時間と労力をかけているときは、「良いこと」をしているのは間違いない。しかし、そのときに行うべき「最良のこと」を犠牲にしているかもしれない。だから「集中の輪」の中に入る目標を立て、達成できれば、時間と労力を最大限有効に活用できるのである。

　面白いことに、これを続けていくと「影響の輪」が自然と広がっていき、より多くの人や状況に影響を与えられるようになるのである。

五．「決意目標」か「重点目標」のどちらかである

　どんなことがあろうとも達成しようという「決意目標」と、労力を集中的に注ぐ「重点目標」のどちらなのかを明確にするとよい。「決意目標」は、あなたの誠実さが試される目標である。最後までやり通す、約束は必ず果たす、やると言ったことは絶対にやる、と決意するのだ。「決意目標」を途中で投げ出しても許されるのは、良心と深い自覚から、最初に「最良」と確信して立てた目標が、何かの理由で「良」となった場合に限られる。そうであれば、目標を変更するのは誠実な選択になる。

「重点目標」は、時間と労力を集中的に注ぐ目標である。それを実行する機会をとらえて目標達成を目指す。しかし、「重点目標」はあなたの誠実さを試すものではない。最後までやり通せなかったとしても、それに注

いだ時間と労力は無駄になってしまうが、自己信頼口座からの引き出しにはならない。

週間目標の全部を「決意目標」にする必要はないことを覚えておいてほしい。もちろん、自己信頼口座の残高を増やすように、「重点目標」にも十分に配慮し、守れるように努力することが大切である。しかし目標にこだわるあまり、変化に対応できないようなことがあってはいけない。

自信と勇気

目標を立て、それに向かって努力するのは、勇気の要る行為である。勇気を出して原則と良心に基づいた目標を設定し、達成に向かって努力すると、だいたい良い結果になるものだ。これを続けていくと、自信と勇気の上向きの螺旋《らせん》ができていく。そのときどきの気分に流されずに自分とした約束を守れるようになり、やがて意識せずとも誠実に行動できるようになる。次第に目標を高く設定する勇気も出てくる。壮大な目標にさえチャレンジできるようになる。これが成長のプロセスだ。最高の自分を実現するプロセスなのである。

だがいくら勇気を使っても、原則と良心に深く結びついていない目標を設定してしまったら、ほとんどは望ましくない結果に終わる。失望して世をすねるようになり、成長の螺旋《らせん》は下向きになる。振り絞る勇気もなくなり、やがて小さな目標すら持てなくなる。

原則中心の目標を設定するプロセスが与えるパワーは、原則そのものが持つパワーである。自分が立てた目標は充実した人生につながる、自分は正しい壁にはしごをかけているのだという自信なのである。それは誠実さのパワーでもある。日頃から有意義な目標を立て、達成できる能力、「最良」だと思って設定した目標が何かの理由で「良」になったら、自信を持って変更できる能力である。人間だけに授けられた四つの能力《ちから》のパワーでもある。これらの能力《ちから》が一つになって働き、情熱、ビジョン、自覚、創造性、人格の強さを生み出し、人を成長させるのだ。

このパワーを引き出せば、成長の上向きの螺旋《らせん》ができ、いつでも最優先事項を優先できるようになる。

第Ⅱ領域の目標――目標のパワーを大きくするアイデア

- 「何を／なぜ／どのように」のプロセスで、自分のそれぞれの役割に「道筋となる目標」を設定する。
- プランナーのそれぞれの役割の見出しに「たぶんリスト」をつくる。取り組みたい目標が浮かんだら、それに当てはまる役割の「たぶんリスト」に書き留めておく。「たぶんリスト」に書き込むときの自分の気持ちに注意しておこう。次の週の計画を立てるとき、このリストも参考にして週間目標を決める。
- 週間目標を立てるとき、良心の声に耳を傾ける。それぞれの役割で自分にとってもっとも重要だと思うことを目標にする。
- その週の目標を設定して実行するとき、四つの能力《ちから》をどのように使うか考える。
- それぞれの週間目標が「決意目標」なのか「重点目標」なのかを明確にする。週末に、その違いが目標に対する自分の態度にどう影響したか振り返り、達成度、自己信頼口座の残高を確認する。

第八章　一週間という視野

広い視野から眺めれば、優先順位はおのずと決まる

プロのカメラマンはさまざまなレンズを使う。広い景色を撮るときは超広角レンズ、遠くの被写体を大きく撮るときは望遠レンズを使う。肉眼で見るのとほぼ同じように景色を撮るときは普通のレンズ、被写体をクローズアップで撮るときは接写レンズを使う。望みどおりの写真を撮るためにどのレンズを使えばよいかを知っていることは、カメラマンに不可欠な能力である。

カメラマンと同じように、私たちのパーソナル・リーダーシップにおいても、どのくらいの時間的スパンに焦点を合わせればもっとも効果的かを知ることが不可欠である。時間管理のツールやテクニックのほとんどは、一日単位のプランニングに焦点を合わせていて、それはそれで理にかなっているように思える。一日は、昇っては沈む太陽に合わせた自然な時間の流れの最小単位であり、私たちは二四時間を区

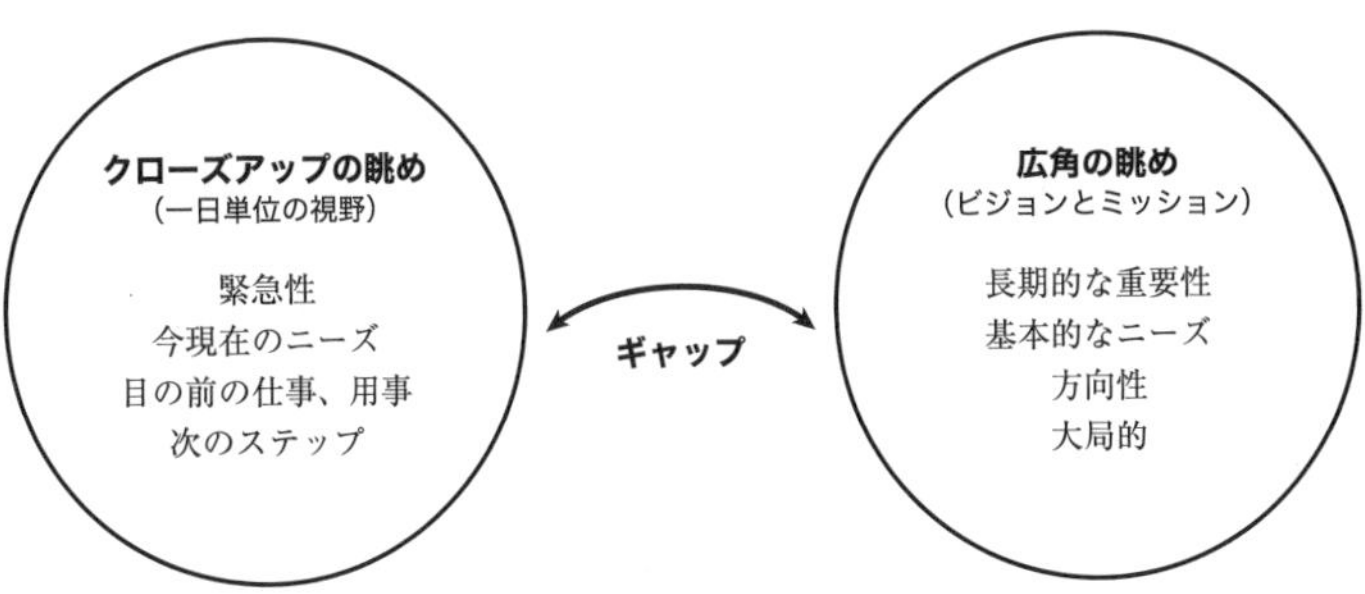

切りにして生活している。その日一日の計画を立て、目標を設定し、約束をスケジュールに組み込み、その日の用事の優先順位をつける。一日が終わったら、その日にできなかったことを次の日に持ち越して改めて計画を立て、スケジュールに組み込み、優先順位をつけ直す。当然、漏れはない。

しかし、プランニングの焦点を一日のスパンに合わせるのには問題がある。接写レンズをのぞきながら道路を歩くようなものなのだ。目の前のものにしか焦点を合わせられないから、期限の差し迫っている仕事や緊急の用事だけを優先してしまうことになる。基本的には緊急事項の優先順位をつけているわけである。一日単位のプランニングのアプローチは、本来は最優先事項を優先できるようにすることが目的であるのに、実際は緊急事項を優先させる結果になっている。最優先事項を優先させるには、一日のスパンでは視野が狭すぎるのだ。

だからといって、常に広い視野に焦点を合わせていればよいというものでもない。大きなビジョンだけを描いて行動に移さなければ、地に足のついていないただの夢想家になってしまう。自分を信用できなくなり、他者からも信用されなくなる。

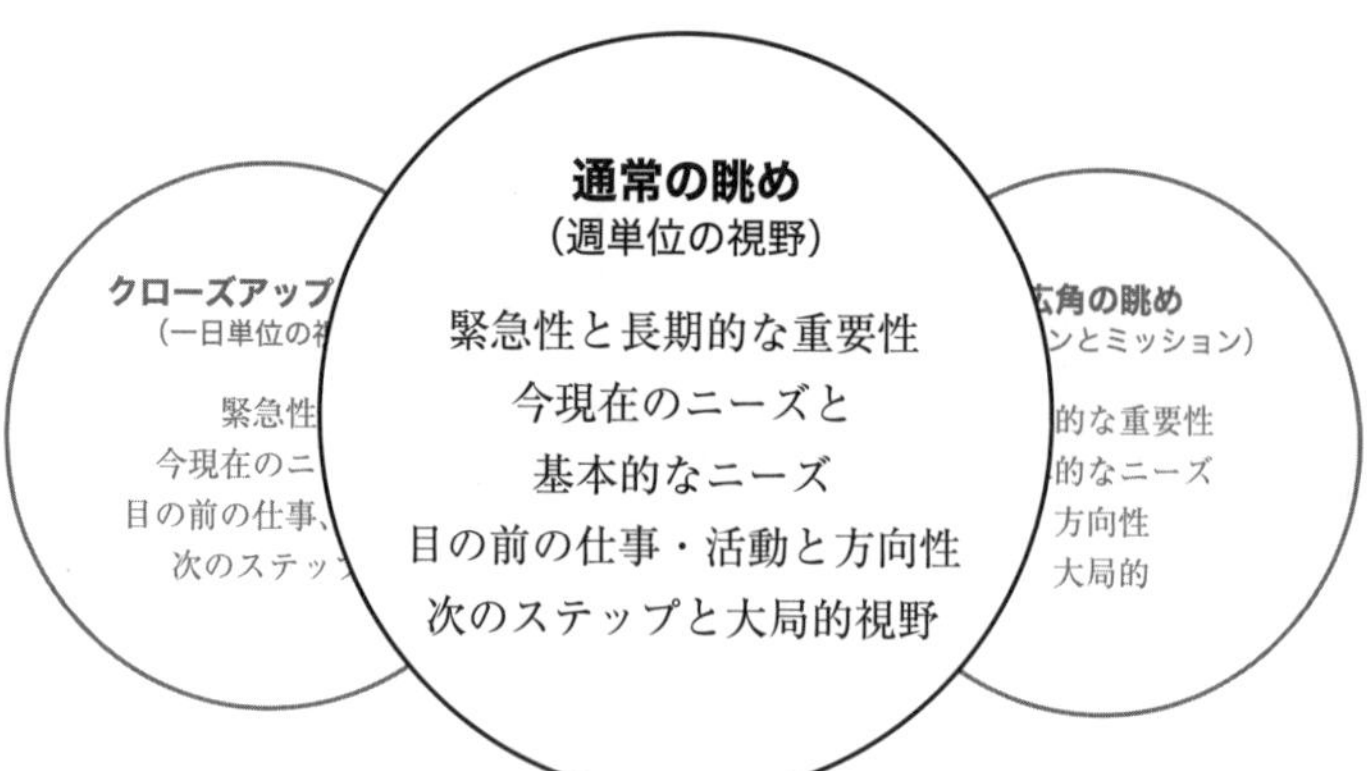

誰もが、このジレンマに陥っている。

どうしたらこのジレンマを解決できるのだろうか？　適切な視野の中で最優先事項に焦点を合わせるには、どうしたらよいのだろう？

一週間単位の視野が、その解決策になる。大局的な視野と一日単位の視野をバランスよく結びつけられるからだ。

二五二ページの図にあるように、クローズアップの眺めと広角の眺めを結びつける週単位の視野は、「通常のレンズ」を通して見ることができ、バランスのとれた生活を送るためのもっとも正確な視野になる。

三つの効果的な視点

一週間は、私たちの生活においてなじみのある一期間となっている。一週間には平日も週末もある。一週間のスパンがあれば、クローズアップで一日を見ることもできるし、ある程度広い視野から一週間の状況をまとめて眺めることもできる。国際的に見ても一週間は生活の基準になっている。多くの企業、学校、政府機関、そのほかさまざまな社会生活が一週間の枠組みの中で機能している。さらに、一週間の中には、「バランスのとれた再新再生」、「全体─部分─全体」、「全体像をとらえたうえでの活動」、という三つの効果的な視点も含まれる。

一・バランスのとれた再新再生

一週間の視野を持てば、再新再生（心身のリフレッシュ）の計画を一日単位と週単位で立てることができる。

週単位の再新再生

週単位で心身をリフレッシュする習慣は世界のほとんどの文化圏に見られる。たとえばユダヤ・キリスト教世界では週に一度の安息日があり、内省し、決意を新たにする日とされている。大学は安息日の概念を広げて、七年に一度、大学教員に一年間のサバティカル（研究調査や執筆、充電などに使える休暇）を与えている。週単位の再新再生の活動としては、レクリエーション的なスポーツを楽しんだり、家族や友人が集まったりするなど週末の活動が一般的である。

第Ⅱ領域の時間管理なら、再新再生の活動を毎週組み込み、バランスのとれたライフスタイルにすることができる。緊急の用事に追われる毎日を送り、疲れ果てて第Ⅳ領域に逃げ込み、時間を無意味に使ってしまうのではなく、本当の意味での気分転換、心身のリフレッシュを図れる活動を主体的に計画しておける。ただ単に現実から逃げるだけの活動で時間をやり過ごすのでは、再新再生にはならない。第Ⅱ領域の再新再生の活動には次のようなものが考えられる。

- **家族や友人との関係を深める、あるいは修復する。**
- **宗教的な活動を通して深い価値観を再確認する。**

- 気分転換できる活動と休息で英気を養う。
- 特に関心のあることや趣味にいそしみ、才能を伸ばす。
- 地域の奉仕活動に参加して社会に貢献する。

週単位での再新再生には計り知れない効果があることは、私たち自身の経験からも明らかだろう。緊急の用事に追われ働きづめで、週末も同じようにせわしなく過ごしていたら、気力も活力もそがれていくように感じ、生活のあらゆる面の視野が狭まっていく。まるで句読点のない文章を延々と読むようなものだ。あるいは切れ目のない音楽を聴くようなものである。疲れ果てて第Ⅳ領域に逃げ込むことになるが、多少は気分転換になるものの、たいていは空しく、不満が残るだけである。再新再生にもならなければ、気力を取り戻すこともできない。

パーソナル・リーダーシップが身につけば、再新再生のニーズを認識し、本当の意味で気分転換となる活動を毎週確実に行うことができるようになる。

第Ⅱ領域の時間管理は、それ自体が再新再生の活動である。毎週三〇分ほどとって週間計画を立てるとき、ニーズ、それを満たす能力、真北の原則に対する自覚を再新再生できるのだ。人間だけに授けられた四つの能力《ちから》との結びつきを再確認し、自己よりも大きな目的のために貢献して生きる決意を新たにする。ビジョンがかき立てる情熱、役割のバランス、目標のパワーを活性化させる。第Ⅱ領域の時間管理を実践した男性の話を紹介しよう。

以前は日曜の夕方はテレビを観ていました。第Ⅳ領域に時間を使っていたんです。しかし日曜の夕方は、私にとって一番平穏な気持ちでいられる時間だということに気づいたんです。そこで教会の奉仕活動に参加したり、家族と過ごしたりするようにしました。すると、自分のミッションや役割、目標をしっかりと見つめられるようになってきたのです。今は日曜日の夕方は翌週の計画を立てる時間と決めています。

金曜日の午後、職場を出る前に翌週の計画を立てる人もいれば、日曜日の午前中、あるいは月曜日の朝一番に行う人もいる。大切なのは、一人きりになって自分の内面を見つめることだ。再新再生の活動を定期的に行っていないと、ほかのさまざまなことに知らず知らずに引きずり込まれていく。自分から主体的に動くのではなく、周りの状況に動かされてばかりの生活になる。

毎日の再新再生

一週間の視野で眺めると、毎日の再新再生にもバランスを見いだせるようになる。たとえば一日一時間を再新再生に使うとしよう。するとあなたは、運動、思春期の娘の話を聴く、学習、瞑想《めいそう》にそれぞれ一五分ずつ使うことが「バランス」だと思うかもしれない。

しかし視野を一週間に広げると、いろいろな可能性が見えてくる。健康分野の専門家によれば、「トレーニングの効果」を得るには、少なくとも週三日、一回三〇分以上強めの運動をし、運動を行わない日は身体を休めることが必要である。つまり、肉体的側面の再新再生を週三日重点的に行えば、毎日一五分ずつ軽い運動をするよりも効果的なのだ。強めの運動をしない日は、ストレッチングをしたり、散歩に行ったりしてもよい。夫・妻と一緒に、あるいは音楽でも聴きながら行えば、活動の価値も上がるだろう。運動しない日は自己啓発関係の本や精神を鼓舞する本を読むことに時間を使うこともできる。それぞれの活動の内容や時間は日によって違っていても、一週間を通して見ればバランスがとれており、最適なかたちで刃を研ぐことができるのである。

二．全体―部分―全体

ミッション・ステートメントを見直すと、全体を俯《ふ》瞰《かん》できる。大局的な視野に立ち、人生で目指すものが見えていれば、自分が行うことの意味を見いだせる。しかし全体を眺めてばかりでは、ただの夢想家で終わってしまう。全体を見たら、次は役割と目標という部分に目を向けなければならない。自分の人生を構成する各部分を「クローズアップ」して見るのだ。とはいえ部分しか見ずにいたら、これまた問題である。生活が細分化され、個々の役割を機械の部品のようにみなしてしまう。

そこで、第Ⅱ領域の時間管理のプロセスを進めるとき、部分を再び全体に当てはめ、一週間の通常レンズで眺める視野と大局的な視野の両方のメリットを結びつけるのである。

次のページの図のように部分を全体にはめ込むと、部分と部分の相互の関連性が見えてくる。仕事、家族、自己啓発、コミュニティ活動など、自分の人生の各部分がどのように作用し合い、ミッションの実現に結びつくのかがわかる。一つの部分がほかの部分のためになり、それぞれの役割において自分の人格と能力を磨くことが、すべての役割のためになることがわかる。

この「全体―部分―全体」の視野を持てば、個々の役割と目標が一つの全体となってシナジーを創り出し、部分と部分を仕切る垣根を取り払うことができる。

個々の目標を結びつけてシナジーを創り出す

「全体―部分―全体」の考え方は、個々の役割と目標を結びつけてシナジーを創り出す土台になる。一つひとつの活動を別々に行うよりも、組み合わせて一緒に行ったほうがはるかに大きな効果を得られることがある。逆にほかの活動と組み合わせず、それだけに集中しなければならない活動もある。それぞれの活動がどのように影響し合っているかがわかれば、それだけに集中すべき活動、組み合わせて行ったほうが効果的にできる活動を見きわめ、工夫して調整することができる。

たとえば、週間計画を立てるときに息子と一緒に水泳に行く時間をとれば、「体を鍛える」という刃を研ぐ目標と「息子との絆をつくる」という親として

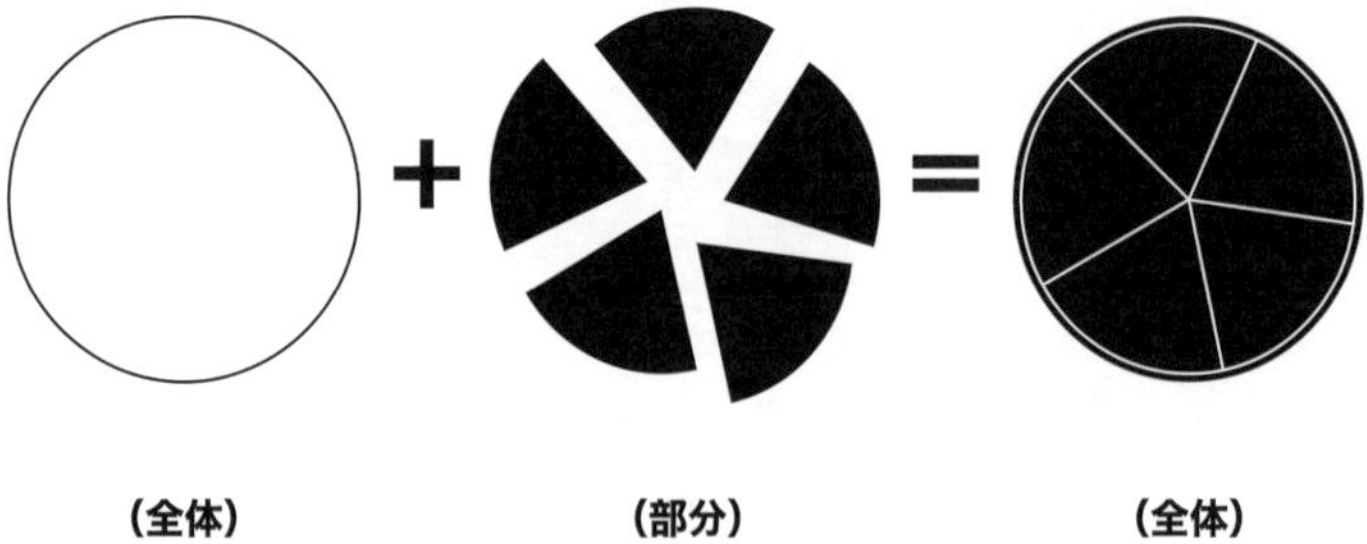

の目標を組み合わせることができる。地域で社会的な支援を必要としている外国人のためのボランティア活動に参加すれば、外国語を学ぶ目標と奉仕活動の目標を結びつけることができる。豊かさマインドを持ち始めると、もっと多くの目標を効果的に組み合わせられるようになる。手の込んだ料理を一度に三食分を用意し、一食分はその日に家族で食べ、一食分は新しく引っ越してきた隣人に届け、残りの一食分は冷凍しておいて、奉仕活動クラブの集まりがある晩の夕食に充てるようにしておけば、「美味しい料理をつくる」、「新しい隣人と親しくなる」、「来月の奉仕活動クラブの会合に備える」という三つの目標を達成できる。このように、可能性は無限にあり、日々の生活の中でシナジーを創り出す方法は数限りなくある。しかし狭い視野しか持っていなかったら、せっかくの無限の可能性も絶対に見えない。

　これはなにも、可能なかぎりスケジュールに押し込むとか、目標はまとめて一度に全部やってしまうのがよいと言っているのではない。そんなスーパーマンはどこにもいない。ここで言いたいのは、それぞれの目標に一個ずつ取り組んだ場合よりも大きな成果を上げられるように、想像力を働かせて目標を組み合わせ、原則に基づいた方法を工夫して達成

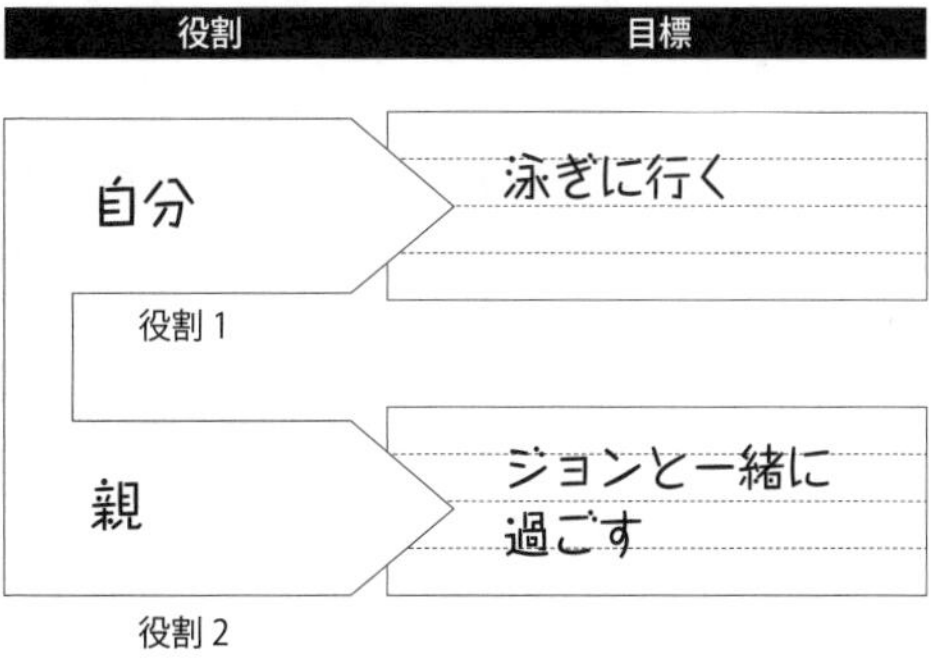

する、ということである。

原則に基づいた方法かどうかを確かめるには、いくつかの活動を組み合わせたときに内面に湧いてくる感情に注意してみるとよい。強制されているような、あるいはわざとらしいような感じを覚えたら、その方法は原則に反している。おそらくは無理をして手を広げすぎている。その場合は、それらの活動はまとめずに別々に行ったほうがよいだろう。自然なかたちでまとまっていれば、原則と調和しているから、気持ちが満ち足りて、力が湧いてくる感じがするだろう。部分と部分があなたの時間を競って奪おうとするのではなく、無理なく自然にまとまって効果的に動くのである。

このようなシナジーを生み出していく方法をいくつか紹介しよう。一つは、線を引いて目標と目標を結びつけ、一つにまとめた活動をその週の適当な日に書き込んでおく。

もう一つは、一つにまとめた活動を「備考」欄に記入して、それが目標であることがわかるように星印のようなマークをつけておく。

こうしていくつかの活動を一つにまとめてシナジーを創り出したら、動

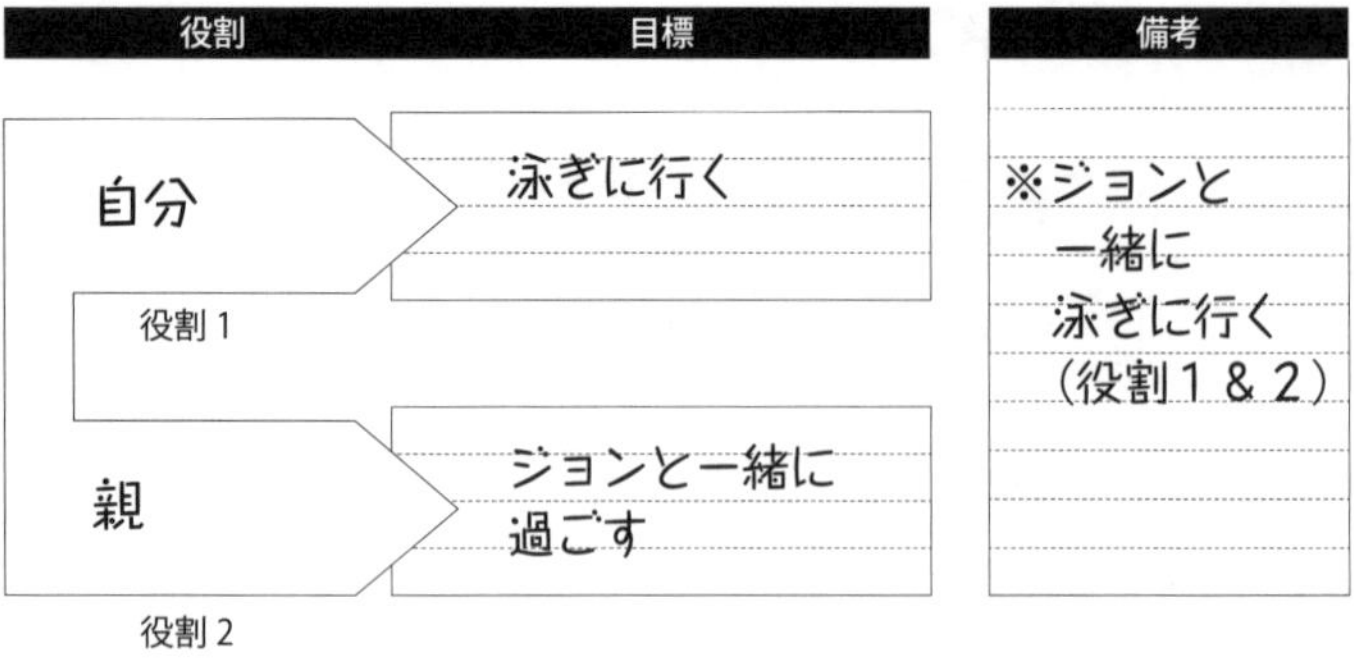

かせない約束として決まった日時のところに書き込むか、優先事項の欄に移すことができる。

垣根を取り除く

私たちは、「仕事の時間」、「家族との時間」、「自分の時間」を知らず知らずのうちに区別し、それらの間に垣根をつくっている。ある一つの役割でやっていることは、それ以外の役割でやることには何の影響も与えないと思い込んでいる。しかし、これらの垣根が人工的につくられていることは誰でもわかっている。職場で思うようにいかない日は無力感に襲われ、前向きな気持ちになれず、自分の時間にも家族との時間にも悪影響が及ぶ。悩みがあったり、家庭で揉《も》め事があったりすると、仕事に身が入らなくなる。逆に家庭生活が円満なら仕事も頑張れるし、職場で良いことがあれば、その喜びを家族や友人と分かち合いたくなる。

人生は分割することのできない一個の統合体なのである。自分の人生のさまざま役割と人生全体の目的意識を結びつけると、一つの役割で再新再生すればほかの役割の再新再生も促されることがわかるだろう。仕事の役割で言えば、組織の目的と自分の人生の目的とが部分的に一致していれば、それに貢献することによって充足感が得られるかもしれない。たとえば、あなたの会社が顧客に提供しているサービスは、あなたの目的意識にかなっているのかもしれないし、同僚や部下をコーチングして、能力を引き出すことに充足感を得ることもあるだろう。成長と貢献につながる活動に自分の時間と労力を投じていると、朝出かけたときよりも夜帰宅したときのほうが成長していることを実感できるはずだ。

家では、すべての役割で自分を高める再新再生の活動に時間を使うことができる。家族と過ごす時間は愛する人たちへの貢献となり、絆を深められる。家族みんなでコミュニティの奉仕活動に参加したり、困っている友人をサポートしたりすることもできる。プライベート、家庭生活、社会生活のすべてを豊かにすることに自分の時間と労力を投じていると、朝家を出て職場に向かうとき、前の晩に職場を出たときよりも強く、気力のみなぎった自分を実感できる。

全体―部分―全体の考え方を持つと、役割と役割の間の壁が取り払われる。役割同士の関係性が見えてきて、それらが結びつくから、一つの役割でうまくいかないからといって失望したり、自己中心的になったりせず、成長、貢献、充足感につながる生き方ができるようになる。全体―部分―全体の概念が自分の中に根づくと、何本もの糸を美しい布に織り上げていくように、人生のさまざまな面を無意識に統合することができるようになる。それは「豊かなものの見方」であり、そこから「豊かな行動」と「豊かな生き方」が生まれるのである。

三．全体像をとらえたうえでの活動

優先順位をつけるには、物事が起こる状況が広い視野で見えていなければならない。たとえば、あなたの親友が深刻な問題を抱えていて、今あなたに相談を求めてきたら、あなたはたぶんこの本を閉じて、親友の下に駆けつけるだろう。なぜだろうか？　それは自分の時間のもっとも効果的な使い道を決めるときの状況が変化したからである。

一週間単位で計画を立てるのは、全体像を見渡して一つひとつの活動を配置していくプロセスである。大局的な視野から自分の人生の目的を再確認する再新再生のプロセスである。自分にとっての最優先事項は何か、次の七日間にそれらをどのように優先するかを考える効果的な枠組みになる。緊急事態が生じたり、そのときの気分に動かされたり、予想外のチャンスが訪れたりしたとき、計画を変えたほうがよいかどうかを判断する確かな基準になる。全体像が見えていれば、「良」よりも「最良」の活動を選んで配置できるのである。

ある人の経験談を読んでほしい。

> 一週間単位で計画を立てる以前は、どんな電話にも応じるような生活でした。電話で委員会があると告げられれば、必ず出席していました。しかし今は「行きたいのはやまやまなんだが、娘との約束があるから」と言えます。仕事の関係で友人との約束をキャンセルしなければならないこともたまにありますが、大切な友人との約束であれば、別の日に変えてもらうようにしています。重要ではないことはスケジュールに入れません。

第Ⅱ領域の時間管理は、スケジュールに優先順位をつけることではない。大切なのは、優先事項を先にスケジュールに入れることである。全部の時間帯を予定で埋めるのではなく、最初に「大きな石」を入れ、それから必要に応じて砂利、砂、水を入れていくということだ。

容器を満杯にすることが目的なのではない。第Ⅱ領域の時間管理の目的は、まずは大きな石を確実に入れること、そして容器を満杯にせず、良心に従って予定を変更できる余地を残しておくことである。

全体像をとらえたうえで活動を計画するときは、次の「指定時間枠」を設け、予備の時間をとっておくとよい。

「指定時間枠」を設ける

「指定時間枠」は特定の活動のためにとっておく時間帯である。実際に必要な時間よりも長めにとっておく、交換可能な時間帯である。たとえば家族の活動があなたの最優先事項なら、毎週土曜日の午前中を家族の時間の「指定時間枠」にして、毎週必ず計画に入れておく。だから、毎週土曜日の午前中にはほかの予定は入れないようにしなければならない。ほかの活動や目標は、この「指定時間枠」以外の場所に配置していけばよい。

地元のコミュニティの取り組みや奉仕活動クラブに参加していて、月二回木曜日の夜にその集会があるなら、毎週木曜日の夜はその活動の「指定時間枠」にしておく。集会がないときは、会員の名簿を作成するとか、その役割でほかにできることに時間を使える。

仕事面では、週一回、何曜日かの午前中を部下と面談する「指定時間枠」にするというようなことが考えられる。あなたと話をしたい部下がいれば、その時間帯に面談の約束を入れる。新規顧客獲得の見通しを立てる、業界紙を読む、長期計画を策定するなど、ほかの活動の「指定時間枠」もとっておくことができる。

このように「指定時間枠」を使えば、より効果的に週間計画を立てられるようになる。一週間全部を「指定時間枠」で埋めてしまうのではなく、優先順位の高い活動の時間を前もってとっておき、それらの活動に焦点を合わせることがポイントである。

「指定時間枠」を使うメリットはたくさんある。まず、第Ⅱ領域の重要な活動の時間を確保できる。また、あなたの生活に一定のリズムができ、そのうちほかの人たちもそのリズムに気づいて、それを前提にしてあなたと接するようになる。あなたが火曜日の午前中に部下との面談をすることを部下やほかの社員がわかっていれば、部下はあなたの忙しさやアポイントメントを気にすることなく相談することができるだろう。

「指定時間枠」はほかの「指定時間枠」と交換できる場合が多いので、その週に予定していた時間を犠牲にせずに柔軟に対応できる。たとえば友人が急用で木曜日の夜のコンサートに行けなくなり、チケットを何枚か譲ってくれたとしたら、土曜日の午前中を「指定時間枠」にしていた家族の時間を木曜日に移し、家族揃ってコンサートに出かけることができ

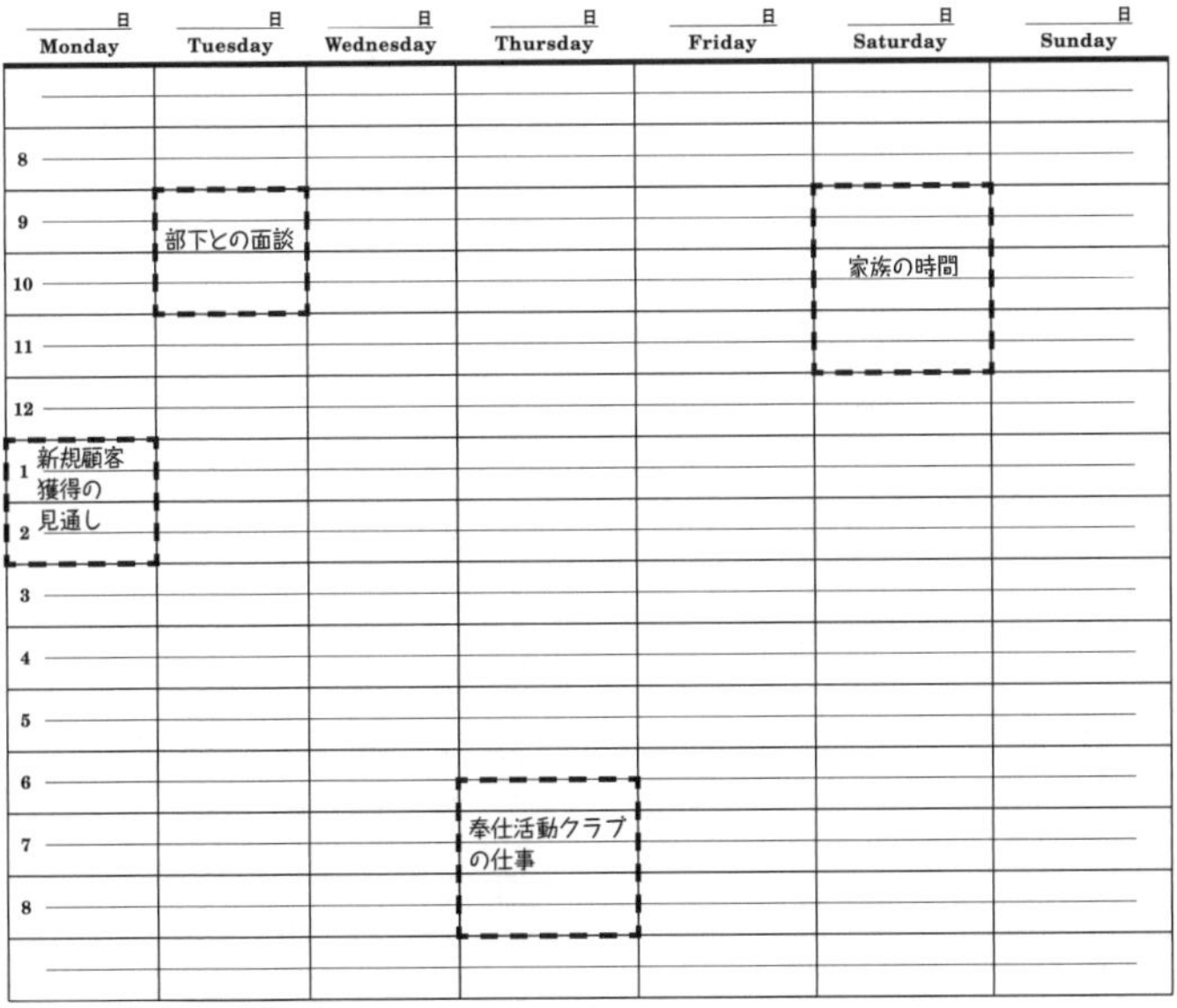

る。そして木曜日の夜の奉仕活動を次の土曜日の午前中に移せばよいのだ。一週間のスパンがあれば、どちらの役割でも重要な活動を確実に行うことができる。

「指定時間枠」を活用すれば、あなたが期待していることも他者に明確に伝わる。たとえば、あなたのスケジュールをアシスタントが管理しているなら、「指定時間枠」がわかっていれば、アシスタントも助かる。月曜日、水曜日、金曜日の午前一〇時から午後四時までをあなたの予定が入る「指定時間枠」にしておけば、アシスタントは、その時間帯にほかの予定を入れる必要があるときは、前もってあなたに確認するだろう。逆に「指定時間枠」に入る予定を別の時間帯に入れるときも、アシスタントはあなたに確認するから安心していられる。

準備の時間をとっておく

私たちの苛立ちや不安の多くは、準備不足に原因がある。適切な準備をしていないと、多くの活動は慌ててやらなくてはならない緊急の用事になってしまう。第Ⅱ領域の時間管理のプロセスは、準備の時間をとり、準備を促すフレームワークになる。

たとえば、金曜日の午前中に重要なプレゼンテーションをすることになっているなら、水曜日に準備の時間をとり、木曜日にはプレゼンの練習をする時間をとる必要があるだろう。土曜日の午前中に庭仕事をするつもりなら、金曜日には種や道具を買いに行く必要があるかもしれない。

私たちが望むような成功が人生で偶然に手に入ることはまずない。ほとんどの成功は、入念な計画と準備の結果なのである。第Ⅱ領域の時間管理であれば、成功のための準備が必要であることが一週間の視野に入り、そのための時間をとっておける。状況が計画どおりに進めば、準備していたほうが準備していない場合よりもはるかにうまくいくのは言うまでもない。もし状況が変わって計画どおりに進まなくても、準備にかけた時間が無駄になることはない。計画を変更する価値と代償を的確に判断して、正しい方向に進むことができるからだ。

視野が一週間に広がると、一日という近視眼的視野に自分を押し込めることはできなくなる。全体像をとらえて活動を計画するという作業によって、選択の瞬間に効果的で賢明な判断ができるようになる。

人生の質を高める

クロノス時間（量的時間）の単純なパラダイムで最優先事項を優先してスケジューリングするのは簡単だろう。クロノス時間のパラダイムなら、「自分の人生で重要なこと」、「日々どう行動するか」は、時計とカレンダーで決めればよいからだ。時計が時を刻む音が生活のペースを決めているのである。

しかし、週単位で計画を立てることによって視野が広がると、ものの見方、自分のあり方が、がらりと変わる。その違いを理解するには、体験するのが一番だ。多くの人たちが次のような感想を述べている。

「以前は時間のほとんどを仕事に費やしていました。しかし今は、ようやく重荷を下ろして、人生を再び楽しんでいるような気分です。職場では以前よりも生産性が上がっていて、そのうえほかの役割の時間もたっぷりとれる。わたしの人生がバランスを取り戻しつつあります」

「質の高い時間を本当にたくさん見つけています。以前は『一日が二四時間では足りない。一週間が七日では足りない。やることがありすぎる』が口癖でした。今もたまにこういうじれったい気分になることもありますが、自分の内面の核とつながり、バランスがとれているのだと自覚できているので、すぐに気持ちを立て直すことができます。待ってはくれない急ぎの用事、職場で危機対応に駆け回らなければならないこともありますが、自分の時間はちゃんととってあることがわかっていますし、その時間は大切なお客様への対応など第Ⅱ領域の活動と同じくらいに価値のあるものだということも自覚していますから、イライラせずにすみます。以前は、一日二四時間全部のスケジュールを決めなくてはいけないと思っていました。でも、細かいことまでスケジュールするのではなく、最優先事項を意識することが大切なのだと気づいたのです」

「一番変わったのは子どもたちとの関係でしょうか。以前は、毎週日曜日は本当に慌ただしかったのです。娘は乗馬に行き、息子はサッカーの練習、その合間に家族揃って夕食をとっていたのですから。ある週の計画を立てていたとき、『日曜日の夕方は子どもたちとの特別な時間にしよう』と思い立ち、妻に提案しました。私と妻のそれぞれが、娘の乗馬の後か息子のサッカーの練習の前に食事に誘うわけです。慌ただしく家族で夕食をとるよりも、子どもたちが父親か母親と一対一で過ごしたほうがよいだろうと思ったのです。この間の日曜日、二週間分の計画を立ててから、息子をサッカーの練習に送っていくときに『今日はお父さんとファストフードに行こう』と誘いました。車に向かって歩いていると、息子は私の手をとり、『お父さん、僕は日曜日が一週間で一番好きな日なんだ。お父さんと行くときもお母さんと行くときも、いっぱいしゃべれるからうれしいんだ』と言ってくれたんですよ」

人生の質を巡る問題の中には、近視眼的なクロノス時間のパラダイムでは見えないものもある。一日単位のプランニングに週単位のプランニングを加えるだけでも大きく違ってくる。しかしそこにカイロス時間のパラダイム、つまり「豊かさマインド」のパラダイムが加われば、その違いは飛躍的に大きくなる。人生のあらゆる部分がミッションを遂行するために不可欠であること、それぞれの部分が作用し合って生まれるシナジーが一つの大きなエネルギーをもたらすことがわかってくる。人生が成長という生産的なサイクルとなり、継続的に学習し、充実した人間関係を築き、有意義な貢献ができるようになる。

一週間というスパンは、バランスと視野の感覚を育てる。一週間の道筋が見えていれば、行動の選択を迫られたとき、効果的な選択をして最優先事項を優先できるようになる。

第Ⅱ領域の目標――一週間の視野を育てる

・毎週決まった日時に、第Ⅱ領域の時間管理のプロセスで週間計画を立てる。内省し、熟考できる静かな場所で行う。

・一週間の視野を持ったことで、これまでとは違う対応をとった状況をメモしておく。一週間経ったら、自分の経験を振り返り、評価する。

・単なる娯楽ではなく、再新再生、内省、心身のリフレッシュの日を週に一日とる。その日には、普段できないことをしてみる。一ヵ月経ったら、生活にどんな効果があったか評価する。

・家族と一緒に住んでいるなら、あるいは仕事の同僚がいるなら、その人たちと一週間の計画を立ててみる。お互いの活動を調整して、全員の目的をうまく達成できるように工夫する。

第九章　選択の瞬間に誠実である

人生の質は、刺激と反応の間のスペースをどう使うかで決まる。

毎週末、第Ⅱ領域の時間管理のプロセスに三〇分ほどとり、自分の内面を深く見つめるとしよう。あなたは自分のミッションと役割を見直し、重要な目標を決め、それを一週間の計画に組み込む。そして一週間が始まる。あなたは毎日、その日の予定を重要度の観点から見直し、良心に従って変更したほうがよいと思う部分を変更する。「最優先事項」を見きわめ、その最優先事項を優先して一日を過ごせる計画になったと確信する。

こうしてあなたは、計画に沿って一日を始める。ところが、計画どおりには進まないのが世の常である。

- あなたは部下の一人と面談しているとしよう。その部下は面談の途中で急に泣き出し、深刻な悩みを打ち明け始めた。そのせいで仕事に身が入らないのだという。あなたはその部下のことが心配だけれども、一〇分後には重要な会議がある。会議に出るほかの五人も時間をやりくりしているのだから、そちらのほうも気になる。さて、あなたならどうする？

- 娘が通っている小学校の校長から電話が入り、校庭に必要な設備を確保するための委員会の仕事を頼まれたとしよう。あなたは、自分の再新再生や家族と過ごす時間が十分にとれていないと感じて、もう新しい用事は引き受けないと決めたばかりだった。しかし娘のことは大切だし、娘の学校の校長がやろうとしているプロジェクトを軽んじるわけにはいかない。しかも、あなたの能力と人脈を生かせば、そのプロジェクトがうまくいくこともわかっている。さて、あなたは校長の依頼にどう返答するだろうか？

- ある仕事に集中しているとしよう。もう三、四時間経っているので、集中力が落ちてきた感じがする。そこであなたは、休憩をとって新聞でも読むか、早めの昼食にしてリフレッシュしようかと考えている。しかし、その仕事の期限はもう間近に迫っている。休憩をとることが再新再生なのか逃避なのか、自分でも判断がつかない。さて、あなたはどうするだろう？

ここに挙げた例はどれもあなたには当てはまらないかもしれない。しかし誰でも毎日の生活の中で、予想もしていなかった問題が持ち上がったり、チャンスが舞い込んできたりする。計画したことを実行しない理由や言い訳になるような出来事が生じるものである。

- **あなたは、そのような状況にどう反応するだろうか？**
- **どんな選択をするだろうか？**
- **自分の選択をどう思うだろうか？**

- そもそも選択することをどう思うだろうか？
- どんな気持ちで一日を終えるだろうか？　予定を全部こなせなかったことに苛立つだろうか？　無力感を覚えるだろうか？　全部必死でやりきろうとして、疲れ果てているだろうか？　それとも、最優先事項を優先できて満足し、平穏な気持ちでいるだろうか？

このようなジレンマは空想でも何でもない。日常生活ではよくあることだ。第Ⅱ領域の時間管理のプロセスがどんなにパワフルでも、もちろんこれ以外の時間管理でも、将来起こることを見越して、それをコントロールすることなどできない。予定していたことやＴｏＤｏリストに書いたことを何が何でもやり通すことが効果的な時間管理だと思っていたら、フラストレーションがたまるのも当然である。予定どおりに進んでほしいという期待が裏切られるのは日常茶飯事だ。それに、無理にでも予定を押し通そうとしたら、意味のある絶好の機会をつかみ損ねることになるかもしれない。最優先事項を優先できずに一日が終わる可能性のほうが高くなる。

日々の生活では、まだ過ぎていない時間はすべて未知の領域である。知らない土地にパラシュートで降下するようなものだ。自作の地図は役に立つかもしれないが、心のコンパスがうまく機能しなければ、目的地にたどり着けない公算が大きい。四つの能力《ちから》をフルに働かせて、常に真北を見失わずにいなければならない。だから、第Ⅱ領域の時間管理で一番大切なのは、選択の瞬間に誠実になれるようにすることなのである。どんな寄り道をしようが、地図をつくった後に新しい道ができていようが、心のコンパスに従えば、正しい方向に進んでいけるのである。

選択の瞬間

選択の瞬間は、真実の瞬間でもある。私たちの人格と能力が試される瞬間だ。選択の瞬間には、さまざまな要因が私たちに働きかけてくる。

- 緊急事項（差し迫った用事、目の前の仕事）
- 社会的な価値観（楽しいことや流行）
- 自分が期待すること
- 他人が期待すること
- 自分自身の深い価値観
- 変動的な価値観（目先の利益、すぐに欲しい成果）
- 自分が持っている脚本（動機づけ、先入観）
- 自覚
- 良心
- 基本的なニーズ
- 欲求

これらの要因はどれも、私たちに作用し、私たちを動かそうとする。しかし選択の瞬間には、私たちは文字どおり自分の行動を選択するのである。これらの要因のどれかに無意識に反応するのであれ、そのときの状況に流されるのであれ、他人の言いなりになるのであれ、あるいは良心の声に従って意識的に行動を選択するのであれ、どれも自分の選択であることに変わりはない。

ヴィクトール・フランクルは、ナチス・ドイツの強制収容所での経験から、次のように述べている。

「強制収容所にいたことのある者なら、点呼場や居住棟の間で、通りすがりに思いやりのある言葉をかけ、なけなしのパンを譲っていた人びとについて、いくらでも語れるのではないだろうか。そんな人は、たとえばほんのひと握りだったにせよ、人は強制収容所に人間をぶちこんですべてを奪うことができるが、たった一つ、あたえられた環境でいかにふるまうかという、人間としての最後の自由だけは奪えない、実際にそのような例はあったということを証明するには十分だ。

収容所の日々、いや時々刻々は、内心の決断を迫る状況また状況の連続だった。人間の独自性、つまり精神の自由などいつでも奪えるのだと威嚇し、自由も尊厳も放棄して外的な条件に弄ばれる単なるモノとなりはて、典型的な被収容者へと焼き直されたほうが身のためだと誘惑する環境の前にひざまずいて堕落に甘んじるか、あるいは拒否するか、という決断だ[1]」

人生で不遇に見舞われたとき、それを他者や状況のせいにすれば気が楽になるかもしれない。しかしそれはまやかしだ。自分の人生は自分の選択の結果であり、自分の選択に責任があるのは自分以外のなにものでもない。小川が何本も合流して大河となるように、選択したときは特に意味のない些細なことに思えても、小さな選択がいくつも積み重なって大きな力となり、私たちを決定的な運命へと導いていく。私たちの一つひとつの選択は、やがては心の習慣となる。そしてほかのどんな要因よりも、心の習慣が私たちの時間と人生の質に影響を与えるのである。

原則中心の選択

良心の声に耳を傾け、良心に従って生きることを決意する。これが原則中心の生き方の本質である。なぜだろうか？　選択の瞬間に私たちに影響を与えるすべての要因の中で、常に真北を指し示しているのは、良心だけだからである。道に迷うことなく充実した人生へと導いてくれるのは、良心なのである。

原則中心の選択の違いをわかってほしいので、ここで一つの実験をしてみてほしい。それも真剣に、じっくり取り組んでほしい。実際に体験すれば、この章のエッセンスを理解できるからだ。

まず、関係をもっと良くしたいと思っている大切な人を一人思い浮かべてほしい。夫・妻、親、子ども、上司、部下、友人、誰でもよい。その人との関係について、自分の内面の奥深くまで見つめ、次のように自問してほしい。

この人との関係を大きく改善するために自分にできる一つのことは何だろう？

この問いかけに対して、どのような答えが浮かぶだろうか？

それをすることで、その人との関係が良くなると確信できるだろうか？

なぜそう確信できるのだろう？

このような質問をすると、誰でも必ず、何をすればよいかすぐに思いつくものである。どうすれば関係が良くなるか、すでにわかっているのだ。

「なぜそう確信できるのですか？」

「わかっているからです」

しかしほとんどの人は、その「一つのこと」を過去に試したことがあるから知っているのではない。論理的に考えてそのような結論に至ったわけでもない。「正しい行動」は心の奥底でわかっているのである。それをすれば良い結果になることも、心の奥底で確信しているのだ。

「あなたの答えは、真北の原則と一致していますか？」

「はい」

「それは影響の輪の中にあることですか？」

「はい」

「それをするのは簡単ではないかもしれませんが、あなたにできることなんですね？」

「はい」

心の奥底にある知恵は、そのときの状況で自分にできる原則に基づいた行動、その人間関係にもっとも大きな影響を与えられる行動をすぐに教えてくれる。ミッション・ステートメントを作成したときや、週間計画を立てるときに、あなたもこのような心の知恵を引き出しているかもしれない。

毎日、あらゆる選択の瞬間に心の知恵を使えるとしたらどうだろう？　忙しい真っただ中で、緊急度、社会的なプレッシャー、他人の期待、痛みの回避、応急処置ではなく、心の知恵に従って決断を下すとしたら？　あなたの人生は大きく変わるのではないだろうか。

スティーブン

何年か前、「心の声に耳を傾け、良心に従って生きる」というテーマで大学生に講演しました。講演の中で、私は学生たちに「もっと優秀な学生になるために、皆さんにできることは何ですか？」「もっと良い娘、息子、友人になるために、できることは？」「もっと誠実に生きるために、皆さんならどうしますか？」と問いかけました。そして、自分の心の声、良心の声に耳を傾けてみるよう勧めたのです。

講演が終わってから、一人の女子学生が私のところにきて、「私に聞こえた声が良心だと、どうしてわかるのですか？」と聞きました。実は、こういう質問をしてくる人は多いのです。「私が聞いている声が本当に心の奥底にある良心の声かどうか、わかるのでしょうか？　世間体とか、思い込みとかかもしれないですよね？　単なる願望かもしれませんというように。

私はその女子学生に聞きました。「心の声に耳を傾けているとき、何か感じましたか？」

「はい。もっと良い人間になるために自分がしなければならないことがたくさん思い浮かびました」

「それなら、先ほどあなたが私にした質問は忘れてください。その思い浮かんだたくさんのことを実行してください。そうしているうちに心の声に慣れてきます。そして、あなたの質問への答えもおのずとわかるでしょう」

私は彼女の表情を見て、こう言いました。「このような答えでは満足できないのですね？」

「はい」

「なぜです？」

彼女はため息をつきました。「言い訳ができないからです」

一年後、私はその大学で違うテーマで講演しました。講演の後、この女子学生が私のところに挨拶にきました。私はすぐに彼女が一年前にした質問を思い出し、「あの後、どうなりました？」と聞きました。

「心の声が言ったことを全部やりました。真剣に」

「何をしたのです？」

「自己啓発書を真剣に読みました。喧《けん》嘩《か》してそれきりになっていた人たちと仲直りしました。家の手伝いも今までよりするようになりました。学生としてやるべきことを先送りにせず、きちんとやるようにしました。学生としての責任だけでなく、家族や教会に対する責任も自覚できるようになりました。兄や妹に機嫌よく接するように心がけました。両親に口答えしないようにしました。自己弁護したり、すぐに腹を立てたりする性格を直す努力もしました」彼女はそこまで一気に話すと、少し間を空けて続けました。「今は、良心の声とそれ以外の声を聞き分けられるようになりました」

数年後、私は別の州で講演しました。そこでまた彼女と再会したのです。講演の後、「あれからのことをお知りになりたいですか？」と彼女が話しかけてきました。「ぜひ聞かせてほしい」と答えると、次のように話しました。「心の中に道標があることを知ってから、私の人生はまるで変わりました。どんなときでも方向感覚を失わずにいられます。良心に従っていれば、すべてがうまくいくように思えるんです」

これが原則中心の生き方の本質である。内なる声を聴き、それに忠実に行動する。良心の声に耳を傾け、良心に従って行動する人格と能力を身につけることである。

原則中心の生き方が「応急処置」でないことは明らかだ。時間と労力を惜しまず投じて、長く努力しなければならない。しかし原則中心の生き方をするほど、人生の果実は大きくなるのである。

選択を実行に移すには

第Ⅱ領域の時間管理の重要な目的は、刺激と反応の間のスペースを広げ、反応的にならずに誠実に行動する力を養うことである。個人のミッション・ステートメントを作成し、週間計画を立てることによって、それができるようになる。刺激と反応の間で一時停止し、原則、ニーズ、能力と深く結びついた行動を主体的に選択するのである。

この「一時停止」を身につけて習慣とすれば、毎日どんな瞬間にも誠実に行動できるようになる。刺激と反応の間のスペースで一時停止しているときに、人間だけに授けられた能力《ちから》を働かせて、意識的に自分に問いかけ、言い訳をせずに心の声を聴き、勇気を持って行動する。これが誠実さなのである。

一．意識的に問いかける

意識的に自分に問いかけるのは、原則中心の生き方の基本である。それは自分の好奇心ではなく良心に問いかけることだ。心の知恵に従って行動するという決意を持って、問いかけるのである。

意識的に自分に問いかければ、原則がすべてをコントロールしているのだということを再確認し、謙虚な気持ちになる。ここは自分に正直に問うべきだと認識できる「自覚」、自分の行動を真北に合わせるための「良心」、選択を実行する「意志」、その選択をもっとも効果的に実行する方法を考える「想像」する力、この四つの能力《ちから》を働かせられるようになる。意識的に自分に問いかける行為は、素直さ、勇気、自信の表れでもある。単に何かをしたいという気持ちよりも、正しいことをしたいという気持ちのほうが強いからこそ、自分に問うことができるのだ。

選択の瞬間に誠実に行動するには、まず自分に問いたださなくてはならない。個人のミッション・ステートメントを書くとき、あるいは週間計画を立てるときと同じように真剣に自問する。困難にぶつかったとき、すぐに良心の声に耳を傾けられるように、自分への効果的な問いかけを用意しておくとよいだろう。次の例を参考にして、あなたも自分に適した問いかけを考えてみてほしい。

- 今、何をすれば一番効果的な時間の使い方になるだろうか？
- 今、一番重要なことは何か？
- 人生が私に要求していることは何か？
- 今、何をするのが正しいことなのだろうか？

心の奥底で自分に問いかける質問であれば、どんな文言でもかまわない。選択の瞬間には、次のような問いかけも効果的である。

- これは私の影響の輪の中にあるものだろうか？
- 集中の輪の中にあるものだろうか？
- これ以外の「第3の案」はあるだろうか？
- この場面に当てはまる原則は何だろう？
- その原則を実践するにはどうしたらいいだろう？

この章の初めに例として挙げた状況を使って、こうした問いかけが原則中心の行動にどう役立つか見ていこう。

重要な会議が始まる数分前に、部下の一人があなたに深刻な悩みを打ち明けたとしよう。たいていの人は、会議と部下の板挟みになり、苛立ちと不安を感じるだろう。会議に出なければ、その会議に集まる人たちの信用を失う恐れがある。あなたはとっさに時計を見て、「すまないんだが、大事な会議があるんだ。人事部に行って相談してくれないか」と言って、部下をすげなく追いやるかもしれない。

しかし、あなたがそのような行動を選択したら、その部下の忠誠心や仕事の能力にどんな悪影響があるだろうか？　その部下があなたのそんな態度を同僚に話したとしたら、どうだろう？　そして、あなたの自己信頼口座はどうなるだろうか？

しかしここで一時停止し、次のように自分に問いかけたとしよう。

●今、もっとも重要なことは何だろう？

この問いかけでは、まだ答えは出ないかもしれない。スケジュールよりも人のほうが重要だが、この場合、予定されている会議にも人が関わっている。

●これは私の影響の輪の中にあることだろうか？

どちらもあなたの影響の輪の中にある。どちらも、あなたのミッションと目的に結びついている。

●この場合に当てはまる原則は何だろう？

どうしようかと考えていて、「正直になり、心を開く。問題が起きたら、一緒に力を合わせて解決する」というような原則が頭に浮かんでくるかもしれない。そしてあなたは部下に、こう言うかもしれない。「悩みを打ち明けてくれてありがとう。重要なことだから、きちんと時間をとって話し合って、解決策を見つけよう。これから会議の予定が入っているのだけれど、三時には終わるから、それから話し合おう。どうだろう？」

あるいは、「人は誰しも唯一無二の存在である」という原則が思い浮かび、その部下を第一に考えるかもしれない。そこであなたは秘書を会議に行かせ、重要な用事ができたので三〇分遅れると伝えてもらう。あなたの議題を会議の最後に回してもらうこともできるかもしれないし、同僚に連絡し、代わりに会議に出てもらうことも考えられる。

あるいはまた、まったく違う行動を選択する可能性もある。一時停止して考え、その部下の悩みは自分の責任の範囲ではないと判断すれば、彼の問題を直接扱える人事部長のところに連れていくだろう。

大事なのは、自分のニーズを優先したり、時間がないという焦りから反応的に行動を選択するのではなく、一時停止してその場面での原則を考え、良心の声に耳を傾けて、選択の瞬間に最優先事項を優先することである。

自分に問いかけるとき、**知恵というのは理性と感情が結合した結果**なのだということを覚えておいてほしい。良心の声が教えてくれることの多くは、誰でもわかっている「常識」と思えるようなことだ。本で読んだり、自分でも考えたり経験したりした常識的な行動、人間の理性的な行動であることが多い。そのような常識が当てはまる場面では、良心は適切な知識をピンポイントで教えてくれる。

とはいえ、理性よりも感情を優先したほうがよい場合もある。すべきだと思っている行動に関して知識もなければ、それまで経験したこともないかもしれない。それでも心の中では、その行動が正しいのだとわかっているし、うまくいくと確信できる。良心の声を聴き、それに従って行動すれば、良心から教えられる多くのことが理性的な知識となり、蓄えられていく。こうして個々の状況を理性で判断できるようになり、理性を見失うことはなくなる。知恵とは、自分ができるかぎりのことを学び、身につけることである。しかし同時に、自分は何でも知っているわけではないのだと自覚する謙虚さを持つこともまた、知恵なのである。だからこそ、意識的に自分に問いかけるときに誠実であるためには、知恵がなくてはならないのだ。

二．言い訳せずに聴く

良心のささやきを初めて聴いたとき、私たちは次の二つの行動のどちらかを選ぶ。

一．良心に従って行動する。

二．良心に従わない行動を選択することを正当化する（「それらしい嘘」をつく）

一番目の選択肢を選べば、心は平穏だ。心のコンパスの真北に合わせられる。内なる声を聴きとる力が増し、個人としての効果性も高まる。

しかし二番目の選択肢に走ると、心に不協和音が生じる。自分の決断にもっともらしい理由をつけて正当化し、ほとんどの場合は他人や状況のせいにする。人を責め、批判し始める。責められた人は、あなたの心の不協和音を感じとって親切に対応してくれるかもしれない。しかしそれは、テリー・ワーナー博士のいう「なれ合い」を生む。つまりネガティブなシナジーだ。自分の行動の言い訳にできるように、お互いに相手のネガティブな行動を引き出そうとする関係である。

たとえば、あなたが仕事で疲れ果てて帰宅したとしよう。夕食後は、帰る途中で借りたビデオを見てくつろごうと思っている。しかし夕食のとき、大学生の息子が何か悩んでいる様子に見えた。そのときあなたの心の中から、「今夜はビデオを見る計画は中止して、息子の話を聴いてやるべきだ」というささやきが聞こえてくる。

本音を言えば、ビデオを見てリラックスしたい。でもそれをあからさまに認めたくはない。息子を愛している。息子の力になってやりたい。でも今日は疲れているし、ビデオを見ながらくつろぐのを楽しみにしていた。そのくらいのことは許されるはずだ。自分は家族のために働いている。息子には何不自由させていない。今日だって、朝出社して部署間の駆け引きを解決し、懸案事項をやっと片づけ、難しい対人関係に頭を悩ませ、予算報告を作成し、顧客のクレームの処理をし、ああそうだ、仕入れ先も何だか文句を言っていた……ハードワークに一〇時間も費やしたのだから、家で少しくらい楽しんでもばちは当たらないだろう。ビデオを見るといってもたった二時間じゃないか。このところずっと忙しくて、見たかったのに何ヵ月も我慢していたのだ。

　そこであなたは、食事の席で応急処置をする。

「おい、最近調子はどうだ？」

　息子はあなたが真剣に聞いているのかどうか確かめようと、あなたを見る。口先だけで言っているのはみえみえだ。

「まあね、いいよ」

「学校も、宿題も、ガールフレンドも、問題なしか？」

「うん。だいじょうぶ」

「成績のほうも大丈夫か？　奨学金が打ち切られないようにしないとな」

「わかってる」息子は席を立ち、椅子にかかっていたセーターをつかむ。

「出かけるのか？」

「うん」

「どこへ？」

「その辺」

「何時頃帰る？」

「ちょっと遅くなる」

「明日学校だろう。一〇時半までには帰ってこいよ。いいな？」

「わかった」

息子が出て行こうとするとき、あなたは声をかける。「悩み事があるのなら、いつでも言ってくれよ」

「うん、わかった」

「話したいことがあるんじゃないのか？」

「もう行かなきゃ」

「ほかに言うことはないのか？　いつも一言二言しか答えないじゃないか。そんなんじゃ会話にならないだろう」

「だって」息子はため息まじりにつぶやく。「お父さんとは話しづらいから」

「おまえはもうすぐ二〇歳になるんだぞ。もう少しマシなことを言えないのか」

ドアがぴしゃりと閉まる。あなたは「一〇代の子どもと会話を持つのは難しいもんだ。近頃の親は大変だよ」とぶつぶつ言いながらソファへ向かう。でも、やるだけのことはやった。話し合おうと言ったのに、しゃべろうとしないのは息子のほうだ。拒んだのは息子だ。私は悪くない。

そもそも一〇代のうちは難しいんだ。思春期だからな……、あなたはそんなふうに自分に言い聞かせて、ビデオを見始める。数分もすると、もやもやした気分はどこかに行ってしまう。

そのうち、息子の悩みはますます深刻になる。父親との会話がないのは自分のせいだと思うようになる。父親とのコミュニケーションという厄介事まで加わり、悩みは複雑化の一途をたどる。しかも相談する相手はいない。

かくして、あなたの応急処置の代償は雪だるま式に膨らんでいく。あなたの心の周りには正当化と言い訳の壁が着々と積み上がっていく。息子は息子で、傷つきやすい心を守る防御壁を固めて、自分が本当に求めていることを悟られまいとする。うわべだけのコミュニケーションは、お互いにピリピリとし、すぐに相手を責めて自分の行動を正当化する結果に終わる。最初の良心のささやきを聞き入れなかったために、こうした痛みと不快が網の目のように張られた日常を生きることになるのだ。

きつい仕事を休みなく続けるよりも、やるべきだと思うことをやっていないという思いなど、内的生活の不調和からくる緊張感や不安のほうがはるかに疲れるものである。その緊張感を忘れようとして第Ⅲ領域にほとんどの時間を注ぎ、重要な仕事をしているのだと自分に言い聞かせ、疲れたら第Ⅳ領域に逃げ込んで無為な時間を過ごす。これでは逆に不安が増すばかりだ。切迫感やプレッシャー、ジレンマなど、「時間管理」を巡る苛立ちの多くは、そもそもが内面の不協和音の問題なのである。

深刻な状況であればなおさら、「息子ときちんと話し合いを持つべきだ」と明確な答えを出すより、「息子と話し合ったほうがいいかな？」と疑問形にしておくほうがはるかに気が楽だろう。あれこれ考えて答えを出さずにいるうちは、何も実行に移す必要はない。「話し合ったほうがいいかな？」と疑問符をつけているうちは、行動の結果に対する責任は生じていない。行動を起こしさえすれば原則中心の生き方ができ、心の調和を取り戻せるのに、何だかんだと言い訳をして、何日も、何週間も、ことによると何年も過ぎていくのである。

誠実に行動する鍵は、自分をごまかすのをやめることである。良心の声に、そして自分の反応にも、耳を傾けられるようにならなくてはいけない。「そうだ、しかし」と言いたくなった瞬間に「そうだ、だから」と言えるようになることだ。行動に移さないことの言い訳はしない。正当化もしない。ただ、実行する。「人生の法則に従いなさい」とささやく良心の声にじっと耳を傾ける。そしてその声に応える。聴いて、応えるのである。

三．勇気を持って行動する

「勇気」から連想するのは、敵陣を突破して伝言を届ける、不治の病と闘って生きる、子どもを救うために燃え盛る住宅の中に入っていくというようなドラマチックで命がけの人間の姿だ。しかし私たちも、刺激と反応の間のスペースで日々決断を下すとき、勇気ある行動をとることができる。命がけの行為に勝るとも劣らない勇気を持った行動ができるのだ。

たとえば、親から受け継いだ悪習を断ち切り、人間の尊厳という原則に基づいて行動することを選び、「流れを変える人」となるには、とてつもない勇気が要る。自分に正直になり、内面の奥深くにある本当の動機を見つめ、言い訳をせず最善を尽くして生きることにも勇気が要る。自分の選択が他者から理解されず、場合によっては嫌がられるとわかっていて、原則中心の生き方を貫くにも勇気が要る。その場の感情や一時的な考えに流されず、それらをコントロールできるのだと自覚するのも、勇気がなくてはできないことなのだ。

レベッカ

あるとき、一週間のセミナーに参加することにしました。セミナーにはいろいろなことを期待していました。特に第Ⅱ領域の目標をいくつか立てていて、セミナーの期間中とその後に取り組もうと思っていました。

ところがセミナーの初日、期間中のコーディネーターをしてほしいと頼まれました。良心の声は、参加者のためになる仕事を引き受けるのは自分の価値観と原則にかなっている、と告げていました。考えれば考えるほど、コーディネーターをやるべきだと思いました。しかし、セミナーに期待していた経験とは違いますし、計画していたことができなくなると思い、すっきりと踏み切れないものがありました。

私は結局、コーディネーターの仕事を引き受けました。しかし、作業は山のようにあり、多忙をきわめました。参加者のニーズに応えられるかどうか、プレッシャーと不安に押し潰されそうでした。そのうえ計画していたことをする時間もなくなり、苛立ちが募っていきました。

そんなネガティブな気分の中、あるときふと思い立って、自分に言い聞かせました。「ちょっと待って。そんなに苛立つなんて、おかしいんじゃないの？　私は自分がすべきだと思うことを選んだのだから、こんなに不安や緊張を感じなくてもいいはずよ。この気持ちを変えよう」

私は深呼吸して、この状況にどう反応したらよいか考えました。そして、プレッシャーに対する不安や苛立ち、自分の計画ができなくなったことへの不満、そんなネガティブな感情はきれいに消し去ることにしました。私は心の中で「気持ちは変えられる。絶対に変えられる」と言い続けました。

すると、不安や苛立ちがすうっと消えていくのが感じられました。そして、強い決意が湧いてきました。勇気を持ってこの状況にチャレンジし、自分がすべきだと信じることに集中して、それ以外のことは頭から追い払おう、と決めたのです。

もちろん、その決意ですべて解決したわけではありません。それからも何度かプレッシャーや不安が頭をもたげてきて、後戻りしそうになりました。しかしそのたびに自分に言い聞かせたのです。「気持ちは変えられる」と。そうやって決意を新たにするほど、自分の中に力がみなぎるのを感じました。

こんなささやかな行為を「勇気」と呼ぶのは大げさだと思っていました。しかし、あのときの経験を考えれば考えるほど、選択の瞬間に「こうすべきだ」と思ったことをやり通すのは勇気の要ることなのだと気づいたのです。決心を翻したくなるような言い訳に飛びつかず、正当化もせずに黙々と実行するには、勇気が要るのです。

今振り返ってみて、あのときコーディネーターの仕事を引き受けなかったら、セミナーの期間中ずっと後ろめたさを感じ、落ち着かない気分だったろうと思います。結果的にとても充実した一週間でしたし、当初期待していたよりもはるかに再新再生ができたと思うのです。

米国の詩人、思想家のエマーソンの言葉を紹介しよう。「繰り返し行うことは、たやすくなる。行う作業の質が変わるのではなく、行う能力が増すのである[2]」自分自身に意識的に問い、言い訳をせずに良心の声を聴き、勇気を持って行動する。そうしているうちに、原則中心の生き方をする力が身につく。

やがて、良心の声を聴き、良心に従って行動することが、心の習慣になる。言い訳、不安、罪悪感、苛立ちを抱えて生きるのではなく、毎日、時々刻々、最優先事項を優先しているのだと確信して、心安らかに生きられるようになる。良心の声を聴き、自分の反応を客観的に見つめたときに罪悪感を覚えたら、それは社会的な価値観に対する罪悪感ではなく真の罪悪感であって、私たちの教師、友人として語りかけてくれているのだ。飛行機が針路を外れると警報を発する自動誘導装置のように、人生の質を決める「真北の原則」から外れた行動をとろうとすると、すぐに教えてくれるのである。失敗や間違いも教師になる。真北の原則を学び、身につけていくことによって、人生は上向きの螺旋《らせん》となり、個人として成長していく。

心を養う

心を養うことと知性を養うことはお互いに補完し合っている。米国の教育者ジョン・スローン・ディッキーの言葉を借りよう。

「教育の目的とは、能力においても人格においても、個人をありのままの姿で認めることである。単に能力だけを身につけさせ、その能力の使い道を指導しないのは、間違った教育である。そのようにして得た能力は、結局のところ、良心から引き離されることになる[3]」

心を養うのは、内面の知恵を養うプロセスである。選択の瞬間に誠実であるために、人間の四つの能力《ちから》をどのように働かせるかを学ぶことにほかならない。

第Ⅱ領域の時間管理のプロセスなら、心の知恵を次のようにして養うことができる。

- **個人のミッション・ステートメントは、刺激と反応の間のスペースを最大限効果的に使う手段になる。このミッション・ステートメントは、私たちが日々の生活で下すあらゆる決断のＤＮＡになる。**

- 週間計画を立てておくと、選択の瞬間に広い視野を持てる。広い視野で眺めれば、重要度のパラダイムで選択できるようになる。
- クロノス時間（量的時間）ではなくカイロス時間（質的時間）の視点から、学習と成長のサイクルとして一週間を振り返る。この自己評価を続けることで、生きることから学び、日々の生活で下す決断の質を高めていくことができる。
- 人間の四つの側面（肉体、知性、社会・情緒、精神）の再新再生を図り、「刃を研ぐ」ことによって、より効果的な選択ができるようになる。

それでは、四つの側面を詳しく見ていこう。

肉体的側面

疲労や病気が判断力に悪影響を与えることは、多くの研究で繰り返し示されている。アメリカンフットボールの名コーチとして知られたヴィンス・ロンバルディは、「疲れていると誰でも臆病になる」と言っている。[4] 疲れていたり、体調を崩していたりすると、人は反応的になりやすい。さらに、ドラッグやアルコールなどの化学物質は、刺激と反応の間のスペースを大きく狭める。

運動する、適切な食生活を心がける、適度に休息をとる、身体に悪いものを避ける、定期的に健康診断を受けるなど、肉体の「刃を研ぐ」活動によって、選択の瞬間に望ましい判断ができる確率が高くなる。肉体の健康は、私たちが実に多くのことを行うための資源なのだから、肉体的側面の刃を研ぐことで選択肢も広がる。私たちの肉体は、あらゆる役割、責任を果たすための基本の道具なのである。

知的側面

知性の刃を研ぎ、再新再生を図ることによって、選択の瞬間に使える知識が増え、広い視野から判断できるようになる。私は成功をテーマにした書籍を二〇〇年さかのぼって調べた[5]。この五〇～六〇年間に出版されたアメリカの成功に関する文献は、基本的には個性主義である。応急処置のテクニックや表面的な社会的価値観ばかりを重視し、個性やテクニックで「成功」が得られると説いている。このような成功指南本が教えるのはまやかしのパラダイムであって、いくら読んでも充実した人生を生きる力は身につかない。

しかし個性主義以前の一五〇年間の成功指南本は、そのような狭いパラダイムではなく、人格主義に基づいたものである。成功のもっとも基本的な要素は、正直、誠実、謙虚、忠実、公正、忍耐、勇気というような「人格」であると説いている。人格主義の本は、世界中のあらゆる文明において何千年にもわたり蓄積されてきた知恵とも呼応している。これらの知恵もまた、成功の「真北の原則」を認めている。面白いことに、時間管理の分野において繰り返し取り上げられるテーマの一つは、「時間は人生そのもの」である。ところが、時間管理に関する本はテクニックで埋め尽くされ、人格についてはまったく触れていない。

我々著者は、人類の歴史を通じてさまざまな文明を調べ、真北の原則に従って生きた個人と社会の行く末、従わなかった個人と社会の行く末を比較した。オレンジのビデオの例えを思い出してほしい。クローズアップしすぎると、被写体が何なのかわからない。しかしカメラを引いて普通のレンズで全体を眺めると、被写体が「視野」に入る。視野が広がってはじめて、私たちを真北から引き離そうとする影響力に気づくことができるのだ。自分が真北から離れるのかどうかわかれば、あらゆる瞬間に効果的な時間の使い方を選べるのである。

- **今は、より多くのことをするために応急処置の解決策をとるべきなのだろうか、それともこの人間関係に時間をかけ、長期的な視点から見てより重要なことを達成すべきだろうか？**
- **上司の欠点を同僚にばらして刹那《せつな》的な満足を得るのか、それとも、その場にいない人に忠実であることによって、真の人間関係を築くのか？**
- **上司から週末の休日出勤を頼まれて無条件に受け入れるのか、それとも上司と自分のニーズも満たせる「第3の案」を探すのか？**
- **自分が計画していたプロジェクトを皆の反対を押し切って実行するのか、それとも問題を解決し、皆も自分も生活の質を上げられる機会ととらえるのか？**

知的側面で有意義な再新再生を行っていれば、知性が研ぎ澄まされ、いつでも明瞭に働く。自分が置かれた状況の限られた知恵を超えて、適切な行動を選択できるようになるのだ。

精神的側面

精神的側面の再新再生は、私たちが日々下す決断に大きな影響を与える使命感や目的意識を養う。啓発書のもっとも基本的な要素の一つは、「個人の人生はより大きな全体の一部である」という考え方だ。この「より大きな全体」を「生と死」ととらえるにしろ、「輪廻《りんね》転生」、あるいは「世代から世代へ受け継がれる遺産」ととらえるにしろ、このような大局的な視野に立つと、日々ぶつかる問題を大きな流れの中に置くことができ、その意味が見えてくる。

心理学者のデイビッド・マイヤーズは、著書『The Pursuit of Happiness（幸福の追求）』の中で、「調査を重ねたところ、大局的な視野を持っている人のほうが幸せを感じ、充足し、社会に貢献している」と述べている。また通説とは異なり、ある種の宗教的信条、宗教観は幸福な人たちに共通して見られる特徴で、資金的貢献も含めて宗教活動をしている人たちは、ほかの慈善活動にも積極的に参加していると指摘している。マイヤーズは次のように書いている。

「宗教的良心は、個人のプライベートを高めることよりも重要なもののようである。自分の才能や富は天から自分に託されたもの、という考え方をする」[6]

しかしマイヤーズは、多くの米国人は自分を宗教的人間とは必ずしも思っていないが、人生の意味を求め、深く考えることにかなりの時間を費やしているとも指摘している。自己中心的な生き方、消費志向、物質主義の成れの果てを目の当たりにして、多くの人たちは初めて自分の人生を深く見つめ、より良い社会のためになる貢献を模索するのである。

精神的側面の再新再生の活動には、瞑想《めいそう》や祈り、宗教的活動、奉仕活動、聖典や自己啓発書、読み継がれてきた古典に触れることなどがある。これらの活動は大局観を養い、真北の原則に従った貢献の意識を育てる。精神的側面の再新再生は、心を養ううえできわめて重要な役割を果たす。「最優先事項」が何であるかを判断する土台になるのだ。もっとも重要なことを優先する情熱を与え、緊急の用事や切迫感、あるいはその場だけの満足に惑わされずに、正しい選択ができる力となるのである。

社会・情緒的側面

社会・情緒的側面については、次の第三部「相互依存のシナジー」で詳しく取り上げる。ここでは、自分自身との関係が他者との人間関係にどう影響するのか、心を養ううえでそれがどれほど重要であるのかを考えてみよう。

レベッカ

数年前のことです。良心に反した行動をとるとどのようなことになるのか身をもって経験しました。当時の私は作家志望でした。子どもを持つ若い母親でもあり、就学前の子どもたちの世話だけでも手いっぱいなのに加えて、自分の健康のことやほかにもいろいろと心配事を抱えていました。そんなある日、ふらりと立ち寄った書店で、数年前から親しくつき合っていた友だちが書いた本を見つけたのです。

私は驚きました。それと同時に「彼女は、どうして本を書くことができたの？」という疑問が湧いてきました。この友人は仕事と家庭の両立でとても忙しくしていたからです。本を書く時間をどうやって捻出したのだろうかと、不思議でなりませんでした。

書店で本を眺めながら、私は知らず知らずのうちに、自分を正当化する理屈を探していました。「彼女はきっとベビーシッターを雇っているんだわ。お金があり余っているのよ。毎晩外食して、彼女は晩御飯なんかつくらない。それに彼女、ものすごくエネルギッシュだし。たぶん病気ひとつしたことないのよ。私のように子育てで忙しくて、健康の心配まであったら、本なんか書けるわけがないわ」

そんなことを考えているうちに、私は本を書く時間だけでなく、ほかにもいろいろなことに時間を使っていなかったと気づきました。書店に並んでいる本がいっせいに飛び出してきて、「なぜあなたは本を読まないの？」と私に向かって叫んでいるような感じがしました。私は無力感でいっぱいになりました。被害者意識ばかり強くて、不満ばかり言っているだめな人間。こともあろうに「完璧な友人」に腹を立て、私が本を書けないことを周りの人たちや自分が置かれている状況のせいにしていたのです。

私は書店を出て車に乗り、運転席に座ったまましばらく考えていました。自分があんな反応をしたことがとてもショックでした。私らしくなかったからです。いつもなら、友人や知人の成功を心から喜べるのです。

心の奥底では、自分の反応がおかしいことはわかっていました。あんなふうに感じるのには何か深い理由があるに違いないと思いました。そこで、その理由を突き止めることにしたのです。ネガティブな感情、非難、怒りは全部忘れて、正直に自分の心を見つめました。

すると突然、真実が見えたのです。穏やかな美しい明りがともったかのようでした。私は友人に腹を立てていたわけではないのです。彼女はただ、私が持っていないものを持っていただけなのです。私がしようとしていたことをしただけなのです。私は、彼女の成功という鏡に自分の弱さを見ていたのです。その鏡に映った自分に腹を立てていたのです。

彼女が素晴らしい母親であることはよく知っていました。しかし私にとっては、母親の役割を果たすのはとても大変なことでした。自分に感じていた無能ぶりが、彼女の我慢強さ、前向きな態度によって浮き彫りになったのです。彼女は時間をやりくりして、有意義で創造的な仕事をしていました。私は自分にも文章を書く能力があることはわかっていましたが、ほかの役割に追われて、その能力を引き出す時間をつくれずにいたのです。

彼女が経済的に恵まれていると思い込んだのは、私はお金のやりくりが苦手で、いつも家計に余裕がないと感じていたことの裏返しでした。私たち夫婦は結婚して間もないころの判断ミスで借金を抱えていました。そのために、やりたいと思っていたことをいくつも諦めていたのです。

私の友人は健康でしたが、私はなにもそれに嫉妬していたのではありません。定期的に運動しなければならないことをわかっていながら、やっていないことが問題だったのです。

やるべきだとわかっていることをやっていたなら、あんな感情を抱くわけはないのです。友人の成功を自分のことのように喜んでいたでしょう。

指をパチンと鳴らしたら魔法のように人生が変わるわけではないことはわかっていました。でも少なくとも、問題の根本原因はわかりました。私は最優先事項を優先していなかった。それこそ、私がまずしなければならないことだったのです。

「世界観を述べることは自分の人格を告白することである。しかし人はそのことをわかっていないようだ」(7)とエマーソンは言っている。心を養うもっとも効果的な方法の一つは、自分が人とどう接しているか客観的に見つめてみることである。他者との関係には、自分の内的生活が映し出されているからだ。

良心の声に耳を傾けず、良心に従わずに生きていたら、自分の内面の不協和音を正当化しようとして、他人を批判し責めてしまう。自分の行動の判断基準になる使命感や原則を持っていなかったら、自分の潜在能力ではなく他者を基準にして考えることになる。何でも人と比較し、勝ち負けで考えるＷｉｎ－Ｌｏｓｅのマインドを持つようになる。自己中心的になり、自分の経験からしか物事を見ず、自分の動機を他者に押しつける。その人の長所や短所が自分にどう影響するかで人を判断し、他人の短所に勝手に苛立ったりするのである。

お互いの失敗をあげつらい、責めたてるような社会、職場、あるいは家庭は、人が良心の声に従って生きていないことの証しである。そのような環境では、人は「救済の幻想」にとらわれている。問題は自分にではなく「外」にあるのであって、誰かが問題を解決しにきてくれるという幻想に惑わされているのだ。

「油断することなく、あなたの心を守れ、命の泉は、これから流れ出るからである」という格言がある。(8)現実は相互依存の関係で成り立っている。我々著者はこの現実に関する文献を調べたが、もっとも重要なのは、誠実さが他者との関係にどれほど大きな影響を与えるか、深く認識することなのである。

良心に従って生きる

良心の声に耳を傾け、良心に従って生きる人は、緊急中毒のせいで、あるいは人を喜ばせようとして、刹那《せつな》的な満足を得ようとはしない。毎日殺人的なスケジュールで働くことで心の安定を得ようともしない。たとえ問題山積の困難な状況に置かれていても、深い充足感を得られるし、一番重要なことはやったという確信をもって一日を終えられる。心の奥深いところで安らぎを感じ、充実した人生を実感している。言い訳をしたり、自分の怠惰を正当化したり、人を責めたり、自分の境遇を嘆いたりして時間を無駄にしない。良心に従って生きる人は、自分の役割を真摯《しんし》に果たそうとする。他者の人生も充実するよう貢献するのだという意識を持っている。苦難に見舞われても強く生きられる。良心に従って生きる人は、こうして自己信頼口座に日々預け入れをしているのだ。

しかし驚くべきことに、良心に反する行動をとればどうなるかは誰でもわかっているのに、人はときにそのような選択をしまうのである。

スティーブン

先日、カナダのある大都市でタクシーに乗ったときのことです。ホテルのベルボーイがタクシーの運転手に「コヴィー博士《ドクター》を空港までお連れしてください」と告げました。運転手はそう聞いて私のことを医者《ドクター》だと思い込み、自分の健康上の不安を話し始めました。私は、ドクターはドクターでも医者のドクターじゃない、博士のほうだと説明したのですが、英語があまりできないらしく、理解してもらえませんでした。そこで私は、彼の話を黙って聴くことにしました。

　話を聴くほど、彼の健康上の問題は誠実さの欠如が原因ではないかと思えてなりませんでした。彼は嘘とごまかしの生活を送っていたのです。警察に捕まるのをひどく恐れていました。それが健康に影響していたのです。私は後部座席にシートベルトもつけずに座っていたのですが、高速道路を降りてから、彼は「物が二重に見えるんですよねえ」なんて言うので、冷や汗が出ました。

　空港に着いてからも、まだ話は終わりません。「ここで別のお客さんを見つけるんですよ。タクシー乗り場に車をつけて二時間も待つ気になんかなれませんからね。規則なんか守らなくてもいいんですよ」そう言ったかと思うと、彼の表情は暗くなりました。「でもなあ、警察に見つかったら、まずいんですよ。ライセンスを取り上げられちゃうから。先生《ドクター》、知恵を貸してくださいよ」

　私は彼に言いました。「肩の凝りとか胸の圧迫感とかの原因は、良心に忠実でないことにあるのではないですか？あなたは心の中では自分がどうすべきかわかっているはずですよ」

「だけど、そんなふうにしていたら生活できませんよ」

「それがあなたの信念なのですか？　そんなわけないでしょう。自分の心を見つめて、誠実であるとはどういうことか考えてみてください。そうすれば気持ちが落ち着いて、いい知恵を授かりますよ」

　彼は何かを感じとったようで、私の話に耳を傾けました。「先生、それ本当ですか？」

「間違いないですよ。でも、心の中で決意しなければなりませんよ。どんな文明にも共通する原則というものがあるんです。ごまかさない。嘘をつかない。盗まない。他人を尊重する。このような原則に従って生きている自分を想像してみてください」

「うまくいきますかね？」

「必ずうまくいきますよ」

私が差し出したチップを彼は受け取らなかった。「ドクター、やってみますよ。何だかもう気分が良くなってきた」

人は誰でもわかっている。心の奥深くでは、自分が何をすべきかわかっているのだ。それをすれば人生が充実することもわかっている。あとは、良心の声に耳を傾け、それに従って生きる人格と能力を磨く努力をすることだ。そうすれば選択の瞬間に誠実に行動できるようになる。

第Ⅱ領域の目標——選択の瞬間の誠実さを養う

・一週間の目標を立てるとき、良心の声に耳を傾ける。良心の声を聴いている自分を客観的に見つめる。せかされず、落ち着いて良心の声を聴くと、どういう気持ちになるだろうか？　そこで実感したことを、毎日の選択の瞬間にも行えるようにする。

・選択の瞬間に自分に投げかける質問をつくる。毎朝、それと日中に数回、その質問を見直し、常に意識しておく。刺激と反応の間のスペースで一時停止し、自問する習慣を身につけよう。

・毎朝、自己信頼口座のことを考える。日中、良心と対話して行動した結果、どれだけ預け入れと引き出しがなされたか書き出す。

・三つのステップを考える。

一、意識的に自分に問いかける

二、言い訳せずに聴く

三、勇気を持って行動する

・行動の選択を迫られた場面では必ず、このプロセスを踏むことを目標にする。

・選択の瞬間に自分がとっている典型的な反応を自覚する。一時停止し、良心の声に耳を傾けた回数を記録する。その結果も書いておく。

・少なくとも一日に一回、選択の瞬間について分析する—自分はどのような要因に影響を受けているか（緊急度、他人の優先事項、疲労、自分や他人の急ぎの用事、自分のパラダイム）。それらの要因、それぞれの作用の強さを書き出す。このことを自覚すると自分の反応がどう変わるか、注意して自分を観察する。

・自分の体験を評価する。選択の瞬間に誠実に行動できるようになるための方法の一つは、良心との対話から学ぶことである。これは自分で練習できるプロセスである。次の章では、第Ⅱ領域の時間管理のプロセスの一環として、自分の体験を評価する具体的な方法を説明する。

第一〇章　人生から学ぶ

生きているかぎり、生き方を学び続けよ。[1]

――セネカ

ロジャー

数年前、ある大企業のコンサルティングの仕事をしていたとき、ニューヨーク育ちの心理学者と知り合い、親しくなりました。その企業の社員セミナーの講師を一緒にする機会が多かったので、彼が同僚たちと行ったネズミの実験の話は何度も聴きました。彼らは迷路の入り口にネズミを置き、出口に餌を置いて、ネズミが餌を見つけるまでの行動を観察しました。一回目は餌を見つけるまで何度も壁にぶつかっていたけれども、二回目はぶつかる回数が減り、一回目よりも早く見つけることができた。回を重ねるごとに迷わなくなり、最終的には一度も壁にぶつからずに、ほんの数秒で餌までたどり着いたそうです。

次に彼らは餌を取り除きました。ネズミを迷路に入れると、何回かは迷路の出口に向かいます。しかし餌はもうないのだとわかると、迷路に入れても動かないそうです。

友人の心理学者はこう締めくくります。「そこがネズミと人間の違うところです。ネズミはやっても無駄なことはしないのです」

この心理学者のコメントは笑いを誘うけれども、核心を突いている。私たち人間はマンネリに陥りやすい。役に立たない行動パターンや習慣を漫然と繰り返すのである。毎週毎週、同じことを繰り返し、同じ問題に悪戦苦闘し、同じ欠点に悩み、同じミスを繰り返す。日々の生活から何も学ぼうとしない。「今週学んだことを教訓にして、同じ失敗を繰り返さないようにするにはどうしたらいいだろう？」と自問することすらしない。

評価：ループを閉じる

一週間の価値は、その週に行ったことだけで決まるのではない。その週から学んだこと、教訓も価値に含まれる。だから、一週間に経験したことを評価し、何を学んだのか確認しなければ、その一週間が完了したことにはならない。

評価は、成長の上向きの螺旋《らせん》を生み出すサイクル、つまり人生から学ぶサイクルの最終ステップであると同時に、最初のステップである。プロセスの最初に戻って計画を立てるのだが、評価することで、私たちは前回のサイクルよりも成長するのだ。人生から学ぶことによって、ミッションと役割の見直し、目標を設定し、次週のフレームワークづくりをより効果的に行い、選択の瞬間に誠実に行動する力が増していく。計画し、実行し、評価する、また計画し、実行し、評価する。これを続けていくと、毎週が学習と成長のサイクルになる。

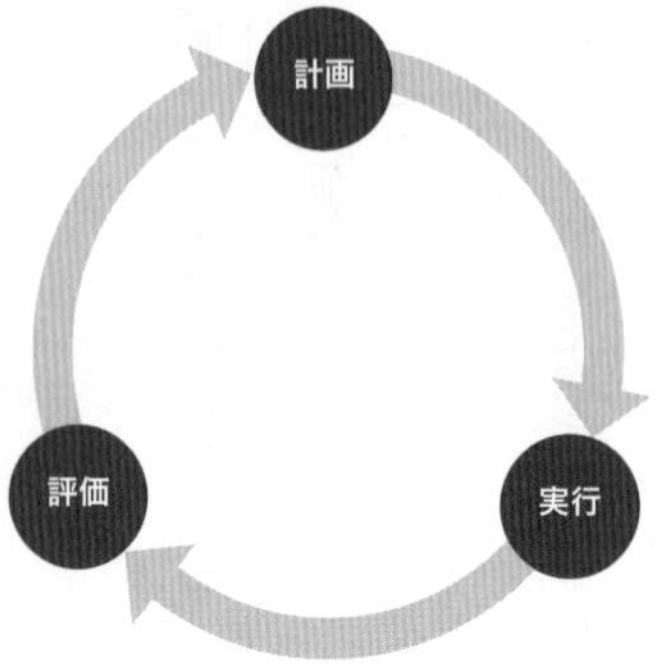

ある作家は「純粋な心を持っているなら、その心の声を聞き入れなさい。なぜなら、行動の結果は必ず、自分自身に跳ね返ってくるのだから」と書いている。

また、C・S・ルイスはこのように述べている。「経験は、とても正直なものだ……（中略）……自分で自分をだませても、経験はあなたをだましはしない。それは万国共通の真理である[2]」

この「人生から学ぶサイクル」の根源は、日本の「カイゼン」の精神にある。「壊れていないなら直す必要はない」という西欧の考え方とは真逆である。人生から学ぶサイクルは、セネカの助言「生きているかぎり、生き方を学び続けよ」に従うことである。ピーター・センゲの言う「最強組織の法則」を個人のレベルで応用することである。

真の学習とは、人間であることの意味の核心に到達することである。学習によって、私たちは再創造される。学習によって、できなかったことができるようになる。学習によって、能力を広げて人生の生成的なプロセスを創造し、その一部となる。誰もがこのような学習を渇望している[3]。

企業では「総合的品質管理」など改善に重点を置いたプロセスを用いており、そこからいわゆる「成長サイクル」や「評価サイクル」が派生し、多用されていることからも、評価のプロセスがいかに重要であるかがわかる。個人のレベルでも週単位の評価プロセスを行うことで、自覚を高め、良心を養い、効果的な心の習慣を身につけることができる。

一週間をどのように評価するか

評価は日記で行ってもよいし、ウィークリー・スケジュールの裏面を使ってもかまわない。質問のチェックリストをつくってプランナーに入れておき、第Ⅱ領域の時間管理のプロセスで次の週の計画を立てるとき、チェックするとよいだろう。質問は五つか六つくらいでよい。次のリストを参考にして、自分に適したチェックリストを作成しよう。

- どの目標を達成できたか？
- それらの目標を達成できたのはなぜか？
- どのような困難にぶつかったか？
- それらの困難をどのようにして乗り越えたか？
- 目標を達成するための時間の使い方は最適だったか？

- 目標にこだわりすぎて、もっと良い時間の使い方をする機会を逃したことはなかったか？
- 目標を達成した結果、自己信頼口座に預け入れができたか？
- 達成できなかった目標は何か？
- なぜ達成できなかったのか？
- 予定を変更することを選択して、結果的により良い時間の使い方になったか？
- 予定を変更したことは自己信頼口座への預け入れになったか、それとも引き出しだったか？
- 達成できなかった目標のうち、来週に持ち込むべき目標はどれか？
- 再新再生や反省のための時間をとったか？
- 毎日、刃を研ぐ時間をとったか？
- 再新再生にかけた時間はほかの分野にどのような影響を与えたか？
- どのようにして役割と目標のシナジーを創り出したか？
- ある役割で磨いた人格と能力を別の役割にも役立てられただろうか？
- この一週間に実践できた原則と実践できなかった原則は何か？　その結果、どんな影響があったか？
- 第Ⅱ領域に使った時間はどのくらいか？　第Ⅰ領域、第Ⅲ領域、第Ⅳ領域に使った時間は？
- 全体として、この一週間に学んだことは何か？

このような質問に答えていくとき、心のコンパスを使うことが大切だ。正直になり、自覚を持って、良心の声を聴き、意志と想像力を働かせて可能性を思い描き、良い方向へ変わる決意をしよう。

一週間をさらに広い視野から眺める

一週間を毎週毎週のつながりの中でとらえることも大切である。月に一度か三ヵ月に一度は評価を行い、次のような質問をチェックしてみるとよいだろう。

- **目標の設定とその達成を目指す自分の行動を振り返ってみて、成功パターンと失敗パターンはあるか？**
- **現実に即していて、なおかつチャレンジングな目標を設定しているか？**
- **目標の達成を妨げているものは何か？**
- **改善できる行動パターンやプロセスはあるか？**
- **非現実的な期待をしていないか？　もしそうなら、どのようにしたら変えられるか？**

レベッカ

数年前、私は再新再生の時間をとる必要性を強く感じていました。夫のロジャーが数日間子どもたちを見てくれるというので、私は一人でホテルに泊まり、日記を読み返して過ごしました。それは本当に目が開かれるような体験でした。広い視野でこれまでの人生を振り返り、深く考えることができたのです。しかしもっとも有益だったのは、自分の行動パターンが見えたことです。それは日々の生活の中では気づくことのできないものです。日記を読み返し、全体を俯瞰《ふかん》して、これから進むべき方向性もわかりました。自分の人生において本当に重要なことを強く認識し、心身ともにリフレッシュして家に帰ることができました。

自分を評価し、再新再生する時間を定期的にとることは、人生から学ぶプロセスに不可欠なものだと実感しました。それは、自分のミッション・ステートメントを見直し、重要な人間関係について考え、それぞれの役割で道筋となる目標を立てる時間です。それに夫婦で一緒にこのような時間を持てば、結婚生活も再新再生できることがわかりました。夫婦だけで過ごす時間を定期的に持ち、夫婦のミッション・ステートメントを見直し、結婚生活の目標、親としての目標を明確にすることで、私たち夫婦の人生の質、関係、家族の生活が実際に向上するのです。

「計画・行動・評価」のプロセスを繰り返せば、自分の選択と行動の結果をより明確に、客観的に見られるようになる。これは四つの能力《ちから》を働かせるプロセスである。人生から学び、学んだことを実践する力を与えてくれる。

第Ⅱ領域の時間管理のパワー

第五章から第一〇章までを振り返ってみてほしい。第Ⅱ領域の時間管理の真のパワーを実感するには、このプロセスに自分から主体的に深く関わらなければならないと先に述べたが、ここまで読んできてその理由がわかったと思う。あなたも多くの人たちと同じなら、このプロセスを経験し始めた当初は、基本的には第三世代の時間管理と変わりないと感じるかもしれない。しかしプロセスを深く理解していくにつれて、第四世代の時間管理を実感し始めることだろう。週を追うごとに、このプロセスの意味、それによって得られる結果のパワーを深く理解できるようになるはずだ。

次の六つのステップを深く理解し、一つずつたどり、人生において最優先事項を優先できるようになってほしい。

- **ミッションと結びつける**――自分の人生においてもっとも大切なことを自覚できていれば、それはあなたの内面の奥深くで赤々と燃える「イエス」となり、情熱とエネルギーを生み出し、あまり重要でないことには自信を持って「ノー」と言えるようになる。ミッションを確認することによって、その燃えるような「イエス」を感じとることができる。
- **役割を見直す**――役割同士のバランスがとれ、シナジーを生み出すような方法で最優先事項を実行する道筋が見えてくる。
- **目標を確認する**――それぞれの役割で、ミッションの達成につながるもっとも重要な活動に確実にフォーカスできる。人生を充実させるために、原則に基づく目標を設定できる。
- **一週間の予定をスケジューリングする**――まず「大きな石」――第Ⅱ領域の目標――を予定に組み込む。大きな石を中心にして、それ以外の活動をスケジューリングする。

- **選択の瞬間に誠実であること**——刺激と反応の間のスペースで一時停止することによって、人生における最優先事項を選択できる。
- **評価する**——一週間を振り返り、「人生から学ぶ」サイクルを実践して、上向きの螺旋《らせん》を生み出すことができる。

「より短い時間でより多くのことを行う」から、「バランスがとれ、シナジーを生み出すような効果的な方法で最優先事項を実行する」生き方にシフトしていこう。それは、「生きること、愛すること、学ぶこと、貢献すること」への総合的で一貫性のあるアプローチである。

しかしここまで到達できれば、その先にはさらに豊かな体験が待っている。私たちは他者と結びつき、お互いに影響を与え合いながら生きている。その相互依存から生み出されるシナジーを体験できるのだ。次の第三部では、そのシナジーをもっとも頻繁に、もっとも深く体験できる時間、そして人生の質について考えてみたい。

第三部　相互依存のシナジー

「相互依存」をテーマに話を進めていく前に、他者との関係があなたの時間と人生の質にどれほど大きな影響を与えているか考えてほしい。

- 誰かと協力して何かをしようとするとき、コミュニケーション不足や誤解、あるいはお互いの役割でやるべきことを明確にしていなかったために、第Ⅰ領域の緊急事態が生じてしまい、対応に追われることがどのくらいあるだろうか？
- 他人にとっての重要なニーズ、あるいはその人が重要と思っているだけで、実は重要でも何でもないニーズを満たすために、第Ⅲ領域にどのくらいの時間を費やしているだろうか？
- コミュニケーション不足、誤解、駆け引き、陰口、非難、人の失敗をあげつらう、などのことに、家庭や職場でどのくらいの時間が無駄になっているだろうか？
- 家族や同僚の才能、創造性、熱意など、時間と人生の質に大きなインパクトを与える潜在的能力がどれだけ埋もれたままになっているだろうか？

ほとんどの人は、起きている時間の大部分を他者と接し、コミュニケーションをとることに、あるいはコミュニケーション不足の結果生じた事態への対処に使っている。効果的な相互依存は、時間管理の問題の核をなすものだ。しかしこれまでの時間管理のアプローチは、この相互依存を無視しているか、取り上げているにしても「取引」とみなしている。人と人の相互依存を取引とみなすアプローチは、人間を機械のようにコントロールできる「モノ」と考えるパラダイムから生まれている。人は基本的に「より多くのものを生産するために労働を割り当てる存在」とみなされ、またあるいは「スケジュールの邪魔をする存在」とみなされる。

しかし第四世代である第Ⅱ領域の時間管理では、相互依存を「取引」ではなく「変化」とみなしている。文字どおり、協力し相互依存の関係にある人々を変化させるのである。それは個々人の独自性と能力を生かし、一人で考えるよりもはるかに良い第3の案を創造する豊かな、予期せぬ可能性を尊重するアプローチである。第Ⅱ領域の時間管理における相互依存は、人間関係の豊かさ、発見に満ちた冒険、スケジュールよりも人を優先することで得られる深い充足感、それまでにはなかったものを協力して創造する喜びをもたらす。それはまさにテコの支点が移動するようなものである。個々人のエネルギーと才能が組み合わさることによってシナジーが起こり、創造性、実行力、生産力が飛躍的に高まるのだ。

第三部では、人生における相互依存について深く考えてみたい。あらゆる場面で他者と協力し合うとき、私たちの人格と能力はどのような影響を及ぼすのだろうか？他者と共有するビジョンを一緒に描く、スチュワードシップ実行協定を結ぶなど、第Ⅱ領域の活動で他者とシナジーを創り出すにはどうすればよいのか？このようなことを考察したら、お互いの長所を伸ばし、短所を補い合う相互補完的なチームに必要な共通のコンパスのつくりかたを紹介する。最後に、第Ⅱ領域の活動である準備／予防の強力なツールとして、エンパワーメントを取り上げる。「インサイド・アウト（内から外へ）」のパラダイムでエンパワーメントを行うことによって、自分の生産性を高められるだけでなく、家族や友人、同僚など周りの人たちも能力が引き出され、より大きな成果を上げられるように影響を与えることができる。

あなたのライフスタイルが本質的に「自立」段階にとどまっているか、または何らかの理由で「相互依存」の段階に進みたくないのであれば、第三部を飛ばして第四部を読んでもかまわない。しかし、第一世代から第三世代までの時間管理のアプローチでほとんど無視されている相互依存について、時間をとって探究してほしい。相互依存は人間社会の紛れもない現実であり、その大きな可能性、そしてそれを無視することによって生じるさまざまな問題が、あなたの時間と人生の質に与える影響の大きさに驚くだろう。

第一一章　相互依存の現実

人間にとって自給自足は理想（一）の姿だが、相互依存も同じように理想であり、また理想とすべきである。人間は社会的動物だからである。

——ガンジー

相互依存の現実について話を進めていく前に、まずあなたが自分の人生において定めている「最優先事項」について考えてほしい。それらの最優先事項のうち、ほかの人との関係に関するものはいくつあるだろうか？　我々著者の経験から言わせてもらえば、人が自分の人生で重要だとしていることは、ほぼ例外なく他者との関係でなされるものである。自分の健康や経済的安定のようなものを挙げている人でも、それは家族や友人との生活を充実させるために必要だと考えている場合がほとんどである。私たちにとって最大の喜びも、最大の痛みも、人間関係によって生まれるのである。

突き詰めれば、私たちの人生の質は相互依存によって決まるのだ。

夫、妻、親、友人、上司、部下、同僚、地域の住民、市民など、私たちが人生で果たしているさまざまな役割は、どれもが相互依存で成り立っている。ほぼすべての役割について、それを効果的に果たせるかどうかは、少なくとも一人の他者との関係で左右される。

私たち人間の業績もまた、相互依存の結果である。歴史を振り返れば、何かの「発明」や「発見」は一人の偉人によるものとされていることがほとんどだが、現実には、ほぼすべての偉業は一人の人間が独力でなしたものではない。偉大な発明や発見を成し遂げた偉人のほとんどは、先人たちの努力の恩恵を受けている。先人たちが道を切り開いて進んでいき、その途上で壁にぶつかり、そして次に続いた誰かが壁を打ち破ったのである。

私たち人間の基本的な四つのニーズも、この相互依存の現実の中で満たされる。

生きることは、肉体の健康と経済的安定を確保することである。医師、病院、抗生物質、健康保険がなければ、健康は脅かされる。経済的安定に関しては、私たちは何らかのかたちで他者の人生に影響を与える労働をして、賃金を得ている。その賃金を他者の労働によってなされたものに使っている。

愛することは、本質的に相互依存である。「愛は、他者に与えてはじめて愛となる」という言葉もあるように、他者との関係なくして「愛すること」はありえない。愛することは、あらゆる人生論の大きなテーマである相互扶助や黄金律に基づいている。

学ぶことは、自分を成長させ、視野を広げていくことである。他者の書いた本を読み、他者が行うセミナーに参加し、他者が教える授業に出ることによって、私たちは多くのことを学ぶ。グループで活動し、あるいはディスカッションし、多くの気づきを得る。他者のアイデアにヒントを得て、自分のアイデアが発展していくことも数知れない。

貢献することも、本質的に相互依存である。社会に貢献するというのは、他者の生活のためになるということだ。私たちが生きる社会は、先人たちから受け継いだ遺産のうえに築かれている。そして私たちが今の社会で下す決断や選択は、次に続く世代に残す遺産となる。

実際に、人は他者と一緒に生きている。そして、「誰も一人では生きていけない」ということの意味を本当に理解できれば、誰しもおのずと謙虚になる。社会を機能させるために必要な才能やアイデア、実行力のすべてを一人の個人が持つなどありえない。充実した人生を送るためには、お互いに協力し、お互いに学び、お互いの成長を助け合うことが不可欠なのである。

自立のパラダイム

相互依存が充実した人生の土台であることは明らかなのに、成功は個人の達成とみなされがちだ。時間管理をテーマにした本も、基本的にはこの「自立」のパラダイムで書かれている。表現に多少の差はあっても、ほとんどの本は「時間は命」だとして、時間がいかに重要か説いている。しかしそこで紹介されているのは、まるで「モノ」を管理するかのようなスキルやテクニックである。他者は自分の生産性を上げるために利用する資源、あるいはスケジュールどおりに進めるのを邪魔するものとみなされているのだ。

もちろん、自立が必要とされる場面はある。たとえば刺激と反応の間のスペースがそうだ。原則中心の生き方を妨げるような社会的価値観、自分が持っている脚本を乗り越え、適切な行動を選択できる人格の強さを持つことが「自立」なのである。そして、「自立」が必要とされる理由もある。自立そのものが最終到達点ではないからだ。「自立」の次には「相互依存」のレベルがある。そこに到達するには「自立」ができていなければならない。個人の信頼性があってはじめて、他者から信頼されるのである。

「自立」には役割もある。「モノ」を扱うとき、私たちは「自立」していなければならないのだ。従来の時間管理のハウツー本は、そこに大きな価値を置いていて、「モノ」を管理する効果的なテクニックやアイデアにあふれている。

しかし、人はモノではない。私たちが普段接する他者は血の通った人間であり、自らの人生を生きている。その人もまた、人間だけに授けられた四つの能力《ちから》を持ち、刺激と反応の間のスペースで驚くべき力を発揮できるのである。そして私たちの時間の大部分は、この相互依存の現実の中で、他者との関係に使われている。

個人の誠実さを別にすれば、私たちが抱えている最大の問題は相互依存の領域にある。そしてこの相互依存の領域においてこそ、時間管理と人生の質を巡る問題の多くを解決できるのである。

自立のパラダイムの代償

時間を直線的なクロノス時間（量的時間）でとらえ、自分だけの成功を求めるパラダイムでニーズを満たし、能力を発揮しようとすると、人生は「バイキング料理のレストラン」さながらの様相を呈する。限られた時間の中で、できるかぎり多くの料理を食べ、最大限の満足を得ようと躍起になるのだ。テーブルに着くや列へと走り、できるだけいろいろな料理を皿にとる。経験と感動をむさぼり食うだけの大食漢と化すのである。このような自立のパラダイムを持っていると、人間の四つのニーズは次のように満たされることになる。

「生きること」のニーズ

健康的なライフスタイルを維持することに過剰な時間と労力をかける。逆に食べたいものを食べ、やりたいことをやり、朝から晩まで働き、そのツケが回ってきたら医者頼み。経済的安定が至上命題となり、そのためには手段を選ばない。

「愛すること」のニーズ

目先の利益しか考えない人づき合いのせいで、壊れた人間関係の残骸がたまっていく。結婚のメリットを求めるが、豊かな相互依存の人生を歩もうという決意はなく、結婚生活を豊かにするために必要な相手への思いやりも献身的な行動もなければ、自分の人格を磨くこともしない。子どもを育てて社会に送り出すが、子どもたちを躾《しつ》け、教育し、愛情を注ぎ、話を聴く時間をつくろうとはしない。ごく身近な気の合う人とだけつき合い、それ以外の人々に関心を持とうとはせず、広い意味で他者を愛することはない。

「学ぶこと」のニーズ

他者と深い会話をし、有意義な交流を図る時間をとらない。学習は表面的で終わってしまう。さまざまな状況で自分の行動に影響を与える原則を理解しようとせず、スキルやテクニックだけで満足する。

「貢献すること」のニーズ

この慈善団体に数ドル、あの慈善団体に数ドル寄付して一時的に満足するが、長続きしない、いわば応急処置的な貢献にすぎない。本心からの貢献ではなく、人生における貢献について深い目的意識があるわけではない。

多くの社会学者や評論家が指摘しているように、このような表面的な自立のパラダイムこそが、現代社会の大きな歪みの元凶である。「金の卵を生むガチョウ」の寓話で例えれば、「金の卵」をもっと得ようとして、結局は金の卵を産むガチョウを殺してしまっているのである。消費することばかり考えて生産能力をおろそかにしている例は、国家財政、健康問題、世界経済、長期的な発展には見向きもしない投資家など、枚挙にいとまがない。

現代のストレス研究の始祖であるハンス・セリエ博士は、個人の達成や成功だけを追い求める生き方をがん細胞の増殖に例え、次のように述べている。「がん細胞の最大の特徴は、自分のことしか考えないことである。したがって宿主が死ぬまで増殖し続ける。それは生物学的にいえば自殺行為である。がん細胞は自分を殺すために、宿主の体内で増殖を続けるという無謀な行為をしているのだ[2]」

今の社会では、多少の差こそあれ、誰もが間違った壁にかかったはしごを上っている。自立という幻想に惑わされて生きている。自立のパラダイムでは、私たちが望む人生は得られない。

自立のパラダイムがもたらす結末を変えるためには、パラダイムそのものを変えなくてはならないのである。

相互依存のパラダイム

「真北の原則」が教えてくれるように、私たち人間は、高度な相関関係をなす広大な生態系の一部である。だから私たちが充実した人生を生きられるかどうかは、相互依存次第なのである。次のページの図にあるように、相互依存の現実は、三六〇度、完全に統合されている。

中心は個人の次元である。私たちは一人ひとり個人であり、誰もが人間だけに授けられた四つの能力《ちから》を持っている。人間の基本的なニーズを満たそうとするとき、四つの能力《ちから》をどのように使うかには、個々人の人格や資質が関わってくる。そして私たちは個人として、ほかの個人と関わりを持つ。これが人間関係の次元である。さらに私たちは、この人間関係の中で協力して仕事を遂行する。これがマネジメントの次元である。そして集団の目的のためにシステムを整え、仕事を調整する。これが組織の次元である。これらの次元はすべて、私たちが生きる社会という大枠でくくられていると同時に、社会そのものに影響を与えている。

この相互依存の現実について、詳しく見ていこう。

一・組織的行動の根本は個人の行動である

家庭、組織、社会で目にするさまざまな問題は、刺激と反応の間のスペースで個人が行う選択の結果である。緊急度に反応して行動したり、自分の狭い先入観から行動したりしていたら、家庭生活、職業生活、社会の一員としての生活に影響が及ぶ。

結婚生活を例にしてみよう。たとえ結婚当初はうまくいっていても、お互いに結婚生活という相互依存の関係を深く見つめずにいたら、夫婦としての人格も能力も磨かれず、子どもの躾《しつけ》や家計、親戚づき合いなど、さまざまな問題が生じたとき、二人で力を合わせて前向きに解決することはできない。それぞれが結婚前の自分の脚本

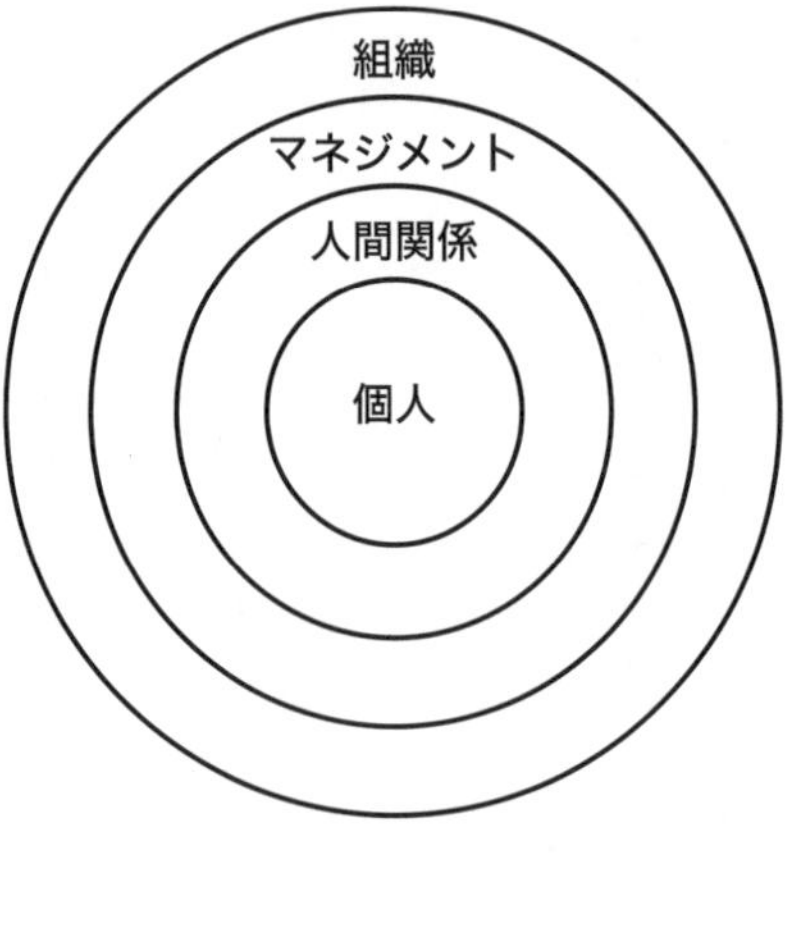

に逆戻りし、自分の考えを押し通そうとするだろう。二人が原則中心の生き方をしていなければ、お互いの意見の違いは対立を強めるだけで、しまいには夫婦の関係にヒビが入り、心が離れていく。

しかし夫婦が原則中心の生き方をしていれば、意見の違いを尊重し、お互いの価値観、真北の原則を理解する努力をするだろう。問題にぶつかったら、二人で力を合わせてシナジーを創り出し、「第3の案」を見いだすだろう。相手に何か短所を見つけても、それは相手の力になれる機会ととらえる。「二人のどっちが正しいのか」よりも「何が正しいのか」を考える。家族を社会の基本単位ととらえ、社会に対する自分たちの最大の貢献は、素晴らしい家庭を築き、子どもたちを責任感のある社会人に育てることだと考えている。こうして子どもたちもやがて、お互いに助け合う家庭を築き、社会に貢献して生きていく。

同じことが組織にも言える。総合的品質管理や従業員へのエンパワーメントといったプロジェクトが組織にうまく根づかない理由の一つは、これらのプロジェクトを実行する人たちが、その価値を自分の内面で深く考えず、納得しないまま行っているからである。多くの人は、子どものころに「条件つきの愛情」で育てられ、学業成績の偏差値やスポーツの勝ち負けなど、他者と競争する脚本が植えつけられている。職場での業績順位もその延長線上にある。自分としては真剣に努力しているのかもしれないが、深く根づいたパラダイムから外れる行動は長続きしない。

総合的品質管理を提唱したことで知られるW・エドワード・デミングは、「組織の問題のほとんどは人ではなくシステムにある」と語っていた[3]。しかし、システムをつくるのは人である。組織の人間が、真北の原則を知らないまま、競争や欠乏マインド、個人優先、時間短縮というようなパラダイムの脚本に沿って生きていたら、その組織が生み出す結果は、個々人のそうしたパラダイムが反映されたものになる。総合的品質管理やエンパワーメントは一時の流行に終わり、品質改善が組織に根づくことはない。その揚げ句、社員は「努力しても無駄だ」としらけるだけである。

総合的品質管理の出発点は、個人の品質管理なのである。組織のエンパワーメントの出発点は、個人のエンパワーメントなのである。だからこそ個人の内面と誠実さが重要なのであり、それが相互依存の土台をなす。

スティーブン

先日、あるセミナーで一人の男性が話かけてきました。「コヴィー先生、私どもの評議会に原則中心のリーダーシップを取り入れたいのですが、どうしたらいいでしょうか？」

「あなたは奥さんにどう接していますか？」と私は質問しました。

「それが何か関係があるのですか？」

「組織が打ち出す施策は個人の行動規範が拡大したものだからですよ」

彼は顔を真っ赤にして、何も言わずその場を去りました。彼の機嫌を損ねてしまったのかと思い、後で謝りに行きました。「怒らせてしまったのでしたら、申し訳ございません。悪気はなかったのです。私はインサイド・アウトの考え方を信じているものですから」

すると彼はこう言いました。「いや、怒ったのではありません。先生のおっしゃるとおりだと思ったもので。私はこれまで、自分が不公平な目に遭うと他人のせいにしてきました。そしてその苛立ちを周りの大切な人たちにぶつけていました。先生の話は痛いところを突いていました。でも指摘していただいてよかった」

結局のところ、「組織的行動」というようなものはない。すべての行動は組織における一人ひとりの行動なのである。

二．人生は分割できない統合体

先に紹介したように、ガンジーは「人生のある部分で悪い行いをしているのに、別の部分で良い行いをしようとしても無理である。人生は分割できない一個の全体なのだから」と語っている。その実例というような話を同僚が聞かせてくれた。

私は以前、大手航空会社に勤めていました。重要なマーケティングチームの一員として、数十億ドルの防衛プログラムと関連製品の販売を支援するプレゼン資料を作成する仕事に携わっていました。

あるとき、チームに新しいメンバーが入りました。その人の初出勤の日には経営幹部が自ら出迎えたので、相当な報酬で雇われた大物であることがわかりました。実際、非常に聡明《そうめい》な人で、この業界で一〇年も経験を積んでいました。

彼は、会社が力を入れていた新しい事業提案のチームリーダーに任命されました。私は彼の補佐役を任され、彼の隣の席に移動しました。

プロジェクトが進むにつれ、私は彼の性格がわかってきました。始終そばで仕事をしていたので、電話での会話がいつも聞こえていました。どうやら、彼のプライベートはとても乱れているようでした。私がそれに気づいていることを察して、彼は電話があるたび、「これはプライベートのことだから、仕事には影響しないよ」と私に言い訳をしていました。

プロジェクトの仕事がいよいよ佳境に入ると、勤務時間もプレッシャーも倍増しました。職場がピリピリしている中で、このチームリーダーのプライベートが仕事に悪影響を及ぼし始めました。彼はほとんど眠らずに出勤し、まともに仕事ができないありさまでした。短気になり、訳のわからないことを口走り、何かにつけてメンバーに喧嘩《けんか》をふっかけ、まるで情緒が安定していないのです。チームの全員が影響を受けていました。仕事の知識は豊富でしたが、リーダーである彼自身がプロジェクトの妨げになっていました。鳴り物入りで入社したわずか半年後に彼は解雇されました。

他人はだませると思うかもしれない。自分自身すらだませると思うかもしれない。しかし、どれか一つの役割で不誠実な態度でいたら、ほかのすべての役割に影響が及ぶのである。

三．信頼性が信頼を生む

信頼は、いわば人生の接着剤であり、効果的なコミュニケーションに必須の要素である。夫婦、家族、組織、あらゆる人間関係を維持するための基本原則である。そして信頼される人間になるには、信頼性という土台がなくてはならない。

スティーブン

私がある人のことを悪く言っているのを見ていた息子が、すぐに私のところにやってきて「お父さん、僕のこと好き？」と聞きました。息子はとても敏感で、傷つきやすい子です。私の中に人を愛さない一面を感じとり、自分も父親から愛されていないのかもしれないと不安になったのでしょう。息子は私の信頼性に疑問を持ったのです。自分に対する父親の愛情を信じてもいいのか、確かめたかったのでしょう。

ハワイの大学で一年間の客員教授として招へいされたとき、これとまったく逆の経験をしました。ハワイに着いてみると、用意されていた住宅が期待とはまるで違っていました。そこで私は、教職員の住宅担当部長について学長に文句を言いました。私はかなり腹を立てていたので、契約内容とまったく違っていることを激しい口調で指摘しました。

学長は私の言うことを真剣に聴いてから、こう言いました。「それは大変失礼なことをしました。しかしこの住宅担当部長はとても有能で、信頼できる人物です。彼をここに呼んで一緒に話し合いましょう」

意外な展開でした。学長からこのような反応が返ってくるとは思っていませんでした。私としては、学長に文句を言って、学長に対処してもらえばよかったのです。正直に言えば、住宅担当部長とは会いたくはありませんでした。住宅担当部長が学長室にやってくるまでの数分間のことは今でも覚えています。（どんな顔をして会えばいいのだろう。こういう事態になったのは彼だけの責任じゃない。私にも責任の一端がある。こちらの希望をきちんと伝えていなかったのだから……）という思いが頭の中を駆け巡っていました。住宅担当部長がやってくるまでに、私の怒りは収まり、むしろ自分が恥ずかしくなっていました。自分の傲慢《ごうまん》さに穴があったら入りたい気分でした。

住宅担当部長が学長室に入ってくるなり、私から彼に話しかけました。「はじめまして、コヴィーです。お目にかかれて光栄です」

私は自分の二面性に気づかされ、苦々しい思いでした。それに対して学長の態度はなんと素晴らしかったことでしょう。部下のミスを訴えられたとき、彼は私と一緒になって非難するのではなく、部下をかばい、本人を交えて解決することを提案したのです。

学長は、その場にいない人に忠実であること、という原則どおりの行動をしたのです。誰かが彼に私の仕事ぶりについて不満を言ったとしても、きっと私をかばってくれるでしょう。

誰かが学長を揶揄《やゆ》するようなことを言っても、私は取り合いませんでした。学長がどのような人物がよくわかっていたからです。

信頼は、取り繕って得られるものではない。個人の信頼性の問題であり、それは人格の土台をなすものだからだ。

信頼性という土台がなければ、他者から信頼されるわけがない。たとえその場では信頼されたとしても、長続きせず、いずれ化けの皮が剥がれてしまう。会話をしていても、自分をよく見せたい、立場を守りたいという意図が透けて見えるのだ。しかしあなたが信頼性という人格の土台を築いていれば、人に対して感情的にならず柔軟に対応できるようになる。たまに取り乱すことがあっても、それで関係が壊れることはない。周りの人はあなたの本心を知っていて、あなたが信頼できる人間であることをわかっているからである。

相互依存は「重要度」の定義を変える

「自立」のパラダイムから「相互依存」のパラダイムにシフトすると、ものの見方も変わり、もっとも効果的な時間の使い方を選択するときも、新たな視点から判断できるようになる。当然、そこから得られる結果も変わってくる。時間管理のマトリックスをもう一度見てみよう。

相互依存のパラダイムの眼鏡をかけて現実を眺め、次のことを考えてみてほしい。

- 仕事は効率性だけを考えて進めるのがよいのだろうか？　それとも、今だけでなく今後のためにも、部下にエンパワーメントする時間をとるほうがよいだろうか？　あなたの時間、他者の時間、組織の時間の質の向上につながるのはどちらだろうか？

	緊急	緊急でない
重要	**I** ・危機への対応 ・差し迫った問題 ・締め切りの迫った仕事 ・緊急会議 ・病気や事故	**II** ・準備　・予防 ・自分の価値観を見つめる ・計画を立てる ・人間関係づくり ・本当の意味で心身をリラックスさせること ・エンパワーメント
重要でない	**III** ・飛び込みの用事、多くの電話 ・多くのメールやレポート ・多くの重要ではない会議 ・重要ではない差し迫った仕事や問題 ・無意味なつき合い	**IV** ・取るに足らない仕事 ・見せかけだけの仕事 ・無意味な長電話 ・現実逃避の活動 ・暇潰し ・無意味なメール ・必要以上のテレビ視聴

- 他者を監督し指図したほうがよいだろうか？ それとも、他者の創造的な潜在能力を引き出し、自分で自分を管理できるようにしたほうがよいだろうか？
- 他者と自分の思惑が違っていたために生じた問題は、自分一人でさっさと解決したほうがよいだろうか？ それとも、相手と話し合い、お互いに期待することを明確にする時間をとったほうがよいだろうか？
- コミュニケーション不足が原因で問題が生じたとき、問題の解決に時間をかけたほうがよいだろうか？ それとも、効果的なコミュニケーションがとれるように関係を改善することに時間をかけたほうがよいだろうか？

時間管理の第四世代は、「人」を重視するパラダイムである。「モノ」を効率的、機械的に管理するのではなく、人と人の交流から創り出されるシナジーに重点を置く。**焦点を「人」に合わせるのか、「モノ」に合わせるのか。第三世代と第四世代の決定的な違いはそこにある。**第三世代の時間管理のアプローチはモノの管理にフォーカスする。人をモノに格下げするのだ。毎日のスケジュールを組み、優先順位を決めて時間の使い方に秩序を与え、コントロールし、最後には自分自身も効率化するわけである。

しかし第四世代のパラダイムでは、人が第一、モノはその次である。効果性が第一、効率性はその次、目的が第一、組織化はその次、ビジョンが第一、方法はその次なのである。

左ページの下の表からもわかるように、「人」に焦点を合わせると見え方がまったく異なってくる。人生に対するアプローチもがらりと変わる。

モノの管理に「モノ」のパラダイムが適しているのは言うまでもない。しかし、それを人に当てはめるのは無理があるし、効果的ではない。例えるなら、ゴルフクラブでテニスをするようなものだ。道具が現実に適していないのである。

「人」のパラダイムは、家庭、組織、あらゆる種類の集団の成功に不可欠である。松下幸之助は、西洋の企業の失敗や問題の多くは、パラダイムにあると指摘している。

> 従業員がネジ回しを使って仕事をしている間、上司は何かを考えている。そのような光景を見て、西洋の人たちは、トップがアイデアを出し、それを部下にやらせるのが正しい経営だと納得するでしょう。
>
> 私たち日本人にとって、経営とは、すべての従業員の知的資源を引き出し動員して、会社のために生かすことです。私たちは、技術面、経済面の問題点を調べ尽くしました。その範囲は実に広いのです。いかに優秀であっても、一握りの管理職でそれらの問題に対処し、会社を成功に導くことはまず無理です。

「人」のパラダイム	「モノ」のパラダイム
リーダーシップ	マネジメント
効果性	効率性
自発性／セレンディピティ	組織化
判断	測定
原因	影響／症状
解放／エンパワーメント	コントロール
プログラマー	プログラム
変化	取引
投資	支出
顧客サービス	経営管理の効率性
原則	テクニック
シナジー	妥協
豊かさマインド	欠乏マインド

全従業員の頭脳を結集しなければ、今の厳しい事業環境に立ち向かい、勝ち抜くことはできません。[4]

「相互依存」の視点に立って眺めてみれば、人間関係を築く、共通のビジョンを描く、期待事項を明確にする、といった第Ⅱ領域の活動にかける時間がいかに重要であるか、すぐにわかるだろう。従来の時間管理のアプローチで行うことのほとんどは、「相互依存の根っこに効果的に働きかけている」のではなく、「葉っぱを効率的に刈り込んでいる」だけであることもわかるはずだ。

真の相互依存は変化をもたらす

これまでの時間管理のアプローチでは、相互依存は取引としてとらえられている。日常的に行われているデリゲーション（仕事の委任）は取引的な相互依存であり、ほとんどの場合は人間関係の原則が関わってくる。人間関係が良好であれば、デリゲーションするほうもされるほうも満足できるような方法で効率的に行われる。しかし、人と人の交流のあり方としてはレベルが低い。どちらも変化しないからだ。仕事を行う前と後で、当事者には何の変化もない。真の意味でのシナジーが起きていないから、新しいものは創造されないのである。

第四世代のアプローチはその点が根本的に異なる。取引ではなく変化のアプローチであり、人と人が本当の意味で交流し、相互依存の神髄であるシナジーが起こるのだ。そこに関係していた人々は変化する。シナジーを体験する以前の自分ではなくなるのだ。シナジーのプロセスでダイナミックな力が解き放たれ、自分でもわからないうちに変化していく。新しい何かが生み出されていくのを、誰も止めることはできない。それは誰も予想していなかったものだ。お互いをコントロールしようとせず、解き放つように交流する。このような変容的な相互依存はまったく新しい世界であり、これこそが第四世代の時間管理の本質なのである。お互いが変化する相互依存の人間関係では、コントロール、効率性、個人優先を特徴とする第三世代のアプローチは舞台の後ろに下がっていき、それに代わって、普遍的な原則をバランスよく生かしてシナジーを創り出す第四世代が前面に出てくる。

シナジーという概念は刺激的で高揚感を与えるが、同時に怖さもある。コミュニケーションのプロセスからシナジーが生まれるとき、どのような結末になるのか予測がつかないからだ。自立のパラダイム、コントロール、効率性の第三世代の考え方で訓練され、その脚本が深く根づいている人は、相互依存のシナジーに疑いを持ち、尻込みするかもしれないし、ことによれば傷つくかもしれない。

スティーブン

サバイバル訓練を初めて体験したときのことは今でもよく覚えています。私はアシスタント・インストラクターを務め、サバイバルのスキルではなく対人関係のスキルを教える役目でした。そうはいっても、学生たちが習うスキルは私も体験しなければなりません。切り立った崖のてっぺんから後ろ向きに下りていく訓練にも参加しました。いよいよ私の番が回ってきました。ほかのインストラクターたちがやっているのは見ていましたし、安全装置は全部揃っていることも頭ではよくわかっていました。もし失敗しても、命綱をつけているから心配ないこともわかっていました。それでも不安でたまりませんでした。恐怖が込み上げてきます。学生たちを動揺させたくなかったので、不安を口にするわけにはいきません。その直後、身体を宙に投げ出して、後ろ向きに崖を下り始めた瞬間に湧き上がった感情を私は一生忘れないでしょう。

あの感情は、相互依存のシナジーで体験することに相通じるものがあるのです。シナジーのプロセスに身を置くとき、この先どうなるかわからず、不安でたまらないけれども、そのプロセスと原則を信じて進むしかありません。どんな結果が待っているのかわからない。それはまさに賭けなのです。

何でもコントロールできると思うのは、幻想である。自分は物事をコントロールできていると思っている人は、基本的には自然の法則や原則を十分に理解し、身につけていることもあって、自分が物事を起こしているのだと自負している。しかし実際には、彼らが自然の法則や原則に従っているから、物事が起きるのである。原則に従っていれば、取引的なパートナーシップや相互依存でも、それなりの結果は出せるだろう。

しかし、もっと大きな貢献をしたければ、あるいは変化をもたらす相互依存のシナジーを体験したければ、物事を高みからコントロールできる天国にいてはだめだ。自分自身も傷つくことを覚悟して、安全な天国から踏み出さなくてはならない。もっと高いレベルで原則を信じ、実践しなければならない。その先で何が起こるかわからない。次の角を曲がったところで何が待っているのかわからない。そのとき、人生は本当の意味での冒険となる。相手がどう反応するのかわからないのだから、リスクがある。だから勇気が要る。自分が安心していられる安心領域から出なければならない。過去の経験から脱却しなければならない。今手本としている人や、過去に手本としていた人の影響力からも離れなければならないかもしれない。自分で一歩を踏み出さなくてはならないのだ。崖を後ろ向きで下りていかなければならないとしても、勇気を持って行くしかないのである。

相互依存における四つの能力《ちから》

シナジーとは、部分の総和が全体を上回ることだ。このようなシナジーを起こせるのは、人間だけに授けられた四つの能力《ちから》があるからである。

相互依存で成り立つ現実においては、私たちは自分の刺激と反応の間のスペースだけでなく、他者のそれにも対応している。四つの能力《ちから》を全部働かせて、誠実に対応することが大切である。

- **自覚**が持てれば、「他者の自覚」を理解できる。自分の心の声に耳を傾けることができれば、他者の心にも耳を傾けられる。自分の眼鏡を外して相手の立場に立ち、理解に徹することができる。相手に自分を投影させ、自分の視点から相手を理解しようとはしなくなる。自分の時間や自分の世界にどう影響するかという視点から他者を見ることも、自分が求めるものを達成するための手段として他者を見ることもしなくなる。自己愛の段階を超えて、自分自身も影響を受けることに前向きになる。謙虚になり、他者を尊重できるようになる。他者の弱点は、力を貸してあげられる機会、違いを尊重し、変化を起こす機会ととらえられるようになる。

●自分には**良心**があることを理解できれば、個々人の良心が集まって「集団的良心」をなしていることがわかる。真北を見つけるために協力することができる。自分の持っている脚本に視野を狭められているかもしれない、他者は自分にはない洞察や経験を持っているのだと思って謙虚になることはできる。最優先事項を優先できるようにするための共通のビジョンと価値観を持てることに、深い満足感を得る。

●私たちは自分の**意志**を通して、他者との「相互依存関係の意志」を実現できる。有意義な目的を実現するためのＷｉｎ-Ｗｉｎのアプローチに協力して取り組むことができる。相互依存の努力を支え、後押しする仕組みを考えられる。本当の意味で自立した個人として、家族、仲間、組織、そして社会全体のためになる共通の目的の実現に向かって協力できる。

●私たちは**想像**する力を働かせて、「創造的なシナジー」という驚くべきプロセスを生み出すことができる。他者の内面に潜在している計り知れない創造力を解き放ち、シナジーのプロセスが到達する結果に驚き、影響を受けることに前向きになれる。一人で考えるどんな解決策よりもはるかに創造的で、理にかなない、実効性が高く、より大きな成果である「第3の案」を見いだせる。問題解決のプロセスで他者と深く真剣に交流していると、そのプロセスに一人ひとりが投じる意見が万華鏡をなし、新しい劇的な結果に到達できるのである。

四つの能力《ちから》は相互依存の現実の中でこのような働きをし、豊かな人間関係に帰結する。真に効果的なコミュニケーションがとれ、信頼し合える友となり、正直なフィードバックのやりとりができるようになる。他者に依存し、あるいは他者から依存されることに自分の存在価値を見いだし、あるいはまた依存を拒否するような態度を捨て、効果的な相互依存によってシナジーを創り出し、協力して共通の目標を達成できるようになる。一人ひとりの長所を生かし、お互いの短所を補えるパワフルなチームができる。実に効果的な方法で最優先事項を優先できるようになるのだ。

これはいわば「テコの支点の移動」である。支点が移動することによって、第Ⅰ領域の活動（重要かつ緊急）のうち不要な活動、第Ⅲ領域の活動（重要ではないが緊急）のうち重要ではない活動に無駄遣いしていた時間、労力、創造力が結集され、まったく新しい次元の効果性を生む。次の第一二章では、私たちの四つの能力《ちから》を注ぐべき第Ⅱ領域の活動の中で、特にテコの作用が高く、有意義な変化につながる二つの活動を見ていこう。

第二二章　他者と一緒に最優先事項を優先する

違いはシナジーの源泉である。

誰かがあなたに腕相撲を挑んだとしよう。六〇秒の制限時間にどちらが多く勝つかの勝負だ。立会人がいて、一度勝つごとに勝者に一〇セント与える。お互いにやる気満々だ。

さてここで、相手があなたをすぐに負かしたとしよう。二回戦目、相手は力を緩め、あなたに簡単に勝たせる。三回戦目、あなたはいつもの習慣で負けまいと踏ん張る。勝ちたいからだ。あなたの筋肉は緊張し、眉間《みけん》にしわが寄って必死の形相になる。しかしあなたは、相手を負かそうとして力を振り絞っているときにふと、お互いが一〇セントずつ取っていることに気づく。ここで相手に勝ちを譲り、次に相手はあなたに勝ちを譲り、その次はあなたが相手を勝たせ……という展開になれば、二人とも稼げるじゃないか、と考える。そこであなたと相手は、勝ったり負けたりを繰り返す。それもできるだけ早く繰り返す。どちらも負けまいと踏ん張れば、どちらか一人だけが一〇セント稼いで制限時間がきてしまうだろう。しかし勝ったり負けたりを素早く繰り返せば、制限時間内で二人とも三ドルずつ稼ぐこともできるのだ。

これはＷｉｎ－Ｗｉｎである。ほとんどどんな状況においても、競争するよりも協力したほうがはるかに生産的なのである。腕相撲の例で得られる教訓は、お互いに順番で負ける、ということではない。自分が勝ったら、次は相手が勝つ。本質はそこにある。協力して、一人の力でできることよりもはるかに多くを得ようという発想である。

セミナーなどでこの腕相撲を行うと、参加者はおおむね次のような感想を述べる。

「最初はお互い一歩も譲らないだろうと思っていました。でもギブ・アンド・テイクすれば、二人とも勝者になれることがわかってきました」

「競争には勝たなければならないという価値観は誰でも持っています。私もそうでした。しかし、『ちょっと待てよ、それじゃ共倒れになるぞ』と気づきました」

「みんなが見ている前でやるので、格好いいところを見せたいと思いました。勝たなくては、相手を負かさなくては、と思っていました」

「結局は自分と闘っているのだと気づきました」

ほとんどの人は、どんな状況にもWin-Loseの態度で臨む。自分が「勝つ」ということは、相手は負けるということだ。スポーツ、偏差値、ランキングシステムなど、私たちは「勝ち負け」の中で生きてきて、欠乏マインドの脚本がすっかり身についてしまっている。勝ち負けの眼鏡で人生を見ているのだ。自覚を育てなければ、協力して何ドルも稼げる可能性を見過ごし、数セントを競い合う人生を生きることになる。

たとえば結婚生活では、夫か妻のどちらかが勝たなくてはいけないのだろうか？子どもが自分のアイデンティティを確立しようとする時期に親と対立する場面では、どちらかが勝たなくてはいけないのだろうか？　あるいは職場で報奨として与えられるハワイ旅行を社員同士が競い合って、本当の意味での勝者はいるのだろうか？　時間、人生の質の観点から見れば、Ｗｉｎ-Ｌｏｓｅのマインドで生きていたら、大きな代償を払うことになる。

多くの人は勝負に関して「一方が勝てば他方は負け」と思っている。しかしそれは先入観でしかない。「勝つ」ことは、必ずしも相手を負かすことを意味するわけではない。「勝つ」というのは自分の目的を達成することである。そして、競争するよりも協力したほうが、はるかに多くの目的を達成できる。

相互依存で成り立つ現実社会においては、長い目で見てうまくいくのはＷｉｎ-Ｗｉｎしかない。それが豊かさマインドの本質である。力を合わせれば、全員に行きわたってなお余りあるほど多くのものを生み出せる、と考えるのだ。ある意味では、それはＷｉｎ-Ｗｉｎ-Ｗｉｎとも言える。協力することによってお互いに学び、助け合いながら成長し、お互いにメリットがあり、ひいてはそれが社会全体のためにもなるのである。

Ｗｉｎ-Ｗｉｎのプロセス

『7つの習慣　人格主義の回復』では、Ｗｉｎ-Ｗｉｎに至る原則に基づいた三段階のステップを紹介している[1]。

一．Ｗｉｎ-Ｗｉｎを考える（See-Do-Get《シー・ドゥ・ゲット》サイクル、お互いの利益、協力の原則）
二．まず理解に徹し、そして理解される（尊重、謙虚、誠実の原則）
三．シナジーを創り出す（違いを尊重する、「第３の案」を探す原則）

三段階のプロセスを詳しく見ていこう。どのようなものなのか、どのように応用すればよいのか、私たちの時間、人生の質にどう影響するのかを考えながら読んでほしい。

一．Ｗｉｎ-Ｗｉｎを考える

第Ⅱ領域のパラダイムと同じように、Ｗｉｎ-Ｗｉｎも一つの考え方である。あらゆる知恵文学で取り上げられている概念、いわゆる「黄金律」と呼ばれる相互の利益や互恵の原則に基づいた基本的なパラダイムである。Ｗｉｎ-Ｗｉｎを考える習慣が身につくと、どんな人間関係でもお互いの利益を追求するようになる。相手の立場に立って、さらには社会全体のことも考えるようになる。Ｗｉｎ-Ｗｉｎのマインドは、自分にとって重要なこと、時間の使い方、選択の瞬間の反応、人生そのものに大きな影響を与える。

二．まず理解に徹し、そして理解される

ほとんどの人は、他者とコミュニケーションをとるとき、まず自分を理解してもらおうとする。自分のアイデアや意見を効果的に話すことがコミュニケーションだと考えている。相手の話を聴くとしても、どう答えよ

うか考えながら聴いている。

自分が正しいと確信している場合は、相手の意見など求めていない。相手がこちらの意見に従うことを求めるのだ。自分のイメージどおりに相手を変えようとするのである。「私があなたの意見を聞く前に、私の意見をあなたに聞かせてあげよう」という態度なのである。

しかし原則を知って謙虚になると、このような横柄な態度は消えてなくなる。そして、誰が正しいかではなく、何が正しいかに関心を持つようになる。他者を尊重する。他者の良心も正しい原則の宝庫であり、他者の想像力からもアイデアがあふれ出ることを理解できる。他者が自らの自覚と意志によって得ている洞察や経験は、自分にはないものかもしれないと考えられるようになる。他者のものの見方が自分と違うのであれば、まずはその見方を理解することに徹する。話す前に、聴くのである。自分の自叙伝から離れ、他者の意見を本気で理解するつもりで聴くのである。

二人の人間が同じ大きなレンズを挟んで立っているとしよう。一方の側から見ると凹面で、もう一方の側から見ると凸面である。

どちらの見え方も間違ってはいない。しかし相手にはどう見えているのかを理解するためには、相手の側に行って見るしかない。

ガンジーはこう言った。「皆が相手の立場になって考え、相手の考え方を理解すれば、世の中の不幸や誤解の四分の三は消えるだろう[2]」他者の考えを本当に理解できれば、多くの場合、相手に対する理解が深まり、自分の考えも変わるものである。

宗教哲学者のマルティン・ブーバーはこう言っている。「他者を心から『汝（Thou＝You の尊敬語）』と言える人だけが、自分と他者をあわせて『私たち』と言うことができる[3]」人の話に真剣に耳を傾けるのは、その人を尊重している気持ちの表れである。それは信頼を生む。話を聴けば、相手を理解できるだけでなく、こちらを理解してもらう環境も整うのだ。お互いを理解できたそのときから、テーブルを挟んでお互いを見るのではなく、同じ側に座って一緒に解決策を探すのである。

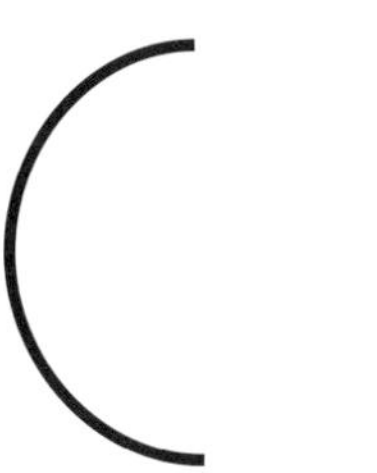

シナジーを創り出す

シナジーは、「Ｗｉｎ-Ｗｉｎを考える」と「まず理解に徹する」ことができてはじめて得られる果実である。一人ひとりが持つ想像力が組み合わさった状態であり、一＋一＝三以上になる魔法である。それは妥協ではない。妥協は一＋一＝一・五になることだ。シナジーは、それぞれが一人で考える解決策よりもはるかに良い「第3の案」を創造するプロセスなのである。

家族、仲間、組織でＷｉｎ-Ｗｉｎのプロセスをどのように行えばよいのか具体的に見ていこう。本書の第二部で行ったように、まずビジョン、役割、目標を考える。ただし今度は、「相互依存」のレベルに進み、共通のビジョン、シナジーを起こす役割と目標を考えてみよう。そこから生まれるエンパワーメントの文化も取り上げる。

共通のビジョンを描くことの重要性

あなたにやってみてほしいことがある。職場の同僚に「この会社の真北（もっとも重要な目的）は何だと思うか？」と問いかけてみてほしい。家族に「わが家の目的をひと言でいうなら、何だろうか？」と問いかけてみてほしい。あなたの夫・妻に「私たち夫婦の目的は何だろう？ 夫婦として一緒にいる理由は何だろう？」と問いかけてみてほしい。朝出勤して最初に会った一〇人に、「ちょっとした調査をしているので、協力してください。質問があります。この会社の目的は何だと思いますか？」と問いかけてみてほしい。自分が所属する部署やチームのメンバーに「このチームの目的は何だろう？」「この会の目的は何だろう？」「この取締役会の目的は何だろう？」と問いかけてみてほしい。

我々著者は、フォーチュン一〇〇企業も含め多くの企業の幹部にこの質問を投げかけた。企業のトップのほとんどは驚き、とまどっていた。組織の目的とビジョンに関して、取締役会のメンバーがそれぞれに違うことを言っていることが信じられなかったのだ。ミッション・ステートメントが社内の各部署の壁に掲げられていても、こういうことはよく起こる。トップがミッション・ステートメントを定め、各部署に流すやり方では、ビジョンが組織の中で共有されることはない。そのようなビジョンに社員が情熱をかき立てられるわけがない。組織の中の奥深くで「イエス！」が赤々と燃えることなど望むべくもない。

その結果、どのような代償を払うことになるのだろうか？

ロジャー

数年前、某大手企業の研究開発部門に「第Ⅱ領域の文化」を開発し根づかせるプロジェクトを依頼されました。私としては、ある程度の分析をしたら、研究開発部長と相談して研修を企画すればよいだろうと考えていました。

私はまず、経営幹部やスタッフのオフィスを見て回りました。あるオフィスから別のオフィスへと案内されていて、不思議な現象に気づきました。どのオフィスに入っても同じ光景が目に入るのです。疲れた顔をした男性社員や女性社員が片手で電話を持って対応し、もう片方の手でコンピューターを操作していました。デスクは文字どおり書類の山。「ちょっと待って、今行くから」という声が飛び交っています。

電話の応対や書類仕事を慌ただしく片づけると、ため息をついて、時計をちらりと見やり、書類を脇におしのけて、どんなに忙しいか私に話すのです。とても一人でやりきれる仕事量ではないんですよ、と。皆がオフィスからオフィスへと駆け回っています。どこもかしこもパニック状態で、誰もかれもアドレナリンが噴出しているようでした。

一通り見て回ってから、研究開発担当重役のオフィスに戻り、こう言いました。「どうやら社員の皆さんは『第Ⅱ領域の文化』を必要としていないようですね。このプロジェクトは進めなくともよいと思います」

「どういうことですか？」と担当重役は聞いてきました。

「皆さん、忙しくしているのが好きなようです。どの社員も自分が一番たくさん仕事をしていると思いたがっています。同僚にもそう思ってもらいたがっています。そうやって安心感を得ようとしているわけです。ここの組織文化は緊急度のパラダイムに染まっていますね。本当の問題は、仕事の優先順位を誰もわかっていないということです」

担当重役はため息をつきました。「おっしゃるとおりです。研究開発部門の役割に関して、副社長たちの間で勢力争いがあるのです。どの副社長も派閥を持っています。はっきり言って、みんなが対立しています。どうしてこんなことになったのか……この状態がいつまで続くかわかりませんが、最近は特にひどくなって」

研究開発部門の社員たちは、安心感を得るために必死だったのです。気も狂わんばかりに忙しく働いて、組織での自分の立場を守ろうとしていました。その根底にあるパラダイムは、「もし業績が悪化して人員整理が始まっても、私は解雇されないはず。なぜならこの職場では私が一番忙しいし、一番頑張っている。みんなもそれを知っている」というものです。

その直後でした。その会社で大規模なリストラがあり、多くの社員が解雇されました。私たちとしては、リストラが行われる前に従来の時間管理の弊害を教えることもできたかもしれません。しかしそれでも第Ⅱ領域の文化を築くことはできなかったでしょう。問題の根本原因は共通のビジョンを持っていなかったことだからです。

先日、大手企業の社員が集まったセミナーでこのエピソードを話した。セミナーの後で何人かがやってきて、次のようなことを言っていた。

「あの話、うちの会社のことでしょう？」

「私の会社のことを話していたのですか？」

もちろん、彼らの会社のことではない。面白いことに、そのセミナーにはその会社の社員は一人も参加していなかった。つまり、どの企業の社員も同じような経験をしているのである。

多くの企業が組織再編を進めている昨今、この問題は悪化の一途をたどっている。人々は目にも留まらぬほど忙しく立ち回り、自分はなくてはならない人材であることを周囲にアピールしている。やっていることが第Ⅲ領域の仕事でしかなくとも、忙しいことが精神的な安定の源泉となり、自分の存在理由を示す最大の手段となっているのだ。

明確なビジョンを共有していないために、どれだけの時間と労力が無駄になっているか考えてみてほしい。数年前、我々著者がコンサルタントを務めた某大手企業が日本でデミング賞を受賞した企業数社を調査し、情報をとりまとめ、第Ⅱ領域に費やされている時間の割合に着目した。このデータからわかるのは、デミング賞を受賞するような群を抜いて生産性の高い企業は、時間の使い方において並の企業とはまったく異なっているということである。次のページの図では、標準的な企業のパターンを細字で、高業績を上げている企業のパターンを太字で示している。

数値に大きな差があり、両極端であることはすぐにわかるだろう。第Ⅱ領域と第Ⅲ領域の違いが特に際立っている。高い業績を上げている企業は、第Ⅱ領域（重要で緊急ではない仕事）にもっとも多くの時間を割いており、第Ⅲ領域（緊急で重要ではない）にはあまり時間を使っていない。このような違いが出る理由は、ほとんど

	緊急	緊急でない
重要	I **20-25%** 25-30%	II **65-80%** 15%
重要でない	III **15%** 50-60%	IV **1% 以下** 2-3%

（太字：高業績企業の数字
細字：標準的企業の数字）

の場合、「何が重要なのか」をどこまで明確にしているかにある。

このデータは何年も前からセミナーで紹介しているが、参加者のほとんどは、標準的な企業の数字は自分の会社にも当てはまると感じ、その理由もだいたい同じである。要するに、規模の大小を問わずほとんどの企業の社員は、時間の五〇～六〇%が会社の目的のためにはなっていないと感じているのだ。

緊急性が組織を動かしている度合いはそっくりそのまま、重要性が組織を動かしていない度合いになる。なにも緊急の仕事に時間をかける必要はないと言いたいのではない。第I領域は日々の現実であり、緊急で重要な仕事にはそれ相応の時間をかけなくてはならない。しかし、重要事項が明確になっていないために、第III領域に無駄に投じられている時間があまりに多いことが問題なのである。

共通のビジョンがかき立てる情熱

組織の全員が共有できるビジョンは、情熱をかき立て、シナジーを創り出す。そこに関わる人々のエネルギー、才能、実行力を解き放ち、結集する。共通のビジョンを描くことで、組織に自然と秩序が生まれる。ビジョンのないままコントロールしようしたら、組織は混沌《こんとん》とし、いずれ機能不全を起こす。

大きな目的を達成するために一丸となって努力した企業やスポーツチームのエピソードは、誰でも聞いたことがあるだろう。それがまさにシナジーであり、部分の総和が全体を上回った結果なのである。

同じことは家庭生活にも言える。

スティーブン

私は「家族のミッション・ステートメント」を作成したいと思っていました。それが家族の絆を強くし、家族一人ひとりの力を引き出し、家族みんなを良い人生へと導いていってくれると考えていたからです。そこで何年か前、家族全員で「ミッション・ステートメント」を作成しました。八ヵ月間、ほぼ毎週日曜日の夕方か夜に全員集まり、三〇分から一時間ほどかけて、次のような質問を投げかけて話し合いました。

「私たち家族は何を目指しているのだろう？」

「わが家にとって、本当に大切なことは何だろう？」

「どんな家庭にしたい？」

「友だちを連れてきたとき、わが家のどんなところが自慢できる？」

話し合いを重ねて、私たち家族は次のようなミッション・ステートメントをつくりました。

「私たち家族のミッションは、信仰、秩序、真理、愛、幸福、安らぎによって人を育む場を創造し、責任ある自立と効果的な相互依存を実現する機会を家族一人ひとりに与え、社会において有意義な目的を果たせるようにすることである」

ミッション・ステートメントの作成には私の母もときどき参加しました。今は、子どもたちも成長して家庭を持っています。私たち家族のミッション・ステートメントは次の世代に受け継がれているのです。家族のミッション・ステートメントはリビングの壁にかけて、いつも見られるようにしています。そのおかげで、ミッション・ステートメントに反する行動をしたら、すぐに気づきます。今でも自分の弱点を思い知らされますが、必ず家族のミッション・ステートメントに立ち戻り、家族が秘めている大きな可能性を再確認できるのです。

共通のビジョンは、家族なり組織なりの憲法になる。何を決めるときでも、それが基準になる。人々を結束させ、目的意識を与える。困難な状況に置かれたとき、大きな支えになるのだ。

ある父親の話を紹介しよう。

しばらく前、父親としての自分の役割を考え、子どもたちに私のどんなことを覚えておいてほしいのか思い巡らしました。そこで夏休みの計画を立てるとき、ビジョンを描く原則を家族でやってみようと決めたのです。まず、バカンスに先だって家族のミッション・ステートメントのようなものをつくり、「チーム・スミス」と命名しました。この家族旅行はチームとして臨もう、というわけです。

チーム・スミスのために、みんながそれぞれに役割を引き受けてくれました。六歳の娘はチアリーダーの役割を選びました。彼女の目標は、バカンスの間は家族同士のいざこざをなくすこと、特に車の中で喧嘩《けんか》にならないように注意することでした。そのために娘はいくつか掛け声の合図を考え出しました。何か問題が起きたら、すぐにその掛け声を発動するのです。「スミス！　スミス！　旅に出る！　みんな仲良く楽しく！」という具合です。そんな気分になれないときでも、娘の掛け声が出たら全員で唱和するというルールにしました。そのおかげで、嫌な雰囲気もすぐに吹き飛んでしまいました。

お揃いのTシャツも用意しました。ガソリンスタンドに寄ったとき、店員は最初、私たちにはほとんど見向きもしていなかったのですが、車から降りた私たちを見て目を丸くし、「何かのチームみたいですね」と言ってくれました。その瞬間に私たちの結束は固くなったと思いました。みんなで顔を見合わせて、気持ちが盛り上がりました。車に戻って走り出し、ウィンドウを下ろし、ラジオのボリュームを上げ、後部座席では子どもたちがアイスクリームを食べていました。「私たちは家族なのだ！」とみんなが感じていました。

バカンスから帰ってきてから三ヵ月後のことです。三歳の息子が白血病と診断されました。私たち家族の試練の日々が始まりました。心を動かされたのは、病院に化学療法を受けに行くとき、息子が必ず「チームのTシャツを着たい」と言ったことです。息子にとってそれは家族の絆を象徴するものだったのでしょう。チーム・スミスのTシャツを着ることで家族の支えを感じ、あの家族旅行の素晴らしい体験を思い出すことができたのです。

六回目の治療を受けた後、息子は深刻な感染症にかかり、二週間集中治療室に入りました。私たちは最悪の事態を覚悟していましたが、息子は持ち直すことができました。その間、息子はずっとチームのTシャツを着ていました。Tシャツには、おう吐物、血液、涙の痕がたくさんついていました。やがて退院の日を迎え、家族全員がチームのTシャツを着てお祝いしました。あの家族旅行のときの一体感、家族のミッションをみんながもう一度味わいたかったのです。

私たち家族にとって最大の試練を乗り切ることができたのは、チーム・スミスのビジョンのおかげです。

共通のビジョンを持つことは、家庭でも組織でも、それを構成する人たちの人生の質に大きな影響を与える。一人ひとりが、より大きな全体の一部として貢献できる。生きること、愛すること、学ぶこと、貢献すること、この四つのニーズを満たし、皆が力を合わせた成果を次の世代に引き継げるのである。

「共通のミッション・ステートメント」を作成する

では、どうすれば一人ひとりの力を引き出す「共通のミッション・ステートメント」を作成できるのだろうか？

Ｗｉｎ‐Ｗｉｎを考える。まず理解に徹する。シナジーを創り出す。

組織、家庭、あるいはどんなグループでも、Ｗｉｎ‐Ｗｉｎのプロセスを使って共通のビジョンを描くことができる。我々著者は世界各地でこのプロセスを多くの人々に指導してきたが、次の四つの条件が満たされれば、真北の原則に沿ってＷｉｎ‐Ｗｉｎのプロセスを進められる。

一．参加する人たちが十分にいる。
二．その人たちに十分な情報が与えられる。
三．お互いの考えを引き出せるように自由に話し合える。
四．お互いが信頼し合える環境にある。

このようなコミュニケーションが図れれば、一人ひとりの良心を引き出し、それがまとまって集団の良心となる。このようにして作成されるミッション・ステートメントが効果的に働くことは、ロシア、シンガポール、イギリス、オーストラリア、南アフリカ、南米、カナダ、米国で確認している。人々が協力して一緒にプロセスを進めると、多くの基本的な原則に気づき、共通認識が形成される。一人ひとりが創造力を発揮し、それがまとまってシナジーが起こり、全員の才能と活力が発揮され変化を生み出すビジョンが描かれる。

組織のミッション・ステートメントが、「すべての利害関係者の経済的繁栄と人生の質を高めるミッション」、いわゆる「普遍的なミッション」と調和していれば、人の力をもっとも引き出せる。このようなミッション・ステートメントであれば、人間の四つのニーズすべてを満たせる。人は肉体的ニーズが満たされればよいというわけではない。精神的ニーズ、知的ニーズ、社会／情緒的ニーズも満たされなければ、充実した人生にはならないのである。「すべてのステークホルダー」とは、ビジョンの達成に向かって力を合わせる人たち全員のことである。企業の場合は、社員だけでなく、顧客、取引先、社員の家族、社会全般、環境、将来の世代も含まれる。家族であれば、一緒に暮らしている家族だけでなく、親戚、過去に家族だった人、将来の家族、一つの家族としての人類も含まれる。

人の力を引き出すミッション・ステートメントは、貢献にフォーカスする。それは、全員の心の奥底に「イエス」を赤々と燃え上がらせる有意義な目的である。プロセスに関わる人たち全員の心と頭から生まれるものであり、オリンポス山（ギリシャ神話で一二の神が住むと言われている山）から聞こえてくるご託宣ではないのだ。

組織のミッション・ステートメントをつくるのであれば、あるいはすでにあるステートメントを見直すなら、人にエンパワーメントして力を引き出すミッション・ステートメントの特徴をまとめた次のリストが役立つだろう。

人にエンパワーメントするミッション・ステートメントの特徴は次のとおりである。

- **全員の心の奥底に「イエス」を赤々と燃え上がらせる有意義な貢献、目的に的を絞っている。**

- **組織のトップが決めるのではなく、内部から生まれている。**
- **時代を超越した普遍の原則に基づいている。**
- **ビジョン、原則に基づく価値観の両方が含まれている。**
- **すべてのステークホルダーのニーズを満たしている。**
- **人間の四つのニーズを満たしている。**

組織のミッション・ステートメントを作成するには、第Ⅱ領域に時間をかけなければならない。しかしミッション・ステートメントができてしまえば、それ以降は相当な時間と労力を節約できる。全員が共通のビジョンを持てるだけでなく、このプロセスによって全員が変化する。プロセスに参加した人たち同士の関係も変化する。人生の質が根本的に変わるのである。

役割と目標のシナジー

全員が共通するビジョンを効果的に描くには、まず役割と目標をシナジーの観点から考えてみる。

プライベートで言えば、あなたが自分の役割を個々のパーツとみなしていたら、役割同士があなたの時間を競って奪い合うことになる。しかし緻密《ちみつ》な相関関係をなす一個の全体を織りなす部分と見れば、個々の役割を組み合わせることによって、充実した生活を送れるようになる。

同じように、組織の個々人の役割に関しても、役割同士が相互依存の関係をなしている。競争と欠乏マインドを捨て、それぞれの役割が全体にどう貢献するのかを考えれば、Ｗｉｎ-Ｗｉｎのプロセスで豊かさマインドとシナジーを創り出すことができる。その鍵は、スチュワードシップの実行協定をつくることにある。

協力して何かを成し遂げようとするときには、遅かれ早かれ、次の五つのことを明確にしなければならない。

- **望む成果**――何をしようとしているのか？　どのような成果を望むのか（量的目標、質的目標）？　いつまでに達成するのか？
- **ガイドライン**――望む成果を達成しようとするときに守るべき基準は何か（価値観、方針、正当性、倫理、限度、自発的な行動のレベル）？
- **リソース**――望む成果を達成するために使えるものは何か？　使える予算、システム、人的サポートは何か？
- **アカウンタビリティ（報告義務）**――成果をどのように測定するのか？　望む成果が達成されたことは、どのような基準で示されるのか？　それらの基準は、測定可能、観察可能、識別可能か？　あるいはこの三つを組み合わせた基準か？　測定した結果を誰に、いつ報告するのか？
- **評価の結果**――望む成果を達成したらどうなるのか？　達成できなかったらどうなるのか？

時間管理の視点から言えば、この五つが明確になっていないと、人と人が協力して問題を解決したり、修復したりしようとするとき、相当な時間がかかることになる。

望む成果が明確になっていないと、どうなるだろう？

「これをするものだとばかり思っていました」

「そうじゃない。君にやってほしかったのは別のことだ」

「そうですか。誤解していました。てっきりこれが最優先事項かと……」

「違うよ。最優先事項はこっちだ」

では「ガイドライン」が明確になっていないと、どうなるだろう？

「私に主導権があるのだと思っていました」

「あなたに主導権を渡したつもりはありませんよ」

「会社のポリシーがあるとは知りませんでした」

「ありますよ」

同じように、どんなリソースを使えるのか知らされていなければ、効果的に仕事を進めることはできない。

アカウンタビリティが明確になっていなければ、自分は自分なりの基準で評価し、上司は上司なりの基準で評価する。

評価の結果どうなるのか明確になっていなければ、その仕事の結果が勤務評定にどう影響するのか、報酬にどう関係するのかわからない。

セミナーの参加者に「この五つの情報が不明確なせいで、組織の中で無駄になっている時間は全体のどのくらいだと思うか?」と尋ねると、たいていは六〇%以上という答えが返ってくる。時間管理を巡る問題点に関して言えば、効果性を高める鍵はここにある。第Ⅲ領域の活動でどれほどの時間と労力が組織中で分散され、無駄になっていることだろう。ネガティブなやり方を改めれば、その時間と労力は最優先事項に使えるのである。

　第六章で話したように、どの役割もスチュワードシップ、自分に任された責任である。効果的な相互依存のためには、我々著者が「Win-Winのスチュワードシップ実行協定」と名づけた仕組みが必要になる。この実行協定は、個人とその可能性を結びつけるものである。個人のミッションと組織のミッションが結びついて、そこから燃え上がる情熱の火が組織全体に広がっていく。

Win-Winのスチュワードシップ実行協定を作成する

　スチュワードシップ実行協定は、従来のデリゲーション（仕事の委任）からの決別を意味する。スチュワードシップ実行協定は、シナジーが起こるようなパートナーシップによって、最優先事項を確実に実行できるようにするものである。「〇〇をいつまでにしろ」と命じるだけの「使い走りのデリゲーション」から、果たすべき責任であるスチュワードシップを与える「全面的なデリゲーション」にシフトするのだ。このようなパートナーシップを組めば、人は「使い走りをさせられた」とは思わず、「自分の責任を果たした」と実感できる。やる気が湧いてくる。任せるほうと任されるほうが重要事項を共有し、協力して成し遂げるのである。

　では、実行協定はどのようにして作成すればよいのだろうか?

Ｗｉｎ－Ｗｉｎを考える。まず理解に徹する。シナジーを創り出す。

上司、部下、同僚、あるいはわが子とＷｉｎ－Ｗｉｎのスチュワードシップ実行協定を作成すると仮定して、五つの要素それぞれについて明確にしてみよう。

一・「望む成果」を明確にする

望む成果は、スチュワードシップ実行協定の「共通のビジョン」になる。「何が重要か」を示す部分であり、あらゆる相互依存の関係で最優先事項を優先するための主要因となる。お互いの豊かさマインドが試され、「第3の案」とシナジーを追求するプロセスである。

次のような組織のミッション・ステートメントを作成するときの要素がここでも役立つだろう。

- **貢献にフォーカスする。**
- **四つのニーズすべてを満たす。**
- **すべてのステークホルダーのＷｉｎは何かを理解する。**

ＰＣ（成果を生み出す能力）を育てるためにどうするかを具体的にしておくことも重要である。さらに、望む成果は結果であって、やり方ではないことも明確にしておかなければならない。やり方を指定し監督すると、デリゲーションするほうが結果に責任を持つことになる。

家族、グループ、組織を結束させるためには、望む成果を必ず明確にしなければならない。望む成果がはっきりしていれば、デリゲーションの目的と戦略をミッション全体と整合させ、組織内のほかのチームや人々とも足並みを揃えられる。個人のミッションと組織のミッションが結びついて、両方のミッションが果たされることになる。

二．ガイドラインを設定する

実行に影響する組織のポリシーや手順だけでなく、次のようなガイドラインも明確にしなければならない。

- **そのデリゲーションに当てはまる「真北の原則」**
- **組織のポリシーの基盤となっている原則**（営業活動の規則など。真北の原則である必要はない）
- **注意事項、過去の失敗例**（してはならないこと）
- **自発的な行動のレベル**

ガイドラインを明確にしておけば、大半の問題は回避できる。たとえば自発的な行動のレベルを例にして考えてみよう。あるレストランでは顧客から料理に苦情があった場合、ウェイターはその料理を無料にする権限を与えられていた。しかしほかのレストランでこれと同じことをしたら、解雇されるかもしれない。自発的な行動のレベルを合意しておけば、このような問題が起こることはない。

ウィリアム・オンケンの著書によれば、自発性には次の六つのレベルがある。[4]

(1) 指示を待つ
(2) 指示を求める
(3) 提言する
(4) 実行し、すぐに報告する
(5) 実行し、定期的に報告する
(6) すべて自分の判断で行動する

デリゲーションの内容によって自発的な行動のレベルは異なる。秘書の場合、手紙を処理する仕事やスタッフへの対応であればレベル三だが、訪問客や電話への対応はレベル五になるかもしれない。

自発的な行動のレベルは、デリゲーションする相手の能力、お互いの信頼関係が増すにつれ、変化していく。たとえば三歳の子どもは「オモチャを片づけなさい」と指示されなければ片づけないが、成長に応じてレベル五になることが望ましい。

大切なのは、本人の能力に自発的な行動のレベルを一致させることである。

三．使えるリソースを明確にする

協定を実行するときに使える資金、人員、技術、組織的リソース（トレーニングや情報システム）を明確にしておく。それらのリソースの入手方法、同じリソースを使用している人たちとの調整、使用の制限についても明確にしなければならない。

一般的なデリゲーションでは、リーダーシップ、マネジメントまたは監督の役割を担う者はリソースとみなされないことが多いが、これを重要なリソースとすることがＷｉｎ‐Ｗｉｎのスチュワードシップ実行協定の特徴である。スチュワードシップ実行協定では、その本質から言って、デリゲーションする者はリーダーであると同時に、デリゲーションされる者のサーバント（下僕）でもあるのだ[5]。この考え方については第一三章で詳しく取り上げる。

四．アカウンタビリティを明確にする

進捗《しんちょく》具合をどのように報告するのかを決めておくことで、実行協定に対してお互いに誠実に行動できるようになる。報告する内容、結果の評価方法を具体的に定める。

アカウンタビリティには、望む成果のそれぞれについて、Ｐ（望む成果）基準とＰＣ（成果を生み出す能力）基準を含める。測定可能、観察可能または識別可能な基準を設定する。望む成果（ＰとＰＣの両方）を明確にし、アカウンタビリティのプロセスで成果を評価する基準を定めることが、Ｗｉｎ‐Ｗｉｎのスチュワードシップ実行協定の作成でもっとも難しい部分と言って間違いない。

アカウンタビリティのプロセスでは、デリゲーションされた本人が実行協定に明確に示されている「望む成果」に照らして自己評価する。この自己評価では、利害関係者から直接フィードバックしてもらう三六〇度フィードバックが役立つ。フィードバックについては、第一三章でも詳しく取り上げる。

五．評価の結果

行動の結果には二種類ある。「自然の結果」と「論理的な結果」である。「自然の結果」とは、望む成果を達成できた場合、または達成できなかった場合に自然の成り行きとして起こることである。マーケットシェアを失うのか？　最終利益に影響するのか？　ほかの人たちが影響を受けるのか？　任せられた家の手伝いをしないでいたらどうなるのか？　すればどうなるのか？　ネガティブな結果とポジティブな結果の両方を明確にしておくことが大切である。

「論理的な結果」とは、望む成果の評価次第によって起こる結果であり、報酬、昇進の機会、研修や能力開発の追加、スチュワードシップの拡大または縮小、懲戒などである。

「自然の結果」も「論理的な結果」も明確にしておかなければならない。親は子どもに対して、自然の結果よりも論理的な結果を優先しなければならない場合がある。たとえば子どもが車道に飛び出そうとしたら、親はそれを実際に経験させて「自然の結果」を学ばせるのではなく、そのようなことをするとどうなるのか話してきかせ、「論理的な結果」を教えなければならない。

Ｗｉｎ-Ｗｉｎのスチュワードシップ実行協定は、第Ⅱ領域の予防的な活動にすることもできるし、第Ⅰ領域の危機対応として行わなければならない場合もある。いずれにしても私たちの選択が時間の使い方に大きな影響を与え、それによって時間の質も変化する。

ある女性がこのような話をしてくれた。

> 私はＷｉｎ-Ｗｉｎの考え方が好きです。私は結婚に失敗したと思っていました。自分が夫から何を期待されているのかわからないまま、やみくもに夫の期待に応えようとしていたからです。しかしＷｉｎ-Ｗｉｎの考え方を知ってから、「あなたはそれを期待していて、私が期待していることはこれ。お互いのプラスになる方法を考えましょう」と言えるようになりました。素晴らしいことですよね。

フラストレーションがたまる最大の原因は、物事が自分の期待どおりにいかないことである。相互依存の関係では、お互いの期待を前もって明確にすることが人生の質を大きく高めるのである。

協定に合意できなかったら？

スチュワードシップ実行協定を作成し始めると、お互いのものの見方の違いに気づくことが多い。それは素晴らしいことだ。違いがあってこそ、シナジーは起こる。シナジーのプロセスでは、まずは問題点を全部洗い出し、原因を明確にする。そこから創造的な「第3の案」を模索していく。問題を恐る恐る避け、未解決の問題や心の中でくすぶっている不満が引き起こすネガティブな結果に不安を抱えて生きるのではなく、問題を直視し、人間の四つの能力《ちから》を働かせてシナジーを創り出し、お互いの違いを解決することがよっぽど生産的である。

Win-Winを考える

本心から相手に勝ってほしいと思い、自分も勝ちたいと思う。だから、お互いが満足できる解決策に到達できるまで話し合う。

まず理解に徹する

次のようなステップをたどると、相互理解に達することができる。

●相手の視点から見た問題は何か？

相手の話は、どう返答しようか考えながらではなく、理解するつもりで真剣に聴く。自分の眼鏡を外す。相手の考えをよく理解し、自分の言葉で具体的に言い換えられるまで聴く。それから相手に、こちらの考えを同じように聴いてもらう。

●問題の原因は何か？

お互いの考えを出し合い、お互いに相手に理解してもらえたと思ったら、一緒に問題を見つめ、解決すべき原因を明確にする。

- **どのような結果であれば、お互いが完全に合意できる解決策となるのか？**

相手のＷｉｎを見つける。自分のＷｉｎも見つける。それぞれのＷｉｎの基準を出す。それがシナジーの土台となる。

シナジーを創り出す

創造的な「第3の案」を発見する扉を開こう。ブレーンストーミングをする。冒険野郎マクガイバーになったつもりで考える。先入観を捨てる。驚くことを怖がらない。設定した基準を満たす選択肢のリストをつくる。

このプロセスが実際にどのように進むのか、二つの例で見てみよう。

例一

あなたがメーカーの営業担当だと仮定しよう。市場の競争が激しく、あなたの担当エリアではいくつもの競合他社がしのぎを削っている。あなたの得意先のほとんどは、ジャスト・イン・タイムの納品で営業しており、約束した納品日を守れるかどうかが取引継続の絶対条件である。

しかし最近、あなたの会社の工場は納期ぎりぎりの出荷が目立っている。そのせいで一部の重要な得意先への納品が遅れることが何度かあった。信頼を失うようなことが続いたら、得意先は仕入先を変えることは間違いない。そんなことになったら大変だ。そこであなたは工場長に事情を聴くことにした。

工場に行ってみると、工場長は第I領域にどっぷり浸かっていた。あなたをはじめとしてマーケティング部の社員たちからの要求がきつく、期日どおりの納品はとても無理だと思っているようだ。「納期に間に合えば御の字ですよ」と言っている。

さて、あなたならどうするだろう？

Win-Winを考える

あなたは勝ちたい。工場長にも勝たせたい。得意先にも勝ってほしい。「あれか、これか」ではなく「あれも、これも」と考えよう。あなたは全員のニーズを満たす「第3の案」を探す。今現れている症状ではなく、慢性的な問題を解決する方法を探す。

まず理解に徹する

(1)相手の視点から見た問題は何か？

工場長の話を聞いてみると、この半年で需要は三〇％増加したのに対して、生産能力を増やすための予算は下りていない。現在のシフトを超過勤務で回していて、機械のメンテナンスはおろそかになっている。その結果、人件費が増し、故障による機械の停止もたびたびで、工場長は本社との関係でストレスがたまっている。彼は四方八方からプレッシャーを受けていると感じていて、あなたが要求する納期にはとても応じられないと言う。しかし、工場長は真摯《しんし》に仕事に取り組んでいる様子もうかがえた。わざと生産を停滞させているのではないし、納期に合わせたいという思いはあなたに勝るとも劣らない。彼はただ、壁にぶつかって先が見えないと感じているだけなのである。工場長の立場をよく理解してから、あなたは得意先の状況を説明し、このままだと取引を打ち切られる恐れがあるから心配だと話した。お互いの立場で考えていることが全部出たところで、あなたは工場長と協力して、問題点を特定し、解決先を見いだそうとする。

(2) 問題の原因は何か？

お互いにオープンに話すと、今起きている問題は、もっと大きな一連の問題が積み重なった結果であることがわかった。次のような原因が考えられる。

- 生産能力
- 資金
- 本社との関係
- 得意先との関係

(3) お互いが完全に合意できる解決策は何か？

あなたは短期的な解決策と長期的な解決策を考える。工場長があなたのためにほかの注文を後回しにするわけがないことは、あなたにもわかっている。そんなことをしたら問題が大きくなるだけである。あなたとしては、コストも最小限に抑えたいし、機械の停止も減らしたい。残業は現実的に考えればＷｉｎではない。何があろうとも製品の信頼性と一貫性は守らなくてはならない。そして長期的な改善のための土台も築く必要がある。

シナジーを創り出す

「第3の案」を模索していて、あなたと工場長はいくつか現実的な可能性を考えた。

- 見込まれる製品需要の情報を得意先から集め、工場のリードタイムに余裕を持たせられるようにする。
- あなたの得意先のうち何社かは、期日に注文の一部だけ納品し、数日後に残りを納品すれば、別に問題はないかもしれない。
- マーケティング部と協力し、ほかの営業に状況を理解させる。営業は受注したいがために取引先に過剰な約束をし、それが工場の負担になっている可能性がある。
- 工場長がマーケティング部に行って状況を説明する。
- マーケティング部の代表者と工場長が一緒に傾向を分析し、結果を取りまとめ、工場の生産能力を上げることについて本社に提案する。
- 協力すれば注文処理システムの効率を上げられるかもしれない。そうすれば書類仕事が減り、生産にかけられる時間が増える。

このようなステップを踏んで解決先を見いだすことができる。重要なのは、問題を間に置いて工場長と対立するのではなく、協力して問題に取り組むことである。Ｗｉｎ-Ｗｉｎを考え、まず理解に徹し、シナジーを創り出すことによって、あなたの時間と労力は、対立を生むのではなく解決策を生むことに使える。こうして見つけた解決策をスチュワードシップ実行協定に含めることができる。

例二

あなたの一九歳の娘が車を欲しがっているとしよう。彼女は家の車が空いているときにしか使えないことが不満なようである。車を買うためにアルバイトをし、貯金しているが、まだまだ足りない。それに、娘の話だともう自分の車を持っている友だちも多いという。自分は責任を持って行動できるから、信頼してほしいと言っている。

あなたは「だめだ」と言いそうになる。娘が総じて自分の行動に責任を持っていることはわかっているけれども、免許を取って一年もたっておらず、すでに違反切符を一枚もらっている。家の車が空いているときしか使えない状況であれば、娘が車でどこに誰と一緒に出かけるのか、ある程度はあなたも知ることができる。娘の年齢を考えれば、自由気ままに車を乗り回してよいとは思えない。それに、車のローンだけでなく、保険、ガソリン代、そのほかもろもろの維持費を払ってやらなくてはならない。

これもまた簡単に答えの出る問題ではない。しかし、このような状況は親子関係に溝をつくりやすいのも事実である。娘が自分は信頼されていないと感じれば反抗的な態度に出るだろうし、あなたはあなたで、何が最善かわかっているつもりだから、断固反対し、親の権限を行使したくなる。このようなネガティブな対立にどれだけの時間と労力が無駄になることだろう？　どうすれば満足のいく解決策を見いだせるのだろう？　ここで、「Ｗｉｎ-Ｗｉｎを考える、まず理解に徹する、シナジーを創り出す」のプロセスを思い出そう。

娘の考えを理解し、問題点を明確にし、シナジーによって「第３の案」を見つけるプロセスをたどっていって、家の車をもう一台増やすことにし、スチュワードシップ実行協定を結べるかもしれない。基準を満たせば、娘はその車を自由に使えることにする。いつ、誰と出かけるのかをあなたに伝えることを実行協定に含める。また、あなたたち夫婦の代わりに弟や妹の送り迎えをすることを条件に加えてもよいだろう。

自分の考えが理想的な解決策だと思い込むのもいけないし、「第３の案」は簡単に見つかると考えるのも間違いだ。誰かとの間に問題が起こったら、まずは悪循環に陥るのを避けることが大切である。悪循環にはまって人間関係が緊張すると、問題を解決するのに何ヵ月も、ことによると何年もかかることになりかねない。それではどちらにとっても、人生の質に悪影響が及ぶことになる。

どうしても意見が合わなかったら？

次に紹介する例は、世論を二分するような難しい問題である。Ｗｉｎ-Ｗｉｎのスチュワードシップ実行協定では、ほとんどの場合、そのような大問題を扱うわけではないが、「Ｗｉｎ-Ｗｉｎを考える、まず理解に徹する、シナジーを創り出す」のプロセスが非常に有効に働くことがわかると思うので、ぜひ読んでみてほしい。実際、このプロセスはどんなに難しい問題にも効果的に応用できる。

スティーブン

以前、東部の大学でＭＢＡの学生二〇〇人を前に講義をしたことがあります。教職員や外部からのゲストも大勢参加していました。私は、考えうるかぎりもっとも難しく、もっとも慎重な扱いを要する繊細な問題を取り上げることにしました。「堕胎」です。二人の学生を教壇の前に呼びました。一人は「生命の権利」を主張し、もう一人は「選択の権利」を主張していました。二人とも堕胎の問題について深く考えていました。この二人に二〇〇人の学生の前で話し合いをさせました。私は二人に、効果的な相互依存の習慣を実践することを求めました。つまり、「Ｗｉｎ-Ｗｉｎを考える、まず理解に徹する、シナジーを創り出す」のプロセスをたどって議論するのです。

私はまず「二人ともＷｉｎ-Ｗｉｎの解決策を探すつもりはありますか？」と聞きました。

「この場合、どういう解決策があるというのでしょうか。だって彼女は……」と一人が答えました。

「ちょっと待ってください。あなた方は二人ともＬｏｓｅにはなりません。二人ともＷｉｎになるのですよ」

「そんなことはありえません。どちらかが勝てば、どちらかが負けるんです」ともう一人が答えました。

「そうではなくて、二人とも満足できる解決策を探すつもりはあるかと聞いているんです。相手に降参するのでもないし、妥協するのでもありません。あなた方がそれぞれ今考えていることよりも、もっと良い案にしなければならないのですから」

「でもどういう案が出てくるか……」

「その不安はわかります。今の時点では誰もわかりません。私たちが一緒に創造するのです」

「私は妥協なんかしたくありません」

「もちろんです。しかしこれは妥協ではありません。もっと良い解決策を創造するのです。まず理解に徹すること、これを忘れずに話し合いを進めてください。相手の考えを相手が納得のいくように自分の言葉で述べられるようになるまで、自分の意見を述べることはできません。いいですね？」

二人が対話を始めると早速、「それはそうだけど、あなたがわかっていないのは……」と一方が話の途中で口を挟みます。

私は、「ちょっと待って。相手が理解されたと感じているかどうかわかりませんよね」と言い、最初に意見を述べていた学生に「自分は理解されたと感じました？」と聞きました。

「まったく感じません」

私は口を挟んだ学生に「では、あなたはまだ自分の意見を述べることはできません」と告げました。

二人とも、それこそ汗だくで議論していました。しかし二人とも相手の話を聴いてはいません。主張が対立していたので、最初から相手を裁くことだけにきゅうきゅうとしていたのです。

そんな調子で四五分ほど経ったところから、ようやくお互いの話を真剣に聴き始めました。その様子は聴衆を引きつけたようでした。何より当の二人が深く影響を受けていました。

偏見を持たず、相手の立場になって共感し、この難しい問題に関して相手が抱いている不安、要求、感情を理解しようとして話を聴いたことによって、二人のやりとりの様子は一変したのです。二人とも、相手の主張の善しあしを自分勝手に判断してレッテルを貼り、自分とは考えの違う人全員を否定していたことを恥ずかしく思い始めたようです。二人とも涙を流し、多くの聴衆も涙していました。二時間経ってから、二人ともこのように話していました。

「最初は相手の話を聴くというのがどういうことなのかわからなかった。今は、この人がどうしてあのような意見を持っているのかよくわかります」

このような共感の精神が、効果的なシナジーの土台になる。自分の立場を通そうとするネガティブなエネルギーが消え、お互いに心を開き、相手を理解して、問題の解決に向けて協力し始める。問題の大きな原因となっていたものが、逆にお互いの関係を強くする要因として働くようになる。お互いのコミュニケーション力が増し、シナジーを創り出して「第３の案」を探せるようになる。

我々著者は、この共感の精神が状況を変化させるのを何度も目にしてきた。病院の管理システムの責任者と内科部長が、病院理事、医師、そのほか病院管理システムに関わるおよそ一五〇人を前にして、一次医療専門医の雇用を巡る難しい問題を議論したときもそうだった。

設計技術者たちが転職したいと思い詰めるまで、彼らの自発性、クリエイティビティ、創意を抑えつける規制に過剰に反応した企業もそうだった。この会社の経営陣は、規制当局の締めつけにすっかり弱腰になっていた。しかし経営陣と社員の代表がこのプロセスを踏み、設計技術者の創造力と創意を維持しつつ、規制当局の基準を満たす「第3の案」を見いだした。

資産の評価減を巡る主力事業部門と経営陣の長年の対立に終止符を打ったのも、このプロセスだった。評価減を実行しようとする経営陣に対し、事業部門のほうは、会社の文化を著しく損なうと主張していた。しかし両者がこのプロセスをたどり始めると、共感の精神が対立の図式を変化させた。対立するのではなく、ビジョンを共有して同じ方向を向き、スチュワードシップの精神によって「第3の案」を探し始めた。お互いを尊重してコミュニケーションし、両者それぞれに創造的な提案をした。誰も口にすらしないほど組織を二分していた根の深い問題が、それこそ三〇分もたたないうちに解決したのである。皆がこの相互依存の力に驚きを隠せずにいた。

人が本心からＷｉｎ‐Ｗｉｎを考え、相手を深く理解しようとし、対立するのをやめて問題解決にエネルギーを注ぎ始めると、シナジーが起こる。その効果は絶大である。このプロセスのパワーが、考えうるかぎりもっとも厳しい状況で発揮された例を紹介しよう。

スティーブン

あるとき、コンサルタントをしていた某大手企業に向かおうとして電話を入れたところ、「今日は結構です。向こうが会議をキャンセルしたので」と言われました。

「いったいどうしたというのです？」

「組合側が出て行ってしまって」

「なぜです？」

「一部の組合員が合意したとおりに扱われていないからと」

「経営陣はそれを認めているのですか？」

「はい」

「もう時間ですね。会議は中止しないでください。これではお互いに意地になって両極端な態度をとり、収拾がつかなくなるでしょう」

私はそれまで、この会社の人たちにＷｉｎ－Ｗｉｎのプロセスを教えていました。それは個人の生活にも、家族の生活にも大きな影響を与えていました。このプロセスの力がいかに大きいかを証言する人々をビデオに収めた中間管理職もいたほどです。ところがトップは、Ｗｉｎ－Ｗｉｎを必要としていないようでした。自分たちはこのプロセスを超える存在だと思っていたのです。

私はその会社に着くなり、経営陣に言いました。「謝ってください。それは些細な問題じゃないですか。会議を開きましょう。躊躇《ちゅうちょ》している暇はありません」

経営陣は謝罪しました。経営陣がそのような態度をとるのは初めてのことでした。しかしそれは正しい原則だったのです。組合の委員長に連絡すると。「わかりました。やりましょう。ただし我々は遅れていきます。裏工作をしていると思われるのも嫌ですから」

私は議場に行き、社長と組合委員長に「これから非常に勇気の要ることをしていただきたいと思っています。やってみる用意はありますか？」と言いました。躊躇《ちゅうちょ》しながらも、二人とも同意しました。

私は二人に前に出てきてもらい、こう話しました。「お互いの考えに、まずは耳を傾けてください。お二人ともよくご存知のとおり、御社が掲げている目標はとても野心的です。壮大と言ってもいいでしょう。そしてお二人ともその目標を支持していますよね」それから聴衆のほうを向いて、「皆さんの会社の現在の状態で、この目標を達成できると信じている人はいますか？　正直に答えてください」と聞きました。議場にはこの会社の全社員、七〇〇人以上が集まっていました。手を挙げた人は一人もいませんでした。

「では、皆さんにお話ししたように、『Ｗｉｎ－Ｗｉｎを考える、まず理解に徹する、シナジーを創り出す』のプロセスを実践したら、この不可能と思える野心的な目標を達成できるでしょうか？」と問いかけました。ほとんど全員の手が挙がりました。

私は社長と組合委員長のほうに向き直り、言いました。「これが全社員のメッセージです。お二人もこのプロセスを自ら実践して、社員に手本を示すことを、ここで全員の前で約束していただきたいのです。そうすれば社員の皆さんも部下にこのプロセスの手本を示すでしょう。やがて全員がこのプロセスに関わり、この問題は解決するはずです。もしその覚悟がまだできていないなら、無理に約束する必要はありません。もう少し考えてみたいなら、それで結構です。できない約束をして、社員に無用な期待を抱かせてはいけませんから」

二人はしばらくお互いの顔をじっと見ていました。議場は言葉では表現できない緊張感に包まれていました。二人はついに、お互いに手を差し出して握手しました。その瞬間、割れんばかりの拍手が沸き起こったのです。

現在、この会社は米国でも指折りの組織に成長しています。あの日の経験があったからだけでなく、その後、社員たちがこのプロセスを積極的に実践し、すべてのステークホルダーの人生の質が飛躍的に向上したからです。

このような事態が経営のテクニックで救われるものだろうか？　コントロールや「使い走りのデリゲーション」ではまず無理である。適切なデリゲーションでも無理だろう。取引的な関係から、お互いが変化する関係、真のエンパワーメントにシフトしていかなければならないのだ。シナジーのプロセスに参加する全員が人間だけに授けられた四つの能力《ちから》を解き放つことによって、平行線のままの議論に光明が見え、全員のためになるかたちで解決できるようになるのである。

Win-Winは敵対のアプローチではない。シナジーを創り出すアプローチである。取引ではなく変化を促す。そのプロセスに参加する人たち、あるいは目撃する人たち全員が、その変化を実感できるのである。

協力して最優先事項を優先する素晴らしさ

皆が共通のビジョンを持ち、スチュワードシップ実行協定を結び、Win-Winの精神で人と人が交流する組織で仕事をしたら、どんな変化が生まれるのだろうか？

監督の役割を考えてみよう。信頼関係が育っていない組織では、「監督」という言葉はコントロールや監視、見張り、チェックと結びつく。しかし信頼関係が築かれている組織では、一人ひとりが実行協定に従って自分を監督する。評価の基準は明確であり、評価の結果どうなるのかも定められている。何が期待されているのか、全員が理解している。マネージャー、リーダー、あるいは家庭であれば親は、コーチやアドバイザー、カウンセラーなどの役割に徹し、障害物を取り除き、物事が進みやすいように配慮する。

評価はどうだろうか？　信頼関係の育っていない組織では、有無を言わさずランクづけされ、外的な評価基準で働きぶりが判断される。しかし信頼関係が築かれている組織では、事後に評価されるのではなく、事前に結ばれる実行協定に照らして判断される。自分の働きぶりは自分で評価する。しかもそれは数値基準に照らした評価だけではなく、「数字は良さそうに見えるが、ここは改善の余地がありそうだ」というように、結果を質的にも評価する。自分の業績や成功に影響する問題点が明確に見え、自覚できるのである。

コントロールの範囲はどうだろうか？　信頼関係の育っていない組織では、コントロールできる範囲は狭い。監視し、チェックするのに時間も労力もかかるからだ。一人でコントロールできる人数は高が知れている。せいぜい一〇人程度だろう。しかし信頼関係が築かれている組織では、見張ったり、チェックしたりする必要はない。人をコントロールするのではなく、解き放とうとする。だから、一人で一〇〇人、場合によっては二〇〇人を束ねられるようになる。

モチベーションはどうだろう？　信頼関係の育っていない組織では「アメとムチ」の考え方が幅を利かせて

いる。しかし信頼関係が築かれている組織では、人は内面的な動機づけができている。自分の内面で赤々と燃える火が意欲をかき立て、共通のビジョンを果たすことに情熱を注ぐ。自分のミッションと組織のミッションが融合して、シナジーが起こるのである。

システムはどうだろうか？ 信頼関係の育っていない組織は、お役所さながらの煩雑な手続き、過剰なルールや規則、制限だらけの閉鎖的なシステムでがんじがらめにされている。誰かが問題を起こすのを恐れて、全員が守らなければならない手順が緻密《ちみつ》に決められている。人が自発的に行動できる余地は少なく、基本的には全員が「指示を待つ」である。組織構造はピラミッド型で、情報を流すシステムは短期間で次々と変わる。四半期毎の業績に一喜一憂する。しかし信頼関係が築かれている組織では、人にエンパワーメントするシステムが整っている。それによって解き放たれる潜在能力と創造性が、組織全体で共有する価値観に沿って目標達成に注がれる。手続き、規則、ルールは必要最小限に抑えられ、個人の自発的な行動が奨励されている。

このような違いは、時間の使い方にどのような影響を与えているだろうか？

信頼関係の育っていない組織では、コントロール、監視、チェックにどれだけの時間が使われているだろうか？

競争的な評価体系、評価を巡る駆け引き、さまざまな「動機づけ」プログラムにどれだけの時間が費やされているだろうか？

煩雑な手続き、規則、ルールにどれだけの時間が費やされているだろうか？

信頼関係がないばかりに、コミュニケーション不足が原因で生じる幾多の問題を解決するのに、どれだけの時間が費やされているだろうか？

重箱の隅をつつくような管理と緊急事態の対応に追われ、プランニング、予防、エンパワーメントの活動など波及効果の高い第Ⅱ領域の活動をおろそかにした結果、どれだけの時間と機会が無駄になっているだろうか？

お互いを信頼していないという症状に対処することに膨大な時間が費やされているのである。

協力して最優先事項を優先できるかどうかは、エンパワーメント次第である。エンパワーメントがテコの支点を動かし、「一対一」の効率を「一対一〇〇」にも高める。しかし表面的な時間管理のテクニックでは、そのような結果に一歩も近づくことはできない。だからこそ、**エンパワーメントが第Ⅱ領域の時間管理のアプローチの核心にあるのだ。**

第十三章　インサイド・アウトからのエンパワーメント

問題は自分の外にあると考えるならば、その考えこそが問題である。

信頼関係が築かれている組織で、全員がエンパワーメントされて働くことができれば、これほど素晴らしいことはない。しかし現実はそうはいかない。多くの組織は、規則、ルール、お役所的な煩雑な手続きであふれかえっている。組織の方向性が定まっておらず、さまざまなシステムは互いを補完するのではなく、競い合うように働いている。個人が自発的に行動できる範囲は狭い。だからおのずと仕事以外のことで満足感を得ようとする。職場では、根まわし、陰口、批判、お互いの失敗をあげつらいながら、ほとんどの時間を第Ⅲ領域に使っている。廊下での立ち話は、たいてい不満や愚痴だ。


「あのマネージャーのやったこと、信じられるかい?」

「やっぱり! 私も同じような経験をしたわ」

「そんなんだから、この会社は何もうまくいかないんだよ」

「そうよね。何も期待できない」

こんな話をして何になるのだろう？

問題は自分の外にあると考えるならば、その考えこそが問題である。そのような考えを持つのは、自分で自分の力を放棄するようなものだ。刺激と反応のスペースの間で建設的な行動を選ぶこともできるのに、その選択肢を自分から捨ててしまっているのである。自分の置かれた状況や他者の短所に反応しているのは、それらの外的な要因に自分が支配されるのを許しているということだ。関心の輪に労力を注ぎ、自分ではどうにもできないことに時間を浪費しているのである。

原則中心のリーダーシップとは、個人にエンパワーメントすることである。それが組織の中で大きなエンパワーメントとなる。一人ひとりが影響の輪に集中する。他者を批判したり責めたりせず、誠実に行動することによって、お互いの人格と能力が磨かれ、シナジーを創り出せる環境を築くことができるのである。

たとえチームや組織のリーダーではなくとも、自分で自分を率いるという意味において誰もがリーダーなのである。原則中心のリーダーシップを発揮すれば、影響の輪は大きく広がっていく。

スティーブン

数年前、ある会社の中間管理職の男性がセミナーに参加したいと言ってきました。そのセミナーは上級レベルの経営幹部を対象にしていたので、彼には参加資格がなかったのですが、どうしても参加したいのだという彼の熱意に負けて、参加を認めました。

この男性はとても主体的で、リーダーシップを発揮できる人物でした。自己啓発、ビジネススキルの開発に熱心に取り組み、どんどんスキルを身につけていきました。彼はみるみるうちに昇進し、二年後にはその会社のナンバー三になりました。

さらに、社会問題の解決のために少しでも力になろうと、ある慈善団体に入りました。その団体でも精力的に活動し、事務局長を務めました。正規職員なってほしいにと誘われたそうですが、会社は辞めず、両方の仕事に全力を注ぎました。

仮に無一文でどこかに放り出されても、彼ならすぐに、どこかの組織のトップに上り詰めるでしょう。主体的に行動でき、自覚があり、周囲の人たちを思いやれる人だからです。「影響の輪の中で活動したら、そのパワーを感じました」と話していたときの彼の目の輝きを、私はずっと忘れないでしょう。

この章では、第Ⅱ領域に時間をかけて自分自身にエンパワーメントし、自分が置かれている環境を変えられるように、影響の輪の中でできる三つのことに着目したい。

一．エンパワーメントの条件を整える

二．「チャンピオンの昼食」を大いに楽しむ

三．サーバント・リーダーになる

エンパワーメントの条件を整える

エンパワーメントは、機械のように据えつければ使えるようになるものではない。育てなければならないのである。エンパワーメントの条件が揃っているほど、その組織にはエンパワーメントの文化が根づきやすい。私たちは誰かに力《エンパワー》を与えるわけではない。条件を整え、育てることによって、個々人が四つの能力《ちから》を働かせて自分にエンパワーメントできる環境を築くのである。これは第Ⅱ領域への投資であり、テコの作用によって大きな利益を生む投資なのだ。

エンパワーメントの条件は、程度の差こそあれ、影響の輪の中にある。これらの条件を一つずつ取り上げ、私たちの労力をどこに、どのように集中させればエンパワーメントによる変化を生み出せるのか見ていこう。

条件一：信頼性

エンパワーメントの中心にあるのは、信頼性である。信頼性は、人格と能力で成り立っている。人格とは、私たちの「人となり」である。能力は、私たちに「できること」である。信頼性を築くには人格と能力のどちらも必要だ。

スティーブン

私の親しい知人は、左膝《ひざ》を悪くして医者に行きました。その医者は、人柄は良いのですが、どうも腕はいまひとつ

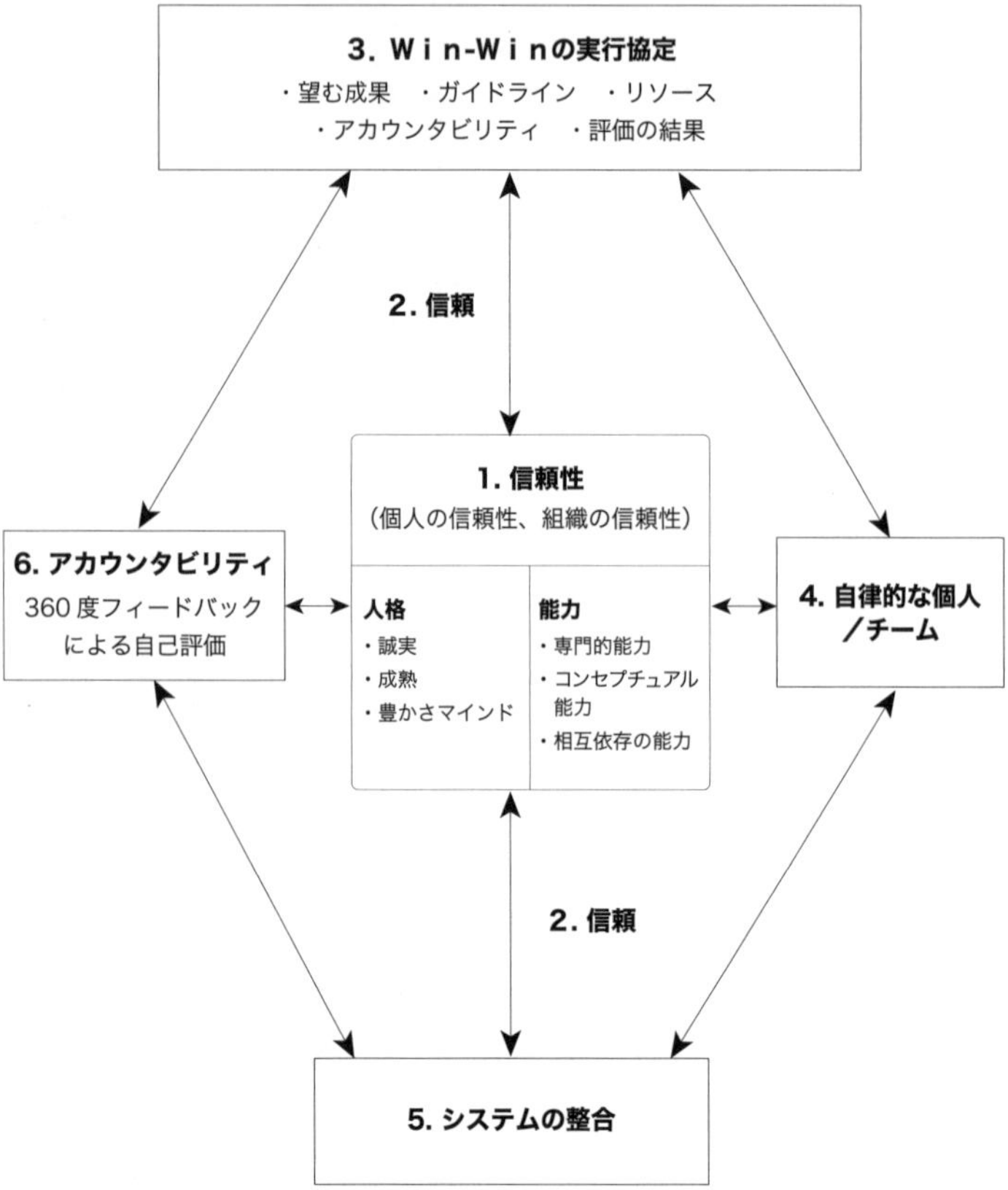
3. Win-Winの実行協定
・望む成果　・ガイドライン　・リソース
・アカウンタビリティ　・評価の結果
2. 信頼
1. 信頼性
（個人の信頼性、組織の信頼性）
人格
・誠実
・成熟
・豊かさマインド
能力
・専門的能力
・コンセプチュアル能力
・相互依存の能力
6. アカウンタビリティ
360度フィードバックによる自己評価
4. 自律的な個人／チーム
2. 信頼
5. システムの整合

だったようです。二次元のモニターを見ながら膝《ひざ》の三次元の動きをうまく処置できず、医師は軟骨部分を少し見ただけで、前十字靭帯《じんたい》損傷の診断を下すことができませんでした。その結果、知人は適切な治療を受けられませんでした。払った金額に見合うことをしてもらえなかったのです。その後、お嬢さんや息子さんが運動で膝《ひざ》を痛めたとき、彼はその医者のところには行かせませんでした。信頼していなかったからです。

あるＣＥＯは、この話を聞いて次のように語った。「私にはどうしても信頼できない人たちがいます。『あの人は正直でいい人なのに、どうして信頼できないのだろう』といつも思っていました。いまの話をうかがって、やっと理由がわかりました。私が信頼できない人たちは、能力が足りないのです。自分の職業に必要な最新の技術を身につけていないため、時代に追いつけずにいる。彼らは組織の中で動かされていただけです。常に自分を高めようという気持ちがないのです」

しかし、能力だけあって人格を伴わない人も信頼されない。腕はよくても、不正直な医者に診てもらおうとは誰も思わないだろう。通院だけですむはずなのに、入院して手術をするよう勧められるかもしれない。信頼されるためには、人格も能力も必要である。そしてどちらも、私たちの「影響の輪」の中にある。

人格は次の要素で成り立っている。

- **誠実**――約束を守る能力。公的生活、私的生活、内的生活が矛盾なく一致していて、原則に基づいている。
- **成熟**――勇気と思いやりのバランスがとれていること。すなわち、他者の感情、考え、意見を尊重し、思いやりながら、言うべきことは勇気を持って言い、正直にフィードバックする。

- **豊かさマインド**――人生は常に拡大していく、「第3の案」の可能性は無限にあるというパラダイム。パイの大きさは決まっているのだから、相手が多くとったら自分の分が少なくなるという欠乏マインド（ゼロサム・ゲーム）ではなく、全員に行きわたってなお余りあるほどあると考えること。

能力は次の要素で成り立っている。

- **専門的能力**――合意した結果を出すために必要な知識とスキル。問題を深く考え分析し、新しい選択肢を見いだす能力。
- **コンセプチュアル能力**――大局的な視野を持ち、自分の持つ前提を検証し、視野を変えられる能力。
- **相互依存の能力**――傾聴、コミュニケーション、「第3の案」に到達すること、Ｗｉｎ‐Ｗｉｎ実行協定を結ぶこと、協力して戦略的な解決策を見いだすことなどを含め、他者と効果的に交流できる能力。組織やシステムの理想的なあり方を見いだし、効果的かつ協力して運営していく能力。

人格と能力は、エンパワーメントのほかの条件を機能させるための重要なテコの支点である。

某グローバル企業のある事業部門は、総合的品質管理プログラムの導入をしたものの、失敗に終わっていた。その原因が人格と能力の関係にあったことを突き止めた。

当社の問題は欠乏マインドです。社員をランクづけする方法も、昇進の選考も、欠乏マインドのパラダイムでやっています。報酬体系もそうです。パートナーシップを組むときも、パートナーシップの報奨の配分も、欠乏マインドに基づいているのです。ですから、このようなバラバラな組織文化になってしまったのも無理はないんです。嫉妬が渦巻いています。表面的には仲良くし、うまく取り繕っていても、一皮むけば皆が競い合い、敵対している。社内の至るところで駆け引きがあり、人間関係のトラブルがあり、部署と部署が垣根をつくって対立しています。目まぐるしく変化する事業環境を生き延びるための組織構造とシステムを整え、規則やルールを定めています。しかし、誰もそれを守ろうとはしていません。その実例ならたくさんあります。皆が応急処置の考え方に走り、シナジーは人と人の相互依存から生まれるものだという原則に反するような縦割り組織のパラダイムに染まっていたのです。

このような例なら枚挙にいとまがない。競争の脚本が深く根づいている人は、協力のシステムよりも競争のシステムをつくる。緊急度のパラダイムを持っている人は、緊急度の視点からシステムをつくる。そういう職場では、たとえ誰かがＷｉｎ-Ｗｉｎのシステムや重要度に基づいた構造を導入しても、職場全体の基本のパラダイムが変わらないかぎり、いざとなったら元のパラダイムに逆戻りするだろう。

人格と能力は組織のすべてのものを動かす。だから、エンパワーメントを創り出すために私たちにできることでもっとも波及効果が高いのは、人格と能力を養うことなのである。

人格と能力を養うために、一週間の目標を立てるときに、次のように自問してみるとよいだろう。

- **より良い仕事をし、他者とより効果的に交流するためには、どのような知識やスキルが必要だろうか？**
- **私は勇気を持って物事を前に進め、課題に正面から取り組んでいるだろうか？**
- **他者のニーズに配慮しているだろうか？**
- **「第3の案」を探すことを心がけているだろうか？**
- **良心の声に耳を傾け、自分のミッションと真北の原則に従って行動しているだろうか？**

こうして良心に問いかければ、良心は努力を向けるべき場所をピンポイントで教えてくれる。その答えに基づいて、自分を高めるための「刃を研ぐ」目標を設定することができる。

組織の場合、個人の信頼性だけでなく集団の人格と能力もエンパワーメントの条件に加わる。

- **約束を果たす会社だと信頼できるだろうか？**
- **必要とされるときに行動できるチームだと信頼できるだろうか？**
- **家族はお互いに支え合っているだろうか？**

「組織的行動」などというものは存在しない。あるのは組織における個々人の行動である。組織の一人ひとりが信頼に値する行動をしなければ、信頼される組織にはならないのである。

条件二：信頼

信頼は、すべてのものを結合させる接着剤である。この接着剤があればこそ、エンパワーメントのほかのすべての条件（Ｗｉｎ-Ｗｉｎのスチュワードシップ実行協定、自律的な個人／チーム、システムの整合）が定着し、うまく機能する環境が整う。そしてこれらの条件が揃って、Ｗｉｎ-Ｗｉｎのスチュワードシップ実行協定を作成し、個人とチームが自律的に動き、システムが整い、アカウンタビリティが継続的なプロセスとなれば、信頼はさらに増していく。上向きの螺旋《らせん》のプロセスなのである。

繰り返すが、信頼は信頼性から生まれる。だから、人から信頼されるためには、自分の信頼性を高めることが不可欠なのである。

条件三：Ｗｉｎ-Ｗｉｎのスチュワードシップ実行協定

グループや組織の中で正式なリーダーのポストに就いていなくとも、自分の責任の範囲でスチュワードシップ実行協定を自発的に作成できる。職場のチームだけでなく家庭でもできるし、地域の奉仕活動グループでもできる。

- **達成したいことは何か？**
- **どのようなガイドラインに従うべきか？**

- **どのようなリソースがあるか？**
- **誰に報告するのか？**
- **実行した結果はどうなるのか？**

あなたの影響の輪がどうであれ、どのような環境にいるのであれ、お互いに何を期待するのかを明確にし、相互の理解を築くことはできる。週間計画を立てるとき、次のように自問すると、スチュワードシップ実行協定を作成する目標を効果的に設定できるだろう。

- **それぞれの役割で有意義なスチュワードシップ実行協定をつくっているだろうか？**
- **今ある実行協定の中で、補強、修正、またはもっとレベルアップできるものはあるだろうか？**
- **作成した実行協定を果たすために誠実に行動しているだろうか？**

上司や同僚、部下、夫・妻、子どもと共通のビジョンや戦略を立てるときは、自分自身にも、相手にも、エンパワーメントしているのである。

条件四：自律的な個人／チーム

信頼関係が築かれている組織では、監督者はいない。監督するのは、自分たちの決めた実行協定である。

実行協定に基づいて生まれる自発的な行動は、私たちの影響の輪の中にあるものだ。私たちは、個人として、グループやチームの一員として、真北の原則を守り、作成した実行協定に従って自分を律する責任を引き受ける。誰かに指示されたり、チェックされたり、監視されたりしなくとも、計画・実行・評価のサイクルを含めて、合意したことを主体的に実行できる。誰かが目を光らせて監督するのではなく、一人ひとりが結果に責任を持ち、その結果を出すための支援を受けながら、自発的に行動する能力を身につけていく。

第Ⅱ領域の時間管理のプロセスで、次のように自問するとよいだろう。

- **しなければならないとわかっていることでも、人から言われるまで放っておくことがよくあるだろうか？**
- **実行協定を結んでいる相手が、合意したとおりの結果を出しているというのに、自分の個人的な好みから相手のやり方に口を挟んでいないだろうか？**
- **実行協定の仕事をする時と場所を相手の選択に任せているだろうか、それとも私がずっと監視しているだろうか？**

条件五：システムの整合

システムの整合がとれていれば、エンパワーメントはスムーズに進む。整合していないと、エンパワーメントはうまく機能しない。たとえば、あなたは重要度のパラダイムで週間計画を立てようとしているのに、ツールが一日単位になっていたら、システムがパラダイムに整合していない。わが子に責任感を身につけさせたいと思っているのに、「使い走りのデリゲーション」で事細かく指示していたら、システムが目的に整合していない。社員を一致結束させたいのに、競争的な報酬体系になっていたら、これまたシステムがちぐはぐである。どの場合でも、システムが達成したいことを妨げているのである。

　システムが整っていれば、誠実で一貫した行動が促進される。達成しようとすることを妨害するのではなく、円滑に進むようにしてくれるのだ。

　システムは、影響の輪の中にあるものもあれば、外にある場合もある。あなたが正式なリーダーのポジションについているなら、報酬体系、情報システム、トレーニングなど、多くの人の時間、人生の質に影響するシステムに責任を持っているかもしれない。第Ⅱ領域に時間をかけて豊かさマインドに基づく原則中心のシステムを整えれば、組織の中でシステムの一貫性が図られるだろう。

　しかし、組織のシステムを直接変えられる立場になくとも、その確立や修正に影響を与えられる機会はある。プライベートであれば、第Ⅱ領域の時間を使って、自分のプランナーや情報システム、自己啓発プログラムなどのシステムを整えることができる。家庭においても、スチュワードシップ実行協定を家族の交流を育む手段にするなどして、システムを整えることができる。職場のチーム、コミュニティのグループ、趣味などのグループでも同じようなことができる。他者と交流するあらゆる場で、システムの問題点を明確にし、真北の原則に基づいて整えることができるのである。

　このことからも、マネジメントとリーダーシップの大きな違いがわかる。マネジメントはシステムの中で機能し、リーダーシップはシステムに働きかけるのである。システムを整えるために、週間計画を立てるとき、次のように自問するとよいだろう。

- 望む成果を達成する邪魔になっているシステムはあるだろうか？
- 望む成果の達成をよりいっそう促進するようなシステムはあるだろうか？
- これらのシステムを整えたり、変えたりするために、影響の輪の中でできることは何だろう？
- システムを改善するために、他者とどのように協力すればよいだろう？
- プライベートにおいて、改善できるシステムはあるだろうか？

条件六：アカウンタビリティ

Win-Winのスチュワードシップ実行協定が結ばれ、システムが整い、信頼関係が築かれている環境では、アカウンタビリティ（報告義務）は、どのように果たされているのだろうか？　ほとんどの場合は、実行協定の基準に照らし、定期的に自分で評価する。

アカウンタビリティを確実に果たすようにするためには、次のことを行うとよいだろう。

- 実行協定に具体的な基準を定める。
- 判断力を働かせる。
- フィードバックを求める。

実行協定に具体的な基準を定めれば、それに照らして自分の仕事を評価することができる。

判断力を働かせれば、昇進や賞、表彰、社会的な認知など外的要因に惑わされず、自分は良い仕事をしたと自負できる。自分の責任として、実力を最大限に発揮することができる。うまくいかなかった結果を他人のせいにしなくなる。自分で納得のできない結果であったら、たとえ褒められても、舞い上がったりしない。あくまでも良心を見つめて行う自己評価が第一であり、ほかの人たちからの批判や称賛は二の次になる。

しかし同時に、評価、計画、意思決定のプロセスの不可欠な部分として、ほかの人たちにフィードバックを求める謙虚さも持っていなければならない。フィードバックについては、次の「チャンピオンの昼食を大いに楽しむ」で詳しく取り上げる。

これらエンパワーメントの六つの条件が揃えば、波及効果の高い第Ⅱ領域の活動に集中的に力を注げるようになる。家庭や組織の慢性的な問題に気づかず、あるいは気づいていてもどのように解決すればわからずにいたら、私たちは第Ⅰ領域と第Ⅲ領域の緊急事態への対応にかなりの時間を使うことになる。その問題に第Ⅱ領域の活動で対応するにしても、対症療法で終わってしまうだろう。根っこには何もせず、葉っぱだけに斧を向けているのである。

しかしこれらの条件を理解できていれば、根っこの部分、根本原因に力を注ぐことができる。そして、大きな変化を起こすために影響の輪の中でどう行動すればよいかが見えてくる。

「チャンピオンの昼食」を大いに楽しむ

人格と能力を磨くのは一つのプロセスであり、そのプロセスで私たちにできるもっとも効果的な手段の一つは、定期的に三六〇度フィードバックを求めることである。フィードバックを求めるには謙虚さが必要である。受け入れるには覚悟が要るかもしれない。しかしフィードバックを理解し、それを踏まえて賢明に行動できれば、あなたの時間、人生の質は大きく向上する。

フィードバックが非常に有益であることの例えに「チャンピオンの朝食」という言葉がある。しかしフィードバックは、「朝食」ではなく「昼食」と考えるべきだろう。**ビジョンが朝食、フィードバックが昼食、そして自己矯正が夕食である。**ビジョンがなければ、フィードバックをもらっても生かすことはできない。他者の価値観、他者が望んでいることをよく考えもせずに受け入れるだけである。みんなの期待に沿い、みんなに喜んでもらおうとして、結局は自分も含めて誰の期待にも応えられずに終わるという罠《わな》にはまってしまうのだ。

しかしビジョンとミッションを明確に意識していれば、自分の誠実さをさらに高めるためにフィードバックを生かすことができる。自分では気づかない盲点があると謙虚に認め、ほかの人たちの見方を知れば自分を高められると思えるようになる。さらにフィードバックをもらうことで、自分のことだけでなく、フィードバックしてくれた相手についても深く理解できるようになる。あなたにフィードバックしてくれた人があなたをどう見ているか、その人にとって重要なことに対するあなたの行動をどう感じているかがわかるのだ。リーダーシップを発揮することによって、何か重要なことを他者と共有することになるのだから、フィードバックのやりとりが重要なのは当然である。しかし、私たちはフィードバックに支配されているのではない。あくまでも、ミッション・ステートメントに書いた目的、そして原則に従うことが優先される。

あなたは、社員の立場で上司や部下、同僚、同業者からフィードバックをもらうこともあれば、親の立場で子どもや配偶者、ほかの親、自分の親からフィードバックをもらうこともある。コミュニティの役割で、祖父母や叔父・叔母の立場で誰かからフィードバックをもらうこともあるだろう。どんな立場でもらうフィードバックでも、他者の視点は大いに役立つものである。

レベッカ

夫が初めて子どもたちにフィードバックを求めたときのことを、今でもよく覚えています。本当に驚きました。(これからいろいろなことを子どもたちに聞くわけね……ピアノの練習のこと、ホウレンソウを食べなさないと言われていること、寝る時間のこと、家の手伝いのこと……）子どもたちがどんなフィードバックをするのかと考えたら、ドキドキしてきました。

夫は子どもたちに紙を三枚ずつ渡し、「続けてほしい」「やめてほしい」「始めてほしい」という言葉を書かせて、「お父さんがやっていることで、これからも続けてほしいこと、もうやらないでほしいこと、これからやってほしいことを自由に書いてごらん」と言いました。私は夫の勇気に感心してしまいました。

しかしそれ以上に感心したのは、子どもたちの返答です。子どもたちなりに、いつもと違う態度で真面目に答えなくてはいけないのだと感じとっていたようです。よく考えてくれ、とても協力的で、私たちにとって役に立つフィードバックでした。子どもたち自身の自覚、親に対する感謝の気持ちも表れていました。彼らにとって大切なこと、家庭生活をより良くするために私たち親にできることがよくわかりました。それからしばらくして、私も勇気を出して子どもたちにフィードバックを求めました。このときも子どもたちのしっかりしたフィードバックに驚かされました。

それからずっと、私たち夫婦は子どもたちからのフィードバックを大切にしてきました。成長して家を離れた子どもたちのフィードバックは、外で経験の幅を広げているだけあって、とても役立っています。こうしたフィードバックをすることは、子どもたち自身のためにもなっています。より良い家庭を一緒になって築いていく意識を持たせることができたと思います。

フィードバックをもらったらすぐに、真剣に受け止め、相手に「フィードバックをしてくれてありがとう。あなたが言いたいことは、こういうことですよね……」というように返答する。フィードバックの内容を自分の言葉で言い換えて相手に確認し、そのフィードバックに基づいた行動を相手と一緒に考える。そうすれば、あなたは自分から変化を起こすことができる。あなたが変化すると、周りの人たちはその変化に気づく。すると彼らは、自分も変わろうと思うようになるのだ。

フィードバックをもらう効果的で簡単な方法はいくつもある。エピソードに出てきた「続けてほしい／やめてほしい／始めてほしい」もその一つだ。公式の手順を踏んでフィードバックをもらう場合もあるし、形式ばらずにもらう場合もある。匿名でもよいし、一対一の話し合いでもよいだろう。あるいはまた「7つの習慣べンチマーク」のような客観的基準を用いたフィードバックツールなら、個人的な価値観よりも、集団の良心、普遍的な原則に基づいた基準に沿って評価していくので、より確度の高いフィードバックが得られる。

フィードバックをするときは、相手の人格を批判してはいけない。あくまでも業績や効果性の基準に照らしたフィードバックであることが原則だ。ただ、望む成果が業績基準と連動している場合、その成果を達成するために人格面で必要とされるものがあるのなら、一歩踏み込み、人格に働きかけることもある。

ある企業の最高経営責任者（ＣＥＯ）は、二つの質問に答えるかたちで社員にフィードバックを求めている。その質問は、人は次の三つの役割に時間をかけているという考え方に沿ったものである。

- **生産者（Producer）**――望む成果を生み出すために必要なことを行う。
- **マネージャー（Manager）**――システムをつくり、そのシステムの中で人々と協働する。
- **リーダー（Leader）**――ビジョンを描いて方向性を示し、お互いを尊重する相互補完的なチームを築く。

このＣＥＯは、「この三つの役割のうち、私が一番時間を使っているのはどれだと思うか」と「私がもっとも時間を使うべきなのはどの役割だと思うか」という二つの質問をし、それぞれＰ（生産者）、Ｍ（マネージャー）、Ｌ（リーダー）の文字の大きさで示すよう指示した。返ってきたフィードバックを見ると、一番目の質問への答えは圧倒的に**Ｐ**ＭＬ、二番目の質問への答えは圧倒的にＰＭ**Ｌ**だった。社員のフィードバックは、ＣＥＯにはもっと組織のリーダーとしての役割を果たしてほしいというメッセージだった。多くの社員は、目まぐるしく変化する業界で生き残るためにＣＥＯは先を見て、傾向を読みとり、方向性を示す必要があると感じていた。マネージャーと生産者の役割は自分たちでもできるが、リーダーシップを発揮できるのはトップしかいないと考えていたのである。

このフィードバックに従ってＣＥＯは行動を大きく変え、事業環境を重点的に注視するようになった。しばらくして、その効果が表れてきた。業界の新たな動きの芽をつかみ、この会社はいち早く行動を起こした。そのおかげでマーケットシェアを大きく伸ばすことができたのである。

生産やマネジメントよりもリーダーシップが重要だと言いたいわけではない。この会社の成功にはどの役割も不可欠だった。ここで言いたいのは、リーダーシップの役割が軽視されていたということである。このＣＥＯは社員にフィードバックを求め、その結果を見て、何が必要かに気づき、会社を大きく前進させることができたのである。

ほとんどの経営者は第Ⅱ領域の活動であるリーダーシップをないがしろにし、マネジメントだけをしている。しかし、マネジメントにフォーカスするほど、リーダーシップを軽視することで生じる幾多の問題に対処するために、ますますマネジメントが必要となるのが現実なのである。このこともまた、第Ⅱ領域の時間管理がいかに大切かを示している。週間計画を立てるプロセスは、ビジョンと広い視野を持って生きることを促す。それはリーダーシップを引き出していることにほかならない。しかし一日単位のプランニングではマネジメントのニーズだけが目につき、ほとんどの時間が緊急事態への対処に費やされることになる。

プロジェクトの早い段階で適切なフィードバックがあると、良い結果に結びつくものである。同僚の経験談を紹介しよう。

新しい仕事を任せられた第一週目、私は自分がやってみたいことのビジョンを描きました。その瞬間に「自分は王様だ」の気分になったんですね。自分で何でも決められると思い込んだのです。

そんなある日、入社して三、四年目の若手社員が私のところにきて、「この計画はうまくいかない気がします。やらないほうがいいと思います」と言ったんです。一字一句このとおりに言ったわけではないのですが、そういうことを言われたわけです。

私は、「そんな失礼なことを言われたのは初めてだよ！」と言い返したくなりました。しかしぐっと思いとどまりました。そして「いろいろな人の意見を聴きたいと思っていた。君の意見を聴かせてくれないか」と言いました。すると彼は一五分にわたって、私の計画の重大な欠陥を全部指摘してくれました。そのおかげで私はまったく新しいパラダイムを持つことができました。これは私にとって本当に有意義な体験だったので、関係者全員の意見を聴くことにしました。「この事業部案についてどう思いますか？」と質問して回りました。そのときに書き留めたメモの束は今もときどき見直して、落とし穴にはまらないように、自分の戒めにしています。

多くの企業は三六〇度フィードバックをしていない。数字しか見ない。最終利益にしか興味はないのだ。数字が厳然たる事実を示していることは間違いない。しかし情報としては不完全だ。そこには「人」の要素が加味されていないからである。それどころか人的要素は意図的に排除されている。人の活動や人件費は記録されているかもしれないが、人の心、知力、情熱、潜在能力については何も語っていない。組織を動かすものは最終利益だという考えに凝り固まっていたら、人材開発、品質向上、システムの整備、長期的な投資、チームスピリット、信頼、きめ細かなサービスといった、数字にはできない多くの要因を軽視することになる。

我々著者は多くの組織に接してきたが、知れば知るほど、自分も含めてすべてのステークホルダー（顧客、仕入先、従業員、関係会社、投資家、コミュニティ）からフィードバックをもらう「三六〇度フィードバック」が企業の製品やサービスのクォリティに大きな影響を与えることを確信するようになった。この三六〇度フィードバックは「ステークホルダー・インフォメーション・システム（ＳＩＳ）」と呼ばれることもある。

スティーブン

ある国の空軍の指揮官たちに研修を行ったことがあります。その空軍は過去にいろいろな課題、対立を抱えていました。私がSISの重要性について話すと、指揮官たちはうなずいて聴いていました。そこで私は訓練担当の指揮官に質問しました。「うなずいていらっしゃいましたが、ここではSISを行っているのですか？」

「ええ、SISに従って訓練しています。訓練を受けるのはトップパイロットですよ。企業の管理職ではありません。年一回、全員が普段接している人たちからフィードバックしてもらいます。それを自己啓発と専門能力開発のベースにしています。このフィードバックで高いスコアをとれなければ、昇進できません」

「米国ではSISのような考え方を受け入れる組織はとても少ないのです。SISが米国ではやらないのはなぜだと思いますか？」

「貴国では出世は人気投票のようなものだからではないでしょうか。しかし軍隊ではそうはいきません。彼らパイロットの動きはわが国の存亡を左右します。彼らもそれを自覚しています。人気で国は守ることはできません。ですから、一番人気のない者がS－Sで最高スコアをとることも珍しくありませんよ」

フィードバックを求めるには謙虚さ必要である。もらったフィードバックを理解し、分析し、それに従って行動するには知恵が必要である。まさに「チャンピオンの昼食」なのである。

サーバント・リーダーになる

職場で正式なリーダーのポジションにある人が、重箱の隅をつつくような管理、監視、危機管理をしないとすれば、何に時間を使えばよいのだろうか？

まず、組織なりチームなりの共通のビジョンを描くだろう。そして組織やチームを強化し、個々のメンバーが能力を伸ばし、発揮できるようにコーチングしたりメンタリングしたりする。信頼関係を育てる。長期的な計画を立て、広い視野に立って将来を予測する。ステークホルダーのニーズを見きわめ、市場動向を調査する。システムを整える。ざっとこのような仕事だろう。

要するに、重要だが緊急ではなく、長期的に見て大きな影響を与える第Ⅱ領域の活動に時間を使うのである。目の前にあることをするのではなく、それとはまるで違うことをするために時間を管理するのだ。

「サーバント・リーダーシップ（下僕としてのリーダー）」という考え方は昔からあるが、これまではエンパワーメントの条件が揃っていないために、根づくことはなかった。聞こえのよい名称ぐらいにしか認識されず、導入したとしても、いわば「善意の独裁」であり、本当の意味でのサーバント・リーダーシップは根づかない。しかしエンパワーメントの条件が整えば、サーバント・リーダーは大きな成果を生む。

スティーブン

本当の意味で部下に力を与えるリーダーの下で仕事をしたときのことは、今でもよく覚えています。それまで、良いリーダーシップというのは「思いやりのある支配」だと思っていました。いわば「善意の独裁」です。しかし新しい上司は、まったく違う考えの持ち主でした。その上司は、エンパワーメントのパラダイムで職場を見ていたのです。彼と初めて話した瞬間に、上司というものに対する警戒心はすっかりなくなりました。

当時、私は大規模なプロジェクトを担当していて、大勢のマネージャーを束ねて仕事を進めていました。彼と初めて話したのは、この仕事のことで電話をもらったときでした。今思い返してみれば、あの組織にはＷｉｎ－Ｗｉｎの要素は全部揃っていました。Ｗｉｎ－Ｗｉｎという言葉こそ使われてはいなかったものの、望む成果、ガイドライン、リソース、アカウンタビリティのプロセスはしっかり行われていたのです。

彼は「スティーブン、私の役目は君の力になることだ。私のことはそういう存在だと思ってほしい。私に手伝えることがあったら、遠慮なく言ってほしい」と言いました。それを聴いて私は思いました。（こんなに思いやりのある、素晴らしいアプローチは聞いたことがない。でもまだ最初だから、私が気をよくしそうなことを言って関係を築こうとしてい

るだけかもしれない。実際にはたびたび現場にやってきてうまくいっているか確かめ、いろいろ口出しするようになるだろう）

人は自分の眼鏡を通して他者を判断するものです。私も彼と電話で話したとき、彼がどのようなパラダイムを持っているか知らず、自分の動機を彼の行動に投影していました。

彼はこう言いました。「スティーブン、私は本気で言っているんだよ。本当はそこに行ってゆっくり話したいけれども、君はいま忙しそうだ。また次の機会にしたほうがいいか、君が決めてほしい」

私は思いました。（彼は本心からそう言っているようだ。うるさく口出しするようなことはないだろう。本当に私の力になろうとしているんだ）

彼はさらに続けてこう言いました。「私自身のこと、これまでの経験なんかを少し話しておけるかもしれないしね。そうすれば、どういうかたちで私が力になれるか、君のほうでも何か思いつくかもしれない」

彼は私より二五年以上もキャリアを積んでいました。知識も豊富で、物事の本質を見抜く眼力を持つ人物でした。しかしそのときの私は何しろ忙しかったので、「次の機会にしてくださるとありがたいのですが」と答えました。

数週間後、私から彼に電話をして来てほしいと頼んだのですが、彼の態度はその前のときと少しも変わっていませんでした。私は空港まで迎えに行き、まずどこを視察したいか尋ねました。すると彼は「私は君の力になるためにここに来たんだ。君がしてもらいたいことなら何でもするよ」と言ったのです。そこで、プロジェクトチームの会議に参加してもらうことにしました。「私が今から会議で説明する点を強化していただきたいのですが」と彼に話すと、そのとおりにしてくれました。その後、また新しい要求をすると、それもまた引き受けてくれ、「ほかにできることはないかな？」と言ってくれました。

そのときから私は、責任者は私であって、彼は私を手助けしてくれているんだ、と感じ始めていました。私はだんだんと彼に心を開くようになりました。会議などで私なりのやり方で問題に対処し、会議の後で「私のやり方はどうでしたでしょうか？　あなたの経験から見て、いかがですか？」と聞いたりもしました。すると彼は「そうだね、ほかの部署で採用している方法を検討してみるのもいいかもしれないね。あるいは別の選択肢を考えてみるとか」というようにアドバイスしてくれたものです。あれをしろ、これをしろ、というように命令することは一度もありませんでした。あくまでも責任者である私を立ててくれていましたが、私のためになるような具体例も教えてくれました。

それでどうなったかと言えば、私の行動を律するのは上司である彼ではなく、私の良心となったのです。彼は私の仕事は完全に私に任せ、私を監視したり、余計な口出しをしたりすることはありませんでした。しかし私の良心は常に私とともにあり、私を見つめていたのです。

私は自分の責任を実感すると同時に、彼の経験と知恵を少しでも学びたいと思うようになりました。彼も惜しみなく教えてくれました。しかしそれでも、彼は決して指図するようなまねはしませんでした。「こういう選択肢があることも考えてみたらどうだろう」とか「この可能性は考えたことあるかい？」というようなアドバイスでとどめていました。

それが私の良心を育ててくれたのだと思います。そのような経験は初めてのことでした。

その後しばらくして、別の上司の下で仕事をすることになりました。とてもよい方でしたが、部下をコントロールするタイプの上司でした。そのとき私は、言われたことだけをするのはなんて楽なのだろうとつくづく思ったものです。しかしそれでは自分の創造性を生かす機会も、学ぶ機会もありません。私は自分の力をすっかり奪われたかのように感じました。それで仕方なく仕事以外のことに充実感を求めていました。この上司の部下は多かれ少なかれ私と同じような感じだったと思います。彼のやり方に合わせるしかなかったのです。

私はあの経験から、エンパワーメントとコントロールをはっきりと区別できるようになったのだと思います。

我々著者は、マルコム・ボルドリッジ国家品質賞を受賞した多くの企業に「もっとも大変だったことは何ですか？」と質問したことがあるが、ほとんどが「コントロールをやめること」と答えている。部下をコントロールするのをやめるのは、本当に難しいことなのだ。私たちが持っている脚本に反するからである。ほとんどの人は、エンパワーメントされたこともなく、その方法を教えてくれる人に巡り合ったこともない。ジョージ・ブッシュ元米大統領は、マルコム・ボルドリッジ国家品質賞の表彰式で次のように語っている。「これらの受賞企業の幹部は、知性、判断力、人格の面で従業員より勝っているわけではないことを自覚している[1]」

サーバント・リーダーの役割は、部下が知性、判断力、人格を磨くのを手助けすることである。それには、これまでのものの見方、行動スタイルと決別しなければならない。たとえば次のようなことも必要になるかもしれない。

- あなたと息子が学校の三者面談に臨んだとしよう。そこでは、面談の中心は息子である。主に息子に話をさせなくてはならない。勉強のこと、将来の希望を息子が自分で述べ、教師からフィードバックがあれば、息子がそれに対応する。あなたと教師はサーバント・リーダーなのである。それは「勉強はあなたに与えられた責任（スチュワードシップ）です。あなたが責任を持って行うことです。私たちはそのお手伝いをする。何か私たちで力になれることはある？」という態度で子どもに接することなのだ。

- あなたが社員の勤務評定をする立場にあるとしよう。評価対象期間が始まるときに評価用紙を部下に渡しておき、面談時にその内容について話し合えるようにしておく。なぜなら、実行協定の「望む成果、ガイドライン、リソース、アカウンタビリティ、評価の結果」は、部下自身が関係していることだからだ。そしてあなた自身が部下のサポート役になる。あなたは「伴走者」として、部下に次のように問いかける。

・うまくいっている？
・いま何を学んでいる？
・君の目標は？
・私で力になれることがあるかな？

勤務評定面談の時期がきたら、部下自身に評価用紙に記入させ、面談当日に一緒に振り返り、話し合う。その部下に対するサーバント・リーダーとしての自分の役割についても、適切なリソースとサポートを提供したか振り返る。

●誰かが何か問題を抱えてあなたのところに相談にきたとしよう。あなたはまず「君はどうしたらいいと思う?」と問いかける。あなたのほうからすぐに解決策を出してはいけない。あなたの役割は、本人が自分でより良い解決策を見いだせるように促すことだ。そして、やり方ではなく結果に責任を持たせ、その結果を出せるようにサポートすることである。

レベッカ

しばらく前、音楽劇を制作し上演するグループの手伝いを頼まれました。一二歳から一七歳までの子どもたちのグループです。ちょうどそのとき私はサーバント・リーダーの考え方を学んでいたので、音楽劇の制作そのものもさることながら、そのプロセスで子どもたちが自分の才能を開発し、リーダーシップのスキルを身につけられるように手助けしよう決めました。

私に協力を求めてきた方々とともに、その目的の達成につながると思う行動指針を定めました。

・子どもたち一人ひとりの責任範囲を決め、それをどのように果たせるか教える。
・できないことをできないままにせず、できるようになるまでサポートする。
・正しい原則を教え、その原則に従い、自分自身をコントロールさせる。

リーダーのベッキーとブレントは一七歳でした。二人とも才能に恵まれ、このプロジェクトに意欲的でしたが、音楽劇を制作するのは初めてでした。初めて二人に会ったとき、私は次のように話しました。「みんなと一緒に劇を制作していくのはとても楽しみで、わくわくしているの。きっとうまくいくはずよ。私はあなたがた二人と定期的に会って話し合うことにしたいと思っています。劇を成功させるために私にできることは何でもしてあげたいの。私の役目はあなたがたをサポートすることよ。私にどんなことをしてほしい？」

　私の話に二人はとまどっている様子でした。私に何をしてほしいかとっさには思いつかなかったからです。何か指示されるとばかり思っていたのでしょう。しかし私は何も指示せず、サーバント・リーダーの役割のことを説明すると、二人とも納得したようでした。私は、困ったときはいつでも手助けするし、必要な情報も提供する、と約束しました。二人は自分の役割を理解すると、自分たちで考え始め、「まず台本が必要です」と言いました。

「そうね。じゃあ、どうすれば台本が手に入るかしら」と言って二人に考えさせました。

　二人は話し合い、最初に浮かんだアイデアは、まずテーマを決め、誰かに台本を書いてもらうというものでした。正直に言えば、それでうまくいくかどうか怪しいと私は思いました。上演まで六ヵ月しかなかったのですから。私としては、このプロジェクトを通して彼らが教訓を得ることが大切だとは思いつつ、成功してほしいとも願っていました。上演まであまり時間がないことなど、私が心配していることを二人に伝えましたが、それと同時に「あなたたちのリーダーシップを信じているわ。決めるのはあなたたちよ」と言いました。二人は、気に入った台本ができなければやり直しができるように、時間的な余裕を見て台本の期限を定めました。

　結局、気に入った台本はできませんでした。そこでまた話し合いを持ち、私は「ここから学べることは何かしら？これからどうしたらいいと思う？」と質問を投げかけました。二人はいろいろな可能性を話し合った末に、台本は自分たちでつくることにしました。ベッキーが台本を書き、ブレントが作曲することになったのです。ベッキーは文章を書くことが好きだし、ブレントは音楽が大好きでした。でも台本を制作するというような経験はありません。二人とも少しおじけづいて、不安そうでした。私は「あなたたちならできる」と言って励ましました。二人は早速、取りかかりました。

　数週間後、二人が仕上げてきた台本と音楽はとても素晴らしいものでした。その後の何回かのミーティングで、グループのほかのメンバーもリーダーになってもらうことを決めました。監督、振りつけ、舞台美術、演奏などの役割を分担したのです。彼らがミーティングする前に、私はベッキー、ブレントと話し合い、ミーティングの準備を手伝いました。ミーティングの後にも二人と会い、ミーティングを振り返って反省し、そこから得た教訓を次に生かせるようにしました。あるとき私は、リーダー一人ひとりに大人のアドバイザーをつけてみてはどうかと提案しました。「アドバイザーの役割はアドバイスし、専門的なことを教え、手助けすること。あなたたちの仕事を代わりにやってくれることではないのよ」と説明しました。ベッキーもブレントもこの提案を喜んで受け入れてくれたので、それぞれの分野の専門家のリストをつくりました。その専門家たちに会ってプロジェクトのことを説明し、若い人たちに力を貸してほしいと頼みました。

　プロジェクトが着々と進んでいくのを見ているのは、とてもうれしく、高揚感がありました。ベッキーとブレントに会うと、私は必ず「どう、うまくいってる？」と声をかけます。二人は状況を詳しく話してくれ、不満や心配事も打ち明けます。アドバイスを求めてきたときには、「こういう考え方もあるんじゃないかしら」とか「こういうふうにすることもできると思うわよ」というように具体的にアドバイスすることもありましたが、ほとんどは「そうね、それは困ったわね。あなたたちはどうすればいいと思う？」と言って、二人に自分で考えさせるようにしました。二人が気づいていない問題をそれとなく指摘することもありました。しかし彼らが「自分たちには責任がある、その責任を引き受けてくれる人はいない。でも大勢の人たちが力を貸してくれ、私たちの夢が実現するように応援してくれている」と気づいてからというもの、独創的なアイデアがどんどん出てくるので、本当に驚かされました。

とはいえ、ガイドラインを守るのはそう簡単なことではありませんでした。リハーサルのとき、大人のアドバイザーの一人が、担当していた子の仕事を代わりにやろうとしたのです。その人は高い専門技術を持っているのですが、人をコントロールしようとするタイプでした。私はすぐにもその人のところに行って、「勘違いしていませんか？　私たちは子どもたちが自分たちの力だけで音楽劇を上演できるようにお手伝いしているだけなんですよ」と言いそうになりました。しかしぐっとこらえて、リーダーの行動を見守ることにしました。それがこのプロジェクトで私がやろうとしていた目的にかなうと思ったからです。結局、リーダーたちが私のところに相談しにきました。「それは問題ね。どうしたらいいかしら？」と私は言いました。彼らは話し合い、リーダーが例のアドバイザーと話し合ってみることになりました。そのリーダーは勇気と思いやりを持ってアドバイザーと話し合い、問題は無事に解決しました。

最終的に、この音楽劇には九〇人の子どもたちが携わりました。それぞれの分野のリーダー、そして参加した子どもたち全員が協力し、汗を流しました。大人の指示の下でやっていたら、あれほど多くのことは学べなかったでしょう。公演は大成功でした。作品そのものも素晴らしい出来栄えでした。観客は涙を流していました。地元での公演の後、近くの大都市のホールで二回の追加公演を依頼されました。何百人もの人々が見にきてくれ、立ち見が出るほどの盛況でした。

サーバント・リーダーになるのは、少なくとも最初のうちは、人をコントロールするリーダーになるよりもはるかに難しいと実感しました。しかしそれによって得られるものはとても大きいのです。公演はとても素晴らしかった。しかし私にとってそれ以上の収穫は、あの子たちが将来どのような道に進むとしても、この経験で培った能力を発揮し、活躍できるはずだと思えることなのです。

「人を使って仕事を成し遂げる」パラダイムと「仕事を成し遂げることで人を育てる」パラダイムはまったく別である。前者のパラダイムでも仕事は成し遂げられる。しかし後者のパラダイムであれば、仕事は人と人が創り出すシナジーの中で、はるかに創造的に、効果的に成し遂げられる。そのプロセスを経験することで、将来もっと多くのことを成し遂げられる力がつくのである。

よい考え方に思えるけれど……

ほとんどの人は、エンパワーメントを促進する環境を築くうえで原則中心のリーダーシップが果たす大きな役割を理解できるだろう。しかし、ことはそう簡単に運ぶわけではない。実際に始めてみると、自分が試されるような場面にたびたび出くわす。そのようなときには、それまでにやってみたことのない方法で四つの能力《ちから》を働かせなければならない。この章の締めくくりとして、インサイド・アウトでエンパワーメントするときに、私たちが直面するもっとも一般的な問題を取り上げ、どうすれば乗り越えられるか考えてみよう。

上司がＷｉｎ－Ｗｉｎを知らなかったら？

Ｗｉｎ－Ｗｉｎの考え方を知らなくても、Ｗｉｎ－Ｗｉｎなら知っているはずだ。そこから始めよう。「スチュワードシップ実行協定」という言葉を使う必要もない。「私は自分の役割を果たしているつもりですが、私がやるべきことを改めて明確にしておきたいと思います。私の仕事に優先順位をつけてリストにしましたので、目を通してみていただけないでしょうか。間違っていたら教えていただきたいのですが」と言えばよい。まず理解に徹する。そして望む成果について話し合い、合意する。

あるいは次のように話してもよいだろう。「仕事を進めるうえで私が重要だと思っているガイドラインと方針を書き出してみました。これ以外に私が知っておかなくてはならないことがあるでしょうか？」この場合も、Ｗｉｎ－Ｗｉｎの五つの要素を一つずつたどって、合意を結ぶ。

これには数週間、ことによると数ヵ月かかるかもしれない。しかし実行協定ができれば、それ以降は協定に従って仕事を進めることができる。実行協定にないことを要求された場合でも、「以前確認した優先順位ではこうなっています。どこを変更すればよいでしょうか？」と話して応じることができる。要求の内容によっては、実行協定の方向性を変える必要があるかもしれない。あるいは、たまたまそのとき「やるべきこと」があなたに回ってきただけかもしれず、あなたが引き受けなければ、「緊急中毒」の人に回されるだけかもしれない。このようにＷｉｎ－Ｗｉｎのスチュワードシップ実行協定を結べば、あなたも上司も、仕事を進めるうえでの基準ができるのである。

部下にエンパワーメントすることを望んでいない上司だったら？

まず、ある女性の経験談を読んでほしい。

私はまさに「おじさんクラブ」みたいな会社で働いています。幹部は皆六〇代の男性で、この業界で長年経験を積んできた人たちです。「女性はお茶くみ」の態度が染みついているんですね。私の言うことなど真剣に取り合ってくれません。女性の昇進なんか夢のまた夢です。三〇年もそんな調子でやってきて、いまさら変えるつもりなどさらさらないのです。やる気のある秘書が入社して、「Ｗｉｎ－Ｗｉｎ実行協定をやりたいのです」と進言しても、聴く耳を持たず、ですね。

現実問題として、長年の間に特定の組織文化がすっかりできあがり、従業員もそれになじんでしまっているために、なかなか変えられないということはよくある。誰かが変えようとしても、その人の影響の輪が小さければ思うようにはいかない。もしあなたにとって現状がＷｉｎでないなら、違う職場を見つけるのも一つの選択肢になるだろう。

とはいえ、そのような状況に置かれている人が大きな変化を起こした例は枚挙にいとまがない。

ロジャー

数年前、ある大企業の研修プログラムの開発を担当しました。私はその会社に出向し、前任者の秘書を引き継ぐことになりました。もちろん私は「女性はお茶くみ」のような考え方は持っていませんでしたが、着任したばかりで何かと大変だったため、彼女を一目見て「優秀な秘書のようだ、覚えておこう」とリストにチェックマークを入れただけで、慌ただしく「より重要な仕事」に取り掛かりました。

彼女は、秘書としての仕事をそつなくこなしてくれました。私としては何の不満もありませんでした。そして彼女はだんだんと仕事の範囲を自分から広げていきました。何回か口述筆記で手紙を書いてもらった次の日のことです。彼女は私宛ての何通かの手紙を開封し、仕分けして持ってきて、「この中で昨日書いたような文面で返事を出してよいものはありますか？　よろしければ私が下書きします。それをチェックしていただいて、書き直すところを言っていただければよろしいかと。そのほうが時間の節約になると思います」と言うのです。私は仕事が山積みで時間に追われていたので、渡りに船とばかりに「じゃあお願いします」と頼みました。彼女が持ってきた下書きは、丁寧でとてもよく書けていました。私が書くよりもずっと良いくらいでした。そのうちに彼女は私の手紙の九五%を代筆してくれるようになりました。

私は彼女の文章力に感心していたので、研修マニュアルを執筆してみないかと勧めました。彼女が同意したので、一つの章を彼女に任せることにし、いくつかアイデアを出すよう指示しました。すると彼女は、アイデアを出してきただけでなく、その章の草稿まで書き上げてきました。しかも見事な出来でした。

やがて彼女は、その部署の人事研修トレーナー兼アシスタント・マネージャーに昇進しました。私はその後、彼女がコミュニケーションの修士号を取得していることを知りました。入社時に秘書以外のポストが空いていなかったので秘書の仕事に就いたそうです。私が開発した研修プログラムが大成功したのは、まさに彼女のおかげでした。

この女性と仕事をしたことで、「人はどれほど効果的に自分の役割を果たせるか」ということについて、目が開かれる思いがしました。それからというもの、秘書の仕事に対する見方もがらりと変わり、秘書との接し方も変わりました。私の素晴らしい同僚の何人かは、最初は秘書として働き始め、能力を広げて昇進した人もいれば、これが自分のやりたかった仕事だからと、秘書の仕事をきわめている人もいます。

ほとんどどんな状況でも、自分のスキルと能力を伸ばし、影響の輪の中で努力すれば、あなたとあなたの仕事に対する周囲の人たちの見方を少しずつ変えることができる。自分の仕事で何をしたいのか明確なビジョンがなく、変化を起こすための努力をしなければ、自分で自分の力を奪ってしまうことになる。そしてそれを自分の置かれた状況や他者のせいにし始める。大切なのは、主体的に自分にエンパワーメントし続け、パラダイムを変える、あるいは状況を変えるために努力することを選べるのだと自覚することなのである。

部下をエンパワーメントしようとしても、部下自身がそれを望んでいないとしたら？

「目標による管理」がトラウマになっている人たちがいる。裁量権を与えられ、自律的に仕事を進めてよいはずだったのに、はしごを外され、上司に裏切られたような気持ちになっている。そういう人たちは、「何をすればよいか言ってほしい。給料分だけの仕事をさせてほしい。定時になったら帰らせてほしい」という態度をとるようになる。あるいはまた、職場でのことは人生の質には何の関係もない、と考えている人もいる。そういう人たちは仕事以外のことに満足を見いだしている。彼らにとってある意味ではバランスのとれた生活なので、それを乱されたくはない。

あなたがＷｉｎ－Ｗｉｎを結ぼうとするのは、ありのままの人なのであって、あなたが望むような人とはかぎらない。だから、部下が自分にふさわしいと感じる自主性のレベルに合わせて実行協定を結べばよいのである。それにはまずあなたが心を開くこと。あなたの考えや気持ちを十分に伝えなければならない。たとえば部下にこのように話すとよいだろう。

「君はこれまでのように与えられた仕事に取り組んでいればよいと思っているかもしれない。それで十分だと思っているかもしれない。成果とアカウンタビリティに関してお互いに合意し、それを実行して、それが今現在の君のＷｉｎであるなら、それでかまわない。

しかし、一つだけ知っておいてほしいことがある。私が君の能力を高く評価していて、君にはこれからも会社に貢献してほしいと思っていることだ。機会を見つけて、君にいろいろな情報を提供していく。もっと興味の持てる分野が見つかり、もっと自主的に仕事に取り組めるようになれば、君にとっても、私にとっても良いことだと思う」

エンパワーメントの環境を築くには、次のようなこともできるだろう。

- **チームまたは組織のミッション・ステートメントを部下と一緒に作成する。**

- 部下が問題を抱えて相談にきたら、「あなたはどうすればよいと思う?」と問いかけ、まずは自分で考えさせる。
- 辛抱強く接する。自主性のレベルの高い実行協定を結んでいるほかのメンバーの例を挙げ、自分で気づくように仕向ける。

職場のシステムがWin-Loseだったら?

あなたが小さな部署のマネージャーだとしよう。あなたはチームをうまく取りまとめていると自負している。チームのメンバー四人と一緒に作成したミッション・ステートメントも効果的に機能していて、メンバー全員が支持している。そのミッションに取り組むことに皆が前向きで、チームは活気にあふれている。一人ひとりが自分の責任をきちんと把握し、エンパワーメントされている。

しかしあなたは、組織のシステムに従って四人の部下に勤務評定の順位をつけなければならない。せっかく優秀な人材を雇ったのに、彼らをランクづけしなければならないのだから、システムに矛盾があるのは明らかだ。さて、どうすればよいだろう?

その場合は、部下と一緒に解決策を探そう。部下を集めて、組織のシステムを説明する。そして、彼らのニーズに応えるには、このシステムの中でどうすればよいかアイデアを出し合う。「こういう問題がある。良い解決策はないだろうか?」と促してみる。

メンバーとの信頼関係が築かれているなら、一緒になって「第3の案」を生み出せるだろう。

影響の輪の大きさ、他者との信頼関係の度合いによっては、システムを変えようとする試みは組織全体に波及するかもしれない。辛抱強く、正しい原則に従って行動していれば、あなたが生み出す良い変化は全員のためになるのである。

組織に欠乏マインドがはびこっていたら？

ある大手石油会社の社員が、こう言った。「景気が悪くなったら、会社はどうなります？ 大幅な人員削減が行われても仕方がないですよね」

すると別の人が立ち上がって、こう発言した。「私の経験をお話ししましょう。人員削減だけでなく、工場も閉鎖されたのですよ」彼によれば、経営幹部が当初から社員と話し合いを持っていたという。会社側はまず社員を理解することに徹し、Ｗｉｎ-Ｗｉｎの解決策を模索した。財務データ、業界動向、会社の状態を一緒に検討した。そして経済情勢からして工場閉鎖もやむなしであることを理解した。工場はもはや時代から取り残されていた。市場は渇ききってきた。会社がどうにかして救える状況ではないことは誰の目にも明らかだった。そして皆が一緒になって、工場従業員の再就職に全力を注いだ。

工場閉鎖の日にはメディアが取材にやってきた。バリケードや抗議のポスター、工場に立てこもる従業員をカメラにとらえることを期待していたのだが、驚いたことにフライドチキンで盛大なお別れパーティが開かれていた。信頼関係が築かれていたからこそ、経営幹部は問題を包み隠さず従業員に話し、協力して解決策を見いだすことができたのである。

状況が変わったら?

新しい上司に変わったら、あなたの部署が再編成されたら、望む成果が望ましいものではなくなったら、どうすればよいのだろう?

あるいは、組織の外で大きな変化があったら? 組織を取り巻く環境の変化に、どう対応したらよいのだろうか? 仕入先に変化があったり、株式市場が暴落したり、経済情勢があるとき一変したりしたら? 実行協定の範囲の中で、これらの事態にどう対応したらよいのだろうか?

スチュワードシップ実行協定は、状況の変化を前提に作成されるものである。なにも法的な文書ではないのだから、協定を結ぶことに誰も不安は感じない。それは信頼関係に成り立っている。人を縛りつけるのではなく、人に自由を与え、自主性を引き出すことを目的としたものだ。お互いに期待することを明確にする効果的なコミュニケーションの一形態である。状況の変化に応じて、協定を一新することもできる。いつでも話し合い、見直し、修正できる。実行協定は「生きた文書」なのである。

波風を立てたくない……

セミナーに参加した大企業のマネージャーが、次のような話をしてくれた。

ある日の会議で、会社の重要な方針について話し合いました。その方針は事業環境に悪影響を及ぼす可能性がありました。私は強い懸念を抱いていましたが、会議では発言を控えていました。

私はずっと自問していました、「なぜなんだろう？　なぜ自分は何も言えないのだろう？　数年前にこの会社に入社したときは、何も恐れてはいなかった。自分の考えは自由に言っていた。自分に自信があった。裏表なく誠実に行動できると思っていた。なぜこんなふうになったのだろう？」

その会議以来、そんなことを考えていて、自分が退職金を前払いで借りていることが原因だと気づきました。その金で家を購入していたんです。ローンを組んでヨットも買っていた。要するに、今の経済的な安定を脅かすようなまねはしたくなかったんですよ。「金《かね》の手錠」に縛られていたのです。

そこで私は二つのことを決意しました。自分の経済状態を立て直して、貯金をすること。そして労働市場での自分の価値を高める努力を続けることです。職を失うことを恐れて、不誠実な行動をとるようなことは二度としたくなかったからです。

後日、このマネージャーはスタッフミーティングのときに新聞の求人広告欄のコピーを配り、「これを見てくれ。今の仕事よりも条件の良さそうな求人はあるかい？」と尋ねた。スタッフは求人広告を見た。多くのスタッフがもっと条件の良い仕事を見つけたようだった。彼は言った。「家に帰って全部チェックし、今よりも条件のよい仕事に自分が採用されるかどうか考えてみてほしい。明日にでも結果を聞かせてほしい」

次の日、ほとんどのスタッフは、もっと条件の良い仕事だと自分には応募資格さえないことを悟り、ショックを受けていた。彼らが身につけていない新しいスキル、新しい知識や情報を必要とする仕事ばかりだったのだ。このマネージャーは自分の経験をスタッフに話し、安心を得たいなら今の仕事にしがみつくのではなく、自分の能力を広げ、伸ばすよう励ました。

裏表なく誠実に行動したり、勇気を持って発言したり、先入観を疑問視したりすることに恐れを抱いていたら、それは自分をだましていることであり、組織のためにもならない。自分の恐怖心を見つめ、その原因を突き止めて自分を解き放つことによって、最高の自分を引き出し、ベストを尽くせるのである。

同僚が信頼できなかったら？

同僚がまるで信頼できなかったら、どうしたらよいだろう？　その同僚の能力はもとより、人格までも信頼できなかったら、どうやってスチュワードシップ実行協定を結べばよいのだろうか？

次の重要な原則を覚えておいてほしい。

(1) まず自分の心を見つめる

成功は必ずインサイド・アウトでなされるものである。まずはあなた自身から始めなくてはならない。

「自分はその人をどう見ているだろうか？　自分のものの見方、パラダイムが問題の一因になっていないだろうか？　その人に成功してもらいたいと本心から思っているだろうか？　その人がもっと成長し、能力を伸ばせると思っているだろうか？」と自問してみる。

失敗したくて失敗する人などいない。わざと卑劣なことをしたり、裏表のある行動をとったり、他人を操ろうとしたりする人も、そうそういるわけではない。失敗するのは、成功するための能力がまだ備わっていないだけなのである。他者の人格に対する否定的な印象も誤解によるものであることがほとんどだ。善意を前提にして他者を見ることが大切である。誰かをこういう人だと思い込んでいると、その人と接するときはどうしてもそうした先入観がにじみ出るものである。人格と能力は一つの連続体をなしている。自分のパラダイムが原則に合っているかどうか確かめてみよう。

(2) 自己責任と自律性を養う

誰も他者の能力開発に最終的な責任を負う立場にはない。誰にも他人を変えることはできない。人は自分で変わらなければならないからだ。しかし、その手伝いをすることはできる。変化のためのリソースになれる。サーバント・リーダーとなって他者を励まし、支援し、育てることができるのだ。

スチュワードシップ実行協定を成長の一つの手段として活用しよう。個々人の人格、能力の程度を問わずに広く使え、融通の利く手段である。状況に応じて調整することもできる。

「望む成果」を現実的なものにし、明確にする。本人とよく話し合う。わざと甘い目標を設定したら、その人のためにはならないし、それと同時に本人だけでなく、会社、職場のチーム、家族のことも考慮しなければならない。場合によっては、もっとスキルに適したポストに異動することを自分から選べる可能性も用意しておくとよいだろう。

次に「ガイドライン」について話し合う。ガイドラインをもっと増やすべきか、もっと頻繁にコミュニケーションをとったほうがよいか。自発的に行動できる範囲も話し合う。その時点ではあまり範囲は広くなくとも、実績を重ねていけば、もっと権限を持たせることもできる。

「リソース」については、特に役立つものを特定し、その人が成功するためのチャンスはすべて与えることが大切だ。夜間の講習会や会社の研修への参加を支援することや、個人的な読書計画の目標なども実行協定に含めることができる。わが子に何かのスキルを身につけさせる実行協定を結ぶなら、親もリソースになって支援することができる。

「アカウンタビリティ（報告義務）」と「評価の結果」については特に具体的に話し合う必要がある。とりあえず短期的なアカウンタビリティを設定し、本人が基準に照らして自己評価できるよう手助けする。ここでも、甘い基準を設定したら、本人にとって得るものはない。だからといって厳しすぎる基準も逆効果である。現実に即して判断しよう。本人が自分の行動の結果を客観的に見つめられるようにすることが大切である。

本人に直接フィードバックするのがよい場合もある。しかし裁判官になって判断を下すようなまねはいけない。力を貸す存在に徹することだ。あくまでもスチュワードシップ実行協定に定めたことについてフィードバックする。相手に威圧感を与えないようにして、実行協定に沿って一緒に振り返れば、相手も身構えず、原則に基づいた話し合いができる。心のコンパスを見つめるように促す。「実行協定に照らしてみて、自分の業績をどう思いますか？」「あなたの働きぶりについて、同僚はどう感じていると思いますか？」というように問いかけ、自覚を育てる。論理的に考えて現在の行動がどのような結果をもたらすか自分でわからせる。明確なコミュニケーションをとり、あなたのほうに信頼性があるなら、人は心を開いて前向きに学び、成長しようとするものである。良心の声に従って行動できるようになるのだ。

さらに、ほかの人たちからもフィードバックを得られることを教えるとよいだろう。自分の行動が他者にどのような影響を与えているか気づいていないかもしれない。だが、そうしたフィードバックは本人のプライドを傷つけないように、あなたにではなく本人に直接なされるように配慮しなければならない。他人の意見に左右されやすい人は、否定的なフィードバックを認めたくないという意識が働き、その結果、重大な短所がそのままになっていることが多い。このように繊細で傷つきやすい人に対しては、まずは短所を自覚させ、それを改善する能力開発計画を一緒に考えるとよいだろう。そうすれば徐々に安心感を得て、どんなフィードバックも前向きに受け入れるようになる。

一般的に言って、心が比較的安定している人は、三六〇度フィードバックで自分の短所に気づくと、きちんと正せるものである。自分本位な行動を控え、謙虚さが出てくる。フィードバックで指摘されたことを口に出して感謝しなくとも、行動に表れる。

フィードバックしたことを相手が行動に取り入れようとしているときは、あなたのほうから意識的にサポートしてあげれば、その人のためを思ってフィードバックしていることが伝わる。

上司が信頼できない人なら、オープンなコミュニケーションがいっそう重要になる。実行協定に定めた基準に従って、正直にフィードバックしよう。あなたが望むような信頼関係を築くには時間がかかるかもしれない。その上司に自分が思っていることや心配していることを言えなかったり、変化を望まないような上司だったら、組織内での異動や転職を考えるのも選択肢の一つになるだろう。不信感を抱きながら仕事をしていたら、あなたにとっても職場にとっても望ましいことではない。

　とはいえ、完璧な人などいないのだからと諦めて、信頼関係を築くのを放棄してしまってはいけない。強硬な態度で支配的に物事を決めるような安易な道を選んでしまうのも問題だ。一部の人たちの問題行動を防ごうと過剰にコントロールすると、組織全体の業績に悪影響が及びかねない。

　ある企業の洞察に富んだリーダーが、アニュアルレポートで次のように述べている。

「もっと自由を与えられれば、誰でも前向きになり創造力を発揮するものだ。しかしそれはなにも、人間は完全なのだと楽観的に考えるからではない。人間は不完全なものである。その不完全な人間が、別の不完全な人間が押しつける規則、ルール、制限の下で働くよりも、信頼、自由、相互の尊重に満ちた環境で協力して働くほうが、人間である以上避けられない失敗やミスをはるかにうまく乗り越えられるのである[2]」

誰かがミスをしたら？

　信頼関係が築かれていれば、真面目にやっていて犯したミスは、「学ぶ機会」とみなされ、その本人が責められることはない。あなたが何かに失敗したときは、原因を突き止め、それをはっきりと伝え、オープンに話し合う。その経験からどんな教訓を得られるか考える。そして前に進もう。失敗するのが嫌だからとリスクを負わずにいるのは、組織にとってＷｉｎにはならない。失敗が許されない状況では、人は本当の意味で自分をコントロールすることはできないのだ。

あるマネージャーが次のような話をしてくれた。

> 一人で決断しなければならないときは、必ずいろいろなことが起きるものです。マネージャーである私は、部下の力を引き出し、彼らが最善の判断をして存分に実力を発揮して仕事を進めていってほしいと思っています。そうすれば仕事は単なる労働ではなく情熱を注げるものになります。そこで私たちが実行協定で合意したのは、ミスをしたら、それは私の責任だということです。しかし同じミスを繰り返したら、今度は自分の責任になります。彼らは自分で決断できる権限を与えられているのです。

同じミスが何度も繰り返されるのは、実行協定が現実とマッチしていないということだ。もっとコミュニケーションをとり、アカウンタビリティの頻度も増やす必要があるかもしれない。お互いに望む成果が思ったほど明確になっていなかったのかもしれない。状況が変わったのかもしれない。新しいスキルや知識が必要なのかもしれない。

ミスが起こる理由はいろいろあるが、人がミスを犯したとき、そのミスだけを単体で見ていたら、本当の原因はわからない。その一つのミスは、あなたのチームや組織の文化全体に関係する問題としてシグナルを発していることもある。組織の競争力を高めるために必要な創造力や率先力を抑えつけているというシグナルかもしれない。そんなときは、叱責《しっせき》の言葉を連発するのではなく、実行協定を出そう。協定の中身をじっくり確認する。本人と話し合う。オープンに、正直に話す。明確でわかりやすいフィードバックをする。実行協定の中で変更すべきところは変更する。そして前進する。

中国の木の奇跡

竹は、土地を耕してから植えられる。最初の四年間は土の中だけで生長する。地上で見えるのは小さな株とほんの少し突き出た竹の先端だけである。

しかし五年目には、いきなり二五メートルの高さまで伸びる。

原則中心のリーダーは、この竹の例えをよく理解している。彼らは第Ⅱ領域に時間を使う価値を理解しているのだ。土を耕し、種を蒔《ま》き、肥料を与え、水をやり、雑草を抜いて手をかける努力の価値を知っている。やがて必ず収穫を得られることを確信しているからである。

しかも、得られる果実のなんと素晴らしいことか！

組織の文化というのは、ほかの組織にはまねのできない競争優位性なのである。技術はまねできる。情報は得られる。資本は買うことができる。しかし効果的に協力し、第Ⅱ領域に時間をかけ、最優先事項を優先するという組織の文化は、買うことはできない。どこからか持ってきて据えつけることもできない。信頼関係が築かれ、人にエンパワーメントする文化は、その組織の中でしか育たないのである。

同じことが家庭やほかのさまざまなグループにも言える。質の高い文化を育てるには長い時間をかけなければならない。正しい原則に従い、辛抱強く、謙虚に、勇気を持って行動し、影響の輪の中で活動してはじめて、自分自身を変え、組織にも良い影響を与えることができる。エンパワーメントは、インサイド・アウトによってなされるのである。

第四部　原則中心の生き方がもたらす力と安らぎ

第Ⅱ領域を中心にしたライフスタイルから得られるものは何だろう？ 最優先事項を優先して生きることによって、人生はどう変わるのだろうか？ 原則に従って物事を判断し、刺激と反応の間のスペースで一時停止し、重要度のパラダイムで行動したら、私たちの人生にどのような変化が起こるのだろうか？

最後の第四部では、職場や家庭、チームなど一般的な環境で第Ⅱ領域のパラダイムがどのように働いているのかを見ていきたい。時間管理の第四世代によって、私たちの行動がどのように変化するのか、なぜそのような行動をとるようになるのか具体例を通して説明する。時計とコンパスが新しい地図を得て、幸福で充実した人生を創造していくことがわかるだろう。原則中心の生き方の要となるもの、そしてそれを阻もうとするものも検証する。人生のターニングポイントにおける勇気と自信についても考えてみたい。

原則中心の生き方は、単なる目的ではない。それは手段であると同時に目的なのである。人生という旅路の中身である。日々、自分にとってもっとも重要なことを達成することによって実感できる力と安らぎである。

原則中心の生き方においては、旅そのものと目的地は同一なのである。

第一四章　時間管理からパーソナル・リーダーシップへ

マネジメントはシステムの中で機能する。リーダーシップはシステムに働きかける。

本書の冒頭で、時間管理の第四世代、つまり第Ⅱ領域の時間管理は、それまでの時間管理とは根本的に異なると述べた。第Ⅱ領域の時間管理は、時間管理にとどまらず、パーソナル・リーダーシップを育てるものでもある。古いパラダイムに基づく新しいプロセスではなく、新しいパラダイムに基づく新しいプロセスなのである。

ここで、職場や家庭でパーソナル・リーダーシップが発揮されたとき、実際にどのような変化が起きるのか見ていこう。これから紹介する例は、あなたが置かれている状況にそのまま当てはまるものではないかもしれない。しかし、エピソードそのものよりも、そこで働いている原則、考え方の違いに着目してほしい。そして、その原則をあなたの生活に応用してみよう。第Ⅱ領域の時間管理が、あなたの時間、人生の質に与えるインパクトを考えながら読んでほしい。

職場での月曜日の朝

典型的な月曜日の朝の職場を想像してほしい。あなたはマーケティング部のアカウント・マネージャーである。三人のアカウント・マネージャー・チームの一員であり、それぞれのマネージャーが三〇～四〇社の得意先を担当している。あなたには専用のオフィスもある。アカウント・マネージャー・チームに一人の秘書がいる。

出勤し席に着いたあなたは、昨夜立てた週間計画を見直し始めた。次のようなリストを作成し、それぞれの所要時間を割り出してみた。＊印がついているものは、今日中に行いたい第Ⅱ領域の重要な活動である。

- 大口契約の商談のため明日やってくるマッキンリー社担当者との会議の準備をする。（三時間）＊
- ジェームソン・インダストリーズ社への提案書を作成し、今日中にメールを送る。（二時間）
- アカウント開発リストにある一〇人に電話する。（一五分～一時間）
- ビルと昼食をとりながら、ウォフィンデン社のアカウント戦略を相談する。（一時間三〇分）＊
- メモや郵便物に目を通し、整理する。（一時間）
- 社内の電子メールを処理する……一七メッセージ。（一五分）
- グループウェアに入っているメッセージを確認する。（一〇分）
- ファイルを整理する。（一時間）

これら以外に、あなたは次のことにも気づいた。

- デスクに二つのメッセージが置いてある。

「アンダーソン社に注文品が届いていません」（今月二度目！）

「水曜日に予定されていた品質管理委員会会議は本日三時からとなりました」（二時間）

- 秘書は別のアカウント・マネージャーの仕事を手伝うことになっており、今日は仕事を頼めないことがわかった。
- このリストを見直しているときに上司がやってきて、あなたが担当する得意先について向こう三ヵ月の各製品の生産計画を作成するよう指示される。二時までにマーケティング部長に提出しなければならないという。（一時間）

この一日、あなたならどう過ごすだろうか？　実際にペンを持ってスケジュールをざっと書いてみてほしい。何を最初にするか、その次は何をするか？　計画をどう調整するか？　何時くらいまで残業することになりそうか？　どんな気分で今日一日を終えたいか？

一つの方法として、次のように自問してみよう。

- **この中で一番重要なものは何か？**
- **先に延ばしても大丈夫なものはどれか？**
- **誰かに任せられるものはどれか？**
- **しなくてもよいことはどれか？**

- もっと短時間でできるものはあるか？
- 一番重要なことを確実に行えるように、スケジュールをどう調整すればよいか？

このようにして自問してみれば、いくつかの予定（ビルとの昼食、ファイルの整理、顧客開拓の電話など）は変更できそうなことがわかる。アンダーソン社への納品の確認は誰かに任せられるだろう。こうすれば、一番重要だと思う仕事（ジェームソン社への提案書、マッキンリー社との商談の準備、メモや電子メール、グループウェアへの対応、生産計画の作成）の時間をとれるだろう。品質管理委員会の会議にも間に合うかもしれない。

あなたはこれとは違うかたちに調整したかもしれないが、ほぼこのようにしたものとして話を進めよう。この一日を終えたとき、あなたはどんな気分でいるだろうか？　急に立て込んだ状況の中で、最優先事項を優先できたと思えるだろうか？

ここで次の質問を考えてみてほしい。来週の月曜日はどうなるだろうか？　再来週の月曜日はどうなるだろうか？　それ以降の月曜日はどうだろう？　また同じような状況にぶつかるだろうか？　多少の違いはあっても、基本的には同じような問題にぶつかるのだろうか？

第三世代の時間管理のアプローチでは、同じような事態が繰り返される。何も変わらなければ、仕事のデリゲーションも先送りもずっと繰り返されることになる。それでは最優先事項はいつまでたっても優先できない。

では、第四世代のアプローチはどうだろう？

「仕事」や「約束」ではなく「人」や「人間関係」の視点から一日を眺められるようになる。事態の変化を組織のミッションに貢献する新たな可能性と見られるようになる。何をいつするかだけでなく、それらをするのかしないかも含めて検討できる。「いつ」だけでなく、「なぜ」「どのように」を考えられるようになるのだ。スケジュールを決めるときは、一時停止して、良心の声に耳を傾けよう。

- **意識的に問いかける。**
- **言い訳せずに聴く。**
- **勇気を持って行動する。**

自分にとって一番重要なことを判断するときには、エンパワーメントの条件を思い出し、長期的に最善の結果を得るには、どこに労力を集中させればよいか考えてみるとよいだろう。

まずは次のように自問して、それぞれの仕事の本質を見きわめよう。

- **どうしてこの仕事が生じたのか？**
- **なぜ今これをするのか？**
- **この仕事をする根本的な理由は何か？**
- **この仕事の最終的な目的は何か？**
- **この仕事は組織の目的に貢献するか？**

●自分の能力、持てるリソースを最大限有効に生かせる仕事だろうか？

こうした質問に答えていけば、どの仕事を優先すればよいかおのずと決まるだろう。ほとんどの場合は、根本的なシステムを改善したいと思うようになるはずだ。仕事を「すべきこと」ではなく、より大きなプロセスを改善する機会として見るようになる。

それでは、リストの中の五つの仕事を取り上げて検討してみよう。それぞれの仕事について、第Ⅱ領域の行動を提案してみたい。あなたの考えは異なるかもしれないが、それはそれでかまわない。大切なのは基本のプロセスを知ることである。

一．ジェームソン・インダストリーズ社への提案書

まずこの仕事を考えてみよう。これを土壇場になってすることになったのはなぜだろう？　この仕事にいつ気づいたのだろう？　提案書の作成に関して、あなたのシステムはどうなっているのか、あなたはどんなパラダイムを持っているのだろか？　ほかのアカウント・マネージャーは、もっと効果的な方法で取り組んでいないだろうか？

提案書の提出期限はあなたが決めたと仮定しよう。あなたはどうしてもジェームソン社の契約がとりたかった。こちらの熱意を示したかったので、「月曜日の午後までに提案書をお送りします」と約束したのだ。

しかし、提案書を送ることはジェームソン社のニーズに応える仕事だろうか？　現実的な約束だっただろう

か？不要な約束だったのではないだろうか？実際、ジェームソン社はいつ提案書を見るのだろう？ジェームソン社に一番適した提案書の書式は何なのか？

ジェームソン社が今日中に提案書を欲しがっていることが明らかなら、今日中に仕上げるしかない。しかし、ジェームソン社が本当に必要としている提案書の書式を確かめて、それに沿ったかたちで後日提出したほうがよいかもしれない。いずれにしても、提案書に関して、あなたは今後どうすべきだろうか？今日できることで、将来の提案書作成のためになることはあるだろうか？提案書に関して、チームのメンバーとシナジーを創り出せるだろうか？今後役に立つ標準的な書式を決められるだろうか？

これらの問いを考えながら、あなたはほかのアカウント・マネージャーたちとコミュニケーションがほとんどとれていないことに気づくかもしれない。その原因の一つは、マネージャー同士の競争心である。アカウント・マネージャーの報酬は歩合制なので、どうしても競争心がかき立てられてしまうのだ。それぞれが良いアイデアややり方を持っていても、胸の中にしまい込んでいる。しかし提案書の標準的な書式を確立するというアイデアは、競争相手のマネージャーたちのためにもなるのだ。なぜこのようなことになっているのだろか？この状況を変えるために、あなたにできることは何だろう？あなたの影響の輪の中に給与体系はあるだろうか？状況を改善するために、どうしたらよいだろう？

あなたは今日、同僚のアカウント・マネージャーたちにメモを渡し、提案書についてのミーティングの日取りを決めるかもしれない。そこで提案書の標準的な書式を提案できるだろう。今後は、共同で行った仕事については歩合を分割する可能性も探れるかもしれない。標準的な書式ができれば、マーケティング部の秘書に提案書の作成を任せ、あなたたちマネージャーは変則的な情報を記入すればすむようになるかもしれない。この仕事はスチュワードシップ実行協定を結べるだろう。

このような行動をとることによって、あなたはシステムを変えることができる。単に仕事をこなしていくのではなく、信頼関係を築き、顧客のニーズをより効果的なかたちで満たせるようになる。

二．アンダーソン社への納品の問題

このような問題がなぜ月に二度も起きたのか？　根本原因があるのだろうか？　ほかのマネージャーも経験している問題なのか？　ほかの人たちと一緒に解決すべき問題なのか？

今日、あなたが配送担当者と話をするとしよう。配送担当者を責めるのではなく、状況を理解し、彼の力になるつもりで話し合うのだ。注文はどのようなかたちで知らされていたのか？　システムを改善する余地はあるか？　問題が頻繁に起こっているのであれば、配送部と相談して問題の解決に当たれるかもしれない。問題を分析できる機会はあるか？　この問題を品質管理委員会の議題にのせられるだろうか？　解決策を会議で発表できるよう、配送担当者と一緒に準備するとよいかもしれない。関係者を交えて解決策を見つけることが大切だ。問題を解決できれば、そのプロセスで配送部と信頼関係ができ、今後何か別の問題が起きたときも、スムーズに解決できるようになるだろう。

三．共通の秘書

今日は秘書に仕事を頼めないことを、なぜもっと早く知らせてもらえなかったのだろうか？　その秘書は、十分にエンパワーメントされ、能力を生かしているだろうか？　もっと有効なかたちで会社に貢献できるのではないか？　秘書から話を聞き、それ次第では、秘書を共用しているマネージャー二人と週の後半にでも話し合いの時間を持ち、秘書の仕事に関してスチュワードシップ実行協定を作成し始めることもできるかもしれない。お互いによく話を聴き、「望む成果」を一緒に検討する。三人にとってのWinは何か考える。

秘書が手紙やメモ、電子メール、電話のメッセージを整理してくれればマネージャー三人とも助かるだろう。すぐに処理しなければならないものは、優先順位をつけてデスクに置いてもらえばよい。それ以外のものは後で見られるようにファイルにまとめておく。秘書が重要かどうか判断しかねる情報については、直接確かめてもらえばよい。あらかじめあなたの基準を伝えておくこともできる。秘書がもっと有能に仕事を進められるように手助けする。責任感と自律性を育てる。秘書の能力を開発することが大切だ。

四．生産計画

あなたは上司に命じられた生産計画の策定は今日行うだろう。しかし次のことを自問してみよう。

- **上司はなぜ今日それが必要なのか？**
- **今これが緊急の仕事になっているのは、自分が定期的に提出している情報に不備があるからだろうか？**

- このような情報がすぐに入手できるようなシステムをつくれるだろうか？
- ほかのアカウント・マネージャーも同じような情報を伝える必要があるだろうか？
- 必要なときにいつでも情報を共有できるシステムを一緒につくれるだろうか？

このようなことを考えれば、次回のアカウント・マネージャー会議の議題に加えることもできるだろう。全員に役立つシステムのドラフトを作成することができるかもしれない。

五．品質管理委員会の会議

この会議の日にちが早まったのはなぜだろう？　これはおかしな会議だ。議題が事前に知らされたためしがない。だからみんなろくな準備もできずに出席する。あなたもいつもそうだ。それがずっと続いている。例の問題を品質管理委員会の会議で発表したいから相談しようと配送部のマネージャーに持ちかけても、彼もきっとこの会議にはあまり前向きではないだろう。時間の無駄の象徴のような会議なのだ。まるで信用されていない。あなたに何かできることはあるだろうか？

あなたにできることとしては、品質管理委員会の委員長に電話することが考えられる。重要な提案書を今日中に仕上げなければならないし、生産計画書も提出しなければならないと事情を説明し、今回は出席できないが、次回の会議の議題を教えてほしいと話す。次回の会議では、品質の原則を会議にも応用すべきだという内容で一〇分間のプレゼンをするつもりだ。品質向上に関して配送部と協力して取り組みたいと思っているので、それを議題にあげてもらえるか数日後に連絡がほしい旨も伝えておく。

リストにある五つの仕事をざっと見ただけでも、変化を起こせる可能性はずいぶんある。単に問題を処理するだけでなく、根本的な解決策を見いだせるのである。同僚たちと協力し、シナジーを起こすプロセスで人間関係も築ける。第Ⅱ領域のマインドセットを自分にも他者にも植えつける。スケジュールを見て、改善の機会を探す。ほかの人たちは一つひとつの出来事を別々のものと見ていても、あなたはシステムの問題として考えられるのである。

もちろん、忙しいことに変わりはなく、やるべきことはたくさんある。何もかもが一日で解決できるわけがない。しかし将来の改善に向けて何らかの措置を講じることはできる。第Ⅰ領域と第Ⅲ領域の仕事から第Ⅱ領域の機会を見つけられるのである。根っこに働きかけるのだ。そうすれば、次の月曜日に同じ状況が繰り返されることはないだろう。将来の大きな変化のための土台をつくるのだ。正しい壁にはしごをかけ直すのである。

家族と過ごす日曜日の朝

マネジメントのパラダイムではなくリーダーシップのパラダイムで周囲を見渡し始めると、これまで気づかなかった機会がいろいろと見えてくる。

我々著者の同僚の一人は、家族全員が集まって楽しいことをやったり、何かを学んだりする時間を週一回設けた。しばらくの間、このような「家族の時間」を続けていたのだが、あるとき思い立って、家族一人ひとりのリーダーシップを育てる時間として使うことにした。

「家族の時間」の過ごし方を変え、まずは家族のミッション・ステートメントを見直すことから始めた。ミッション・ステートメントが自分たちにどんな意味があるのか、家族みんなの幸せのために一人ひとり何ができるのか話し合った。そして自分たちがどう変化しているか週一度振り返った。家族としての価値観と原則を再確認した。家族の一員として自分が果たしている役割（息子、娘、姉、兄、学生、友人）について話し合った。この同僚夫婦は、子どもたちがそれぞれの役割において原則に基づく目標を立てられるように手助けした。たとえば協力して家の手伝いをするとか、お互いにその日一日のことを報告し合う、などである。目標自体は単純なものだが、大きい子は多めに、小さい子は少なめに、というように子どもたち一人ひとりの能力に合わせた目標を立てるようにした。全員が実際の体験から学び、その体験を話し合った。

毎週、カレンダーを家族全員の目に入る冷蔵庫に貼りつける。個々人の活動、家族で一緒に行う活動、学校の演劇発表などのイベント、両親のデートの日などを書き込む。彼らはまず「大きな石」を入れるのだ。これができるようになるまでしばらく時間がかかったが、家族みんなが人と人の相互依存を学び、協力すれば変化を起こせることを実感し始めているという。同僚の男性は次のように話している。「七歳の娘は妹の身の回りのことを手伝ってあげる大切さがわかったと話しているんですよ。自分が手伝ってあげると、妹も手伝ってくれるからです。妹の世話をすることが嫌でも何でもなくなったと言っていますよ」

家庭によってやり方はいろいろだろう。しかし、家族として何を成し遂げたいのか、そのためにどのように協力するのかを家族全員で考えることこそ、エンパワーメントなのである。口論にならずに、前向きに話し合い、意見を共有して計画を立てる時間になるのだ。別の同僚の話も紹介しよう。

> このようなプロセスには大きな価値があります。四歳の娘に「自分の部屋の壁に貼ってあるものの中で何が好き?」と何気なく聞いてみたときは、その価値を本当に実感しました。娘の部屋の壁には、『美女と野獣』や『アラジン』のポスター、自分が描いた絵などいろいろ貼ってあります。その中から選んだのは、家族のミッション・ステートメントなんですよ。とても感動しました。私たち夫婦が子どもたちに与えている影響の深さを強く自覚しましたし、子どもたちの中にすでにある素晴らしいものを発見できたことも、とてもうれしいのです。

家庭における役割をリーダーシップとはとらえない人も多いだろう。しかし家庭こそ、リーダーシップを発揮できる場なのである。私たちがわが子に残せるもっとも価値ある遺産は、正しい原則に従った目的意識と責任感なのである。

職場に出勤したら

職場のチームはどうだろう? 部門、あるいは組織全体はどうだろう? 計画の立て方、システムの整え方を大きく改善するうえで、自分の仕事、日々対応する課題をどのようにとらえたらよいのだろうか?

ほとんどどんなチームも、何らかの計画は立てている。予算の条件や売上高を踏まえて、生産目標を達成するためにしなければならないことを決める。その目標をにらみながら、プレッシャーや組織内の駆け引きがうんざりだと愚痴をこぼす。そうして仕事のリストに戻って優先順位を確認し、期限を決め、フォローアップの手順を定め、前進する。

あなたがこのようなチームの一員だとしよう。どうすれば計画を立てるプロセスでリーダーシップを培えるだろうか？

プランニング・ミーティングの最初に、あなたのチームのミッションとビジョンを確認するようにしたら、どうだろう？　直近の業績をチームのミッションに照らして評価し、そこから学ぶようにしたら、どのような変化が起きるだろうか？　次のように自問してみよう。

- **なぜこのミッションを掲げたのか？**
- **なぜミッションから外れているのか？**
- **ミッションの遂行を妨げているシステムは何だろう？**
- **正しい原則に従って仕事を進めているだろうか？**
- **どうしたらシステムを整えられるだろうか？**

さまざまな役割や職責をミッションに照らして評価したら、どうだろうか？　次のような質問を考えてみてほしい。

- スムーズに仕事を進めているだろうか？
- 改善できるプロセスはあるだろうか？
- そのプロセスに関わっているのは誰だろうか？
- 誰を関わらせるべきだろうか？
- どのような原則が当てはまるだろうか？
- 個々人の能力が解き放たれるようにするには、何ができるだろうか？
- 仕事や目標を結びつけて、効果的なシナジーを創り出せるだろうか？
- チームとして始めるべきことはあるか？
- チームとしてやめるべきことはあるか？
- スチュワードシップ実行協定は関係者にどうエンパワーメントするだろうか？
- お互いに期待することが明確になっているだろうか？

このような問いかけはいくらでもある。正式なチームや組織のリーダーであるかどうかは関係ない。自分の影響の輪の中で活動することが大切なのである。問いかける。話を聴く。チームやグループに考える時間を与える。一緒に考える。効果性を新しいレベルに引き上げるにはどうすればよいか？大きく前進するにはどうしたらよいのか？　これらはマネジメントに関する質問ではない。リーダーシップに関する質問であり、第Ⅱ領域に関わる問いかけである。そこが第四世代の大きな違いなのだ。

一日の行動がもたらす変化

自覚を働かせ、自分のパラダイムを見つめると、それがいかに深く自分の中に根づいているかがわかる。変えるのは容易なことではない。ＴｏＤｏリストを見ると、目の前の用事ばかりが並んでいて、相互依存のレベルから自立のレベルに後退してしまうことがよくある。

私はいつも時間と闘っているような気がします。「生き残るために、もっと速く、寄り道せずに前進していくために、何ができるだろう？」というようなことをいつも考えているんです。直さなければならないものがあるはず、取り替えなければならないものがあるはず、といつもせき立てられているような感じです。それは何も考えない機械的な反応であることはわかっています。しかし、もっとスピードを上げなくては、ときどきはもっと早く家に帰らなくては、問題を減らさなくては、というように自分を追い詰めてしまうんですね。壁にかかっている時計から一日中プレッシャーをかけられているみたいです。「何時までにこれをして、あれの前にこれはすませて、ああ時間が足りない、できなかったらどうしよう、もっとしっかり管理しないと……緻密《ちみつ》な計画を立てないと……計画は絶対に動かせない。予定外のことが起きて一日が台無しになってはいけない」というように。

こうしたパラダイムは、それ自体が重たいものである。その重みが私たちにのしかかり、下向きの螺旋《らせん》になってしまうのだ。働けば働くほど螺旋《らせん》を下っていき、深みにはまっていく。

第Ⅱ領域を中心にした一日では、まず考え方そのものが変わる。一日に対する見方が変わるのだ。仕事は「成長や改善の機会」となる。自分の能力に働きかけて、学び、スキルを身につけ、実行力をつける。自分の人格も磨く。もっと正直になり、他者の視点をもっと理解できるようになり、刺激と反応の間のスペースで一時停止して良心の声に耳を傾けられる人間になろうとする。システムを変え、より効果的なものにするために、自分から動く。一時停止して良心の声に耳を傾けたとき、私たちは驚異的な想像力を発揮できるのである。ある経営者の話を紹介しよう。

何か起こると、私は一歩下がって全体を俯瞰《ふかん》するようにしています。そこで課題が見つかっても、それは人間関係を築きシナジーを創り出す機会だとみなします。そうするだけで、状況は一変します。自分の内面をオリエンテーリングするのです。立ち止まり、心のコンパスと地図をチェックする。「正しい道を進んでいるか?」と自問する。すると、自分の人生のさまざまな部分が一つにまとまる。そこから湧き出る力のなんと強いことか！立ち止まって人生のプロセスを見つめたとき、いかに多くのことを学べるか、原則に従って生きていれば、人生がいかに充実するのかを知り、驚かされるのです。そのような生き方には、パターン、秩序、美しさがあります。原則に忠実であるほど、多くのチャンスに巡り合える。何かを成し遂げられる。成長を実感できる。貢献しているのだと確信できる。私は変化を起こしているのです。私のビジョンとミッションは、ゆっくりとではあるけれども確実に実現に向かって進んでいるのです。私自身の信頼性が高まっていくのを感じます。人格と能力が磨かれていくのを感じます。他者に対する信頼も高まっていきます。本当に気持ちが充実するのです。

大変な状況に立たされることもある。失敗もする。緊急中毒に逆戻りすることもある。今やっていることが第Ⅱ領域の活動であっても、短い時間でたくさんのことをしなければならないというパラダイムが頭をもたげてくることもある。

しかし、主体的になり、パーソナル・リーダーシップを発揮して第Ⅱ領域で活動するほど、自分が成長していることを実感できる。充実した人生を生きていると思える。物事が好循環し始め、上向きの螺旋《らせん》になる。人生の一つひとつの部分が互いに良い影響を与え合い、人生の質を高めていくのである。

第一五章　心の安らぎという結果

誰も将来のことはわからないのだから、完璧な計画など立てられない。しかし、崇高な行動が求められるときにはいつでもそうした行動をとれるように、精神と肉体を高潔に保ち、理想を磨き、高い目的意識を持つことはできる。身についた習慣や深く根づいた考えを、重要な瞬間に突然断ち切れる人などいないのである。

――ジョシュア・L・チェンバレン（南北戦争ゲティスバーグの戦いにおける北軍第20メイン連隊司令官）[1]

ロジャー

私たちがよくセミナーを開くユタ州のサンダンスに向かって渓谷の中を縫うように車を走らせているとき、自分の変化に気づかされることがたびたびあります。山々の雄大な姿、川の流れ、自然が織りなす豊かな色彩に抱かれて、会社で感じている慌ただしさや焦り、心配事がどこかに消えてなくなるのです。

そして、知らず知らずのうちに心の声が聞こえてきます。自然の静けさの中では、はっきりと聞こえます。心の声が話すままにさせておくと、自分が落ち着いていくのがよくわかります。

私にとって、こうした時間はとても貴重です。普段は見過ごしているものに触れることができるからです。それは私が日々悪戦苦闘している物事よりも豊かなものであり、それを感じることによって、自分が再新再生されるのを感じます。新たな決意が湧いてくるのです。

多くの人は、自然に触れると心が癒される。時間を超越したものを感じ、自然の法則という絶対的な現実に気づくからである。自然に比べて自分がいかに小さな存在であるか自覚させられる。私たちはその事実を変えることはできない。誰にも自然の法則をコントロールすることはできない。しかし、そう考えると一種の安心感が得られることも事実である。畏怖《いふ》の念を抱かせ、議論の余地のない自然というものが存在し、自分がその一部であることに安堵《あんど》するのである。

自然界にはバランスと調和がある。季節は規則正しく巡る。生命の循環がある。美しく調和のとれた生態系の中で、生き物はお互いに与え合っている。嵐や地震、洪水などの天変地異でさえも、より大きなレベルでの調和、成長と変化という自然のサイクルの一部なのである。自然はいつも変化している。自然の美しさは常に、その法則に従って現れるものなのである。

自然は、安らぎについて多くのことを教えてくれる。この世の中には法則があること、そしてその法則がすべてをコントロールしているのだということを教えてくれる。そこに思いが至れば、宇宙という秩序があることに安心するのである。人間界において自然の法則に反した行動の結果を変えようとするのは、四季の順番を変えようとしたり、重力をなくそうとしたりするのと同じである。自分勝手に法則をねじ曲げたら、それ相応の結果になることはものの道理なのだ。人生の基本の法則を発見し、それに従って生きてはじめて、心の安らぎが得られ、人生の質が高まっていくのである。

安らぎとは？

ここで言う「安らぎ」が、単に「争い事のない平穏な状態」だけでないことはわかると思う。日常生活のさまざまな問題や煩雑さから逃れて隠れ住むことでもない。自分の内面の奥深くの安らぎである。人生を享受することである。そのような安らぎは、人生から逃げていたらいつまでも得られない。日々生きて、その真っただ中に見つけるものなのだ。

相互依存のレベルに到達できず、個人的な成功だけを目指して生きている人は、安らぎや幸福は次のようなものから得られると考えているのではないだろうか。

- **銀行預金**
- **他者をコントロールすること**
- **名声**
- **新しい家、高級車、そのほかの物的資産**
- **社会的地位**

これらのものをより速く、より効率的に手に入れることに力を注ぐわけである。しかしその結果はどうだろう？　本当の安らぎは得られるだろうか？　その安らぎは、揺るぎない土台に築かれているだろうか？

ここでしばし、あなたも自分の人生について考えてみてほしい。あなたにとって、「安らぎ」とは何だろう？ その安らぎは何から得られるのだろう？ あなたは今、人生に感じている安らぎに、質的にも量的にも満足しているだろうか？

本書でここまで述べてきた原則やプロセスは、安らぎと幸福を生み出す真北の原則、目的、視野を土台として、これまでとは異なるパラダイムを創造する。時間管理の第四世代のパラダイムと原則を育てていくと、第一世代から第三世代までの短所はなくなり、逆に長所のすべてを備え、さらに強化されていることがわかるだろう。四六二～四六三ページの表には、それらをわかりやすくまとめている。

これらの世代の長所と短所を見きわめると、従来の時間管理のツールを用いている多くの人は、第四世代のパラダイムを念頭に置いて使っていることがわかる。実際、どんなツールを使っているにせよ、誰もが第四世代の原則に従おうとしているのは明らかである。「原則」は私たちの心の中で生きているからだ。多くの人が第一世代のツールを使っているが、これらの人たちは、良心に従って生き、必要なときには奉仕の精神を発揮できるという確信を持っている。第三世代のツールを使っている人たちは、自分の価値観をわかっていて、それに従って生きていて、彼らの価値観の多くは安らぎと幸福を支配する原則、人生の法則に根ざしている。しかし、システムとプロセスがこれらの根本的なパラダイムに基づき、良心の声に沿うものであれば、日々の生活の中でより明確に原則を実践できるようになるはずだ。

安らぎは、最優先事項を優先できて得られるものである。そして最優先事項の根本は、四つのニーズ（生きること、学ぶこと、愛すること、貢献すること）である。最優先事項を優先するためには、原則中心の方法でニーズを満たせるように、人間だけに授けられた四つの能力《ちから》（自覚、良心、意志、想像）を働かせなくてはならない。

第四世代のパラダイムとプロセスを生活に取り入れ、定着させれば、これまでに感じたことのない安らぎを得られるだろう。

- **バランスのとれた方法で、喜びを感じながら、四つのニーズを満たせるという安らぎ**
- **選択の瞬間に人格の強さを発揮させてくれる四つの能力《ちから》を磨いているという安らぎ**
- **自分のさまざまな役割が時間を奪い合っているのではなく、お互いに支え合って一つのまとまりをなしているという安らぎ**
- **良心の声に耳を傾け、それに従って生きることができるのだという深い安らぎ**

原則は存在している。私たちには良心がある。原則と良心が、あらゆる変化を起こす。この二つが私たちの考え方、ものの見方に影響を与える。良心の声に耳を傾け、意志の力でそれに従い、最善の選択をするためには、刺激と反応の間のスペースで一時停止することがいかに重要であるかがわかるだろう。自己よりも崇高な目的があることもわかるはずだ。その目的に情熱をかき立てられるからこそ、充実した人生を生きられるのだと信じて努力できる。世界には「第3の案」が無限にあることが実感できるようになる。システムを整えることが重要であるのは、人生を組み立て、生き方を計画するためのアプローチが安らぎを生む習慣を人生に根づかせるからだ。

	要点	ツール
第一世代	備忘録	簡単なメモ、チェックリスト
第二世代	計画と準備	カレンダー、予定表
第三世代	計画、優先順位づけ、コントロール	自分の価値観を目標と毎日のスケジュールに結びつける手帳

第四世代	前の世代から引き継いだ長所	改善された短所
四つのニーズ ・生きること ・学ぶこと ・愛すること ・貢献すること	・一部のニーズは目標と優先順位づけによって満たされる（第三世代）	・「最優先事項」は目の前にある（第一世代） ・必ずしも必要でないものや、充実感のないものまで欲しがる（第二、第三世代）
「真北の原則」 四つの能力《ちから》 ・自覚 ・良心 ・想像 ・意志	・結果の責任を負う（第三世代）	・スキルだけでは効果性とリーダーシップは得られない。人格が必要（第二、第三世代） ・自然の法則や原則ではなく自分が何でも支配していると思い込む。「原則よりも自分が上」というプライド（第三世代） ・価値観は明確にするが、それが原則と一致しているとはかぎらない（第三世代） ・「最重要事項」は緊急度と価値観によって決まる（第三世代）
情熱の源であるビジョン	・準備し、より効果的なミーティングとプレゼンテーションをする（第二世代） ・価値観との結びつき（第三世代）	・情熱をかき立てるビジョンがない（第一、第二、第三世代）
役割のバランス	・ストレスが少ない（第一世代）	・他者との約束が軽視される、または忘れる；人間関係が育たない（第一世代） ・罪悪感を持つ、スケジュールを押し込む、役割同士のバランスがとれない（第三世代）

第四世代	前の世代から引き継いだ長所	改善された短所
目標のパワー	・目標設定とプランニングにより、より多くのことを成し遂げる（第二世代） ・長期的、中期的、短期的目標の力を活用する（第三世代） ・価値観を目標と行動に反映させる（第三世代）	・見落としがある（第一世代） ・達成できることが比較的少ない（第一世代）
一週間という視野	・過剰なスケジュールを組まない、枠組みに縛られない（第一世代） ・「すべきこと」を確認できる（第一世代） ・約束したこと、決めたことを確認できる（第二世代） ・毎日の計画と優先順位づけによって個人の生産性を高める（第三世代） ・効率を上げる（第三世代） ・時間と自分を管理するスキルを磨ける（第三世代）	・枠組みがない（第一世代） ・スケジュールを無視するために危機対応だけに追われることになる（第一世代） ・毎日の計画を立てるので、緊急の差し迫った用事、危機管理だけをスケジューリングすることになる（第三世代）
選択の瞬間の誠実さ	・より重要なことが出てきたら対応できる―調和型、フレキシブル（第一世代）	・「最優先事項」はスケジュールにある（第二世代） ・人よりもスケジュールを優先してしまう（第二、第三世代） ・柔軟に対応できない、自発的な行動が抑えられてしまう（第三世代）
相互依存のシナジー	・人に柔軟に対応できる（第一世代）	・一人で考え行動する。他者は目標達成の手段、そうでなければ邪魔（第二、第三世代） ・人をモノとみなす（第三世代）

最優先事項を優先することによって安らぎを得る

本書でここまで述べてきた原則やプロセスは、人生の四つの側面の安らぎ（良心の安らぎ、知性の安らぎ、人間関係の安らぎ、肉体的な安らぎ）を育んでくれる。ビジョンは生きる目的と意義を与える。さまざまな役割がシナジーを創り出して、貢献の場を広げる。目標は、良心に導かれ、有意義な到達点となる。一週間の視野は、成長のサイクルの各段階とミッションを結びつける。「刃を研ぐ」習慣は、毎日、毎週の再新再生となる。選択の瞬間は、人間だけに授けられた四つの能力《ちから》を働かせ、誠実に行動するためのスペースとなる。

ビジョンを共有し、スチュワードシップ実行協定を結ぶことによって、他者を厄介な「問題」とは思わず、素晴らしい何かを生み出せる「機会」ととらえられるようになる。人はモノではないと認識できるから、単に仕事を割り当てるような「使い走りのデリゲーション」はしなくなる。誰もが生きた人間であり、刺激と反応の間のスペースで自らの四つの能力《ちから》を働かせ、他者と力を合わせてシナジーを創り出し、一人でできることをはるかに超えるものを成し遂げることができるのである。

多くの人が時間の使い方や人生の質に関して抱いている期待は、これらの原則とプロセスによって大きく変わるだろう。そこではじめて、安らぎを得る土台ができる。期待どおりにいかないことが苛立ちの最大の原因だからだ。何かが確かな方法であると期待し、あるいはこういう結果になるはずだと期待していて、そうはならなかったら、誰でもフラストレーションを感じるものである。

私たちが期待していることの多くは、真北の原則ではなく、自分が持っているパラダイム、個人的な倫理観、社会的な価値観から生まれている。問題の根本はそこにある。人生の基本的な法則に基づいていないのだ。

多くの人は、意識しているかどうかにかかわらず、一日が計画どおりに進むことを期待している。だから、想定外の問題が起こると苛立つ。誰かが予想もしていなかったことを要求してくると、苛立つ。こうして私たちは、他者を「邪魔なもの」とみなし、変化を「敵」とみなすようになる。安らぎと平和は、一日をつつがなく過ごせるかどうか、リストにあることを全部こなせるかどうかで左右されるのである。

しかし、期待そのものが変わったら、どうなるだろう？　毎日が新しい刺激的な冒険に満ちていて、私たちにはそのための地図があり、地図にない場所も進んでいけるようにコンパスもあると考えたら、どうなるだろう？　問題が起こっても、それは人の力になる機会ととらえることができたら、どうなるだろう？　最優先事項を優先できるかどうか自分が試される場面に立たされても、心のコンパスが最善の道を教えてくれると確信できていたら、どうなるだろう？　最優先事項を優先する選択ができたと満足して一日を終えられることが、安らぎと幸福をもたらすとしたらどうなるだろう？　このような冒険を期待するなら、日々の現実との向き合い方も大きく変わるはずである。

私たちはまた、意識していようがいまいが、何の問題も起きず波風の立たない人生を期待している。だから、問題が起きると苛立つのだ。それは平穏な人生という期待に反する事態なのである。

しかし問題のない人生を期待するなど、しょせん無理な話である。生きていれば問題や困難にぶつかるのは当然のことだ。ウェイトリフティングのように重いものを持ち上げて筋力を鍛えるように、私たちも困難や問題を乗り越えて人格を磨くことができるのである。精神科医のM・スコット・ペックは、著書『愛と心理療法』（創元社）の中で次のように述べている。

「生きるのは大変なことだ。しかしそれは素晴らしい真実である。なぜならば、その真実をひとたび知れば、私たちはそれを乗り越えられるからである。人生とは大変なものだと悟ったその瞬間に、人生は大変なものではなくなるのだ。『人生は大変なもの』という真実を受け入れれば、それは重大なことでも何でもなくなるのである[2]」

問題は起こるものだと思っていれば、問題が起きても苛立つことはなくなるのである。

また別の例を考えてみよう。私たちは、他者が自分の考えに同意するものだと期待している。自分の思いどおりのことをやってくれるものだと期待している。だから、他者がこちらの意見に同意しなかったり、疑問を持ったり、心から支持してくれなかったり、別のアイデアを出してきたりすると、苛立つのである。

人はそれぞれものの見方が違うのだと考え、その違いを尊重し、お互いに四つの能力《ちから》を働かせて「第３の案」を生み出せるとしたら、どんな変化が起こるだろう？

期待が外れれば、誰でもがっかりするだろう。しかし何を期待するかは、自分でコントロールできるものだ。なにも期待値を下げるべきだ、何も期待するな、と言いたいのではない。真北の原則に基づいた期待をすればよいのだ。自分が何を期待しているのかを見つめてみれば、日々の生活で経験する苛立ちのほとんどは解消するはずである。フラストレーションを感じたら、問題の根っこに戻って考えてみよう。

- 私のどんな期待が裏切られたのだろうか？
- その期待は真北の原則に基づいていただろうか？
- 期待を変えるために、何をすべきだろうか？
- この経験から何を学べるだろうか？

自分が期待していたことが真北の原則に基づいていないなら、期待が裏切られて苛立ち、安らぎを得られないのは当然である。

二つの要——貢献と良心

ここまでに述べてきた原則やプロセスの中で安らぎを得るための要となるものは、貢献と良心である。生きること、愛すること、学ぶこと、貢献すること、この四つのニーズはどれも重要であり、一つも欠かせないが、貢献はほかの三つのニーズに意味を与え、エネルギーを注ぐ。人間だけに授けられた四つの能力《ちから》はどれも重要であり、一つも欠かせないが、やはり良心もほかの三つの能力に意味を与え、エネルギーを注ぐ。貢献と良心が結びつくと、自分がどこへ行こうとしているのか、どのようにしてそこに到達できるのかがわかるのだ。

貢献

フランクリン・コヴィーは、公共放送網（PBS）の地元のテレビ局と協力し、イギリスで制作したビデオ作品をドラマ化して全米のPBSで視聴できるようにした。この衝撃的な物語の主役は、ストリート・チルドレンとして過ごした子ども時代を乗り越え、作家として成功していた。豪邸を手に入れ、素晴らしい家庭を築いていた。しかし当時、彼はスランプに陥っていて、しばらく前から何も書けず、書く気も起きなかった。創造力が枯渇したかのようだった。借金は膨らみ、出版社からはプレッシャーをかけられていた。わが子が自分と同じように路上生活をすることになるのではないかと、不安にさいなまれていた。何も書けずにいると、その不安は増すのだった。

彼は失意のどん底だった。夜も眠れなかった。そのうちに、夜中にロンドンの市街を歩くようになった。そこで彼が目にしたのは、工場で働く子どもたちの悲惨な姿、家族を養うために何とかしようとする親たちの必死な姿だった。目の前の現実が徐々に彼の心を動かし始めた。これほど惨めな人生を送っている人たちの一方には、他人を利用することしか考えない強欲で自分本位な人たちがいる。彼は衝撃を受ける。そしてあるアイデアが浮かび、彼の中で膨らんでいった。世の中に変化を起こすために自分にもできることがある、そう悟ったのだった。

彼はペンをとり、それまで以上の情熱を注いで書いた。貢献というビジョンが彼を突き動かしていた。疑念も失意も消えてなくなった。経済的な心配すらしなくなった。そしてその小説を何としても世に出したかった。できるだけ安い値段にして、大勢の人に読んでもらいたかった。彼の人生は一変したのである。

そして、世の中は変わった。チャールズ・ディケンズの傑作『クリスマス・キャロル』は世界中の何百万人もの人々の人生に光を当てたのである。彼が一五〇年前に描いたビジョンは、希望、ぬくもり、思いやりという遺産となったのである。

自立のレベルにとどまり、自分だけの成功を目指すパラダイムの行き着く先は、ほとんどが空虚である。有意義な目的がなければ、成功したとしても幻想でしかない。口に入れた瞬間に消えてなくなる綿菓子のような刹《せつ》那《な》的な満足しか得られないのだ。

消費ではなく貢献することに力を注いではじめて、人生のあらゆる面で安らぎを得る道筋ができる。貢献することによって、生きること、愛すること、学ぶことに意義を見いだせるのである。

良心

時間管理の第三世代にも、自覚、意志、想像力の考え方は取り入れられている。しかし良心が抜けている。良心がなければ、安らぎは得られない。

スティーブン

大学で教えていたとき、著名な心理学者で米国心理学会の元会長を客員教授として招いたことがありました。「誠実セラピー」（良心に忠実に生きることによって、心の安らぎ、真の幸福、精神のバランスをとる治療法）を確立したことで知られる人物です。彼は、「良心は善悪を判断する普遍的な感性であり、長い時を経て今なお残っている文化、宗教、社会に共通するものである」と信じていました。

　ある日の午後、私は彼に素晴らしい景色を見せてあげようと、講義の合間を縫ってドライブに誘いました。車を走らせながら、ちょうどよい機会と思い、誠実セラピーを始めるきっかけを尋ねてみました。

「きっかけはとても個人的なものです。私は躁鬱《そううつ》病だったんですよ。躁状態と鬱状態の繰り返しの生活を送っていました。人のカウンセリングをしているうちにストレスがたまり、ものすごく傷つきやすくなり、鬱状態に入るんです。死んでしまいたいくらいにひどく落ち込む。私は心理学の専門教育を受けていたし、心理カウンセラーをしていたのですから、自分が危険な状態であることはよくわかっていました。ですから、鬱状態になると自殺しないように十分に注意したものです。数ヵ月すると鬱を脱し、仕事に戻ることができました。しかし一年くらいすると、また鬱状態に逆戻りです。少しずつ研究や執筆活動ができるようになるまで入院したりもしました」

　彼はさらに続けました。「学会の会長を務めていたときにまたひどい鬱になり、会議にも行けなくなり、会長を辞めました。そこで私はこう自問した。『この人生の間違った枠組みから抜け出すことはできるだろうか？』心の奥底では、何年も偽りの人生を生きてきたことを知っていたのですよ。私の人生には間違った部分があった。そして私は、その責任をとろうとしてこなかったのです」

　思いもかけずにこのような打ち明け話を聞いて、私は恐縮してしまいました。続きを聴くのが少し怖いような気持ちもあったのですが、彼は続けました。

「腹を決めなければならない、そう思いましてね。愛人と別れ、長年続いていた不倫関係に終止符を打ち、妻に洗いざらい話したんです。すると、もう何年も感じたことのなかった安らぎを感じたんですよ。鬱状態を脱して生産的な仕事に戻ったときに感じた落ち着きとも違った感じでした。心の奥底から感じる安らぎであり、自分に正直であること、誠実さから生まれる安らぎだったんですね。

そのときから誠実セラピーの理論に取り組み始めました。問題の多くは、良心の声を無視したり、否定したりして、個人の誠実さが失われた結果なのだという理論です。私はこの理論を研究し、これと同じ考え方で治療していた医師たちにも声をかけて協力し合いました。こうして集めたデータから、この理論が正しいことを確信しました。こうして誠実セラピーを始めたというわけなんです」

彼がすべてをオープンに話してくれたことに、そして彼の深い信念に、私は心を打たれました。その翌日、大学のフォーラムでも、何百人もの学生が同じ話を聞き、感銘を受けたのです。

この心理学者の個人的な体験と研究は、安らぎを得るうえで良心の果たす役割が不可欠であることを物語っている。彼によれば、それはほかのことで感じる落ち着きとは違った性質のものである。彼はそれまでも、自らの四つの能力《ちから》を高いレベルで働かせていた。自分の心理状態を客観的に分析し、自分から進んで入院までしたのは、卓越した自覚と強い意志があったからこそできたことである。彼の研究業績が周囲から認められていたのは、彼の想像力が存分に発揮されていたからである。しかし、良心を見つめ、それに従って行動できるようになるまでは、本当の安らぎは見いだせなかった。

どれほどポジティブ思考をしていても、良心が伴わなければ、安らぎと充実した人生を得る努力が無駄に終わることは、何十年にもわたる心理療法の研究から明らかである。[3] 良心は、私たちを「真北の原則」に結びつける。安らぎと充実した人生をもたらす原則を教えてくれるのである。

二つの障害物――失望とプライド

安らぎを阻む最大の障害は、失望とプライドである。

失望

失望は英語でdiscouragementという。disは喪失を、courageは勇気を、mentは状態を意味する。文字どおり「勇気が失われた状態」なのだ。失望は、ここまで述べてきたすべてのことのアンチテーゼである。原則に従わず、間違った壁にかけたはしごを上ることの結果に向き合わず、幻想のうえに人生を築いていったら、失望を味わうことになる。疲れているとき、体調を崩しているとき、借金を背負ったとき、人間関係が壊れたとき、能力を伸ばせないとき、人生に目的意識を持てないとき、人は失望する。ビジョンを持っていないとき、アンバランスな生活を送っているとき、目標を達成できないときも、失望する。一日単位の狭い視野しか持たずに緊急中毒に陥ったとき、選択の瞬間に誠実な行動ができないときも、失望する。欠乏マインドにとらわれ、競争でしか物事を見られないとき、Ｗｉｎ－Ｌｏｓｅの人間関係しか持てず、陰口や駆け引き、他人との比較が横行する環境にいるときも、失望する。

失望は、コンパスも正確な地図も持たずに森の中で迷っている状態である。他人からもらった地図を頼りにしていたら、本当に行きたい場所から離れていくだけだとわかって、失望するのである。

しかし原則が存在することを知ったとき、勇気が湧いてくる。自分のニーズをバランスよく満たしたとき、明確なビジョンを描いたとき、自分のさまざまな役割のバランスをとったとき、有意義な目標を立てて達成したとき、緊急度のパラダイムを乗り越える視野を持ったとき、選択の瞬間に誠実に行動できる人格と能力を持てたとき、相互依存の現実の中で豊かさマインドを発揮し効果的なシナジーを創り出したとき、勇気が湧いてくる。勇気は心から湧いてくるものであり、その心に触れたとき、希望が生まれる。

勇気を出せるようになる一番の方法は、目標を立て、それを達成することである。約束をして、それを守ることである。どんなに小さな目標や約束であっても、そのたった一つの行為によって、自分は選択の瞬間に誠実に行動できるのだという自信が持てるようになる。決めた時間に朝起きるだけのことかもしれない。たった一日でも、好きなものよりも栄養のバランスを考えて食べることかもしれない。自分と約束して、それを守る。誰かと約束をして、それを守る。それが、自信、成長、安らぎに通じる第一歩なのである。

プライド

原則中心の生き方を阻むもう一つの障害は、プライドである。これは失望よりも手ごわい障害だ。プライド（誇り）という言葉は、何かあるいは誰かに対する深い満足感や喜びを表すポジティブな意味で使われることもある。頑張って結果を出したわが子を「誇りに思う」というように。その反面、人生でもっとも破壊的なパラダイムの一つを意味する言葉にもなるのだ。

「プライドが強すぎる」という言葉を考えれば、プライドのネガティブな側面が理解できるだろう。プライドの強すぎる人は、本質的に競争心が強く、いつでも他者に勝とうとし、人の上に立ちたがるものである。作家のC・S・ルイスは次のように書いている。

「プライドがあると、所有しているだけでは喜びを得られない。他者よりも多く所有していなければだめなのである。他人と比較してはじめて、プライドが満たされる。自分が一番上であることに感じる喜びなのだ[4]」

基本的な四つのニーズを満たそうとするとき、プライドが強すぎるとどのように影響するか考えてみよう。

- **生きること**——収入を得る方法が自分のニーズに合っているかどうかには関心がなく、他者よりも収入が多ければよい。外見（ヘアスタイル、服装、体格）をいつも他者と比べている。
- **愛すること**——友だちの人数や有名人が友だちであること、あるいは他者からどれだけ称賛が得られるかで自分の価値を計る。
- **学ぶこと**——何を知っているかではなく、学歴や社会的地位を気にする。
- **貢献すること**——与えることそのものに意義を見いだすのではなく、他者よりも多く与えるか、与えたことで周囲の人たちから認められるかどうかに関心がある。

プライドは、心に宿る強力な寄生虫である。プライドの強い人は、深い喜び、満足、安らぎは得られない。

自分よりも外見のよい人、自分よりもお金を持っている人、自分よりもたくさん友だちを持っている人、自分よりも大きな家に住んで高級車を持っている人は必ずいるのだから、いつまでたってもプライドが満たされることはないのだ。

プライドは意義や目的を汚染し、知らぬ間に心の中にはびこる。良心を鈍らせ、無視し、追い出しさえもする。C・S・ルイスの言葉を借りれば、「プライドは精神のがんである。愛情、満足感、常識すらも食い尽くす[5]」のである。そして憎悪や敵意を生む。戦争に発展することさえある。

プライドの強い人たちは、他者よりも高くまではしごを上ることで安心を得ようとする。そのはしごが正しい壁にかかっていようが、間違った壁にかかっていようが関係ない。はしごを見下ろして誰かいれば、自分のほうが価値ある人間だと思う。彼らが目指すのは、人よりも先んじていることだ。たとえ間違った方向に前進していても、そんなことは二の次なのである。

上から見下ろすのと同じように、下から見上げたときも、プライドが歪んだかたちで現れる。前米国農務長官で宗教指導者でもあったエズラ・タフト・ベンソンは、次のように述べている。

「ほとんどの人は、プライドはトップに立っている人たちの犯す罪だと考えています。裕福な人や学歴の高い人が他人を見下すというものです。しかしそれ以上に蔓延《まんえん》しているのは、下から上の者を見るときのプライドです。そうしたプライドは、あら探し、噂話、陰口、中傷、身のほど知らずの生活、嫉妬、羨望《せんぼう》、妬《ねた》み、他者の成功を素直に喜ばないなど、さまざまな態度で現れるものです[6]」

プライドは欠乏マインドの本質であり、安らぎを乱す。外の物事に自分を合わせようとする。それは自分に正直であるようでいて、実は自分をだましている。その代償を考えてみてほしい。一番多くのものを所有しているのは誰か、一番業績を上げているのは誰か、外見が一番良いのは誰か、一番良い地区に住んでいるのは誰か、一番広いオフィスを割り当てられているのは誰か、一番金を稼いでいるのは誰か、一番仕事をしているのは誰か、一番価値のある人間は誰か、そんなことばかりを気にしていたら、どれだけの時間と労力が無駄になることか！　競争しろという声が良心のささやきよりも大きかったら、人生において本当に最優先事項を優先しなければならないとき、どれほどの悪影響があるだろうか？

プライドという毒を消してくれる解毒剤は、謙虚さである。人は一人では生きられないのであり、自分の人生の質は他者のそれと分かち難く結びついていて、生きる意義は消費や競争にあるのではなく貢献することにあるのだと素直に認められる謙虚さがあれば、不要なプライドは消えてなくなる。私たちは法則を曲げて自分に合わせることはできないのだ。原則に従って生き、人を大切にするほど、大きな安らぎが得られるのである。

原則中心の生き方をしている人たちの特徴

原則中心の生き方をしたいなら、自分からそういう生き方をしなければならない。それはどこからかやってくるものではない。一生をかけて追求するものである。しかし自分の生き方を真北の原則に合わせる努力をするほど、原則中心の生き方をしている人たちに共通する特徴が身についていく。

順応性があり、自発的に行動できる

計画やスケジュールに縛りつけられていない。スケジュールは重要だが、絶対視する必要はない。原則中心の生き方をしている人は、人生は冒険だと考えている。地図にない土地に分け入っていく探検家さながらである。何が起こるかわからないけれども、それはきっと刺激的で、自分を成長させてくれるものだと信じて進んでいく。新しい場所を見つけ、新しい貢献ができると信じている。安心していられる場所にとどまっていようとは思わない。心のコンパスが彼らの安心の源なのである。地図にない土地でも、心のコンパスに従えば、正しい方向へ進んでいけるという自信があるのだ。

豊かで実りある人間関係を築いている

原則中心の生き方をしている人たちは、スケジュールよりも人を優先する。お互いに期待することを明確にする。自分を人と比べたり、競争したりしない。人を批判しない。周りの人たちから、正直な人、裏表のない人、約束は必ず守る人、有言実行の人と思われ、信頼される。他者のネガティブな行動や短所、あるいは他者から批判されても、過剰に反応しない。誰かが間違いを犯しても、根にもたず、許す。人にレッテルを貼らない。ステレオタイプで他者を分類して、こういう人だと決めつけたりしない。他者の成功を素直に喜び、他者の成功のために力を貸す。どんな人もまだ解き放たれていない能力を秘めていると信じている。他者が成長し、チャンスをつかめる環境をつくる。

シナジーを創り出せる

「自分のやり方」を人に押しつけず、協力して共通のビジョンを描き、一人でできることよりもはるかに素晴らしいことを達成しようとする。一人ひとりの違いを大切にする。シナジーによって「第3の案」を見いだせると信じている。チームで仕事をするときは、メンバーそれぞれの強みを生かし、短所はほかの人の長所で補おうとする。何かの問題で対立するような状況でも、その問題と人格を切り離して考え、話し合うことができる。自分の立場を守ることよりも、相手の関心事や心配事に気持ちを向けることができる。

常に学ぼうとしている

真北の原則が存在することをわかっているから、いつも真北を見つけようとし、理解し、そして自分の生き方をそれに合わせる努力をしている。もっと謙虚になり、もっと学ぼうとする。広く読書し、先人たちの知恵に学び、人の話に耳を傾ける。自分の経験から常に教訓を得ている。

貢献の意識が高い

自分の時間と労力を消費よりも貢献に注ぐ。得ることよりも与えることに注いでいる。奉仕活動に価値を置き、自分だけでなくほかの人たちの生活も向上させたいと考える。

並外れた成果を上げている

生産することだけでなく生産能力を高めることも意識し、バランスをとっているから、長期にわたって多くの成果を上げられる。ひたすら忙しく働くようなまねはしない。日頃から新しいスキルを身につける努力をし、他者と協力し、充実した相互依存を促進して生産性を高めている。何をするにしても原則を当てはめて実行し、質の高い結果を出せる。

健康的な精神の免疫システムができている

問題にきちんと対処できる。精神的なウイルスに侵されない。病気や経済的な困窮に見舞われ、一時的に失望を味わっても、立ち直ることができる。結婚生活や家庭生活において、家計や親戚づき合い、子どもの躾《しつけ》など難しい問題が起きたときにきちんと向き合うための免疫システムを育てているから、自分の脚本ではなく原則に従って話し合い、解決できる。職場のチーム、グループ、組織の中でも、このような健全な免疫システムを整えている。

自分の限界を知っている

燃えつき症候群になるまで働いたり、クレジットカードの限度額を超えそうなほど買い物をしたりしない。何かに固執して延々と続けるようなまねもしない。外的な要因に左右されず、手を引くタイミングをわきまえている。原則を当てはめ、自分の限界を賢明に判断することによって、自分の効果性を最大限に発揮しようとする。エネルギーとクリエイティビティが最高潮に達する時間帯に集中的に力を注ぐ。リフレッシュし再新再生する時間をとる。将来のニーズを考えて、時間を節約すべきときと投じるべきときを見きわめ、時間を賢明に使う。

バランスのとれた生活を送っている

仕事中毒になったり、宗教や政治に見境なくのめり込んだりしない。暴飲暴食をすることも、過激なダイエットに走ることも、快楽だけを追求することもしない。苦行僧のような生活を送ることもしない。肉体、知性、社会・情緒、精神の四つの側面すべてで活気にあふれ、それらのシナジーが豊かさマインドをもたらしている。

自信を持ち、気持ちが安定している

真北の原則に合わせて生活していれば人生の質が向上すると確信し、何をするにしても、そのプロセスを忍耐強く、落ち着いて進められる。仕事、交際、所有物、社会的地位、他者から認められることなど、外的な要因で精神的な安定を得ようとはしない。原則を中心にし、良心に従って生きることを精神的安定のよりどころにしている。

有言実行である

本音と建前を使い分けたり、偽善的な態度をとったりしない。自分との約束も、他者との約束も守る。自己信頼口座の残高が多い。

影響の輪に力を注ぐ

関心の輪で時間と労力を無駄にしない。自分が影響を与えられることに力を注ぎ、自分が置かれた状況を改善することに取り組む。

内的生活を充実させている

精神的側面の再新再生によって内面を鍛えている。精神を高揚させる本を読み、思索し、瞑想《めいそう》するなどして、人生の意味や目的を追求している。

ポジティブなエネルギーを発散している

陽気で楽観的、何事も前向きに考え、積極的に行動する。可能性を考える。周囲のネガティブな力を薄め、追い払う。消極的な雰囲気を明るくする。

人生を楽しんでいる

バカげた失敗をしたり、人前で失態をさらしたりしても、そのたびに自分を必要以上に責めたりしない。自分も、他者も許す。過去のことをくよくよ悩んだり、将来のことを無意味に空想したりしない。分別をわきまえて現在を楽しみ、将来を慎重に計画し、状況の変化に柔軟に対応する。ユーモアのセンスがあり、自分を笑い飛ばすことができる。他人を笑いのネタにはしない。

これらの特徴を身につけるほど、安らぎが得られ、幸福を感じられるようになる。こうして、自分自身だけでなく周りの人たちも人生の質を高められる。

原則中心の生き方をするのは簡単にできることではないが、必ず充実した人生につながる。大切なのは、生活を真北の原則に合わせる努力をし続けることである。

手放す

ロバート・デ・ニーロ主演の映画『ミッション』は、南アメリカの先住民を捕まえて奴隷として売っていた男の話である。ある日、村に帰った男は、婚約者の女性を巡るいさかいから、過って弟を殺してしまう。男は深い後悔の念にさいなまれ、絶望にうちひしがれ、生きる屍《しかばね》のようになっていた。そんな男の下に宣教師の神父がやってきて、罪を償うためにできることがあると男に教える。

男は神父の言うことに従い、宣教師たちとともにジャングルへ入っていくことにした。身を守るための武器を詰めた重い荷物を背負って、道なき道を進んでいく。重い荷物に四苦八苦しながら渓谷を渡り、滝を上っていった。男の体力を心配した宣教師の一人が「武器は捨てたほうがよいと彼に言ったほうがいいのではないか」と神父に進言した。しかし神父は「彼自身がいずれ判断するでしょう」と答えただけだった。

ある日、大変な思いをして山を越えたところで、男は精根尽き果て、へたり込んでしまう。ふと見上げると、先住民と目が合った。しばし沈黙があり、そして先住民はナイフを取り出して振りかざすと、男の荷物のロープを切ったのだった。その瞬間、男はなんとも言えない解放感を覚えた。自分を縛りつけていたものから解き放たれたかのようだった。そのときから、男は先住民のために一生を捧げたのである。

前にも述べたように、ブレークスルーは、何かと決別《ブレーク》することによってなされる。手放さなければならないのだ。人生の最優先事項を優先したいなら、自分を押しとどめているもの、自分にできるはずの貢献を阻んでいるものを手放さなければならない。

幻想でしかない社会的なパラダイムを手放す

目標を設定し、自分が望むものを達成すれば充実した人生を送れると考えるのは、素晴らしいことに思えるかもしれない。しかし、人生の質を支配しているのは真北の原則である。真北の原則に反した価値観を追求していたら、他者を無理にコントロールしようとする。それによって生じる結果をねじ曲げようとしても、それはできない相談だ。棒の端を持ち上げれば、反対側の端も持ち上がるのである。原則と結果は一本の棒をなしている。間違ったパラダイムを持っていたら、間違った結果しか得られない。間違ったパラダイムを手放したときから、安らぎと充実した人生をもたらす法則に従って生きられるようになる。

重要ではないものを手放す

シンガポールで開いたセミナーでのことである。そのセミナーには欧米とアジアから多くのエグゼクティブが参加していた。「影響の輪」と「関心の輪」の考え方を紹介すると、欧米のエグゼクティブたちは「影響の輪のおかげでやるべきことに集中できますね」と感想を述べていた。ところがアジアのエグゼクティブたちは、「これは面白い。影響の輪と関心の輪を見て真っ先に思ったのは、『関心の輪に目を向ければ、何を手放せばよいかすぐにわかる』ということです」と話した。重要ではないものを手放せれば、最優先事項に時間と労力を注ぐことができるのである。

自己正当化を手放す

自分の行動を正当化して重荷を背負っているかぎり、良心の声に従うことはできない。人生においてもっとも解放感を味わえる経験の一つは、良心の声に素直に従ったときである。たとえ一週間でもこれをやってみれば、驚くほどの解放感を経験できるだろう。それと同時に、良心に反する行動を正当化することにどれほどの時間と労力を使っていたか気づくはずだ。

不要な罪悪感を手放す

良心から生まれる罪悪感は優れた教師である。真北から外れていると、良心はそのことを必ず教えてくれる。しかし、多くの人が抱く罪悪感のほとんどは、「社会の価値観」から生じている。社会の価値観は真北を教えてはくれない。前進を妨げるものでしかないのだ。自分が抱いている罪悪感を見つめ、その源が自分の良心なのか、社会の価値観なのかがわかれば、自分を解放することができる。社会の価値観から生まれている罪悪感なら、捨てればよい。自分の良心に照らして罪悪感を抱いているなら、正面から向き合い、生き方を改め、償うべきことは償ってから、前に進む。どんな償いをしなければならなくとも、罪悪感を抱えながら生き続けることに比べれば、精神的な消耗は少なくてすむ。人生は学習である。成功からも、失敗からも学ぶ。ある人はこう言っている。「人生で失敗があるとすれば、それは失敗から何も学ばないことである」

安心の源を外に求める態度を手放す

自分の職業、日々忙しくしていること、才能が認められること、交友関係などに精神的な安定を求めているかぎり、最優先事項を優先する生き方はできない。これらは自分自身が良心や原則に誠実であるかどうかには関係のない外的要因であり、心の奥底でやるべきだと思っていることではないからだ。安心の源を外に求めず、内的生活から得てはじめて、本当に重要なことを何のためらいもなく実行できるようになるのである。

ターニングポイント――人生の転換期

私たちが下す決断は、すべてが重要である。そのときは些細な決断に思えても、一つひとつの決断が積み重なって心の習慣となり、それが次第に力を増して、私たちの運命を形成していく。

そのときは気づいていなくとも、ある選択が人生を変えることがある。最優先事項を優先する選択をしたことが、人生のターニングポイントになるのだ。そのような決断を下すのが難しいこともある。あなたが優先しようとする最優先事項が周りの人から嫌がられることだったり、まったく理解されないことだったりすれば、なおさら難しいだろう。しかし良心の声に耳を傾け、「良」よりも「最良」を選択すれば、その先々の人生に大きな影響を与えるのである。

この本の結びとして、我々著者一人ひとりの人生のターニングポイントを紹介したい。最優先事項を優先することがいかに大きな影響力を持っているか実感した体験を読んでほしい。

レベッカ

数年前のことです。子どもたちが皆学校に上がったので、私自身も大学に戻って勉強を再開しようと決心しました。何年も前に奨学金をもらいながら大学に通っていたのですが、結婚することになり、学業を続けるという「良」

のことよりも、家庭に入り子どもを育てることのほうが「最良」だと判断して、中退したのです。そのときの決断を後悔したことはありません。大変な時期もありましたが、思っていたよりもずっと幸せでしたし、子育てを通して多くのことを学びました。でも、その代わりに学位を取らずじまいだったので、もう一度チャレンジしたいと思ったのです。

　復学の可能性を探るために大学に足を運んだのですが、それだけでもう踊り出したい気分でした。冒険に出るような高揚感！　学習意欲が湧いてきて、本の匂いさえいとおしかった。自分の能力を伸ばせる、そう確信しました。意気揚々として大学の事務局に向かい、そこで自分が取得していた単位を確認すると、目標達成への道筋がはっきりと見えてきたような気がしました。事務局を出るときには、「家事をやってくれる人を雇って、私は学業に専念しよう」と決めていました。

　私は夢見心地で家に帰りました。いろいろな可能性が開けてきたような感じがして、居ても立ってもいられない気分でした。それまでも年に何回か聴講に行っていましたし、独学で勉強もしていました。けれども、私の精神的な安定のよりどころとなるものに専念できると思うと、全身が喜びに包まれました。

　ところが、心の奥底から「レベッカ、家族はあなたを必要としているのよ」という小さな声が聞こえてくるのです。その声がどうしてもひっかかってしまうのですが、聞き入れたくはありませんでした。頭の中で大学に戻る理由をいくつも考えました。でも、心の声がわだかまりとなっていました。大学に戻ることへの喜びをもってしても、そのわだかまりは消えません。私はついに根負けしました。心の声と闘うのをやめ、耳を傾けることにしたのです。そして、今はまだ大学に戻るよりもずっと大切なことがある、ということに気づいたのです。

私にとってあの決断は、それまでもっとも難しい決断だったと思います。あともう少しで口に入るところだったごちそうが、突然消えてなくなったような感じでした。でも私は心の奥深くで、この決断は正しいのだとわかっていました。子どもたちの人生のために自分にできることをする、改めてそう決意しなければならない状況であることは、自分でもよくわかっていたのです。あの当時、子どもたちはいろいろな悩みに直面し、プレッシャーの中にありました。子どもたちにとって重要な時期に私がそばにいて、彼らの人生が望ましい方向に進んでいくように力になってあげなくてはならなかったのです。

私はそのときから、家族一人ひとりの成長を見守る家庭の文化を築くことにいっそう努力しました。何とか時間を捻出して夜間の聴講は続け、心理学、微生物学、人文学を学びました。授業は楽しく、とてもためになりました。でも、子どもたちと過ごす時間の素晴らしさには及びません。あれから二人の子にも恵まれました。今振り返ってみて、もしあのとき大学に戻る決断をしていたら、どうなっていただろうと思います。

心の声のおかげで、社会的なプレッシャーや自分の行動を正当化する理由をはねのけることができたのです。復学という大きな誘惑に負けずに、家族にとって大切な時期を優先できました。しかしその決断はのちに、スティーブンと「7つの習慣」に関連する仕事をするという素晴らしい機会につながり、思ってもみなかったかたちで社会に貢献することができたのです。まさに「最良」の選択をした賜物《たまもの》です。個人の力など到底及ばない偉大な知恵があるのだと思わざるをえません。その知恵に従って生きることこそ、貢献と喜びに満ちた人生をもたらしてくれるのです。

ロジャー

数年前、会社の業績が伸び悩んでいたとき、私たち夫婦は一年か二年はアンバランスな生活を送ることを決心しました。会社の業績が軌道に乗るまで出張を増やし、仕事に打ち込むことをレベッカも了解してくれました。家を空けることが多くなり、家族に寂しい思いをさせることになるのはわかっていたのですが、会社のためにはどうしても避けられません。それに、私たち家族の長期的な目標を達成するためにも必要なことでした。

一、二年ほどアンバランスな生活を送ったことで、望んでいたとおりの成果は達成できました。しかしその期間が過ぎて、いざ元の生活に戻ろうとしても、思うようにいかなかったのです。会社やほかの人たちにとって「良」となるような仕事がたくさんありましたし、それをやり続けなくてはいけないというプレッシャーもありました。数週間で元に戻そうと思っていたのが、いつのまにか数ヵ月がたち、アンバランスな生活が当たり前のようになってしまいました。

あるとき私は「『最良』のことをせずに『良』ばかりやっていていいのだろうか？」と自問しました。それがターニングポイントになりました。まさに真実の瞬間でした。私は状況をよく考え、心の声に耳を傾けて、仕事で家を空ける日数を制限し、一ヵ月に何日と決める必要があると思いました。

その決断をすぐ実行に移しました。最初の数週間は本当に大変でしたが、職場の同僚も私の固い決意を理解してくれるようになり、私の働き方に協力してくれました。そして、私が出張の回数を減らしても、会社のミッションを達成して結果を出せるように、皆で「第3の案」を考えました。

出張の回数を制限し、「第3の案」を見いだしてからというもの、ミッションを実行する能力が高まったと自信を持って言うことができます。実際、それが本書に取り組む大きな理由の一つになったのです。

このような個人的な体験、そして最優先事項を優先する生き方に挑戦する人たちを大勢見てきた経験から、誰にでも人生のターニングポイントがあるのだと断言することができます。それは自分の立場を明確にし、変化を起こすために固く決意する瞬間です。自分が本当に「最良」だと思うことなら、たとえそれが容易なことではなくとも、周りの人たちから反対されても、実行すると決意したその瞬間、安らぎが得られるのです。しかし自分の立場を明確にできず、アンバランスな状態にならされてしまったなら、バランスを取り戻すために努力するよりも、アンバランスなまま生きるほうが簡単だと錯覚してしまうのです。

スティーブン

数年前、私は社会にもっと貢献したいと考え、大学を辞め、ある組織を立ち上げる決心をしました。それまで大学に二〇年以上も勤め、居心地もよく、トップの管理職も含めていくつかの役割を担っていました。組織行動を研究する新しい学部を設置するプロジェクトにも関わりました。自由で融通の利く生活にはとても満足していましたし、報酬も高額でした。

そもそも、私は大学で教えることが本当に好きでした。大学院生のゼミのほかに、学部では五〇〇人を超える講座をいくつか担当していました。大学で四~五年過ごす学生たちのその後の人生に大きな影響を与える立場に自分があることを感じていました。やりがいのある仕事だったのです。

その一方で、企業の幹部向けに新しいセミナープログラムを開発したいという強い思いもありました。それは副業できることではありません。私は、「良」をとるか「最良」をとるか、選択を迫られました。結局、大学を辞め、「7つの習慣」と「原則中心のリーダーシップ」の考え方をできるかぎり大勢の人々に伝えようと決心しました。家族を養えるくらいの収入はあるだろうと思っていたのですが、いざ始めてみると予想していなかった壁にぶつかり、何度も挫折しかけました。

一、二年もすると、社会に貢献しているという充実感が得られるようになり、自然と意欲がかき立てられ、なぜもっと早く決断しなかったのかと後悔するほどでした。このときも、「良」に惑わされてはいけない、「最良」を選択しなければならないのだと強く実感したものです。「最良」を選択することによって、自分なりの貢献ができるのです。「最良」を選択して安心領域を出ると安心が得られ、「良」を選択して安心領域にとどまっていたら、おかしなことに、安心していられなくなるのです。

事業の成長の各段階でも、すでに経験してわかっている「良」にとどまるか、未知の「最良」に挑戦するか、選択を迫られるものです。そしてそれぞれの段階で、決断の苦しみを味わいます。ある都市でタクシーに乗り、ホテルに向かっていたときのことを今も覚えています。私は事業に莫大《ばくだい》な資金を投じていて、自宅や別荘、個人的な貯金など長年築き上げてきた資産を担保に借金していたのですが、一切合財失いそうな窮地に立たされていました。家族や従業員の生活も危険にさらし、事業も含めてすべてを失う可能性が大いにあったのです。そんな状況でタクシーに乗れる余裕などあるのかと思い始めて、冷や汗が出てきました。

もちろん、借金はすべて投資です。市場の開発、人材の育成、製品の開発に必要な資金でした。投資の大部分は将来のためなのです。それは頭ではわかっていても、気持ちの面ではとても不安で、切羽詰まっていました。家族も、私の将来もリスクにさらされていたからです。あれほど強い不安、心細さを感じたのは初めてのことでした。

事業で新しい戦略を始めたり、組織構造を根本から変えたりするような重大な局面では必ず、それまで慣れ親しんできたやり方を捨てる不安や恐怖心を感じました。いつも大きなリスクを負っているような感じでした。そのたびに私に求められたのは、真の成長、高揚感、貢献を成し遂げるための相互依存のシナジーの原則をもっと強く信じ、シナジーを創り出してくれるほかの人たちの人格と能力をもっと信頼することでした。

私は常に、安心領域から一歩踏み出して進んでいかなくてはなりませんでした。崖を後ろ向きに伝って下りていかなくてはならなかった。命綱と安全ネットがあることはわかっていても、恐怖心は消えません。しかしどんな場合でも、恐怖心は根拠のないものであり、安心領域から抜け出すのは、負う価値のあるリスクなのです。お互いに高揚感を味わうこと、自然と湧いてくる熱意、本当の意味で新しい洞察や気づき、貢献、目的意識、価値を付加すること、重要な仕事に対する新たな決意、生きることへの感謝の気持ち、組織や文化、社会に影響を与えているという意識は、それまで深く知ることのなかった世界へと私を導いてくれたのだと思います。

そして大きな転機が訪れました。「原則中心リーダーシップ」の考え方を個人のレベルだけでなく、教育機関、医療機関、教会、財団、非営利組織、あらゆる職業、フォーチュン五〇〇企業、フォーチュン一〇〇企業、連邦政府機関、州政府機関、地方自治体、医療保険制度、代替医療機関など公的なレベルにも広げ、さらには世界にも広げていくことにしたのです。

これらは、わずか数年で実現しました。そして今、献身的なスタッフがチームを構成し、お互いのスキルを補完しながら力を発揮し、共通のビジョンの下で、次のミッション・ステートメントに沿って事業を進めています。

「原則中心リーダーシップ」を理解し、実践することによって有意義な目的を達成できるように、個人と組織の実行力を大きく高める手助けをして、世界中のコミュニティに貢献しよう。

このミッションを果たすために、私たちは、自らが教えていることを実践する努力を怠らないようにしよう。

私たちは、自分たちが教えていることを実践する努力を怠らないと明言しています。なぜなら私たちは、価値のない手段で価値ある目的を達成することはできないことを、長く続く本当の貢献の力は、誠実さ、模範的な態度、メンタリング、エンパワーメント、原則との調和によって生まれることを知っているからです。

少なくとも私にとってもっとも難しい問題は、仕事、会社、友人、所有物よりも家族を優先することです。家族をないがしろにしていたら、ほかのすべての義務と責任を果たしていたとしても、沈みゆくタイタニック号のデッキで椅子を整然と並べるようなもので、意味のないことだからです。またある人は「どんな組織も家族の代わりにはならない」と言っています。家族は、個人そして社会全体の将来を形成する最小単位の組織です。情緒、知性、精神、道徳、経済、すべての面で、個人と社会の将来の成功の鍵を握っているのです。

私はまた、この事業を進めていくプロセスで、多くの人たちから助言をもらう必要性に気づき、専門的な能力と高い人格を兼ね備えたアドバイザーからなる独立した委員会を設置することにしました。諮問機関の役割にとどまらず、組織内でシナジーを起こせるようなチェック・アンド・バランスのシステムを整えることが重要だと思ったのです。常にアドバイザーやカウンセラーを抱えておくことの重要性も知りました。妻の知恵と直観に耳を傾ける大切さも実感し、私の希望や計画に反することでも、素直に聞き入れることができるようになりました。こうした経験から、謙虚さがあらゆる美徳の母であることを繰り返し教えられました。そして、原則を曲げて自分に合わせるのではなく、自分自身が原則の媒介者となり、原則がきちんと働くように主体的に行動すれば、充実した素晴らしい人生になることを教えられたのです。

私は、事業のマネジメントをほかの有能な人たちに任せ、私自身は戦略的課題に的を絞り、彼らとのシナジーを通して取り組むことにしました。その経験から学んだのは、自分の立場、権限、権威から力を借りてはいけないということです。そうしたくなっても、ぐっとこらえる努力をしました。

とはいえ、私は何が正しいのか知っています。原則が存在することを知っています。原則の前ではこうべを垂れ、それに従わなければならないこともわかっています。そうすれば、物事はうまくいきます。たとえうまくいかないときでも、安らぎは得られるのです。

刺激と反応の間のスペースでどんな選択をするか。それはきわめて重要な選択だと断言できる。良心の声に耳を傾け、それに従うことが、人生を充実させる一番の方法であることも断言できる。我々著者は、良心の声を無視した結果をいくつも経験しているから、そう断言できるのである。良心の声に耳を傾け、それに従って生きること以上に、私たちの時間、私たちの人生の質に大きな影響を与えるものはないのである。

人生には幾度もターニングポイントがあるだろう。しかしもっとも重要なターニングポイントは、「**私は良心に従って生きる。これからは、社会的な価値観、人から渡された脚本、自分の行動を正当化する理由には惑わさ**

れない。良心の声だけを聴こう。どんな結果になろうとも、良心に従って生きよう」と決意するときである。

その決意をした瞬間、私たちは、良心を恐れるのではなくいとおしむ生き方を創造し始める。真北の原則に従って生きるのだから、時間はもはや敵ではなく味方となり、忍耐と自信によって育てるおいしい果実をもたらす手段となるのだ。

私たち人間が授かっている最大の賜物《たまもの》は、**時間と選択の自由**である。選択の自由とは、自分の時間に自分の労力をどう使うか自分で決められるということだ。大切なのは、「時間を消費する」のではなく、人、エンパワーメント、有意義な仕事や貢献に「**時間を投資する**」と考えることである。あらゆる資本資源と同じように、時間を消費してなくなれば、それでおしまいである。次の世代へ引き渡すものは減少してしまう。しかし時間を投資するなら、後に続く世代にもっと大きなものを、彼らの人生のためになるものを残せるのである。

「流れを変える人」になる

この本で提案していることは、簡単にできるようなものではないことはわかっている。応急処置で問題に対応し、目先の利益を求め、消費志向の現代社会では、あまり受け入れられないかもしれない。しかしあなたは、それなりの理由があってこの本を手にとり、ここまで読み進んできたはずだ。

たぶんあなたは、我々著者が世界中で開いているセミナーの参加者や、カウンセリングをしている組織の人たちと同じような悩みを持っているのかもしれない。あなたはきっと、ものすごく忙しい。自分の責任を果たし、生産性を高め、良いことをたくさんしたいと思っていることだろう。でも、現代人の例にもれず、何しろ忙しいために、自分が本当にやりたいと思う貢献ができていないのだろう。

我々著者はこれまで、あなたのような人を大勢見てきた。そして、私たち人間が直面する多くの問題は、誰でも解決できると信じている。良心の声に耳を傾け、最優先事項を優先できるよう効果的に計画を立てられるようになれば、これまで途中で挫折してしまった多くの貢献を今からでも実現できるのである。

最後に、良心の声にじっと耳を傾け、この問いを自分に投げてほしい。

変化を起こすために、私には何ができるだろうか？

よく考えてほしい。それは、まやかしのパラダイム、自己正当化、欲求、緊急中毒等々を手放すことかもしれない。安心領域を出ることかもしれない。しかし心底正直になれば、自分の家族、会社、職場のチーム、コミュニティ、社会全体にインパクトを与えられるようなことができると感じているはずだ。自分にもできる貢献、次の世代に渡せるものを、心の奥底では知っているはずだ。

それがわかっているなら、ぜひ実行に移してほしい。ガンジーは「私たちは、世界に求めている変化を自分から起こさなければならない」と言っている。[7] あなたが今どのくらい原則中心の生き方ができているかにかかわらず、心の声に従って行動することをすぐにも始めてほしい。約束して、それを守る。目標を立てて、それを達成する。安らぎはそこにある。最後はエマーソンの言葉で締めくくろう。

「あなた自身以外に心の平安をもたらしてくれるものはない。原則を守ること以外に心の平安をもたらすものはない(8)」

エピローグ

本書『7つの習慣　最優先事項』も終わりに近づいている。今、我々著者の心を満たしているのは、畏敬《いけい》の念である。

我々著者は、多くの人に深い畏敬《いけい》の念を持っている。本書を執筆にするに当たって、ミッション・ステートメントや目標について、また原則に取り組む個人的な体験について、多くの方々が自らの内的生活を話してくださり、そのとき我々著者は、まるで聖地に立っているかのような深い感慨を覚えた。手を合わせて挨拶する、軽くお辞儀をして感謝する、というような世界各地の風習や文化は、人間の魂の崇高さ、私たち一人ひとりの内面にある神性の表れに対する畏敬《いけい》の念を表現しているのだろう。

我々著者は、原則に対しても畏敬《いけい》の念を持っている。原則に従ったときの、あるいは原則に反したときの経験から、原則が存在するという現実を深く尊重するようになり、人生の質は、自分の生き方をどこまで「真北」に合わせられるかで決まると確信するに至ったのである。

我々著者は、人生と時間という、私たち人間に託された責任（スチュワードシップ）に対して畏敬《いけい》の念を持っている。春夏秋冬、毎年、毎週、毎日、時々刻々、私たちは生き、愛し、学び、貢献しなければならないのである。時間の使い方を自分で決められる自由のなんとありがたいことか！

そして我々著者は何よりも、神に畏敬《いけい》の念を持っている。神こそが原則と良心の源であると信じている。一人ひとりの人間の内面に表れる神性が、奉仕と貢献という原則中心の生き方へと私たちを導くのだと確信している。それと同時に、良心と貢献を体現する世界中の人々の多様な信条も認め、深く尊重している。

アメリカ西部の初期の開拓者の一人、ブライアント・S・ヒンクレーは次のように述べている。

「奉仕は美徳である。どの時代においても、奉仕の精神は偉大な人物に認められる美徳であり、その美徳によって後世に名を残す。奉仕は、それをなす者に崇高の印を押す。助ける者と邪魔をする者、持ち上げる者と寄りかかる者、貢献する者とただ消費する者――奉仕するかしないかで、人間は二つのグループに分けられるのである。受けるよりも与えるほうがはるかに素晴らしい。奉仕は、いかなるものであれ、美しく立派な行為である。励ますこと、共感すること、関心を示すこと、不安をなくしてあげること、自信を持たせること、他者の心の中に希望の火をともすこと。一言でいえば、他者を愛し、その愛を示すこと、それはもっとも価値ある奉仕なのである[1]」

「影響の輪」が大きかろうが小さかろうが、私たちはこの世の中でいくらでも奉仕できるし、いくらでも変化を起こすことができる。一人ひとりが良心を見つめれば、自分の内面で赤々と燃える炎によって世界を照らし、温めることができるのである。

付録A　ミッション・ステートメント・ワークショップ

個人のミッション・ステートメントを効果的に作成するには、一人きりになれる時間を持つことが鍵になる。家族や友人のいない場所で、携帯電話の電源も切っておこう。できれば自然があふれる環境に身を置ければ理想的である。人工物や機械にあふれ、細切れにされた世界から抜け出し、自然の調和とバランスに触れることができれば、雑念がなくなり、心の奥底にある気持ちを感じとりやすくなる。

ここで紹介する「視野を広げる演習」の少なくとも一つにトライしてほしい。これらの演習は、個人のミッション・ステートメントを作成するときに効果的な七つのアプローチである。数分で終わる演習もあれば、数時間、数日かかるものもある。自分に適した演習を選んでやってみよう。これら以外に、あなたに合うアプローチがあるかもしれない。自分の内面の奥深くを見つめ、自分にとって一番大切なものに触れることができるなら、どんなアプローチをとってもかまわない。

演習一

第五章で紹介した視覚化の演習をやってみよう。八〇歳の誕生日、あるいは五〇回目の結婚記念日を迎えた自分を想像してみよう。（一七六～一七八ページ参照）

演習二

人間だけに授けられた四つの能力《ちから》を働かせて、自分の人生のニーズを探ってみよう。次のページにあるような表を使うと進めやすいだろう。

演習三

一人きりになれる場所で次の質問をじっくり考えてみよう。

私の最大の長所は何だろうか？

私の知人は私の長所を何だと思っているだろうか？

	生きること	愛すること	学ぶこと	貢献すること
自覚 各ニーズについて自分はどんな現状にあるか？ 人生の質に対してどんなパラダイムを持っているか？				
良心 各ニーズについて自分の内面を満たすものは何か？ 人生の質を高める原則は何だろう？				
意志 各ニーズを満たすためにどのような選択をすべきか？ 書き直さなければならない脚本は何だろう？				
想像力 各ニーズについて自分はどのような人生の質を望んでいるか？ それを実現するためにできることは何だろう？				

私が心から楽しめることは何だろうか？

私がもっとも尊敬するのはどのような人格の人だろうか？

私の人生にもっとも強い影響を与えた人は誰だろうか？

その人からそれほど強い影響を受けたのはなぜだろうか？

今までの人生でもっとも幸せだと感じたのはどんなときだったろうか？

そのときなぜ幸せだと感じたのだろうか？

時間もお金も手段も無限にあるとしたら、何をしてみたいだろうか？

今とは違う人生を夢見るとき、どんな自分を想像しているだろうか？

自分にとってもっとも重要なことを三つか四つ挙げるとしたら、何だろう？

仕事に関して、私にとって一番重要な活動は何だろうか？

ほかの人たちにとって重要なことで、私の力を一番発揮できることは何だろうか？

ほかの人たちが気づいていない私の才能は何だろうか？

いろいろな理由で実行には移していないが、本心ではやるべきだと思っていることはあるだろうか？
それは何だろう？

私の肉体的側面のニーズは何だろうか？

肉体的側面に関して、現在の満足度はどのくらいだろうか？

肉体的側面に関して、現状のどんなところを変えたいと思っているだろうか？

それを実現するために適用できる原則は何だろうか？

私の社会・情緒的側面のニーズは何だろうか？

社会・情緒的側面に関して、現在の満足度はどのくらいだろうか？

社会・情緒的側面に関して、現状のどんなところを変えたいと思っているだろうか？

それを実現するために適用できる原則は何だろうか？

私の知的側面のニーズは何だろうか？

知的側面に関して、現在の満足度はどのくらいだろうか？

知的側面に関して、現状のどんなところを変えたいと思っているだろうか？

それを実現するために適用できる原則は何だろうか？

私の精神的側面のニーズは何だろうか？

精神的側面に関して、現在の満足度はどのくらいだろうか？

精神的側面に関して、現状のどんなところを変えたいと思っているだろうか？

それを実現するために適用できる原則は何だろうか？

肉体、社会・情緒、知性、精神のそれぞれのニーズが重なっている部分はどこか？

人生における自分の重要な役割は何だろうか？

それぞれの役割で最重要の生涯目標は何だろうか？

現在、私が得たいと思っている結果は何だろうか？

その結果を生み出すパラダイムは何だろうか？

現在、私が得たいと思わない結果は何だろうか？

その望まない結果を生み出すパラダイムは何だろうか？

より良い結果を生み出すパラダイムは何だろうか？

人生で本当にやりたいことは何だろうか？　私はどのような人間になりたいと思っているのだろうか？

私が目指す態度と人格の土台となる原則は何だろうか？

以上の質問に対するあなたの答えは、ミッション・ステートメントを作成するときの重要な情報になるだろう。

演習四

時間を計りながら、次の演習を行ってみよう。

一・次の質問に一分間で答える。

時間もお金も手段も無限にあったら、どんなことをしてみたいか？
恐れずに想像を広げ、いろいろな可能性を引き出してみよう。思いついたことを全部書き出そう。

二．次のリストを参考にしながら、自分の価値観、自分にとって重要だと思うことを一分間で書き出す。

- 心の安らぎ
- 安心
- 富
- 健康
- ○○さんとの良い関係
- 周りの人たちから認められること、名声
- 自由な時間
- 幸福
- 精神的な充足
- 友情
- 家族
- 長生き
- 自分の時間や知識、お金を使って○○に貢献すること
- 旅行
- 達成感
- 他者を尊重すること

三．今書き出したリストから、一分間で五つ選ぶ。

四．その五つと一で書いた夢を数分間比べてみよう。あなたが無意識に夢見ていることが価値観と一致していないかもしれない。インディ・ジョーンズのように冒険に満ちた人生を夢見ていても、実際には、ク

モの巣だらけの場所をはって通り抜け、サソリのいるところで寝たりすることなど望んでいないかもしれない。自分の夢を冷静に客観的に見つめることができなければ、幻想を抱いて何年も生きることになりかねない。絶対にかなわない夢があなたの一番の夢なら、「二番目の夢」に甘んじることになる。自分の夢が価値観に一致すると思えるまで、**一～三**を繰り返し行い、リストを修正しよう。

五． 次に、自分の価値観が人間の四つのニーズにどう関係しているか一分間考えてみよう。あなたの価値観は肉体、社会・情緒、知性、精神のニーズを反映しているだろうか？　ニーズを反映していると思えるまで、リストを修正しよう。

六． 最後に、次の質問に一分間で答えよう。
最終的にできたリストにある価値観を実現するための原則は何だろうか？

演習五

日記をつけているなら、これまでに書いた日記を読み返して、自分の人生を「俯瞰《ふかん》」してみよう。自分では気づかなかった行動パターンを探して、そこから自分の価値観、目指していることを書き出してみよう。

演習六

クルト・レヴィンの「力の場の分析モデル」を用いて、自分が今どこにいるのか、どこにいたいのか考えてみよう。自分を変えようとする努力にプラスに働く要因、マイナスに働く要因を見きわめよう。

次の質問について考えてみよう。

- どのような状態が理想的なのか？　自分の時間をどう使うのが理想的だろうか？　その結果、どうなるのだろうか？
- 現状はどうだろう？　現在、時間をどのように使っているだろうか？
- 理想的な状態からかけ離れている要因（抑止力）は何だろう？　その要因を弱めたり、取り除いたりするためにできることは何だろう？
- 理想的な状態に近づくための要因（駆動力）は何だろう？　その要因を強めたり、取り入れたりするためにできることは何だろうか？

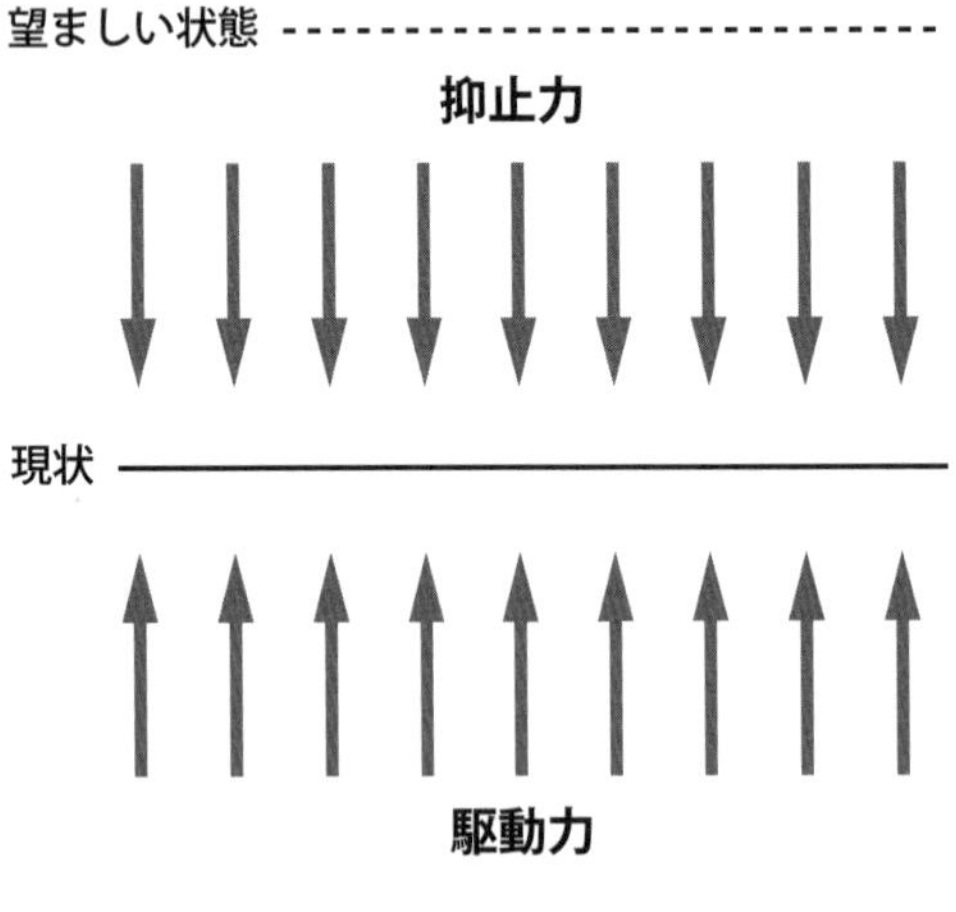

演習七

次のページの表を使って、自分の人生を考えてみよう。平均寿命が延びている現代においては、人生をいくつかのステージで区切って考えることができる。仕事を引退してからも二〇年以上の人生があるのだから、第二の人生の可能性が開けてくる。一般的に、第一の人生よりも第二の人生のほうが選択肢の幅は広がるものである。それまでの経験、培ったスキル、ためてある資金などによって、それまで閉ざされていた多くのドアを開け、あなたの人生の価値を高めるチャンスが訪れるのである。

あなたが結婚しているなら、この演習は夫・妻と一緒に取り組むとよいだろう。あなたは市街地に住む芸術家たちを支援することに第二の人生を捧げたいと思っていても、夫・妻は、モンタナ州の牧場を買って移住したいと考えているかもしれない。

目的意識を持つと、将来だけでなく現在の人生も充実するものである。将来のビジョンを描ければ、今現在の目的以外にも達成すべき目的があることがわかっているから、今の生活にも張りが出てくる。人生のある時期に本当にやってみたいこと、貢献したいことを表の左端に書き、それを行いたい時期のボックスを塗り潰そう。この演習では、五～一〇年のスパンで考えれば十分である。

もう少し具体的に考えたいなら、各年代の何歳にそれをしたいのか書き留めよう。たとえば、あなたが今三〇代なら、四〇代、五〇代、六〇代……の何歳ころに実行したいのかボックス内に記入しておくとよいだろう。

以上の演習は、ミッション・ステートメントを作成するときに役立つ。これらの演習を通して考えを深め、十分に準備してから取り組むことができるだろう。書き始めるときは、個人のミッション・ステートメントは自分のために書くのであって、人に見せるために書くのではないことを心に留めてほしい。言葉がすらすらと出てくる人もいれば、適切な言葉がなかなか思い浮かばない人もいるだろうが、自分の言葉で書くことが大切だ。数語のミッション・ステートメントもあれば、数ページに及ぶものもある。詩の形式で書かれているものもあれば、音楽や絵画で表現したものもある。あなたの心を燃え立たせるものであれば、どんな形式で書いてもかまわない。「第五章　ビジョンは情熱の源」（一六八〜一九二ページ）で、パワフルなミッション・ステートメントの特徴を確

将来達成したいこと・やってみたい貢献	時期（おおよその年代）								
	20	30	40	50	60	70	80	90	100

認しておこう。

ほかの人たちのミッション・ステートメントを読みたい人もいるだろう。逆に他人のミッション・ステートメントを読んだら、自分なりの表現ができなくなると思う人もいるかもしれない。ミッション・ステートメントの例をいくつか掲載しているが、それらを読んで参考にするかどうかは、あなたが判断してほしい。歴史上の偉人のミッション・ステートメントを読むこともできるが、ここで紹介するのは、今を生きている普通の人々のミッション・ステートメントである。第五章にある特徴を全部満たしているものもあれば、そうでないものもある。しかしどのミッション・ステートメントにも、書いた人の魂が込められている。読むことにするなら、書いた人の思いを感じとり、その人が周りの人たちにどんなインパクトを与えているのか考えてみてほしい。

ミッション・ステートメントの例

山に登るように生きる

私は、勇気を持って、自分を信じ、ほかの人たちを信じて、一日一日を生きよう。誠実、選択の自由、博愛の精神を大切にして生きよう。他者との約束も、自分との約束も守る努力をする。本当の意味で生きるためには、今日山に登らなければならないこと、明日では遅すぎるのだということを忘れずにいよう。私が登る山は、ほかの人たちから見れば小高い丘にしか見えないことはわかっている。その事実を素直に受け入れよう。どんなに小さなことでも私的成功を果たして再新再生しよう。これまでしてきたように、自分で決断し、それに従って生きていこう。言い訳もしないし、責任転嫁もしない。いつまでも山を登ることができるように、心身を鍛え、健康を維持しよう。できるかぎりほかの人たちの力になろう。そして、私に力を貸してくれる人たちに感謝しよう。

私に与えられた日々を、冒険として、目的意識と自制心を持ってはつらつと生きる。

ありのままの自分を見つけ、受け入れる。自信と喜びを持って長所を伸ばしていく。

家族を大切にする。

自分の人生を豊かにする。ともに生きていく人たちの人生も豊かにする。そのために、思いやりを持って接し、その人独自の価値を認め、お互いに分かち合うべきものは分かち合い、学び合い、その人独自の道を見つけられるよう手助けする。

私が生きる南アフリカの精神を守り、環境を保護する。

私は自分が持っているものの所有者ではなく、それらを天から託されているのだということ、権利よりも義務のほうが重要であることを認め、受け入れる。

神を常に求め、神への道を理解する。

神に感謝し、人々がより有意義な人生を生きられるよう手助けすることによって、世界をより良い場所にする努力をします。

それをまず自分の家族から始めて、影響の輪を広げていきます。

私が大切にしている原則（慈愛、忠実、自足、正直、誠実、主体性、貢献、信頼……）に従って生きます。

日頃接する人々の重荷を少しでも軽くし、彼らが進む道を少しでも明るく照らします。

過ぎたるは及ばざるがごとしの例えのとおりに、何事も適切な範囲内で行います。

学び、教える。与え、受け入れる。愛し、愛される。理解し、理解される。助け合って生きていきます。

私は、一日一日が新しい機会と興奮に満ちていると考え、毎日気持ちを新たにして生きる。自分が追い求めたいものは自分で選択する。

道徳心を持って、実直な人生を送る。幸せになることを最優先する。自分の価値観に忠実に生きれば、周りの人たちに良い影響を与えられると信じる。

自分の心の奥深くにある考えを愛する人たちに隠さず、正直に伝える。

ほかの人たちと相互依存の関係を築き、責任を持って行動する。そのことを心に留めて、まず他者を理解することに徹し、それによって家族や同僚と信頼関係を築いていく。

日頃から学ぶことによって知性を刺激し、成長する。

私の職業が与えてくれる経済的安定と自由を大切にすると同時に、自由と経済的安定だけでは幸福は得られないことを忘れない。

自分の選択には自分で責任を持つ。

わたしのミッションは、「流れを変える人」になり、ほかの人の力を最大限に引き出すことです。そのために、お互いに共有できるビジョンを一緒に描いて、変化を起こしていきます。

わたしは、過去の被害者になりません。過去に縛られず、想像力を働かせて将来を思い描きます。勇気、正義、謙虚さ、親切、理解、誠実さを大切にして生きていきます。

わたしは、リスクを冒さなければ成功も失敗もないことを常に自分に言い聞かせます。トマス・アクィナスは次のように言っています。「船長の第一の使命が船を守ることだったら、絶対に出港しないだろう」

わたしは、周りの人たちを思いやり、正直に接し、常に言動一致を心がけることを誓います。

自分自身のためには、自覚、自己愛、自己許容の能力を伸ばそう。自分を大切にすることによって、希望の火を燃やし続け、勇気を持ってビジョンを言葉と行動で表現しよう。

家庭においては、お互いが助け合う健全で愛情深い関係を築こう。

職場においては、継続的に学び、ミスを減らす文化を築こう。

世界においては、自然の法則と調和し、生きとし生けるものを慈しもう。


自分自身のもっとも良い面を発揮し、そして私にとって大切な人たちのもっとも良い面を引き出すようにする。もっともな理由をつけて、そういう努力を怠るようなまねはしない。


謙虚であること。

毎日、神に感謝すること。

仕返しをしないこと。

自分の内面を見つめ、心の声に従うこと。

他者を尊重し、誰に対しても親切に接すること。

自分が大切にしていることを知り、本当にやりたいことを見つけること。

自分の価値観と信念に従って行動すること。

子どもの愛の初々しさ、若者の愛の美しさ、成熟した人間の愛の崇高さを持って、人生の情熱を実感すること。

私の目標は、知識を身につけ、人格を磨き、人から尊敬される人間になり、奉仕活動を通して他者の力になることである。

最後に、笑顔を忘れずに生きていこう。

「この人がお父さんです」と子どもたちが自信を持って言えるような人間になろう。

子どもたちが、愛情と安らぎと理解を求めてきたとき、それに応えられる人間になろう。

思いやりがあり、人の話を真剣に聴く人間になろう。

人を傷つけてまで勝とうとしない人間になろう。

人の心の痛みがわかり、人の心を傷つけない人間になろう。

言いたいことが言えない人の声となり、聞きたいことが聞けない人の耳となり、見たいものが見えない人の目になろう。そして「それはわたしではなく、あなたがしたのです」と言える人間になろう。

神の加護により、常に言行一致であるように努力しよう。

いつも前向きな姿勢とユーモアのセンスを忘れない。

家族からは、思いやりがあり愛情深い夫、父親と思われるように努力する。

職場の同僚からは、公正で正直な人間だと思われるように努力する。

友人たちからは、頼りがいのある人間と思われるように努力する。

部下に対しては個人として尊重することを誓うとともに、私自身、尊敬される人間になるよう努力する。

もっとも重要な人格の特徴は誠実さであると私は考えている。その人格を磨くために、自制心を持って行動する。


完璧な世界をつくるために必要な力を全部持っているかのような意欲をみなぎらせて、一日一日を生きていこう。

人の話をよく聴き、人の力になることによって、新しい考え方を学び、自分とは違う視野を獲得しよう。

影響の輪を広げ、関心の輪を小さくすることによって、人生の試練を乗り越える力を身につけよう。

周りの人たちに対して、障害物ではなく光を照らす存在になろう。

自分の夢を信じて邁進《まいしん》していこう。

成功して手に入れたものは、ほかの人たちのために使おう。

何事も最大限の力を発揮することを目標にして、行動を選択し、進む道を選ぼう。

他人にばかり期待することをやめよう。学習と成長の源を常に求めよう（自然、家族、文学、知人）。

愛情を受けることを期待するよりも、自分から愛情を示そう。効率よりも効果を追求しよう。世の中に良い影響を与えよう。

付録B　時間管理の八つのアプローチ

我々著者は、時間管理に関する書籍やツールを調べ、そこから得た情報をまとめて、時間管理の基本的なアプローチを八つに分類した。それぞれのアプローチを「根っこから果実」まで詳細に検討し、「人生の質にどんなインパクトがあるか」の視点から長所と短所を客観的に分析した。

これらのアプローチの根っこの部分は、基本的前提、つまりパラダイムである。それぞれのアプローチの基本的前提は支持できるものなのか？　どのアプローチにも重要な利点がある。しかし基本のパラダイムが間違っていたり、不完全だったりしたら、いくら効果的に応用しても、望ましい結果は期待できない。あなたが八つのアプローチのうちどれかに懸命に取り組んでいるのに、いっこうに結果が出ないのは、その基本のパラダイムに問題があるからである。

一．整理整頓型アプローチ（秩序）

ほとんどの時間管理の問題は「カオス」、つまり生活が雑然としていることに原因があるという前提に立ったアプローチである。必要なものが必要なときに見つからないことはよくある。いつも見落としがある。大事な用事を忘れることもしょっちゅうだ。ほとんどの場合、その解決策はシステムにある。ファイリング・システム、既決／未決箱、リマインダー・システム、データベース、等々。これらのシステムは、大きく次の三つの「整理整頓」にフォーカスしている。

- **モノの整理整頓**（鍵、コンピューターのスクリーン、ファイリング・システム、クローゼット、オフィス、キッチン……）
- **仕事の整理整頓**（シンプルなリスト、複雑な予定表、プロジェクト管理ソフトウェア等々のツールを使って、「すべきこと」を整理し順番をつける）
- **人の整理整頓**（自分にできること、人にできることを明確にする。デリゲーションする。起こっていることよりも、それを追跡するトラッキングシステムを重視する）

整理整頓型のアプローチは、個人のみならず組織でも用いられている。業績の悪化している企業が組織再編や人員整理などをするのが良い例だ。整理するものは整理して出直そうというわけである。

長所：整理整頓型アプローチは時間を節約し、効率性アップにつながる。どこかに置き忘れた鍵やレポートを探して時間を無駄にすることもなくなるし、労力の節約にもなる。整理整頓すれば頭もすっきりする。

短所：整理整頓して良い結果に結びつけようというよりも、整理整頓そのものが目的になる恐れがある。生産よりも整理整頓に膨大な時間がかかってしまうことも少なくない。整理整頓に忙しく立ち働いていると、多くの人はそれだけで達成感を覚える。しかし実際には大切な仕事を先延ばししているのかもしれないし、途中で投げ出しているかもしれない。整理整頓をやりすぎると、このアプローチの長所が短所に転じてしまうのだ。些細な乱れが気になって重箱の隅をつつくようなまねをしたり、融通が利かず、機械的に物事を進めたりする。これは個人にかぎらず組織にも当てはまる。

二．兵士型アプローチ（サバイバル／自己優先）

兵士型アプローチの目的は、自分が集中し生産するための時間を確保することである。目が回るほど忙しい状況にあると、いろいろな用事や要求に「包囲」されているように感じるものだ。私たちは、個人の処理能力をはるかに超える仕事量に追い立てられるように働いている。コンピューターを立ち上げてカレンダーを開くと、向こう一六ヵ月のスケジュールがびっしり詰まっている。返信しなければならないメールもたまっているし、誰かれとなくオフィスのドアをたたく。邪魔の入らない静かな時間を確保しなければ、自分の重要な仕事はできない、誰もがそう感じている。

兵士型アプローチをとる人は、何とかして戦線を押し戻さなければ、システムが雪崩と化し、自分がのみ込まれてしまうことをわかっている。だからこれは、あなたを防御し、あなたの時間を確保するためのアプローチであり、それによってあなたは自分の仕事に専念できるわけである。このアプローチでは次のようなパワフルなテクニックが使われる。

● **遮断**（秘書を使う、ドアを閉めておく、留守電にしておく、スケジュールをプロテクトする、雑談はしない、などによっ

て、自分の周りに防護壁を築く）

- **隔絶**（邪魔が入らず、一人きりになれる環境に引きこもる）
- **委任**（任せられる仕事は人に任せ、自分の重要な仕事をする時間を確保する）

このアプローチだけを取り上げた本はほとんど見当たらないが、多くの時間管理本に「賢いテクニック」として紹介されている。

長所：時間の使い方に自分で責任を持つことを前提としている。静かで邪魔の入らない時間を確保できれば、自分の重要な仕事ができ、生産性を上げられる。誰でもときにはこうした時間を必要とする。創造的な仕事をする場合はなおさらである。

短所：このアプローチの基本的な前提は、「他人は敵」である。「人にスケジュールをめちゃくちゃにされる前に先手を打て」の姿勢であり、サバイバルのパラダイムである。遮断し、隔絶し、威嚇する。バリアをつくる。余計な問題が起きないようにミーティングを仕切る。「ノー」と言う。自分のオフィスから人を追い出す。会話の途中で電話を切る――自分の言いたいことだけは言ってから！

このように、自分がやりたいことをやるために「邪魔者」を追い払うアプローチである。ところが、普段このアプローチをとっていると、自分のやりたいことに人の協力が必要なとき、周りの人たちにそっぽを向かれることがほとんどだ。さらに、このアプローチの防御的で反応的な態度は、人を操ろうとする行動に発展し、「私一人で何でもできる」オーラを発する。周りの人たちは疎外感を覚え、意識的か無意識かにかかわらず、逆襲に出る。あなたの時間や注意をわざと求める。逆にあなた抜きで仕事を進め、問題を起こす。その結果、問題を正すためにあなたの時間がさらにとられることになる。孤立主義的で自己防御のアプローチであり、人生が相互依存で成り立っている現実を無視しているために、ほとんどの場合、問題を悪化させるだけである。

自分のことに責任を持つのは重要な原則だ。しかしそれが「他人は敵」という考え方と結びつくと、何かと問題が起きる。短期的には高い生産性を達成できるかもしれないが、自分の達成だけを優先するパラダイムで得た成果は、長い目で見れば必ず追いつかれる。相互依存の現実にあっては、自立レベルのアプローチに効果は期待できない。

三．目標追求型アプローチ（達成）

このアプローチの基本的な前提は、「自分が欲しいものを知り、その達成に全力を注げ」である。長期・中期・短期的なプランニング、目標設定、視覚化、セルフモチベーション、ポジティブマインドなどのテクニックが使われる。

長所：オリンピック選手など世界レベルのパフォーマーが用いるアプローチである。たとえ才能では劣っていても、代償を払う覚悟があれば（全力を注ぎ、精神を集中し、わき目もふらずに邁進《まいしん》する）、才能に恵まれた人のパフォーマンスを超えることができる。個人にしろ組織にしろ、目標を設定したほうがより多くを達成できるというのは、能力開発の分野で経験的に実証されている数少ない事実の一つである。目標を設定し達成できる方法を知っている人はたいてい、やろうとしたことは達成できるものである。

短所：目標達成のアプローチで成功のはしごを上っていき、てっぺんに到達したら、はしごが間違った壁にかかっていたことを知って愕然《がくぜん》とする――そういう人が大勢いる。彼らは目標を設定し、それを達成するために必死に努力している。しかし望んでいたものを手にしたとき、期待していた結果ではないことに気づくのである。「結果はこれだけなのか」と拍子抜けし、人生が空しく思えてくる。目標が原則や重要なニーズに基づいておらず、その目標を達成するために全力を傾けて一心不乱に邁進《まいしん》していたら、人生のバランスが崩れていることにも気づかない。莫大《ばくだい》な報酬は稼げるかもしれない。しかしその一方で、離婚を繰り返したり、子どもたちが口も利いてくれなくなったりと、いろいろな痛みを抱えて生きている人も少なくない。公的生活は華やかでも、私的生活は空虚なのである。世の中の称賛を浴びていても、豊かで充実した人間関係はなく、心の奥底では自分の生き方が誠実ではないことを知っている。

それに、何かの外的要因のせいで最上位の目標が突然達成できなくなったら、どうなるだろうか？　アスリートが選手生命を奪われるけがをしたら？　画家が視力を失ったら？　音楽家が聴力を失ったら？　その目標以外に何もなくなったら、人生はどうなってしまうだろうか？

目標追求型アプローチの本には、「代償を払おう」式の話が満載である。しかし、機会を失うコストも含めて、代償そのものの現実を教えてくれる本は少ない。

四．ＡＢＣ型アプローチ（優先順位／価値観の明確化）

ＡＢＣ型アプローチが言わんとしているのは「やりたいことは何でもやっていいが、全部はできないよ」ということである。目標追求型アプローチをベースにして、順番という重要な要素が加わっている。「一番重要な仕事に力を集中させよう」と促し、価値の明確化、作業の優先順位づけなどのテクニックが使われる。「達成したいことがわかっていれば、それに集中する。そうすればハッピーになれる」という前提に立っている。

長所：従来の「最優先事項を優先する」アプローチである。やることの順番が決まる。ＡＢＣや１２３の箇単な番号づけを用い、一日単位で「すべきこと」の順番を決め、最優先の用事に集中できるようにさせてくれる。最近の時間管理術は、このコンセプトを拡大して、人生の優先事項に結びつけるようになっている。これらの本は「最優先事項はあなたの価値観と信念に結びついています。自分の価値観を明確にすれば、最優先事項を実行するフレームワークができます」と説く。自分の価値観を深く見つめれば、時間を有効に、生産的に使えるようになる。

短所：価値観を明確化するといっても、人生の質を支配している原則、自然の法則があることを認識しているとはかぎらず、これが決定的な欠点になる。この認識がないと、往々にして自然の法則に反した価値観を追求することになる。この場合、自分の価値観を追求すること自体がフラストレーションの源となり、失敗に直結する。

はしごのてっぺんに到達し、自分にとって大切だと思っていたことを達成したのに、人生に空しさを感じると話す人は大勢いる。それははしごを間違った壁にかけたからである。意識的か無意識かにかかわらず、こうした人たちは、目標を決めた時点では、それが自分の重要な価値観だと思い、だからその達成に邁進《まいしん》したのである。しかし望んでいたものを手にしてはじめて、期待していた結果ではないことに気づくのだ。

人生のあるときに何かに価値を置いたとしても、それを達成することが長く続く幸福をもたらすとはかぎらない。歴史を振り返れば、大切だと思うものを手にしても、成功や幸福は得られなかった個人や社会の例であふれ返っている。それどころか、身の破滅を招いた例すらある。

自分にとって大切なものを知るという自覚だけでなく、ほかの三つの能力《ちから》――良心、想像力、意志――も働かせなくてはならない。そうしてはじめて、自分の価値観が真北を指し示しているかどうかがわかる。要するに、目標が正しい原則と深く結びついていなければ、深い充足感は味わえず、充実した人生を送ることはできないのである。

五．マジックツール型アプローチ（テクノロジー）

正しいツール（正しい手帳、正しいアプリケーション、正しいグループウェア、正しいタブレットやノートパソコン）があれば、人生の質を高める力が得られるという前提に立つアプローチである。これらのツールは一般的に、優先事項の確認、作業の整理、情報への容易なアクセスに役立つ。基本的なパラダイムは、システムと構造が私たちの効果性を高める、というものである。クラシックな革表紙のシステム手帳はステータスシンボルにすらなっていて、それを持っているのは効率的に働いていることの証しである。

長所：ツールを効果的に使えば、良い結果につながる。家を建てるにしろ、人生を築くにしろ、正しいツールは大きな違いを生む。パワーショベルがあるのだから、なにもスコップで土を掘る必要はない。次のような利点を持つ最新型のアプリやツールがあるのだから、素朴なカレンダーを使う必要はないのである。

- 優先事項を追跡できる
- 目標を忘れずにいられる
- 作業を整理できる
- よく使う情報を整理し、瞬時にアクセスできる

市場には、紙ベース、電子式を問わず大量のツールが出回っていることからも、このアプローチの人気のほどがわかる。ツールは希望のシンボルなのである。物事が秩序正しく整い、自分でコントロールできているこ

とを感じさせてくれる。書き留め、チェックし、進捗《しんちょく》を確認することで満足感が得られる。

短所：ほとんどの時間管理ツールの設計の根底にあるパラダイムは、目標追求型アプローチとＡＢＣ型アプローチに結びつく。前に述べたように、この二つのアプローチのそれぞれに長所があるけれども、重大な欠陥もある。これらの欠陥は基本的に、人生の質を支配する現実の世界を考慮していないことに原因がある。

テクノロジーが解決策だという基本のパラダイムも間違っている。一番良いツールでさえ、ビジョン、判断力、創造力、人格、実行力の代わりが務まるわけがない。いくら高性能のカメラでも、素晴らしい写真が撮れるわけではない。アプリケーションが優れているからといって、見事な雑誌を創作できるわけではない。同じように、どれほど立派な手帳を持っていても、それが充実した人生を創ってくれるわけではない。最新型の手帳は、そういうことを暗に約束し、それを「売り」にしているが、そんなにうまい話があるわけがない。たしかに良いツールは人生の質を高める私たちの能力を補強してくれる。しかし、私たちの代わりに充実した人生をつくってくれはしない。

実際のところ、今のツールのほとんどは、「どういう人間であるべきか」よりも「何をするか」を優先している。日々の焦点は「すべきこと」を忘れずにチェックすることであって、その「すべきこと」が本当にすべきことなのかどうかは問題にしていない。多くの人にとって、ツールはがっちりと構造が固まっていて、不自然なものに感じられる。召使が主人のために働くというよりも、ツールが口うるさい主人と化している。これをまだやっていないぞ、とうるさくせっつくのだ。自然のリズムとバランスを歪め、本来豊かであるべき時間をあらかじめ決められた細切れの時間枠に押し込めるのである。

そもそも、時間管理のツールをその使用目的どおりに使っている人はどれくらいいるのだろうか？　ツールのメーカーの多くが認めるように、ごくわずかだろう。最新型の手帳を購入しても、結局は見栄えのよいカレンダーとして使っている人がほとんどなのではないだろうか。オフィスマネジメントのコンサルタントによれば、デスクダイアリーは洒落た予約帳になっているか、デスクの引き出しにほとんど入れっぱなしになっているという。多くの人にとって、ツールは果たされない約束を象徴するものなのである。

六．時間管理一〇一型アプローチ（スキル）

時間管理とは本質的に計算やワードプロセッシングと同じようなスキルであるというパラダイムに基づいており、現代社会で効果的に生きていくためには次のような基本的なスキルを身につけなければならないとするアプローチである。

- プランナーを使いこなす
- ＴｏＤｏリストを作成する

- 目標設定
- デリゲーション（仕事の委任）
- 体系化
- 優先順位づけ

これらの基本的なスキルが、サバイバルに必要な一種の社会リテラシーを形成するという理論である。このアプローチは組織でも広く用いられている。プランニングや目標設定、デリゲーションのスキルが組織の従業員に欠けていると、組織そのものの致命傷になりかねない。多くの企業は、従業員能力開発プログラムの一環として基本的なスキルを教えるビデオや冊子を制作し、研修も行っている。

長所：このアプローチをとることで、組織が重視する仕事関係のスキルは特に向上する。

短所：トレーニングの質と深度が最大の課題である。トレーニングで教えている基本のパラダイムは何か？　それは正しい原則と結びついているか？　人生と効果性の本質に関して不正確な前提を組織内に広めていないか？

興味深いことに、あまり几《き》帳面《ちょうめん》でなく、最新式のツールも使っていない人のほうがむしろ内的生活が平穏で、豊かな人間関係を築き、人生が満ち足りているように見受けられ、長い目で見ると、時間管理のテクニックに熟練している人たちよりも組織に貢献しているようである。

個人と組織の質は、スキルやテクニックよりも個人の人格と行動が原則と一致しているかどうかに左右されるのである。昨今の時間管理のトレーニングのほとんどは、テクニックや時間を節約するノウハウが中心で、原則はほとんど取り上げられておらず、せいぜい優先順位づけや整理くらいである。こうした数少ない原則さえも十分に実践する機会がなく、またほかの原則を明確にして職場に生かすこともできていない。スキルだけでは解決策にはならないのである。

七．自然調和型アプローチ（自然のリズム）

時間と生き方に関して、従来の時間管理とは異なる前提に立つアプローチである。自然のリズムに合わせて生きる、いわば「流れに身を任せる」ことが、人間の自然な自発性とセレンディピティ（発見力）を高めるというのが基本のパラダイムである。

このアプローチに関係する文献のほとんどは東洋思想をベースとし、内的自己の同一、自然の流れとの調和に重点を置いている。また、すべての生命に特定のリズムがあるという生物学的研究も取り入れ、時計、コンピューター、携帯電話などに象徴されるようなナノ秒刻みの機械的な現代社会で生きるのは肉体の自然なリズムと調和せず、深刻な病気、そのほかさまざまな問題を招いているという前提に立っている。従来の時間管理に逆行する考え方であり、ほかのアプローチのパラダイムとシステムが肌に合わないと感じている人たちの多くが採用している。

長所：未来の考古学者が今の時代の遺跡を発掘したら、十中八九、時計崇拝の文化と結論づけるだろう。学校、教会、オフィス、住宅の各部屋、どこにでも時計がある。手首にまでつけているではないか！

　時計を崇拝しているかどうかは別として、時計の針の音、電話の音、コンピューターのビープ音や警告音、ほかにもさまざまな機械的な音が人工的にペースをつくり、私たちはいやも応もなくそのペースに合わせて生活している。

　しかし、こうして早足で歩かされているような日々の中で、「時間を超えた」瞬間を感じることがある。機械的なリズムが静けさに吸収され、喜びを感じることがある。たとえば、時計も電話もコンピューターもない自然の中に身を置くと、自分の肉体が自然のリズムと調和し、内面がそのリズムで満たされるのを感じる。あるいは、音楽や絵画、文学、ガーデニングなど、自分の好きなものに没頭しているときや、愛する人と一緒に過ごしているときも、「時間を超えた」瞬間を感じることがある。そのようなときはペースががらりと変化し、豊かで満ち足りた瞬間の素晴らしさを感じとれるものである。まるで異なる「時」を認識できる。そして、そのような瞬間がもっと欲しくなる。

　このアプローチをとることによって、日々の生活の中で時間を超越した瞬間を敏感に感じとれるようになる。始終プレッシャーをかけてくる「緊急の用事」の支配から解放され、内面と外面の調和がとれる。

短所：このアプローチをとっている人のほとんどは、人生の質を高めるための手段としてではなく、むしろ緊急中毒への反応として取り入れているだけなので、ビジョン、目的、バランスといった重要な要素が欠けている場合が多い。さらに、自然のリズムと調和するのではなく、意志を働かせて流れと逆行することが重要な達成だと勘違いすることもある。

八．回復型アプローチ（自覚）

時間管理に関する最近の本格的な著作の中には、「回復型アプローチ」と呼ばれるものをベースにしているものが少なからずある。人間の精神的なダメージは、環境、遺伝、脚本づけなどの要因が、時間管理に対する自己破滅的な行動を引き起こした結果として生じるというのが基本のパラダイムである。

小さいころに接したロールモデルや家族文化の影響で「完璧主義者」になった人は、他人に仕事を任せられず、重箱の隅をつつくように細かいことまで口出しし、リソースを効果的に活用する範囲をはるかに超えて、仕事に必要以上の時間をかける。あるいは子ども時代の環境で「八方美人」の脚本づけがなされている人は、「ノー」と言えないばっかりに、しなくてもよい約束をしたり、過剰に仕事を引き受けるはめになったりする。あるいはまた、過去の成功が誰かを傷つけたとか、家庭生活を犠牲にしたと思っていると、失敗だけでなく成功すらも恐れ、重要な決定を下せずに先送りするようになる人もいる。こうした人たちにとっての解決策は、時間管理を巡るさまざまな問題を引き起こしている精神的なダメージや人間関係のトラブルから回復することにあるとされている。

長所：このアプローチの長所は、私たちの行動の元となるパラダイム――問題の根っこ――に焦点を当てていることにある。自覚を高め、自分を根本的に変え、向上していくことができる。

短所：このアプローチで提案されている回復方法は多様だが、一般的に行われているような回復方法とほとんど変わらない。問題の一部分を明確にし、重要な気づきが得られるとはいえ、診断はついても適切な処方は得られないことが多い。解決策のアプローチに一貫性を欠くことも珍しくなく、基本的な問題に関してすら、矛盾する解決策が共存していることもある。さらに、ごく一部分にしか目を向けず、時間管理に関するほかのさまざまな問題点を考慮しない。

　自覚そのものが重要であることは言うまでもないが、自覚をもつだけでは不十分である。自分の過去の脚本づけを理解するのは、有意義な変化を遂げる第一歩にすぎない。

八つの時間管理のアプローチについて、得られる効果、長所、短所を以下の表にまとめた。

アプローチ	得られる結果	長所	短所
整理整頓	秩序	・時間を節約できる ・無駄を減らす／なくす ・生産性が上がる	・より良い結果を出すための手段ではなく、手段が目的と化す ・整理整頓すれば生産的と誤解する ・重要なことを達成できるとはかぎらない
兵士	個人的な生産性の向上	・時間管理と結果に対して自分で責任を負う ・邪魔されない時間を確保して、短期的な個人の活動の生産性を上げられる	・個人優先が強すぎ、相互依存の障害になる ・他者に不愉快な思いをさせる ・他者を思いどおりに操ろうとする ・ほかの人たちからも同じような態度をとられる ・長い目で見ると非効果的
目標追求	決意と集中	・自分の価値観を明確にできる ・目標の達成に向けて優先順位を考慮し計画を立てられる	・目標を達成すれば必ず人生が充実するという間違った期待を抱く ・時間と労力を目標達成だけに注ぎ、生活がアンバランスになる ・目標を達成することしか眼中になくなり、人生の豊かな瞬間を感じとれなくなる ・個人的な達成を最優先する
ABC	優先順位づけ	・達成までのプロセスを秩序立て、順序を決められる。	・「優先事項」は、緊急度やそのときどきの状況、他人などの要因によって決まることが多い ・本当に優先度の高い用事が想定外の場面で発生しても、自信を持って対応できない ・人生の質を支配している原則を考慮していない

アプローチ	得られる結果	長所	短所
マジックツール	テコの作用、 波及効果	・コミュニケーション、進捗《しんちょく》と結果の追跡、整理のためのパワフルなツールを提供する ・生産性が上がる ・個人の能力を広げる ・製品／サービスの質を高める	・ツールに力があると錯覚する ・不自然で制限されているように感じることがある ・人格よりも生産性を優先する傾向がある ・ツールを使うというよりもツールに使われる状況に陥りやすい ・最新のツールを使いこなせず、宝の持ち腐れになることが多い ・毎日の活動の優先順位づけは緊急度で決めることが多い
時間管理の101	スキル	・目標達成のためのスキルを身につけられる ・パフォーマンスが向上する	・効果性はスキルにあると錯覚する ・質にばらつきがある。真北の原則と一致しないスキルがある ・組織にとって価値があるとみなされるスキルに偏る傾向がある
自然調和	調和	・緊急度のパラダイムから離れられる ・自然のリズムに調和したペースで生活できる	・明確な目的のあるアプローチが持つ長所がない ・より総合的なアプローチに比べるとバランスに欠ける ・他者との約束やスケジュールを守ることで生まれる価値や連続的な生産による価値と逆行する
回復	自覚	・不適切な時間管理の習慣とその原因を明確にし、自覚できる	・一貫性のある解決策がない ・自覚だけでは人生の質は向上しない ・特定の問題だけに目を向け、総合的な視点がない ・将来よりも過去のことに目を向ける

どのアプローチでも有意義な効果が得られるが、基本のパラダイムのほとんどは、コントロール、個人優先、効率、クロノス時間（量的時間）である。第一章で紹介した時間管理の第一世代から第三世代と八つのアプローチの関係を次の表にまとめた。

時間管理の各世代のパイオニアが、時間管理のアプローチに重要な変化をもたらしてきた。彼らの活動、そして人生の質を支配する自然の法則に基づき、時間管理の新世代を生み出した人たちの努力に感謝したい。多くの人々の洞察、そこから創り出されたシナジーのおかげで、時間管理に対する理解が新たな高みに到達したものと確信する。

アプローチ	第一世代	第二世代	第三世代
整理整頓型（秩序）		✓	✓
兵士型（サバイバル／自己優先）		✓	✓
目標追求型（達成）		✓	✓
ABC型（優先順位／価値観の明確化）			✓
マジックツール型（テクノロジー）		✓	✓
時間管理101型（スキル）		✓	✓
自然調和型（自然のリズム）	✓*		
回復型（自覚）	✓*		

* 効率性重視のパラダイムの限界を破る問いを自問することによって、第四世代に移行することができる。

付録C　知恵文学

知恵文学とは、特に人生論をテーマにした古典文学、哲学書、格言集、自己啓発書と定義される。現在入手できる本の中には、人文学や哲学が確立される以前にさかのぼるものがあり、それらは元来、言い伝え、ことわざ、表象文字などで伝承されている。

書き言葉による最古の知恵文学は「プタ・ホテプの知恵」（エジプト、紀元前二五〇〇年）とされ、ほかの古代エジプトの書物とともに古代ギリシャ文化に多大な影響を及ぼした。そして古代ギリシャとヘブライの伝統は、近代西洋思想の形成に顕著な影響を与えている。孔子（紀元前五五一～四七九年）や孟子（紀元前三七一～二八九年）に代表される東洋の知恵文学、「バガヴァッド・ギーター」や「法句経」などインドの知恵文学は、西洋でも広く読まれている。アメリカ先住民の文学も知られるようになっている。

これらの文学の中でより実際的な、いわば「ハウツー」的な内容のものだけを指して知恵文学と定義し、哲学的内容の書物とは区別する場合もある。たとえばヘブライの伝統的な書物で言えば『ヨブ記』『箴言』『詩篇』『ソロモンの知恵』は、代表的な知恵文学とされている。

基本的なテーマ

これほどまでに幅広く、思想や中心的なパラダイム、言語もそれぞれに異なる文献から多くの結論を引き出すには注意を要するであろう。しかし、さまざまな違いがあるとはいえ、その違いを尊重しつつ、より一般的なテーマを見いだすことも重要であると考える。

我々著者の調査、そしてこの分野に膨大な時間と労力を捧げてきた学者たちから学んだことに基づいて、これらの文学にもっとも共通するテーマを分類し、以下にまとめた。

選択

私たち人間は選択の力を持っている。より良い結果をもたらす選択もあれば、そうはならない選択もある。選択と結果の間には「因果関係」がある。この関係はときに「収穫の法則」と呼ばれるが、我々著者は「農場の法則」と名づけている。

内省

すべての時間を生活することに使うのではなく、自分の生活を振り返る時間もつくる。それによって、自分の選択がもたらした結果を自覚し、人生から学ぶことができる。

選択の価値

特定の行動を選択することが完全に理性的になされるとはかぎらず、その選択の価値は合理的というよりも、直観的に識別される場合がある。人間はある種の直観によって、「正しい行動」を知っており、この

「ガイド」に従うほど、より良い人生になる。

真理

「真理」が存在する。それは完全な一貫性をもって作用する人生の基本的な法則であり、それらの真理を知って従うほど、より良い人生になる。

基本のニーズ

人間の普遍的なニーズがある。それらのニーズを無視して生きていたら、結局は何事もうまくいかない。

自然

人間は、より大きな生態系の一部である。充実した人生であるためには、自然と調和して生きることが不可欠である。

人間関係

人間関係の質を支配するのは、相互依存の法則、または黄金律である。自分が人からこう接してほしいと思うように他者にも接することができれば、より良い人生になる。

貢献

「多く与えるほど多くをもらえる」というのは偉大な二分法である。

視野

「私」や「今」の視野を超えて生きる。より広い視野を持つほど、より質の高い決断ができる。

「知恵文学」に特に顕著に認められるのは、我々著者が発見したパターンで言えば、一貫性とテーマである。知恵文学は、すべての人間の経験から得たデータが蓄積されたもっとも信頼性の高いデータベースである。このデータベースを無視し、学ぼうとしないのは、豊かな資源を見過ごすのと同じである。人生に関する偉大なデータベースを日頃から検索することが、良心を磨く確かなトレーニングになる。

知恵文学の参考図書

我々著者は、知恵文学の調査を通して、知恵文学の定義そのものを含め多くの課題があることに気づいた。この分野の研究に長年貢献してきた学者に敬意を表したい。これらの学者はもちろんのこと、文学に詳しい人々なら、以降に示す参考文献がごく一部であることは一瞥《いちべつ》しただけでわかるだろう。ここに参考文献のリストを掲載するのは、知恵文学がいかに多様で広い範囲にわたっているかを感じとり、そして先ほど紹介したテーマの普遍性を理解してほしいからである。また、この豊かな人間の経験を自己啓発に活用したい読者の出発点となれば幸いである。以下のリストは、「基本の書籍」と「選集」に分けてまとめてある。

基本の書籍

孔子『論語』

ベンジャミン・フランクリン『フランクリン自伝』

ジェームズ・アレン『原因と結果の法則』

『バガヴァッド・ギーター』

フランク・ウォーターズ『ホピ 宇宙からの聖書』

『モルモン書』

『プラトン対話篇』

『法句経』

The Essential Gandhi.　Louis Rischer 編、Vintage, 1962

『聖書』

The Instruction of Ptah-Hotep and the Instruction of Ke' Gemni: The Oldest Books in the World. Battiscombe Gunn 訳　London: John Murray, 1912

W.&A.デュラント『世界の歴史』

『コーラン』

マルクス・アウレリウス 『自省録』

アリストテレス 『ニコマコス倫理学』

ダライ・ラマ 『智慧の眼をひらく』

『ラーマーヤナ』

The Sayings of Confucius. Lionel Giles 訳、London: Charles E. Tuttle, 1993

『孟子』

『シッダールタ』

『スーフィズム』

老子『老子道徳経』

『老子』

『トーラーの知恵——現代を生きるためのユダヤ人の聖書観』

『ウパニシャッド』

『荘子』

The Wisdom of Confucius. Peter Pauper Press, 1963

The Wisdom of Vedas. J.C. Chatterji 著、Quest Books, 1992

スティーブ ウォール／ハービー アーデン 『ネイティブ・アメリカン——叡智の守りびと』

World Scripture : A comprehensive Anthology Sacred Texts. International Religious Foundation.

Paragon House, 1991

『禅』

選集

『合気神髄 - 合気道開祖・植芝盛平語録』

バルタサル・グラシアン　『バルタサル・グラシアンの成功の哲学——人生を磨く永遠の知恵』

ウィリアム・J・ベネット『魔法の糸——こころが豊かになる世界の寓話・説話・逸話100選』

The Enlightened Heart: AN Anthology of Sacred Poetry.　Stephen Mitchell 編、HarperCollins, 1989

Light from Many Lamps.　Lillian Eichler Watson 編、Fireside, 1979

The Pocket Aquinas.　Vernon J. Bourke 編、Pocket, 1960

Prayer of the Heart, Writings from the Philokalia.　G.E.H. Palmer/Philip Sherrard,/Kallistos Ware 訳、Shambhala, 1993

The sayings of Muhammma.　Allama Sir Abdullah/Al-Mamun Al-Surhrawardy 著、Charles E. Tuttle, 1992

Spiritual Illiminations.　Peg Streep 編、Viking Studio Books, 1992

Thoughts in Solitude.　Thomas Merton 著、Shambhala, 1993

Wisom: Conversation with the Elder Wise Men of Our Day. James Nelson 著、Norton, 1958

Wisdom is One. B. W. Huntsman.　Charles E 著、Tuttle, 1985

Words of Wisdom. Ariel Books, 1992
Words of Wisdom. Thomas C. Jones 著、Chicago:J.G. Ferguson, 1985
A World Treasury of Folk Wisdom. Reynold Feldman/Cynthia A. Voelke 著、HarperCollins, 1992

注釈／解説

Proverbial Philosophy : A Book of Thoughts and Arguments. Martin Farquhar Tupper, E.H. Butler, Philadelphia, 1892.
Ways of Wisdom. Steve Smith 編、University Press, 1983
Wisdom. Robert J. Stemberg 編、Cambridge University Press, 1990

注記

第一章

1. 尊敬すべき友人、ニール・A. マクスウェルが講演や記事でよく使う言葉。
2. スティーブン・R・コヴィー著『7つの習慣 人格主義の回復』（キングベアー出版）
   過去 200 年間の成功指南本の調査（P.8-9）参照。この調査は 20 年前に終了しており、その時点の直近 50 年間の「成功に関する文献」は個性主義に大きく傾いていることがわかった。最近は多少改善の兆しがみられるものの、調査を開始して以降、成功指南本のメインテーマはほとんど変化していない。
3. ジェームズ・アレン著『原因と結果の法則』（坂本貢一 訳、サンマーク出版）
4. アルベルト・アインシュタインの言葉。
5. Plato, Apology, Crito, Phaedo, Symposium, Republic (Roslyn, NY: Walter J. Black, 1942)

第二章

1. S. Peele, Diseasing of America: Addiction Treatment Out of Control (Lexington, MA: Lcxington Books, 1989), p.147.
2. Charles Hummel, Tyranny of the Urgent (Downers Grove, IL: InterVarsity Christian Fellowship of the United States of America, 1967), pp.9-10.
3. オリバー・ウェンデル・ホームズの言葉。

第三章

1. アブラハム・マズロー著『完全なる人間』（上田吉一 訳、誠信書房；第 2 版）参照。および A. H. Maslow, The Father Researches of Human Nature (New York: Pengiun, 1971) 参照。
2. ジョージ・バーナード・ショーのこの言葉は何年も前に同僚から教えられ、大いに刺激を受けた。
3. Ralph Waldo Emerson, “The Divinity School Address,” The Collected Works of Ralph Waldo Emerson, vol.1, “Nature, Addresses, and Lectures” 所　収 (Cambridge, MA: Bellknap Press,1971), pp.78-79.
4. Sidney Newton Bremer, Spirit of Apollo (Lexington NC: Successful Achievement, 1971), p.167
5. フロイトとユングの著作、および両者に関する著作は豊富にある。特に参考になる文献を以下にあげる。
   C. G. Jung, “A Psychological View of Conscience,”Civilization in Transition. vol. 10 The Collected Works of C. G. Jung 所収 (New York: Bollingen Foundation, 1964)
   エーリッヒ・フロム著『精神分析と宗教』（早坂泰次郎 訳、東京創元社）
6. C. S. Lewis, The Quotable Lewis, Wayne Martindale/Jerry Root 編 (Wheaton, IL: Tymedale House of Publishers, 1989), p.232.
7. Alfred N. Whitehead, “The Rhythmic Claims of Freedom and Discipline,” The Aim of Education and Other Essays 所収 (New York: New American Library), p.46.

第五章

1. ヴィクトール・E・フランクル著『夜と霧』（池田香代子 訳、みすず書房）
2. アルビン・トフラー著『A. トフラーの未来教育』（徳山二郎 訳、実業之日本社）
3. Andrew Campbell/Laura L. Nash, A Sense of Mission (New York: Addison-Wesley, 1990)

特に第三章を参照
4. Fred Polak, The Image of the Future (San Francisco: Jossy-Bass, 1972)
5. 著名な社会学者エミール・デュルケームの言葉。
6. エクナット・イーシュワラン著『人間ガンディー――世界を変えた自己変革』（スタイナー紀美子 訳、東方出版）
7. ヴィクトール・E・フランクル著『夜と霧』（池田香代子 訳、みすず書房）
8. 19 世紀の作家、社会改革運動家ウィリアム・エラリー・チャニングの言葉。
9. 作家、兵士、映画監督のサー・ローレンス・ヴァン・デル・ポストのこの言葉は、南アフリカ人の同僚から教えてもらった。

第六章

1. Howard Gardner, The Unschooled Mind: How Children Think and How Schools Should Teach (New York: Basic Books, 1991), pp.3-6.
2. エクナット・イーシュワラン著『人間ガンディー――世界を変えた自己変革』（スタイナー紀美子 訳、東方出版）
3. ビル・モイヤーズ著『こころと治癒力――心身医療最前線』（小野善邦 訳、草思社）
4. マーガレット・J・ウィートリー著『リーダーシップとニューサイエンス』（東出顕子 訳、英治出版）
5. Sally Helgesen, The Female Advantage: Women's Ways of Leadership (New York: Doubledday, 1990) 参照。
ジョン・ネスビッツ／パトリシア・アバディーン著『トウェンティハンドレッド 2000：黄金世紀への予告』（木村尚三郎 監訳、日本経済新聞社）参照。
6. Xenophon, Memorabilia and Oeconomicus, E. C. Marchant 訳 The Loeb Classical Library ed. (Cambridge: Harvard University Press, n.d.), pp.186-87.
7. Carol Orsborn, Inner Excellence: Spiritual Principles of Life-Driven Business (San Rafael, CA: New World Library, 1992), pp.27-28.
8. Barbara Killinger, Workaholics: The Respectable Addicts (New York: Simon & Schuster, 1991), p.115.

第九章

1. ヴィクトール・E・フランクル著『夜と霧』（池田香代子 訳、みすず書房）
2. ラルフ・ウォルド・エマーソンの言葉。
3. 米国の教育者ジョン・スローン・ディッキー、私立大学の計画と目標に関する報告書で引用。
4. Vince Lombardi, Colorado Business Magazine, vol. 20, p.8(1), February 1993.
5. スティーブン・R・コヴィー著『7 つの習慣 人格主義の回復』（キングベアー出版）
6. David G. Meyers, The Pursuit of Happiness (New York: William Morrow, 1992), p.197.
7. Ralph Waldo Emerson, "Worship," The Complete Writings of Ralph Waldo Emerson 所収 (New York: William H. Wise), p.588.
8. 聖書、箴言 4:23

第一〇章

1. セネカの言葉。『道徳書簡集』より引用。
2. C・S・ルイス著『喜びのおとずれ――C.S. ルイス自叙伝』（早乙女忠／中村邦生 訳、筑摩書房）

3. ピーター・M. センゲ著『最強組織の法則――新時代のチームワークとは何か』（守部信之 訳、徳間書店）

第一一章

1. The Essential Gandhi, Louis Fischer 編 (New York: Vintage, 1962), p.193.
2. Hans Selye, Stress without Distress (New York: Harper & Row, 1974), p.58.
3. W. Edwards Deming, Out of the Crisis (Cambridge: Massachusetts Institute of Technology, 1982), pp.66-67.
4. 松下幸之助、パナソニック創業者

第一二章

1. スティーブン・R・コヴィー著『7つの習慣 人格主義の回復』（キングベアー出版）
2. The Essential Gandhi, Louis Fischer 編 (New York: Vintage, 1962), p.255.
3. マルティン・ブーバー著『我と汝・対話』（田口義弘 訳、みすず書房）
4. William Oncken, Managing Management Time (Englewood Cliffs, NJ: Prentice Hall, 1984), p.106
5. このテーマの重要な転機となる著作は、ロバート・K・グリーンリーフの『サーバント・リーダーシップ』（金井壽宏 監修、金井真弓 訳、英治出版）である。

第一三章

1. 1990年マルコム・ボルドリッジ国家品質賞表彰式でのジョージ・ブッシュ元米大統領の挨拶。
2. コルモーゲン社、1979年度アニュアルレポート。

第一五章

1. Alice R. Trulock, In the Hands of Providence: Joshua L. Chamberlain and the American Civi War. (Chapel Hill: University of North Carolina Press, 1992), p.15
2. M. スコット・ペック著『愛と心理療法』（氏原寛／矢野 隆子 訳、創元社）
3. この考え方に関する興味深い本では、以下を参照。
   James Hillman/Michael Ventura, We've Had a Hundred Years of Psychotherapy and the World's Getting Worse (New York: HarperCollins, 1992)
4. C・S・ルイス著『キリスト教の精髄（C.S. ルイス宗教著作集 4)』（柳生直行 訳、新教出版社）
5. C・S・ルイス
6. Ezra Taft Benson, “Beware of Pride,” The Ensign (May 1989), Salt Lake City: The Church of Jesus Christ of Letter-Day Saints, p.5.
7. ガンジーの言葉。
8. Ralf Wald Emerson, “Self Reliance,” Essays: First and Second Series, The Complete Works, Vol.1 所収 (Boston: Joughton Mifflin, 1921), p.90.

エピローグ

1. Bryant S. Hinckley, Not by Bead Alone (Salt Lake City: Bookcraft, 1995), p.25.

著者紹介　スティーブン・R・コヴィー

自分の運命を自分で切り拓くための奥深いアドバイスをわかりやすく教えることに生涯を捧げ、『タイム』誌が選ぶ世界でもっとも影響力のあるアメリカ人25人の一人に選ばれている。国際的に高く評価されるリーダーシップ論の権威、家族問題のエキスパート、教育者、組織コンサルタントとして活躍した。著書『7つの習慣』は全世界で販売部数4,000万部を超え（44カ国語に翻訳）、20世紀にもっとも影響を与えたビジネス書の1位に輝いている。他にも、『原則中心リーダーシップ』『7つの習慣 最優先事項』『第8の習慣』『子どもたちに「7つの習慣」を』『第3の案』などベストセラー多数。フランクリン・コヴィー社の共同創設者。ユタ州立大学商経学部終身教授、リーダーシップ学において同大学の名誉職ジョン・M・ハンツマン・プレジデンシャル・チェアに就く。妻、家族とともに米国ユタ州で暮らした。

https://www.franklincovey.com/stephenrcovey.html

訳者紹介　フランクリン・コヴィー・ジャパン

フランクリン・コヴィー・ジャパンは、『完訳7つの習慣　人格主義の回復』の翻訳のほか、戦略実行、顧客ロイヤリティ、リーダーシップ、個人の効果性の分野において、コンサルティングおよびトレーニング・サービスを個人や法人に提供している。

フランクリン・コヴィー社は、世界46都市に展開するオフィスを通して、147ヵ国でプロフェッショナル・サービスを提供している。米国では顧客に『フォーチュン』誌が指定する最優良企業上位100社のうち90社、同じく500社の4分の3以上が名を連ねるほか、多数の中小企業や政府機関、教育機関も含まれている。

https://www.franklincovey.co.jp

キングベアー出版について

キングベアー出版は『The 7Habits of Highly Effective People』を日本に紹介するために 1992 年に立ち上げた出版ブランドである。2013 年に『完訳7つの習慣 人格主義の回復』として出版した。

現在、キングベアー出版は、『7つの習慣』の著者であるスティーブン・R・コヴィー博士が創設した米国フランクリン・コヴィー社との独占契約により、コヴィー博士の著作である『第8の習慣』『原則中心リーダーシップ』『7つの習慣 最優先事項』や、フランクリン・コヴィー社のコンテンツである『実行の4つの規律』『5つの選択』などを出版している。

キングベアー出版は『7つの習慣』を核にして、その関連コンテンツ、さらに、リーダーシップ、組織、ビジネス、自己啓発、生き方、教育といったジャンルの、海外の優れた著作物に限定して翻訳し、「変革を目指す組織」や「より良い人生を送りたいと考える個人」を対象に出版している。

キングベアー出版の事業会社である株式会社 FCE パブリッシングは FCE グループの一員である。

http://fce-publishing.co.jp

FCE グループについて

"働く"と"学ぶ"が抱える問題をビジネスで解決し続ける企業家集団。「ビジネスパーソンが自分自身の強みを発揮して、イキイキと働く世界の実現」「未来を担う子どもたちが、人生を自ら切り拓く力を身につける」というテーマに向かって、子どもたちから社会人まで、幅広く人財育成・教育領域でのビジネスを展開している。

事業内容は、国内 1,300 社が受講する管理職向け「7つの習慣® Business Ownership」研修と若手向け「7つの習慣® Next Leader」研修、実践を通して目標達成力を身に付けるトレーニング研修「xDrive」、全国 500 教室、2 万人の子どもたちが受講するセルフリーダーシップ育成プログラム「7つの習慣 J®」などを展開。その他、人材育成・研修事業、教育事業、RPA 事業、外食事業など、幅広く展開している。

http://www.fce-group.jp

7つの習慣 最優先事項 [新装版]

＊本書籍は、2015 年版の内容のまま、新装版として刊行いたしました。

2015 年 8 月 31 日　初版第一刷発行
2023 年 8 月 31 日　新装版発行

著　者　　スティーブン・R・コヴィー
　　　　　ロジャー・メリル／レベッカ・メリル
訳　者　　フランクリン・コヴィー・ジャパン
発行者　　石川淳悦
発行所　　株式会社 FCE パブリッシング
　　　　　キングベアー出版
　　　　　〒 163-0810
　　　　　東京都新宿区西新宿 2-4-1 新宿 NS ビル 10 階
　　　　　Tel : 03-3264-7403
　　　　　Url : http://fce-publishing.co.jp

印刷・製本　　大日本印刷株式会社
ISBN 978-4-86394-109-0